AU CŒUR DE L'ORCHESTRE

Du même auteur

Le Temps dans la dramaturgie wagnérienne, Peter Lang, 2001.

Wagner, mode d'emploi, Premières loges, 2002.

Richard Strauss, mode d'emploi, Premières loges, 2007.

Au cœur de l'orchestre, Fayard, 2012.

Les grands chefs d'orchestre du XXe siècle, Buchet-Chastel, 2013.

CHRISTIAN MERLIN

AU CŒUR DE L'ORCHESTRE

Pluriel

Couverture : Rémi Pépin
Illustration : Sempé, *Quelques concerts* © Éditions Denoël, 1986, 1998.

ISBN : 978-2-818-50483-3
Dépôt légal : octobre 2015
Librairie Arthème Fayard/Pluriel, 2015.

Préface
par Riccardo Muti

Dans la Grèce antique, l'« orchestre » désignait l'espace situé entre la scène et les gradins, consacré aux danses et aux chants du Chœur ; à Rome, cet espace était réservé aux sénateurs et aux magistrats. Nos ancêtres n'auraient jamais pu imaginer la signification que ce mot recouvrirait quelques milliers d'années plus tard ni, surtout, ce que l'orchestre allait devenir.

Aujourd'hui il s'agit d'un ensemble d'instruments divers et de musiciens au nombre variable, qui produisent un univers sonore si complexe qu'il nécessite la présence d'un guide « rythmique et expressif » : le chef d'orchestre.

La relation humaine et artistique qui s'établit entre un chef et un orchestre est un des phénomènes les plus insondablement mystérieux, unissant un individu faisant office de guide, et ses collaborateurs, qui suivent et exécutent. De nombreux récits et anecdotes légendaires ont vu le jour à ce sujet, provenant surtout de l'époque où le chef était vu comme un despote.

Les musiciens de l'orchestre sont assis en demi-cercle sur la scène ; face à eux, le chef se dresse sur l'estrade, souvent perçue comme lieu de pouvoir, mais aussi ressentie comme un îlot de solitude. De l'estrade, le *Maestro* – ainsi désigne-t-on généralement le directeur – dicte aux musiciens rythme et expression par des gestes tantôt mesurés, tantôt excessifs, voire inutiles ; il recherche un résultat d'ensemble harmonieux et équilibré. Ses gestes ne sauraient être que le prolongement visuel de sa pensée et de son esprit, le but visé ne pouvant être atteint en donnant des ordres, comme le ferait un dictateur ou un tyran.

Pour impliquer tant de personnalités différentes et les convaincre de la justesse de sa conception musicale, il doit avoir une idée claire de l'interprétation et la transmettre, non par la contrainte, mais avec détermination, force de persuasion et sentiment de sécurité ; convaincus du bien-fondé de l'idée, les musiciens la mettent alors en œuvre avec passion, générosité, confiance et liberté. Alors seulement peut s'accomplir la symbiose entre le chef et l'orchestre, rendant possibles l'Harmonie et la Beauté par lesquelles le public est conquis.

Les Grecs prétendaient que ce qui est « beau » est aussi « juste » et « bon », et inversement. Voilà pourquoi l'Orchestre – le fait de jouer ensemble et aussi de chanter ensemble – reflète l'idéal d'organisation et d'interaction de toute société.

L'ensemble dans lequel se fond chaque ligne musicale n'est harmonieux que lorsque l'équilibre entre les différentes parties est respecté. Nul n'a le droit de s'imposer arbitrairement à l'autre : chaque musicien participe à la construction du Bien suprême qui est l'Harmonie, dans le respect de la liberté d'autrui.

Bien jouer ensemble signifie apprendre à bien vivre ensemble. Le chef n'atteint la plénitude de son idée musicale qu'en valorisant les capacités techniques et expressives de chaque instrumentiste, censé à son tour la transmettre à l'auditeur. Ce phénomène peut s'expliquer en partie, mais l'essentiel demeure de l'ordre du mystère.

Pour que la transmission du message demeure au cœur de toute exécution, le chef ne doit pas devenir le point de convergence de l'attention du public. «Ah ! si on pouvait diriger un orchestre, sans diriger… ! », m'a dit un jour mon très cher ami Carlos Kleiber, qui était un chef de génie. Autrement dit : s'abstenir de tout geste inutile, susceptible de distraire l'attention et d'altérer le flux de la musique, lequel doit aller tout naturellement du chef aux musiciens, puis de l'orchestre au public, comme un fleuve qui se jette dans la mer.

Dès la première rencontre, un orchestre perçoit la personnalité d'un chef, parfois même ses qualités, avant qu'il n'ait prononcé un mot ou esquissé un geste. Ce qui se passe par la suite, au cours des répétitions et des concerts, se nourrit de respect mutuel, d'estime, de talent, de charisme. À défaut d'un seul de ces éléments, aucun geste impérieux ne peut établir cette entente que crée une atmosphère empreinte d'affectueuse confiance et de complicité, véritables prémices de tout accomplissement artistique.

Un orchestre exprime l'âme, le caractère d'un peuple. En dépit de la mondialisation, on peut distinguer un orchestre français d'un orchestre allemand, russe ou italien… par des traits qui résultent de la nature spécifique et de la culture profonde d'un pays. Par son poids sonore, sa puissance, son impact, l'attaque de la si célèbre *5e Symphonie* de Beethoven sonne différemment d'un orchestre à l'autre, y compris sous la baguette du même chef.

Pour tout *Maestro*, il est extrêmement passionnant et formateur de diriger la même œuvre avec des orchestres de diverses nationalités, autrement dit avec des musiciens à la personnalité et à la formation différentes. Cela peut l'amener à des découvertes inattendues, propres à élargir son horizon interprétatif.

Ainsi, le chef doit savoir « écouter » et, dans certains cas, s'enrichir des suggestions qui émanent tout naturellement des orchestres. Car même dans les moins prestigieux d'entre eux, des décennies d'expériences, de rencontres, de sacrifices, de malentendus, de passions et de haines se sont accumulées et décantées, formant ce réservoir unique de trésors interprétatifs que l'on appelle la tradition.

Tel qu'il s'est forgé à travers les siècles, l'orchestre représente une des grandes conquêtes du monde civilisé. Il doit être soutenu et développé pour le bien de l'humanité, car la Musique contribue à la communication et à la compréhension entre les peuples.

À la mémoire de François Dupin

Très tôt, l'orchestre nous a fasciné. Par son répertoire, bien sûr, par la figure du chef, aussi. Mais pas seulement. Ce qui nous intriguait, c'était le fonctionnement particulier que nous devinions à cette étrange communauté humaine et musicale. Nous sentions bien que cette ruche industrieuse obéissait à ses propres lois organiques. Très tôt, nous avons perçu que cette entité abstraite, cette masse indifférenciée que le public identifie sous le nom d'Orchestre de Paris ou d'Orchestre national de France se composait d'individus. Et pas n'importe lesquels : cette flûte qui nous laissait sans voix, ce hautbois qui nous ravissait, ce ne pouvait être de simples exécutants, c'étaient des maîtres. Ces anonymes, ces sans grades, ces prolétaires de la musique, nous n'avons pas tardé à voir en eux des aristocrates. Nous avons commencé par feuilleter le programme de salle pour consulter la liste des musiciens : nous pouvions dès lors mettre un nom sur ces seigneurs, Michel Debost à la flûte ou Michel Benet au hautbois. De ce jour, nous avons résolu de n'en ignorer aucun, nous amusant à les identifier, à faire des fiches nommant les titulaires des principaux orchestres mondiaux. Recherche compulsive, qui n'était pas simple en ces années 1980 où l'on ne disposait pas encore d'internet.

Nous ne perdions pas une occasion d'en savoir plus sur les mentalités et méthodes de travail de ce groupe où la communauté dépasse la somme des individualités, et sur ses hiérarchies très militaires. Un livre fit alors notre bonheur: *L'Orchestre nu*, de François Dupin, tout juste paru. À travers ses souvenirs, le percussionniste de l'Orchestre de Paris offrait une plongée passionnante, drôle et émouvante, dans le quotidien d'un orchestre. Nous fîmes la connaissance de l'auteur en 1987 : cet homme plein d'esprit et de générosité devint notre mentor et fut le premier à nous encourager à devenir critique musical. Notre correspondance, nos conversations, les répétitions auxquelles il nous permit d'assister, furent un apport inestimable pour pénétrer plus avant dans ce monde. Nous présentant à ses collègues, il précisait : « Ce jeune homme peut vous dire qui était deuxième trompette de la formation B de l'Orchestre de Buffalo il y a sept ans. » Il forçait un peu le trait, quoique…

Bien plus tard, devenu critique au *Figaro*, nous fûmes chargé pendant quatre ans d'une chronique hebdomadaire sur France Musique, dans l'émission matinale de Lionel Esparza. Ayant carte blanche pour le thème, nous décidâmes de la consacrer à des portraits de musiciens d'orchestre et à une exploration de cet univers. Est-ce par vocation ou par défaut qu'ils font ce métier ? Qui se soumet pendant ses études à l'excellence et à la compétition pour finalement fondre son talent dans un groupe ? Comment s'organise cette microsociété ? Quel rapport au chef d'orchestre : de pouvoir ou de confiance ? L'orchestre peut être le paradis ou l'enfer, il peut se comporter comme une classe de sixième ou s'élever jusqu'à la transcendance. Ses membres sont des êtres humains, avec leurs forces, leurs faiblesses, leur diversité, mais lorsqu'ils communient pour le même objectif, l'orchestre devient la plus magique des inventions. Le succès de cette chronique radiophonique nous a encouragé à envisager un livre, qui viendrait non pas remplacer, mais compléter et systématiser *L'Orchestre nu* de François Dupin trente ans après. Sophie Debouverie a bien voulu accueillir ce projet aux éditions Fayard : qu'elle en soit remerciée du fond du cœur.

Ce livre ne se veut pas complaisant. S'il lui arrive de brocarder certains travers de ces têtes de lard que peuvent être les musiciens d'orchestre, il reste toutefois une déclaration d'amour à un métier et à une corporation qui n'ont pas fini de nous remplir d'admiration.

PREMIÈRE PARTIE

Le musicien d'orchestre

I
Un métier à part entière

Faire de la musique son métier ne va déjà pas de soi. « Qu'est-ce que vous faites dans la vie ? – Musicien. – Ah oui, mais à part ça ? » La rengaine est connue. Même si les mentalités ont beaucoup évolué, être artiste n'est encore pas considéré par beaucoup comme une véritable profession, et le fameux « passe ton bac d'abord » est encore d'actualité dans la bouche de nombreux parents, inquiets de ne pas voir leur rejeton s'engager dans un métier sérieux, un « vrai » métier. S'il est un grand soliste international, il semble appartenir à une planète lointaine, s'il est un galérien des cachets, on le regarde vite comme un marginal, voire un profiteur, comme cela éclata au moment du conflit des intermittents du spectacle en 2003. Dans un cas comme dans l'autre, le fait qu'il s'agisse d'une activité que l'on peut pratiquer chez soi en amateur, accentue le soupçon : c'est un hobby, pas un métier. Suspicion accentuée à notre époque où culture se confond de plus en plus avec divertissement.

Certains des plus grands représentants de cet art contribuent eux-mêmes en toute bonne foi à cette image, comme lorsque Daniel Barenboim déclare que la musique ne devrait pas être une profession. Quand cet immense artiste dirigea les dix grands opéras de Wagner à Berlin à raison d'un par soir, il n'hésita pas à ajouter des concerts aux moments de relâche, jouant par exemple le considérable *1er Concerto pour piano* de Brahms le dimanche matin alors qu'il avait dirigé *Tannhäuser* la veille et s'apprêtait à donner *Lohengrin* le soir même. Comme on lui demandait si ce ne serait pas fatigant, il répondit : « Quelle manière plus agréable de passer sa matinée que de jouer du Brahms ? » Par cette réponse qui relève de la coquetterie tout en étant parfaitement sincère, il apportait de l'eau au moulin de ceux qui pensent qu'être musicien n'est pas un vrai métier, oubliant au passage les années de travail dignes de l'entraînement d'un sportif de haut niveau, et la rémunération pour le moins substantielle d'un artiste comme Barenboim, digne de celle d'un capitaine d'industrie.

Tout se complique avec le musicien d'orchestre. Celui qui, par vocation ou par défaut, devient membre d'une formation symphonique, est un paradoxe vivant. Artiste, il est aussi salarié. Aristocrate, il est aussi prolétaire. Interprète, il est aussi exécutant. Individualiste, il n'existe qu'en tant que partie d'un tout qui le dépasse. Contrairement au soliste maître de son emploi du temps, il est soumis à des obligations de service, à des horaires fixes, à des conventions collectives négociées avec les syndicats, à une culture d'entreprise. Dans son livre *L'Orchestre nu,* François Dupin a parfaitement défini cette espèce inclassable : « Ni cadres, ni employés, rémunérés comme de hauts fonctionnaires et salariés comme les ouvriers d'une usine, avec un règlement similaire et un chef du personnel, ni poètes ni métallos et les deux à la fois, ni cultivés ni incultes, exposés à discourir musicalement devant des milliers d'auditeurs, mais rarement capables de résumer clairement une idée devant cent vingt personnes, voués quotidiennement à s'exprimer ensemble et inaptes à s'unir. »

Une entreprise pas comme les autres

Un orchestre est une entreprise. Les musiciens en forment l'épine dorsale et l'essentiel de la masse salariale. À leur tête, le directeur musical qui est le chef principal de l'orchestre et fixe les grandes lignes de la politique artistique. Au sommet de l'entreprise se trouve une administration composée la plupart du temps d'un directeur général (*manager* dans les pays anglo-saxons, *Intendant* dans les pays de langue allemande), d'un directeur artistique qui est parfois le directeur musical lui-même, parfois un conseiller à la programmation, le plus souvent un tandem entre les deux, d'une direction des ressources humaines, d'un service de production et de diffusion, d'une direction de la communication, des relations publiques et du mécénat, d'un service de presse, et de plus en plus souvent d'une division éducative ou d'un service jeune public. Sans oublier les services techniques, avec les régisseurs et garçons d'orchestre chargés de la logistique : c'est grâce à eux que chaises, pupitres et instruments sont en place chaque soir pour le concert, et que les semi-remorques transportant les instruments les plus lourds (contrebasses, timbales…) arrivent à bon port en tournée. Auparavant, il aura fallu que le bibliothécaire réunisse les partitions nécessaires au concert, en les prenant parmi son stock, ou en les louant à des éditeurs : il constitue ainsi le « matériel », terme qui désigne non seulement la partition d'orchestre mais l'ensemble des parties séparées (premiers violons, seconds violons, première flûte, deuxième flûte, etc.). À titre d'exemple, l'Orchestre de Paris compte à ce jour 119 musiciens et une administration de 34 personnes.

Mais ce n'est pas une entreprise comme les autres. Il s'agit d'une entreprise artistique, composée d'artistes : on ne peut la gérer comme une fabrique de boîtes de conserves, à moins d'aller au devant de graves problèmes. Comme dans toute entreprise, le musicien salarié est soumis à des obligations. Il doit un certain nombre d'heures de travail dans l'année, assez variables d'une phalange à l'autre, mais toujours réparties en « services » : une répétition, comme un concert, compte pour un « service ». Le musicien est soumis à une obligation de ponctualité, comme l'employé de bureau : si le début de la répétition est prévu à 10 h, tous les musiciens doivent être installés, instrument accordé, prêts à commencer à l'heure dite. Ces horaires et durées sont fixés et contrôlés en accord avec les syndicats. Aux États-Unis, ces derniers sont particulièrement puissants : une horloge visible de tous est installée sur le plateau, et si la fin de la répétition est prévue à 12 h 30, tous les musiciens s'arrêteront de jouer à 12 h 30 pile, au besoin en plein milieu d'une phrase musicale, même si le chef d'orchestre avait encore des détails à régler avec eux. Qu'un chef s'avise de les faire rester une minute de plus, et c'est l'incident garanti ! Parfois, le chef a sa vengeance, comme celui qui tenta de s'adresser aux musiciens après l'heure de fin de la répétition du matin : « Mesdames, Messieurs, je voulais encore vous dire… », se faisant interrompre par un délégué : « Non, la répétition est finie. » « Mais je voulais seulement vous dire… », une fois de plus coupé dans son élan : « Pas question, c'est fini. » L'après-midi, il prit la parole en ces termes : « Ce que j'essayais de vous dire tout à l'heure, c'est que nous n'avions pas besoin de répéter cet après-midi, vous pouvez donc rentrer chez vous. »

Impossible de gérer les ressources humaines d'un orchestre comme celles d'une entreprise « normale ». Un administrateur qui voudrait par exemple rationaliser la gestion du personnel selon des critères purement économiques irait à l'échec. La masse salariale ? Qu'à cela ne tienne, il suffit de ne pas pourvoir les postes vacants de deuxième hautbois et de quatrième cor. Seulement voilà : un orchestre a besoin d'un deuxième hautbois et d'un quatrième cor, car les neuf dixièmes du répertoire symphonique l'exigent ! François Dupin cite l'exemple d'un audit effectué par un cabinet britannique lors d'un concert orchestral. Parmi les conclusions les plus savoureuses : « L'orchestre compte quatre hautboïstes. Leur nombre pourrait être réduit et leur travail mieux réparti tout au long du concert. Les douze violonistes jouent à l'unisson, un cas de prolifération de postes superflue. » Cette anecdote est trop belle pour être vraie, mais parfois la réalité rejoint la fiction, et Dupin raconte l'épisode, vécu, au cours duquel le directeur du Casino de Vichy, remarquant que certains instrumentistes avaient des mesures de silence dans leur partition, lança : « Vous me ferez relever les noms de ceux qui s'arrêtent de jouer. On les mettra à pied. »

Cela n'exclut pas une certaine rationalisation. L'Orchestre de Paris compta longtemps dans ses rangs un poste de première et un poste de deuxième harpe. Les œuvres nécessitant deux harpes étant fort rares, il ne fallait pas être énarque pour comprendre que la deuxième harpe était la personne la mieux payée de l'orchestre : elle touchait un salaire mensuel pour ne jouer que quatre fois par an ! À la faveur de son départ en retraite, son poste fut supprimé, ou plutôt redéployé vers un pupitre qui avait besoin d'être renforcé. Certaines décisions, artistiquement justifiées, sont suspendues à des critères financiers. Ainsi, l'Orchestre de Paris ne compta longtemps pour les bois qu'un seul soliste par pupitre, alors que les premiers pupitres de cordes et de cor étaient doublés, permettant une rotation des musiciens. Flûte, hautbois, clarinette et basson solo se plaignaient donc à juste titre de jouer sans cesse, quand leurs collègues pouvaient alterner. Ils finirent par être doublés dans les années 1990, à la faveur d'une décision budgétaire. En revanche, dans les orchestres britanniques et américains, de gestion purement privée, chaque pupitre ne compte qu'un seul titulaire.

La gestion des ressources humaines d'un orchestre est inextricablement liée aux décisions artistiques. Ainsi, si les grandes formations symphoniques ont de plus en plus tendance à négliger le répertoire classique, notamment Haydn et Mozart, au profit de l'époque postromantique et moderne (Bruckner, Mahler, Stravinsky, Chostakovitch…), ce n'est pas seulement pour correspondre aux goûts du public. C'est aussi parce que, lorsque l'on emploie 120 personnes à l'année, liées par une obligation de service, il faut bien faire travailler tout le monde… Or, une symphonie de Haydn mobilise quarante musiciens, contre une centaine pour une symphonie de Mahler. Si l'orchestre consacre une partie de sa saison à un cycle Mozart, les pupitres de trombones et percussions ou la troisième trompette seront inactifs pendant trois mois. Et aucun chef d'entreprise n'aime voir son personnel payé à ne rien faire. D'un autre côté, il est musicalement salutaire pour un orchestre de jouer régulièrement Mozart, qui « nettoie » la sonorité, pour reprendre une expression du chef Philippe Jordan, alors que trop de Mahler risque à terme d'alourdir le son et de nuire au soin des nuances. Dès lors, établir le planning d'un orchestre est un exercice extrêmement savant, où impératifs musicaux et critères économiques s'opposent ou se complètent en permanence.

Lorsque les musiciens d'orchestre luttent pour leurs conditions de travail, on a beau jeu de les renvoyer à leur mission artistique et de stigmatiser l'attitude corporatiste de syndicats frileux. Comme s'il était honteux pour des artistes de se mêler de droits sociaux. On touche au cœur de la contradiction de leur statut : leur activité n'est pas seulement une passion, c'est aussi un travail. La fondation de l'Orchestre philharmonique de Berlin en 1882 résulte d'une conquête sociale, lorsque les musiciens de la Bilsesche Kapelle se rebellèrent contre leur employeur, l'entrepreneur de spectacles Benjamin Bilse, qui les exploitait de manière éhontée. Horaires de travail, obligations de service font aujourd'hui, dans les orchestres, l'objet de négociations aussi âpres que dans n'importe quelle entreprise. Les délégués syndicaux et délégués du personnel élus par leurs pairs sont les interlocuteurs de l'administration. En France, le syndicat majoritaire dans les orchestres permanents est le SNAM-CGT (Syndicat national des artistes musiciens), mais on trouve aussi des délégués CFDT, FO et SUD. Les grèves sont rares mais peuvent être dures. L'une d'entre elles, en 2005, a conduit à la défection pure et simple de l'Orchestre philharmonique de Radio France pour les représentations des *Bassarides* de Henze au Châtelet, obligeant le chef Kazushi Ono à réaliser en un week-end une transcription de l'œuvre pour petit ensemble instrumental. Toujours à Radio France, c'est en menaçant d'une grève que le même Philharmonique avait obtenu la parité salariale avec l'autre orchestre de la maison ronde, l'Orchestre national de France. En 2010, l'Orchestre symphonique de Detroit s'est mis en grève pour protester contre la baisse des salaires de 22 % prévue par la direction, tout comme les orchestres des trois Opéras berlinois (Staatsoper, Deutsche Oper, Komische Oper), pour en appeler à un alignement de leur convention collective sur celle en vigueur sur le reste du territoire allemand. En 2011, l'Orchestre symphonique du Brésil a cessé le travail pour engager un bras de fer avec son chef Roberto Minczuk, qui avait l'intention de renvoyer la moitié des musiciens. Le phénomène n'est pas nouveau : le Boston Symphony dut recruter vingt nouveaux musiciens d'un seul coup durant la saison 1920/1921 pour remplacer ceux qui avaient été renvoyés lors d'une grève particulièrement âpre en 1920. Parmi les pierres d'achoppement, certaines sont communes à tous les métiers : l'Orchestre de l'Opéra de Paris a milité avec succès pour le maintien de la retraite à soixante ans, se voyant épargné par l'application de la réforme Fillon. D'autres sont spécifiques de ce métier de diffusion : certains orchestres sont très rigides sur la question des droits de diffusion, rendant difficile une politique audiovisuelle, à l'heure d'internet et des nouvelles technologies.

Comme dans toute entreprise, certaines revendications sont légitimes et font partie d'un dialogue social sain, et d'autres font sourire par leur mesquinerie. Ainsi de ce titulaire du poste de clarinette basse solo à l'Opéra de Paris, qui s'était fait établir un contrat bien spécifique. Dans la totalité des orchestres, la clarinette basse solo est aussi amenée à jouer la deuxième clarinette. Parfois même, le compositeur le précise dans la nomenclature de sa partition : la mention « deux clarinettes, la deuxième jouant aussi la clarinette basse » figure alors sur la page de garde. Or, notre soliste avait fait acter qu'il ne jouerait que la clarinette basse, à l'exception de tout autre instrument de la famille des clarinettes. Aussi, dans une œuvre requérant « deux clarinettes, la deuxième jouant aussi la clarinette basse », il fallait engager un troisième clarinettiste !

D'autres spécificités surprennent celui qui n'est pas familier du monde de l'orchestre, comme ces indemnités supplémentaires allant jusqu'à 75 % du prix du service, pour utiliser un instrument inhabituel. C'est le cas lorsque le chef demande aux trompettistes, pour certains répertoires germaniques, de jouer des trompettes allemandes à palettes, en lieu et place de leurs traditionnelles trompettes à piston. C'est le cas lorsque le tubiste, dans un opéra de Verdi, remplace son tuba par un cimbasso italien. Dès lors, sans voir le mal partout, on ne pourra s'empêcher de s'interroger en voyant le clarinettiste tenter de convaincre le chef que la clarinette en *la* sonnera beaucoup mieux dans cette œuvre que la clarinette en *si* bémol : est-ce uniquement parce qu'il en trouve la sonorité plus chaude et veloutée, ou parce qu'il touchera une prime en cas de changement d'instrument ?

Pour d'autres instruments, ce qui peut apparaître comme un avantage indu est en réalité justifié par des difficultés musicales spécifiques. Ainsi lorsqu'un cor solo exige une « doublure ». L'instrument est tellement délicat et épuisant que ce renfort est souvent bien utile pour doubler le premier cor dans des passages éprouvants, notamment pour le laisser se reposer dans un tutti fracassant s'il a un solo à jouer aussitôt après, par exemple à la fin d'*Une vie de héros* de Richard Strauss. Certains passages de relais sont décidés à l'avance par les deux instrumentistes, mais il s'agit aussi pour la doublure d'être en permanence aux aguets, prêt à suppléer le soliste s'il le sent sur le point de fléchir. Certains refusent ce système. C'est le cas de Johannes Ritzkowski, cor solo de l'Orchestre symphonique de la Radio bavaroise. Cet homme au caractère bien trempé et aux nerfs d'acier n'aime pas déléguer, et préfère s'acquitter seul de sa partie, même dans les plus longues symphonies de Bruckner et Mahler. Il s'insurge notamment contre la coutume consistant à confier le retour du thème initial, à la fin de la *4*e de Bruckner, à une doublure, un peu comme on fait entrer le remplaçant d'une équipe de football en fin de match car il est frais physiquement : pour Ritzkowski, c'est un non-sens musical car il faut que le thème sonne « fatigué » lorsqu'il revient à la fin de la symphonie…

Le règlement intérieur d'un orchestre ne laisse rien au hasard. Dans quelle mesure le temps de travail de préparation à la maison est-il comptabilisé dans les services ? Car il va de soi que les musiciens sont censés être prêts lorsque commence la première répétition… Parfois, cela va sans dire mais encore mieux en le disant : si les orchestres londoniens ou américains sont parfaitement au point dès le premier jour, les orchestres français donnent parfois l'impression que les musiciens n'ont pas ouvert la partition avant de commencer à répéter, comptant sur leur rapidité de déchiffrage. Au point que le chef Yakov Kreizberg renvoya un jour chez eux les musiciens de l'Orchestre de Paris en leur disant : « Vous reviendrez quand vous serez prêts. » Le groupe ressemble alors à une classe de lycée tancée par son professeur. Le temps de travail est aussi réglementé lors du concert ou de la représentation d'opéra. On en arrive parfois à des extrémités surprenantes, comme lors de ce *Boris Godounov* de 1988 à l'Opéra de Paris, où l'on pratiqua des coupures dans la partition pour éviter de terminer après minuit, ce qui aurait obligé à payer les musiciens double tarif…

Qu'en est-il des indemnités de transport en cas de déplacement à l'extérieur ? Qu'en est-il du temps d'habillage et de déshabillage ? À l'Orchestre national du Capitole de Toulouse, il est compris dans le temps de travail au pupitre décompté pour le concert ou la représentation, tout comme les saluts. Qu'en est-il de la tenue ? Qu'il s'agisse du frac pour les concerts du soir, du smoking ou du costume noir pour les concerts en matinée ou les représentations dans la fosse, voire de la chemise pour les concerts populaires ou en cas de forte chaleur, sans parler des chaussures vernies, reste à savoir si la tenue est fournie par l'orchestre ou à la charge de l'instrumentiste, avec dans ce cas une indemnité pour son entretien ou son renouvellement. Quant aux femmes, le cas de figure le plus fréquent est la robe longue ou le pantalon noir, mais certains orchestres poussent encore plus loin le soin du détail : ainsi au Saint Louis Symphony Orchestra, où le chef Leonard Slatkin avait exigé que les musiciennes aient les bras couverts ! La vue de la peau blanche des bras nus le déconcentrait-elle ? Dans chaque orchestre en tout cas se pose la question de la diversité des tenues féminines, par contraste avec l'uniformité des costumes des hommes.

Individuel et collectif

Nous évoquions l'uniformité des costumes. De là à parler d'uniforme, il n'y a qu'un pas. Emmanuel Krivine ne comparait-il pas l'orchestre à une caserne ? On touche là encore au cœur de la contradiction de ce métier schizophrène qu'est celui de musicien d'orchestre. Étymologiquement, symphonie veut dire « sonner ensemble ». De fait, lorsque le public assiste à un concert symphonique, il perçoit l'orchestre comme une entité unique qui a pour nom « Orchestre philharmonique de Berlin », « Orchestre du Concertgebouw d'Amsterdam » ou « Orchestre symphonique de Chicago ». Il oublie, ce faisant, que ce corps sonore est fait de la réunion d'individualités. De ce point de vue, l'appellation allemande est beaucoup plus parlante. On ne dit pas « das Berliner Philharmonische Orchester » ou « das Wiener Philharmonische Orchester », mais « die Berliner Philharmoniker » et « die Wiener Philharmoniker » : préféré au singulier, ce pluriel que l'on pourrait traduire par le néologisme « les Philharmonistes » de Berlin ou de Vienne, désigne expressément les membres de la communauté musicale. Ceux-ci ont chacun une personnalité humaine et musicale, une technique instrumentale, un parcours de vie propres. Et pourtant, le tout dépasse la somme des individualités : chacun n'existe qu'en tant qu'il est le maillon d'une chaîne, la cellule qui participe à un organisme. Plus qu'à une caserne, on pense plutôt à une ruche industrieuse ou à une fourmilière à l'organisation savante. Même le violon, hautbois ou cor qui brille le temps d'un solo de quelques secondes ou minutes, se retrouvant soudain en première ligne, réintègre aussitôt le tissu symphonique. Un exemple montre bien cette dimension organique : une fois que l'orchestre s'est accordé, il joue au même diapason, or celui-ci varie au cours du concert en fonction de la chaleur et de l'humidité. Il n'est pas rare alors que le son « monte ». Il faudra au besoin se réaccorder entre deux mouvements. Dans ces cas, c'est l'ensemble qui change de diapason, et non tel ou tel. Quant au « musicien du rang », encore une expression militaire pour désigner le « tuttiste », celui qui ne joue que dans les tutti, il reste en permanence fondu dans la masse. Or, chacun est un artiste à part entière, recruté selon des critères d'excellence technique et musicale. Ce que le chef Simon Rattle résume ainsi dans le film *Trip to Asia* : « Je ne connais pas un métier où il faille atteindre un tel degré d'accomplissement tout en se soumettant à un groupe. » Comment vivre cette contradiction ?

Certains ressentent comme une frustration cette activité exclusivement collective. Altiste au Philharmonique de Berlin, Naoko Shimizu raconte que son mari lui dit parfois : « Pourquoi te donnes-tu autant de mal puisque de toute façon on ne t'entend pas ? » Et pourtant, elle ne cache pas sa fierté d'appartenir à l'orchestre. Tout dépend donc déjà de l'état d'esprit dans lequel on aborde ce métier. L'a-t-on choisi par vocation ou par défaut ? Certains optent pour l'orchestre pour des raisons de sécurité matérielle, parce que la carrière de soliste est trop aléatoire, surtout s'ils ont charge de famille. Dans bien des familles réticentes à l'idée de voir la progéniture opter pour la musique, on est rassuré de la voir intégrer un orchestre permanent. D'autres le font parce qu'ils ne se sentaient pas les épaules assez solides pour le difficile parcours du concertiste, soumis à une pression permanente. Un jour, arrivant à la salle Pleyel en avance, François Dupin entendit le son d'un violoncelle venant d'une des loges. C'était le *Concerto* de Dvořák, joué avec une noblesse et une musicalité dignes de Yo Yo Ma. Il entrouvrit discrètement la porte pour voir quel grand soliste s'échauffait là : c'était simplement son collègue Pierre Devos, violoncelliste du rang à l'Orchestre de Paris. Dupin lui fit des compliments admiratifs, lui demandant pourquoi il n'avait pas fait une carrière de soliste, avec ce niveau. Devos lui répondit qu'il avait bien trop le trac pour cela. Hubert Varron, qui fit tout son parcours comme violoncelle solo de l'Opéra de Paris, avait obtenu à dix-sept ans un deuxième prix au Concours de Prague, juste derrière un certain... Mstislav Rostropovitch ! C'est dire à quel point la barre est placée haut pour pourvoir les postes dans les grands orchestres.

Il n'en reste pas moins que, si le musicien mène à bien ces études de haut niveau dans l'idée de devenir concertiste, il risque de vivre comme un échec le fait d'entrer dans un orchestre. À cet égard, les mentalités sont différentes d'un pays à l'autre. En Allemagne ou aux États-Unis, il existe une culture orchestrale très ancrée : être membre d'un grand orchestre est source de fierté, c'est un but pour l'étudiant. Si un élève du Curtis Institute entre à l'Orchestre de Philadelphie, si un étudiant de la Juilliard School intègre le New York Philharmonic, son professeur le prendra dans ses bras et le félicitera chaleureusement, fier de son disciple. Dans les pays latins, il y a encore du chemin à parcourir pour éduquer les esprits. Le Conservatoire national supérieur de musique de Paris a longtemps été conçu pour former des solistes, négligeant la carrière d'orchestre. Gérard Poulet, qui régna pendant un quart de siècle sur la classe de violon, ne prononçait même pas le mot « orchestre » devant ses élèves. Résultat : l'étudiant qui se voyait déjà en nouveau Yehudi Menuhin osera à peine annoncer à son professeur qu'il est entré à l'Orchestre de Paris ou à l'Orchestre national de France, comme si c'était honteux. Actuel directeur du CNSM de Paris, le compositeur Bruno Mantovani s'est fixé comme l'une de ses premières missions de convaincre les professeurs de « former de bons musiciens d'orchestre plutôt que de mauvais solistes »... Le phénomène est moindre pour les instruments n'ayant guère de débouchés hors de l'orchestre, comme la contrebasse, le basson ou le trombone, où les possibilités de faire une carrière de soliste, sont de toute façon limitées, et où l'orchestre est un horizon obligé.

À cela s'ajoute que la culture du collectif semble plus forte dans l'aire germanophone et dans les pays anglo-saxons que dans les pays latins. Sans vouloir tomber dans les stéréotypes, force est de constater que, dans bien des orchestres allemands ou anglais, les talents individuels sont moins brillants et virtuoses que dans certains orchestres français, en particulier parmi les instruments à vent, mais que leur cohésion est bien plus grande : ils mettent un point d'honneur à jouer véritablement ensemble, c'est-à-dire non seulement en même temps, mais selon une même respiration, une esthétique commune. Au point d'en faire un critère de recrutement : lorsque, en 1983, le Philharmonique de Berlin refusa la clarinettiste Sabine Meyer que Herbert von Karajan voulait engager, ce n'était pas, ou pas seulement, par misogynie. La justification donnée par les musiciens était d'ordre musical : la sonorité claire et typée de la musicienne serait, d'après eux, mal appariée avec celle, chaude et fondue, du pupitre de clarinettes du Philharmonique. Ce souci d'homogénéité n'est pas toujours celui des musiciens latins, qui rechignent parfois à se fondre dans un groupe. Dans les années 1970 et 1980, l'Orchestre de l'Opéra disposait d'un pupitre de trompettes composé de musiciens d'un niveau transcendant, avec par exemple Roger Delmotte, Robert Bouché, Pierre Thibaud, Thierry Caens, Eric Aubier ou Bernard Gabel. À ceci près qu'ils avaient tous un style différent et ne faisaient aucun effort pour unifier leurs sonorités.

Au Philharmonique de Vienne, tous les musiciens sont, sinon viennois, du moins formés à Vienne. Ils ont eu les mêmes professeurs, eux-mêmes membres ou anciens des Wiener Philharmoniker : jusqu'au début des années 2000, par exemple, les deux tiers des violons étaient des élèves de Franz Samohyl. Rien de tel pour unifier le son et le style. Sans parler de la fierté éprouvée à faire partie de cette communauté d'élite. Dans le collectif orchestral, il n'est pas rare que l'élève devienne collègue, voire supérieur hiérarchique de son ancien maître. Cor solo de l'Orchestre de Paris, André Cazalet a formé la plupart de ses équipiers. Lorsque le pupitre joua le *Konzertstück pour quatre cors* de Schumann sous la direction de Paavo Järvi en 2011, Benoît de Barsony se retrouva ainsi dans la position de jouer la partie supérieure aux côtés de ses deux professeurs : André Cazalet qui jouait le deuxième cor, et Jean-Michel Vinit au troisième cor. Même si l'on est depuis devenu un soliste confirmé, comment ne pas se sentir encore jugé ?

La conjonction de ces paramètres, ajoutée à la personnalité du ou des chefs qui furent à la tête d'un orchestre, entraîne un phénomène étrange, que même les chefs trouvent mystérieux : la mémoire collective. Un orchestre possède une identité. Celle-ci se manifeste tant par la mentalité que par la sonorité et le style. Le Chicago Symphony ou l'Orchestre de Philadelphie firent appel à la fin du XIXe siècle à de nombreux musiciens germanophones, venus d'Allemagne, d'Autriche ou des pays danubiens de l'Empire austro-hongrois.

Le Boston Symphony, au contraire, accueillit à partir de la Première Guerre mondiale une très forte colonie française, en particulier dans les instruments à vent. Ces temps sont oubliés depuis longtemps, et ces orchestres sont aujourd'hui composés d'une majorité de musiciens nés américains, ou d'expatriés de diverses origines, notamment extrême-orientale. Pourtant, aujourd'hui encore, le Symphonique de Boston a tendance à cultiver une clarté française et celui de Chicago à rechercher une puissance germanique. La personnalité du chef, nous y reviendrons longuement dans la dernière partie de cet ouvrage, joue bien sûr un rôle essentiel : le fait que Seiji Ozawa, qui fut pendant trente ans directeur musical du Boston Symphony Orchestra, ait été un disciple de son prédécesseur Charles Munch, a pu expliquer une certaine permanence esthétique. De même, Fritz Reiner, Georg Solti ou Daniel Barenboim, malgré leurs grandes différences esthétiques, cultivèrent à Chicago le style mitteleuropéen.

Le même phénomène touche les orchestres londoniens. On a coutume de désigner le London Symphony comme le plus moderne et « américain », avec une sonorité internationale développée par des chefs comme André Prévin, Claudio Abbado ou Michael Tilson-Thomas. Le London Philharmonic, au contraire, marqué par Georg Solti, Bernard Haitink ou Klaus Tennstedt, est la plus romantique, la plus germanique des phalanges de la capitale britannique. La première fois que le jeune Simon Rattle dirigea le Philharmonia, il raconte s'être retourné pour vérifier si le fantôme d'Otto Klemperer n'était pas derrière lui, tant l'orchestre semblait encore conditionné par le style de jeu du grand chef allemand, mort depuis dix ans. Il n'en va pas autrement à Paris, où l'Orchestre de Paris, forgé par Karajan, Solti et Barenboim, est sans doute la plus germanique des formations du pays, tandis que l'Orchestre national de France a conservé une transparence et une fragilité bien françaises malgré le passage à sa tête du très allemand Kurt Masur.

Cela ne signifie pas que cette identité soit immuable et figée. Une tradition est un phénomène vivant et évolutif. Ce que l'on a longtemps appelé le « son Berlin » n'était autre que le « son Karajan », tant il avait été forgé par celui qui fut directeur musical du Philharmonique de Berlin de 1955 à 1989. Lorsque Claudio Abbado lui succéda, il infléchit la sonorité de l'orchestre vers plus de transparence et de fluidité, au détriment de la puissance compacte et fondue cultivée par son prédécesseur. Et le successeur d'Abbado, Simon Rattle, travaille aujourd'hui vers plus de versatilité. Mais c'est oublier que, lorsque Karajan prit lui-même la succession de Furtwängler, on l'accusa déjà de modifier la sonorité sombre et dense de son prédécesseur. Malgré tout, il n'en reste pas moins des constantes et des réflexes. Ainsi, le Philharmonique de Berlin se définit encore et toujours par la formidable assise de son pupitre de basses, qui faisait dire à Sergiu Celibidache qu'un concert du Philharmonique de Berlin « ressemble à un concerto pour contrebasses ». En 2010, lorsque les Berliner enregistrent les symphonies de Brahms avec Rattle, un quart de l'orchestre seulement a pu les jouer sous la direction de Karajan. Et pourtant, les réflexes reviennent : tel ralenti, tel phrasé, tel coup d'archet, telle sonorité ressort tout naturellement. Le premier violon Daniel Stabrawa ne le cache pas : « Je deviens moi-même tradition. J'ai joué avec Karajan, j'ai ce son dans la tête et je le recherche encore. »

Cette identité passe par la transmission des anciens aux jeunes, comme au Philharmonique de Vienne où les musiciens sont comme nulle part ailleurs conscients d'un style musical entretenu et perpétué comme un trésor de l'humanité. Elle passe aussi par un sens de l'histoire. Lorsqu'un corniste entre à la Staatskapelle de Dresde, il sait qu'il succède à celui qui joua *Le Freischütz* de Weber sous la direction du compositeur en 1822. Lorsqu'un violoniste intègre le Gewandhaus de Leipzig, il ne lui a pas échappé que son pupitre a été occupé par un homme qui a joué l'*Italienne* et l'*Écossaise* sous la direction de Mendelssohn voici cent quatre-vingts ans. Quant au hautboïste de l'Opéra de Munich qui joue *Tristan et Isolde*, il ne peut oublier qu'il fait partie de l'orchestre qui créa le chef-d'œuvre de Wagner en 1865. Cela ne signifie nullement que l'on joue aujourd'hui *Tristan* à Munich exactement de la même façon qu'en 1865, ni qu'un orchestre tchèque joue nécessairement mieux Dvořák qu'un orchestre américain, ou qu'un orchestre français jouera toujours mieux Ravel qu'un orchestre anglais. Mais, à défaut de patrimoine génétique, notion fort délicate à manier, il existe indubitablement un inconscient collectif des orchestres, qui met très longtemps à s'effacer, et qui survit aux chefs d'orchestre. Comme le résume la violoniste Aline Champion : « Nous sommes le Philharmonique de Berlin. Les chefs passent, le Philharmonique de Berlin reste. »

Pourquoi les cuivres de l'Orchestre symphonique de Chicago maintiennent-ils un son qui suscite une admiration unanime ? Parce que le cor solo Dale Clevenger, qui y entra dans les années 1960, fut initié par le trompettiste Adolph Herseth, le tromboniste Jay Friedman et le tubiste Arnold Jacobs, ce qui lui permet à son tour de transmettre ce qu'il a retenu d'eux au trompettiste Chris Martin ou au tubiste Gene Pokorny, ses cadets.

Pour que cette mémoire collective soit vivante, il est important que l'orchestre dispose d'une pyramide des âges étendue, afin que la transmission soit continue entre les générations. Cela ne signifie pas que les difficultés n'existent pas. Le fossé des générations existe bel et bien, comme dans toute société humaine. Les anciens trouvent que les nouveaux arrivants, auréolés de leur premier prix de conservatoire, sont peut-être des cracks de leur instrument, mais dépourvus d'expérience. Ils ressentent mal qu'ils s'arrogent le droit d'intervenir dans les affaires de l'orchestre, et au besoin de prendre des décisions : si l'on reprend l'image de la ruche, il est difficile pour la jeune abeille de faire sa place dans une communauté où chacun a ses habitudes et ses réflexes. Les nouveaux trouvent au contraire que les anciens ne sont plus assez performants sur le plan instrumental, et prennent un air excédé lorsque les aînés évoquent les grands chefs qu'ils ont connus : « Tu comprends, la *Fantastique*, je l'ai jouée avec Munch et Karajan, je peux te dire que c'était autre chose ! » Même si c'est tout à fait sincère (et souvent vrai…), tout parent d'adolescent sait qu'il n'y a rien de tel pour apparaître définitivement comme un ancien combattant, pour ne pas dire un vieux con. D'autant que, si l'expérience n'a pas de prix, l'habitude peut être sclérosante. Quand on demandait à Claudio Abbado pourquoi il préfèrait diriger des orchestres de jeunes, il répond : « Parce qu'ils ne vous disent pas : on a toujours joué ça comme ça. »

Altiste à l'Orchestre de Paris depuis 1974, Marie-Christine Witterkoër avoue avoir éprouvé quelque difficulté au début des années 2000, trouvant les blancs-becs arrogants et incultes, et ne comprenant pas qu'ils admirent leur chef du moment alors qu'elle avait connu Bernstein et Ozawa. Tancée (à juste titre, comme elle l'admet aujourd'hui avec beaucoup d'honnêteté) par son chef de pupitre Ana Bela Chavès, elle se résolut à ne plus faire de remarques propres à semer la désunion dans le groupe. Comme toujours dans ces situations, tout le monde a tort : les jeunes de négliger l'expérience des anciens, dont ils ont tout à apprendre, les anciens de prendre de haut les jeunes, susceptibles d'apporter une fraîcheur nouvelle. Mais dans la plupart des cas, l'échange est fertile, et le Philharmonique de Vienne a assis sa réputation sur sa capacité à mettre en présence vieux routiers et jeunes loups, ceux-là prenant ceux-ci sous leur aile pour leur indiquer les trucs du métier, les pièges de telle ou telle partition, les bons réflexes pour se tirer d'un mauvais pas. Un musicien de soixante ans n'a pas toujours la dextérité d'un soliste de vingt, mais il a un métier, une culture, une musicalité absolument irremplaçables. L'Orchestre national de France, par exemple, a souffert d'une véritable cassure des générations lorsque, à la dissolution de l'ORTF, on poussa vers la sortie nombre de grands anciens qui avaient fait l'histoire de l'orchestre, sa pâte sonore, son style inimitable. De même, le Philharmonique de Vienne a connu quarante et un départs en retraite au cours de la seule décennie 2000-2010, conséquence d'une politique de recrutement massive mise en œuvre au début des années 1960 pour augmenter l'effectif; c'est trop, en trop peu de temps, un orchestre risque d'y perdre une partie de son identité.

Cette identité collective se traduit encore par un autre phénomène révélateur. Le niveau d'un orchestre peut monter ou baisser selon les périodes. Combien de fois n'entend-on pas dans la bouche des connaisseurs ou des critiques: « L'Orchestre de Paris n'est pas très en forme en ce moment », « l'Orchestre national était en grande forme l'autre soir », « dans les années 1950 le Philharmonique de Vienne était loin de son meilleur niveau », « le Symphonique de Chicago a beaucoup baissé ces dernières années ». Ce phénomène apparaît mystérieux au profane: ce sont les mêmes musiciens, comment leurs prestations peuvent-elles être à ce point contrastées, selon les époques ou au cours de la même saison? Cela tient à un ensemble de critères que ce livre s'attachera à analyser: musicaux, mais avant tout psychologiques. Il est essentiel qu'un orchestre ait moral et fierté pour être dans une dynamique positive qui est une dynamique de groupe. Les orchestres sont d'ailleurs plus ou moins sensibles à ces fluctuations du climat. Un orchestre français y est particulièrement réceptif. Pendant les années où Charles Dutoit était à sa tête, l'Orchestre national de France était démobilisé. L'arrivée de Kurt Masur lui a redonné sa fierté. Les formations anglo-saxonnes savent mieux s'en extraire. Entre George Szell et Christoph von Dohnanyi, l'Orchestre de Cleveland eut Lorin Maazel comme chef: période artistiquement beaucoup moins stimulante, mais pendant laquelle l'orchestre ne perdit pas sa place parmi les meilleurs du monde. Même phénomène pour la régularité d'un concert à l'autre : l'Orchestre de Paris aura tendance à maintenir un certain standard quel que soit le chef, alors que le jeu de l'Orchestre national est beaucoup plus dépendant de son affinité avec le maestro du moment.

Beauté de l'abnégation

Quels que soit le pays ou la culture concernée, il ne va pas de soi de faire des études longues et difficiles, d'être soumis à une compétition effrénée, d'abord pour obtenir son prix ou son diplôme, puis pour réussir un concours d'entrée extrêmement sélectif et exigeant, au prix d'innombrables heures de travail quotidien, tout cela pour se retrouver finalement au fond du pupitre d'un orchestre, anonyme et noyé. Et surtout : dirigé. Car la première expérience que fait le musicien d'orchestre, c'est celle de se soumettre à la baguette du chef. Il se croyait interprète, le voici exécutant. De cette tension permanente résulte un côté Dr Jekyll et Mr. Hyde. Surtout si le musicien est doté d'une forte personnalité musicale. On est sur le fil du rasoir. Si le musicien n'est pas convaincu par l'interprétation du chef, il doit s'y conformer avec le plus de professionnalisme possible. Difficile, surtout lorsque l'on a son idée sur la question : soit que l'on ait une autre conception, soit que l'on ait déjà joué cette œuvre sous la direction d'un grand chef dont on a trouvé l'interprétation inoubliable. Le risque ? Que l'interprète déresponsabilisé se contente d'un jeu mécanique et sans âme. Lorsqu'il était directeur musical de l'Orchestre de Paris, Georg Solti tenait aux musiciens un discours qui montrait que sa conception de l'orchestre était tout sauf démocratique : « Un professionnel, un vrai, ne se trompe jamais. Vous ne devez pas jouer "libéral-démocratique". » Et lorsqu'un trait difficile se présentait pour les cordes, il les avertissait : « Maintenant, égalité. Pas fraternité, et surtout pas liberté ! »

Y a-t-il, dès lors, une fatalité pour que musique rime avec routine, pour que notre instrumentiste formé pour l'excellence devienne blasé et monte sur scène comme on pointe à l'usine ? Et devienne aigri ? Le risque existe, pourquoi le nier : la musique ne s'accommode pas toujours très bien d'horaires de bureau et de répétitivité à la chaîne. On raconte qu'Hervé Le Floch, violon solo de l'Opéra de Paris, mit fin à son activité le jour où, rentrant chez soi après une représentation, il fut incapable de dire à sa femme ce qu'il venait de jouer. Longtemps violoncelliste au London Symphony Orchestra, Jock Long concède, dans l'ouvrage *Scenes from Orchestral Life*, que les cinquante ans passés à gagner sa vie en jouant du violoncelle lui laissent un arrière-goût d'amertume. À soixante-douze ans, il déclare : « Je suis désolé de le dire alors que j'ai plus d'années derrière moi que devant, mais je profite mieux de mon mariage maintenant. Et j'ai plus de plaisir à la musique aussi, car elle n'est plus mon gagne-pain. »

Lorsqu'un musicien part à la retraite, il n'est pas rare qu'on l'honore d'une manière ou d'une autre. À l'Orchestre national de France, lors de son dernier concert, le chef d'orchestre lui remet un bouquet de fleurs pendant les applaudissements, le public ne comprenant pas toujours pourquoi cet anonyme est distingué plus qu'un autre. Parfois, le chef s'adresse à la salle, comme Emmanuel Krivine l'avait fait pour le corniste Georges Suc à l'Orchestre de Paris : « Nous faisons le plus beau métier du monde, mais les meilleures choses ont une fin, et aujourd'hui c'était le dernier concert de notre quatrième cor », déclenchant les applaudissements d'un public ému. Parfois, c'est l'instrumentiste lui-même qui prend la parole : s'adressant aux auditeurs du Théâtre des Champs-Élysées, son bouquet de fleurs à la main, le contrebassiste Gabin Lauridon, de l'Orchestre national, prononça à peu près ces mots : « Sans le public nous ne sommes rien, et je peux vous dire que pendant ces quarante-trois ans j'ai toujours eu un plaisir incroyable à jouer tous ces concerts. » C'est donc possible.

Mais comment garder la même fraîcheur lorsque l'on joue la *Symphonie fantastique* pour la 450e fois ? Cette responsabilité incombe pour une large part au chef d'orchestre : nous consacrerons la dernière partie de cet ouvrage à l'interaction entre le chef et l'orchestre. Contentons-nous pour l'instant d'évoquer la grande responsabilité qui repose sur ses épaules : la capacité à susciter chez les musiciens qu'il dirige l'amour de leur métier est une des exigences fondamentales de cet art complexe. Lorsqu'un musicien d'orchestre parle de soi et raconte sa carrière, il cite les chefs avant d'évoquer les œuvres ou les concerts : « J'ai joué sous la direction de Karajan », « j'ai joué sous la direction de Giulini » sont une des phrases les plus entendues dans la bouche d'instrumentistes d'orchestre. « Quand on joue avec un super-chef, il n'y a plus de sentiment de frustration », déclare Marie-Christine Witterkoër. Ce que résumait ainsi un violoniste du Philharmonique de Radio France interviewé par Gérard Courchelle sur France Inter pendant les répétitions d'un concert dirigé par Gustavo Dudamel : « Avec un chef comme ça, je me rappelle pourquoi j'ai choisi ce métier. » C'est ce qu'avait dû sentir Carlos Kleiber, lorsqu'on lui demandait quel était son secret pour que les orchestres se surpassent à ce point sous sa direction : « Je regarde le douzième violoniste, qui s'ennuie et fait la tête dans son coin, et je me dis que si cet homme a choisi ce métier il y a trente ans, plutôt que d'être employé de banque, c'est qu'il devait aimer la musique. Si j'arrive à réveiller en lui cet amour, c'est gagné. »

C'est oublier que, même sans tenir compte du chef, l'orchestre n'est pas seulement une fabrique de frustrés. C'est aussi une formidable école de vie, d'humilité et de partage d'émotions. Ce n'est d'ailleurs pas un hasard si c'est par l'intégration dans un orchestre que le Venezuela, avec le « Sistema » mis en place par José Antonio Abreu, a préservé une partie de sa jeunesse de la délinquance et de la misère. Le fait d'avoir travaillé toute sa vie pour être le meilleur dans sa discipline conduit nécessairement à une forme d'égocentrisme, et en tout cas à un besoin permanent de reconnaissance. Mais le fait de se convaincre qu'on n'est pas le plus important, qu'on est la partie d'un tout, est un formidable remède contre le nombrilisme. Surtout si l'on reste conscient que le but ultime est le même pour tous : chacun œuvre en dernier ressort pour la musique. C'est elle, c'est le respect de la partition qui exige que l'on renonce à une partie de son individualité.

Ainsi, nombre de musiciens d'orchestre préfèrent insister sur la beauté de leur métier plutôt que sur ses aspects frustrants. Selon Marie-Christine Witterkoër, « si certains sont frustrés, c'est parce que ce n'est pas existentiel pour eux.

Si l'on me retire l'orchestre, je serai privée de l'essentiel. Avoir un seul son alors qu'on est cent, c'est une expérience unique. » Après bientôt quarante ans de carrière, elle continue à arriver en avance à la répétition pour choisir sa place, le plus près possible du premier pupitre. C'est possible à l'Orchestre de Paris où les musiciens du rang pratiquent la rotation libre. À l'Orchestre national de France, c'est le chef de pupitre qui attribue à chacun sa place pour chaque concert. Si Marie-Christine Witterkoër est frustrée, c'est lorsqu'elle ne peut être au cœur de la musique et qu'elle se retrouve reléguée au fond de la scène : « Pour Wagner, j'étais presque au bas de l'escalier, la plus mauvaise place : je ne voyais rien, je n'entendais rien, je n'étais pas au cœur de la musique. Je n'ai pas du tout profité du concert. » Si son jeune collègue Alexis Descharmes, violoncelliste à l'Opéra de Paris, tenta le concours de troisième violoncelle solo, ce n'était pas seulement pour le salaire et le goût de la hiérarchie : c'était tout simplement parce que, de son propre aveu, on joue mieux dans les premiers pupitres car on est plus concerné.

C'est pourquoi il est salutaire que ce ne soient pas toujours les mêmes qui jouent au fond. Et si les solistes sont systématiquement devant, les tuttistes changent régulièrement de place dans la très grande majorité des orchestres. Seul le Philharmonique de Vienne attribue encore un ordre de préséance aux musiciens des cordes, en fonction de l'ancienneté : ainsi, un jeune musicien n'aura une chance d'avancer d'un pupitre qu'au départ en retraite d'un vétéran… Au Philharmonique de Berlin, au contraire, on n'hésite pas à placer un musicien expérimenté au fond, non à titre de brimade, mais pour qu'il dynamise l'arrière du pupitre : dans les violons, ce fut longtemps la place favorite de Helmut Mebert, dont l'énergie faisait jeu égal avec celle des premiers pupitres. D'une manière générale, on reconnaît un très bon orchestre au fait que les derniers pupitres jouent avec la même intensité que les premiers, sans déperdition. Sans parler du risque d'être toujours un peu en retard sur le geste du chef ou le coup d'archet du premier pupitre.

Si Marie-Christine Witterkoër a tout de suite aimé l'activité d'orchestre, elle ne la découvrit qu'en la pratiquant, ne s'y étant pas préparée au cours de ses études. Tout le contraire de Franck Chevalier, altiste à l'Orchestre national de France, dont le rêve d'enfant était précisément de faire partie d'un orchestre. Il en avait attrapé le virus lorsque, à treize ans, au Conservatoire de Caen, il avait eu la révélation du grand répertoire germanique (Brahms, Bruckner) en jouant au sein de l'orchestre des élèves. « J'ai d'abord été submergé par le répertoire, et par le pouvoir d'évocation de l'orchestre, les images, la palette de couleurs que véhicule un orchestre. Quand Dieu apparaît, dans le mouvement lent de la *3*^e^ de Bruckner, c'est palpable, cela irradie ! » Loin d'être frustré par l'obligation de renoncer à une partie de son individualité au profit du tout, Franck Chevalier trouve cette sensation grisante : « C'est un sentiment d'abandon. On ne s'entend pas jouer, on ne contrôle pas ce qu'on fait, et en même temps on est aspiré. C'est une transcendance. » Impression confirmée par Richard Schmoucler, violoniste à l'Orchestre de Paris, qui se sent entraîné par une lame de fond quand il joue une symphonie de Mahler au milieu des cordes et que tout fonctionne. Toutes les énergies sont alors tendues vers le même but. Quant à Johannes Ritzkowski, cor solo de l'Orchestre symphonique de la Radio bavaroise, il a des comparaisons bien à lui pour évoquer ce moment où l'orchestre ne fait qu'un : « On a alors le sentiment d'escalader l'Everest pieds nus à grandes enjambées, et de danser en portant quatre hommes sur ses épaules tout en jonglant avec des œufs crus. » Et de conclure : « La beauté musicale naît quand tous tirent sur la même corde. »

Le paradoxe de ce sentiment collectif, c'est qu'il ne peut être atteint que si chacun ne renonce pas à sa personnalité. Selon Götz Teutsch, violoncelliste au Philharmonique de Berlin, « le son naît de la friction entre des personnalités très différentes dans un espace restreint ». Le jeu au sein d'un orchestre est une véritable interaction : pour Marie-Christine Witterkoër, cela demande « une concentration d'enfer car il faut avoir des antennes partout : il faut être attentif à ce que fait votre voisin, le pupitre entier, le chef de pupitre, le chef d'orchestre, mais aussi à ce que jouent les cors ou les hautbois au même moment ». C'est là un des impératifs pour que l'interaction soit possible : être conscient à tout moment de sa fonction dans l'écriture musicale, et donc de ce que jouent les autres. Rien de plus désarçonnant que d'entendre seule la partie de seconds violons ou de basson d'une symphonie que l'on croit connaître par cœur… On a l'impression que la musique n'a aucun sens : elle ne prend sa signification qu'une fois à sa place dans le tout. Il est donc indispensable qu'un violoncelliste sache à tout moment ce que sont en train de jouer les cors. Parfois, si un musicien est perdu, il se retrouve en entendant une « réplique » d'un autre pupitre qui lui rappelle où il en est. De même qu'il est essentiel de savoir à quel moment un pupitre a le chant ou se contente d'une fonction d'accompagnement. Cette capacité à s'écouter les uns les autres est évidemment facilitée par la qualité de l'acoustique : nombreuses sont les salles, notamment à Paris, où les musiciens se plaignent de ne pas s'entendre, eux-mêmes et entre eux. Sans parler de la nécessité pour un orchestre de répéter et jouer dans la même salle, ce qui n'est pas toujours le cas : Daniel Barenboim s'est battu pendant des années pour que l'Orchestre de Paris dispose de la salle

Pleyel, mais l'Orchestre national de France continuait à répéter à la Maison de Radio France et à jouer au Théâtre des Champs-Élysées, ce qui nécessite de refaire certaines mises au point. C'est pourquoi les musiciens accueillirent la construction de l'auditorium de Radio France comme une bénédiction.

Avant même l'acoustique, c'est une question d'attitude personnelle. Et c'est encore une école de modestie. Lors d'une émission de Jean-Michel Damian consacrée à l'Orchestre national, sur France Musique, le trombone solo Jean Douay évoquait des souvenirs de *La Mer* de Debussy dirigée par Charles Munch. L'intervieweur crut lui faire plaisir en lui disant : « D'autant que les trombones sont très importants dans *La Mer.* » Ce à quoi le musicien répondit du tac au tac : « Non, nous ne sommes pas importants dans *La Mer*. Nous sommes juste là pour donner un peu de puissance à la fin. » Interloqué, Damian ironisa : « C'est bien la première fois que j'entends un musicien dire qu'il n'est pas important », ce qui lui attira à peu près cette réponse : « Je n'ai aucun problème avec ça, je sais quand mon instrument est important et quand il ne l'est pas. »

C'est là que réside la véritable abnégation du métier de musicien d'orchestre. Parfois, votre partie n'est pas la plus exposée ni même la plus intéressante, et pourtant elle doit être jouée à la perfection car elle est un rouage sans lequel l'équilibre de l'œuvre serait menacé. L'auditeur ne s'en rend pas toujours compte, car il prête surtout attention au thème principal, et inévitablement moins aux voix médianes ou aux figures d'accompagnement. On en a pris conscience en faisant remarquer un jour à Clélia Goldings, basson solo de l'Orchestre national de Lille : « Ce doit être grisant de jouer la "Chevauchée des Walkyries". » Ce à quoi elle répondit : « Oh, tu sais, moi je ne joue que "pam papam pam papam

pam" tout le temps...» Notre enthousiasme était refroidi, mais pas le sien, car cette expérience est un passage obligé de l'activité d'orchestre, où l'on ne pense plus à sa gloire personnelle mais à sa place dans l'ensemble. Il est dès lors essentiel de ne plus considérer qu'il y a des pupitres musicalement plus importants que d'autres. Les violons ne sont pas plus importants que les contrebasses sous prétexte qu'ils ont le chant, et les autres le soubassement rythmique et harmonique : malgré tous leurs complexes savoureusement concentrés dans la pièce de Patrick Süskind *La Contrebasse*, les contrebassistes sont fiers de constituer l'assise sur laquelle les violons peuvent déployer leur chant, et sans laquelle la musique serait vidée de sa substance. Ils n'envient d'ailleurs pas les violonistes, avec leur sonorité aiguë et leurs cascades de notes, tandis qu'eux affichent leur force tranquille dans le grave.

Splendeur et misère de l'anonymat

Ce sentiment d'anonymat n'est pas vécu de la même façon par tous les membres de l'orchestre. Il n'est pas le même chez les solistes et les musiciens du rang, il n'est pas identique dans les cordes ou les vents. La deuxième section de cet ouvrage sera consacrée à une étude systématique de la structure hiérarchique d'un orchestre et de la physionomie de ses pupitres. Pour l'instant, contentons-nous d'en esquisser les grandes lignes. Chaque pupitre compte à sa tête un soliste, qui est aussi le chef de pupitre : sa responsabilité est donc musicale, puisqu'il joue les solos dévolus à son instrument, et hiérarchique, puisqu'il commande à l'ensemble du pupitre, réglant à la fois les questions musicales et disciplinaires. Le premier des solistes de l'orchestre est le premier violon, courroie de transmission avec le chef : lorsque le chef serre la main du premier violon, il salue symboliquement l'ensemble de l'orchestre. Juste après le premier violon, l'homme le plus important de l'orchestre est le timbalier, souvent assimilé à un deuxième chef d'orchestre : par sa position solitaire et élevée, il trône au-dessus de la masse orchestrale et définit l'assise rythmique qui sert de repère à la collectivité. Il existe une hiérarchie au sein même des solistes, entre premier, deuxième, voire troisième soliste. Un soliste d'orchestre n'atteint jamais la notoriété d'un grand concertiste, mais certains accèdent au rang de star parmi les connaisseurs. À la Philharmonie de Berlin, le public reconnaissait le violon solo Michel Schwalbé ou la clarinette solo Karl Leister, même chose au Musikverein de Vienne avec le violon solo Willy Boskovsky ou la flûte solo Wolfgang Schulz, au Concertgebouw d'Amsterdam avec le violoncelle solo Tibor de Machula, sans parler des légendes des orchestres américains comme le trompettiste Adolf « Bud » Herseth à Chicago, le timbalier Everett « Vic » Firth à Boston, le flûtiste Julius Baker au New York Philharmonic ou le hautboïste Marcel Tabuteau à Philadelphie. On reconnaît le lien qu'un orchestre sait créer avec son public au fait que certains auditeurs identifient tel ou tel. On s'amusera même à comparer des personnalités différentes : par exemple selon les soirs où l'Orchestre national a pour violon Sarah Nemtanu, pleine d'une fraîcheur et d'un charme confinant à la nonchalance, et Luc Héry, droit comme un i, sérieux et concentré. Sur scène, les musiciens ont rarement conscience d'être ainsi repérés, observés, convaincus que l'orchestre est perçu comme une masse. Mais le jour où le percussionniste Frédéric Macarez se fit aborder dans le bus par un couple en ces termes : « Excusez-moi, mais cela fait plusieurs fois que nous n'avons pas vu Michel Debost à la flûte » et qu'il leur répondit qu'il avait pris sa retraite, les fidèles abonnés parurent choqués : « Et on ne nous a pas informés ! » Afin de resserrer le lien avec le public, certains orchestres publient la biographie, voire la photo de chaque musicien sur leur site internet. Le Philharmonique de Berlin édite une revue trimestrielle comportant entre autres des portraits de membres actuels et anciens. Et les murs du Symphony Hall de Boston sont tapissés des photos de chaque musicien.

Après les solistes viennent les autres : ceux que l'on appelle avec mépris « la vase », les musiciens du rang, ou tuttistes, qui correspondent peu ou prou aux fantassins de l'infanterie, la chair à canon, les pousse-cailloux qui sont constamment sur la brèche… Contrairement aux solistes, ils ne sortent jamais de la masse, à moins de profiter de la vacance d'un poste de soliste pour présenter leur candidature : les promotions internes sont fréquentes dans les orchestres, même si elles ne sont pas systématiques. Pour consoler le violoncelliste Alexis Descharmes de ne pas avoir réussi le concours de soliste à l'Opéra de Paris, un de ses collègues lui dit : « Heureusement que tous les excellents tuttistes ne deviennent pas solistes, on a aussi besoin de bons éléments dans le tutti ! »

On pourra même suivre les transferts comme dans le *mercato* du championnat de football. Lorsque, au départ de Roger André, Hervé Le Floch passa de deuxième à premier violon solo de l'Opéra de Paris, à la fin des années 1970, Roland Daugareil lui succéda comme deuxième soliste. Mais lorsque Daugareil fut recruté par le Philharmonique de Radio France comme premier violon solo, il libéra sa place qui revint à Maxime Tholance. Celui-ci passa bientôt à l'Orchestre national comme premier violon solo, mais s'entendit moyennement avec Lorin Maazel, si bien que, lorsqu'Hervé Le Floch quitta l'Orchestre de l'Opéra, Tholance y retourna, cette fois comme premier violon solo.

Ce qui permit à Luc Héry de lui succéder comme premier violon solo du National où il avait précédemment exercé les fonctions de chef d'attaques des seconds violons, avant de remporter la place de premier violon solo à l'Orchestre de Paris qu'il renonça à occuper pour retrouver « son » orchestre. Du coup, c'est Roland Daugareil qui devint premier violon solo de l'Orchestre de Paris : entre-temps, il avait quitté le Philharmonique de Radio France pour l'Orchestre de Bordeaux, dont Alain Lombard avait résolu de gonfler les pupitres avec des têtes d'affiche parisiennes. Vous suivez toujours ?

Il faut un mélange d'humilité et d'orgueil pour être anonyme au sein d'un orchestre : humilité car on n'est qu'un rouage, orgueil car ce rouage est indispensable. De là à se croire irremplaçable, il n'y a qu'un pas. Une anecdote montre bien ce nœud de paradoxes. Il y avait à l'Orchestre philharmonique de Buffalo un violoniste du rang, à qui arriva une mésaventure lors d'un concert en tournée avec le directeur musical d'alors, Josef Krips. Ce musicien se rendit compte au début du concert qu'il avait égaré son pupitre. La *2e Symphonie* de Brahms commença sans lui. Lorsqu'il retrouva enfin son ustensile, il s'interrogea sur l'attitude à adopter, et finit par entrer le plus discrètement sur scène, pour le dernier mouvement, s'installant au fond des seconds violons. Bien sûr, on ne remarqua que cette arrivée inopinée ! Se sentant penaud, le violoniste alla trouver Krips le lendemain matin à l'hôtel, dans la salle de petit-déjeuner. « Maître, je ne sais comment m'excuser pour ce qui s'est passé hier. » Restant plongé dans son journal, Krips ne lui répondit pas. Le musicien s'enferra, bredouillant des excuses jusqu'à ce que le chef, excédé, se tourne vers lui et lui dise, avec un fort accent allemand : « Vat made you sink ve couldn't finish ze piece vizout you ? » (« Qu'est-ce qui vous a fait penser que nous ne pouvions terminer l'œuvre sans vous ? »). Cette réponse résume à elle seule le paradoxe du musicien du rang, dont on ne peut se passer mais dont personne ne remarque l'absence.

Le niveau et le prestige de l'orchestre auquel on appartient aide néanmoins à accepter la position de tuttiste, plus enviable dans un groupe d'excellence que dans une formation moyenne. Au point que certains chefs de pupitre préfèrent parfois quitter leur poste de soliste pour intégrer le rang dans une phalange plus renommée. Récemment, l'alto solo de l'Opéra de Lyon, Ignacy Miecznikowski, est devenu altiste tuttiste au Philharmonique de Berlin. Au même moment, Holger Groh, premier violon de l'Opéra de Graz, rejoignait le dernier pupitre des seconds violons du Philharmonique de Vienne. Dans ce cas, le plaisir et la stimulation de faire de la musique à un niveau hors-norme est supérieur au goût du pouvoir et à l'amour des titres ronflants : on préfère dire « Madame est servie » à la Comédie-Française que de tenir le premier rôle à Bécon-les-Granit. Pour d'autres, le critère n'est pas suffisant. Certains, par exemple, ne supportent pas le déracinement. Chrystel Delaval préféra renoncer à sa place de flûte solo de l'Opéra de Paris pour revenir dans sa région du Nord, jouant à l'Orchestre de Lille dont le niveau est inférieur. Quant à Michael Davis, ce violoniste originaire de Manchester vécut comme une consécration de devenir premier violon de l'orchestre de sa ville. Au point que, lorsqu'il occupa la même place au beaucoup plus prestigieux London Symphony, il eut du mal à comprendre les compliments admiratifs qu'il reçut, car pour lui, le sommet de sa carrière restait Manchester.

À cette cohabitation hiérarchisée entre premiers pupitres et tuttistes s'en ajoute une autre. L'orchestre est divisé dans le sens de la profondeur, entre les cordes et les vents.

Ils n'ont pas le même état d'esprit car les vents ignorent pour ainsi dire la notion de musicien du rang : ils sont de fait tous solistes, même le deuxième hautbois ou le troisième cor, sans parler du piccolo, du cor anglais ou de la clarinette basse, qui en ont le statut. Ne serait-ce que pour une raison spécifiquement musicale : chacun dispose d'une partie séparée, quand le violoniste tuttiste joue exactement la même partition que ses quinze collègues. On sent parfois nettement cette dichotomie. Lorsque les cordes commencent à se rebiffer, un hautboïste n'hésitera pas à les rabrouer d'un très insultant : « Taisez-vous, les anonymes ! » Les susceptibilités sont parfois exacerbées. Les vents sentent bien que les cordes les regardent de haut : un violoniste compte infiniment plus d'années d'études qu'un clarinettiste, il est venu à bout d'un instrument nettement plus difficile et virtuose, plus noble aussi dans l'inconscient collectif comme par le prestige de son répertoire. Sans parler d'une origine sociale souvent supérieure chez les cordes, les deux aspects étant d'ailleurs liés. Mais les cordes sentent bien, à leur tour, que les vents les renvoient à leur anonymat, quand un solo de hautbois ou de cor gagne immédiatement l'admiration et la sympathie du public. Ce sont d'ailleurs les vents que le chef fait saluer individuellement à la fin d'un concert, les cordes se contentant de se lever en masse. Et pour couronner le tout, les tuttistes des cordes jouent sans discontinuer, pendant que les vents et percussions restent parfois longtemps inactifs, avec de nombreuses mesures à compter (que l'on appelle un « tacet »).

Chacun accuse dès lors l'autre d'être prétentieux ou de n'être intéressé que par sa partie : « Ils ne nous écoutent pas », se plaint régulièrement chaque camp. Tel violoniste reprochera au hautboïste de souffler bruyamment dans ses clés une fois qu'il a fini de jouer pendant que les cordes enchaînent : comme s'il le faisait en signe de dédain, alors qu'il est tout simplement nécessaire pour lui de vider la salive et la condensation qui s'accumulent et risquent de lui faire faire une fausse note lors de sa prochaine intervention. Tel premier cor reprochera à un violoniste de l'avoir félicité alors que c'est le troisième cor qui jouait, preuve qu'il n'a pas fait attention. À Salzbourg, ne pouvant voir toute la fosse depuis notre place, nous avons profité de l'entracte pour demander à un violoniste du Philharmonique de Vienne qui jouait les solos de cor de *Fidelio* ce soir-là, il nous répondit : « Je ne sais pas, je n'ai pas regardé »... Mais ces inévitables difficultés de cohabitation entre communautés sont loin d'être la règle : globalement, le respect mutuel règne, et les cordes ne sont pas les dernières à applaudir la flûte ou la trompette solo après une intervention particulièrement réussie. À la fin du concert, les musiciens s'applaudissent des deux mains ou en frappant leur pupitre de leur archet. Mais il arrive aussi qu'ils manifestent leur approbation pendant la musique, d'une manière imperceptible depuis la salle : après un solo particulièrement réussi, les voisins du musicien ont l'habitude de frotter le sol avec leurs pieds.

L'interaction, là encore, est essentielle. Les échanges de regards entre premiers pupitres des cordes sont aussi importants que dans la musique de chambre. Le jeu d'orchestre, d'ailleurs, devrait toujours s'assimiler à une musique de chambre à grande échelle. Quand on voit Pascal Moraguès et Arnaud Leroy, respectivement première et deuxième clarinette de l'Orchestre de Paris, jouer côte à côte, il n'y a pas un premier et un deuxième, mais deux partenaires qui respirent ensemble. Il est dès lors essentiel de disposer d'une équipe soudée. Parfois, dans un orchestre qui compte plusieurs titulaires par pupitre, il vaudra mieux programmer ensemble les musiciens qui s'apparient le mieux.

Nous sommes en effet dans une communauté humaine, et les dissensions de toute sorte qui peuvent naître entre les individus risquent vite d'avoir des répercussions sur la qualité musicale ou sur l'ambiance de travail : comme nous le disait Frédéric Macarez, timbalier solo de l'Orchestre de Paris, à une époque où son orchestre était loin de son niveau optimal, « comment s'écouter si on ne s'entend pas ? ».

Cela prend parfois des proportions belliqueuses ! Ainsi lorsque l'Opéra de Paris comptait en son sein un violon solo et une violoncelle solo qui formaient un couple à la ville, mais ne s'en disputaient pas moins sans discontinuer. Un jour où ils arrivèrent en retard à la répétition, pénétrant sur scène en se criant : « Ça suffit ! », le directeur de l'Opéra, Hugues Gall, rétorqua : « Oui, ça suffit ! » Et il prit la décision de les séparer, solution rendue possible par le fait que l'Orchestre de l'Opéra est divisé en deux équipes, les « bleus » et les « verts ». Il valait mieux, pour l'intérêt du service, qu'ils ne jouent plus dans la même équipe… Et l'on ne parle même pas des époux divorcés qui jouent au sein du même orchestre, ou a fortiori des amants, maîtresses et toutes combinaisons possibles. Il fallut aussi intervenir à l'époque où l'Orchestre de Paris comptait à la trompette, non pas un mari et sa femme, mais un professeur et son élève, Marcel Lagorce et André Chpélitch qui, pour un faisceau de raisons complexes, cessèrent de s'adresser la parole. Lorsque cette inimitié eut des conséquences fâcheuses sur la cohésion musicale, les collègues allèrent les trouver : « Vos histoires ne nous regardent pas, c'est votre problème, mais on n'a pas à en subir les conséquences. » De fait, les échanges peuvent être pour le moins acerbes, comme celui-ci, entre le cor solo et le violoncelle solo d'un orchestre parisien lors d'une réunion. Au violoncelliste qui se plaignait des mauvaises conditions de travail comparées à celles du Philharmonique de Berlin, le corniste répliqua sans ménagement : « Écoute, ici ce n'est pas le Philharmonique de Berlin, et il faudrait que tu prennes conscience que si c'était le Philharmonique de Berlin, tu ne serais pas violoncelle solo, tu ne serais même pas violoncelle du rang. » Ambiance…

Dans *L'Orchestre nu*, François Dupin raconte un épisode semblable qui lui est arrivé avec le timbalier solo Jacques Rémy : « Au cours des premiers mois d'existence de l'Orchestre de Paris, j'entrai un jour en conflit avec mon collègue le premier timbalier. Nous échangeâmes des mots dont la violence laissait peu d'espoir pour une réconciliation. Or, nous répétitions à ce moment une symphonie de Mahler qui nécessitait la présence de deux timbaliers. Après notre discussion, nous montâmes en scène et nous installâmes devant nos marmites, en chiens de faïence, résolus à ne plus s'adresser la parole. Tout avait été dit. Et là commencèrent les difficultés ! Qu'un moindre décalage se produisît, l'un et l'autre se jetaient une œillade agressive, s'obstinant dans sa propre interprétation, soulignant le clivage, quand il aurait fallu au contraire une commune volonté d'uniformisation, et que l'un des deux décidât finalement des gestes à accomplir, en l'occurrence le soliste. Comment pouvais-je me plier aux décisions d'un homme que je venais d'insulter et qui m'avait couvert d'injures, à son tour ? Il le fallait pourtant, car les éclaboussures de notre tempête ruinaient la symphonie. Le lendemain matin, sans un mot, nous nous embrassions, scellant à nouveau une amitié qui dure toujours, ainsi que l'unité de notre pupitre. »

La chaise

Occuper un pupitre dans un orchestre, ce n'est donc pas seulement être un pion anonyme dans une masse : c'est remplir une fonction précise dans un organisme vivant dont les éléments constitutifs sont en connexion permanente. Le musicien finit par acquérir une expérience, des réflexes, des automatismes qui lui permettent de répondre immédiatement aux attentes liées à sa fonction. Il fait corps avec son pupitre : c'est ce qu'on appelle avoir « la chaise ». Cette notion concerne aussi bien les tuttistes que les solistes : il faut des qualités spécifiques pour occuper tel ou tel pupitre, cela ne s'improvise pas. Comme dans toute communauté humaine, il existe des suiveurs et des leaders. Le violoniste le plus virtuose, le meilleur violoncelliste, ne seront pas forcément de bons chefs de pupitre.

À l'Opéra de Paris, Jacques Dabat était notoirement meilleur dans les solos que Roger André qui occupait pourtant la place de premier violon : c'est que ce dernier avait plus de diplomatie et de psychologie que son collègue. Ana Bela Chavès est l'alto solo incontestable de l'Orchestre de Paris : elle inspire le respect à l'ensemble de son pupitre, tant sur le plan instrumental qu'humain, et si elle est dotée d'un caractère bien trempé, elle est juste et n'humilie pas les gens. En outre, elle est d'une attention et d'une concentration telles qu'elle réagit immédiatement à toutes les sollicitations, du chef comme des autres instruments, et que son pupitre la suit comme un seul homme, ou plutôt une seule femme. Un soir, lorsque Christoph Eschenbach se trompa dans la battue du *Sacre du printemps* et donna une mesure trop tôt le départ des « Augures printaniers », Chavès attaqua sur le geste du chef et tous les altos suivirent. Dans le même *Sacre du printemps*, Michel Tabachnik se trompa un jour dans la « Glorification de l'élue » : le pupitre de huit cors renonça alors à attaquer, n'étant pas sûr que c'était à lui. Comment prirent-ils tous la même décision en même temps, en une fraction de seconde ? Tout simplement parce que le cor solo

André Cazalet n'emboucha pas son instrument. S'il avait bougé d'un centimètre, les autres auraient attaqué : un tel épisode est éloquent à la fois sur le sens du collectif et sur le rôle du leader. Ana Bela Chavès comme André Cazalet ont la chaise, là où d'autres, qui l'ont moins, risquent de marquer un temps d'hésitation. Mais les autres cornistes ou les altistes du rang l'ont aussi car ils ont su calquer leur réaction sur celle du leader. Cet esprit de corps n'a pas que du bon. Un orchestre se met parfois tellement à ressembler à un organisme vivant que les défaillances font tache d'huile : qu'un musicien nerveux fasse une erreur le soir du concert, et il n'est pas rare qu'il soit suivi par d'autres, d'ordinaire très fiables.

Entre la chaise du soliste et celle du tuttiste se situent encore plusieurs niveaux intermédiaires : les deuxièmes ou troisièmes solistes, par exemple. Ils sont d'une importance extrême car ils sont pour le chef de pupitre un équipier indispensable, tout en servant de charnière entre le leader et le reste du pupitre. Et en cas d'absence du soliste ils doivent pouvoir le remplacer y compris dans les solos. Jouer dans le tutti est un métier : certains solistes auraient bien du mal à se conformer à un jeu d'ensemble. Frustré de ne jamais jouer une Symphonie de Tchaïkovski, le grand violoniste Gil Shaham demanda une fois à l'Orchestre de Paris l'autorisation de s'asseoir au fond des violons après avoir joué brillamment son concerto, pour participer à la symphonie. Lui qui est habitué à jouer les œuvres les plus exposées seul face au public, reconnaît ne jamais avoir eu autant le trac, à l'idée de se tromper ou de se décaler. Expérience faite bien avant lui par le légendaire Fritz Kreisler : ayant rejoint les rangs de l'orchestre afin de jouer pour une fois une symphonie, il fut complètement perdu au bout de quelques mesures, incapable de jouer avec un groupe de trente personnes en mesure et avec les mêmes coups d'archet. Vous pouvez maîtriser les *Caprices* de Paganini à la perfection, cela ne vous donnera pas pour autant l'esprit d'équipe ou le sens du jeu d'ensemble.

À l'inverse, si l'on fait monter un tuttiste en première ligne pour remplacer un soliste, on prend un risque, même si l'instrumentiste est techniquement irréprochable. C'est la raison pour laquelle, si par exemple le hautbois solo vient à manquer, on recrutera un remplaçant qui a une expérience de hautbois solo ailleurs, plutôt que de demander au deuxième hautbois de prendre sa place. Dans *L'Orchestre nu,* François Dupin raconte par exemple l'épisode au cours duquel le hautbois solo de l'Orchestre de Paris fut remplacé pour une tournée par un musicien reconnu, mais qui n'était pas habitué à occuper cette place dans un orchestre symphonique. Il vit ce grand professionnel rongé par une angoisse dont il ne se libéra pas jusqu'au dernier concert de la tournée : « C'est dur, tu sais ! », lui avoua-t-il, « je n'ai pas la chaise ! »

On sous-estime souvent l'importance du deuxième hautbois, équipier indispensable du premier. Peu exposé, il doit être très à l'écoute du soliste pour lui servir de faire-valoir tout en le soutenant, harmoniquement, rythmiquement et sur le plan de l'intonation. Jouer à côté d'un grand hautbois solo peut représenter un défi : Gerhard Turetschek, du Philharmonique de Vienne, raconte que Karl Mayrhofer ne facilitait pas la tâche de son deuxième hautbois car il l'obligeait à jouer aussi *pianissimo* que lui, ce qui n'allait pas de soi ! Et ce n'est pas parce que la partie de deuxième hautbois est globalement moins difficile que celle de premier, qu'il faut en sous-estimer les pièges. Lorsque Pascal Saumon devint hautbois solo de l'Orchestre national, il avait suffisamment d'expérience comme second pour donner quelques conseils au jeune instrumentiste qui se retrouva un jour à ses côtés pour un concert dirigé par Lorin Maazel : il attira son attention sur un passage particulièrement délicat pour la justesse. Le brillant jeune homme, auréolé de nombreuses récompenses, le prit de haut, vexé que l'ancien se mêle de lui apprendre comment jouer du hautbois. Il fit ostensiblement fi des recommandations de Pascal Saumon, seulement voilà : à peine la répétition avait-elle commencé que Maazel s'interrompit en faisant la grimace. « Deuxième hautbois, ça ne va pas du tout, ce n'est pas juste. » Le blanc-bec était mouché.

Mais qui veut entrer dans la peau d'un deuxième hautbois doit connaître l'article de Geoffrey Browne « Seconds out ». Le musicien anglais entra à vingt et un ans dans cette position à l'Orchestre symphonique de la BBC : les hautbois solo à l'époque étaient deux légendes vivantes, Sydney « Jock » Sutcliffe, ancien hautbois solo de Klemperer et Karajan au Philharmonia, et Terence McDonagh, qui l'avait été pour Beecham au Royal Philharmonic. Et notre jeune instrumentiste, qui n'avait déjà pas compris comment il avait obtenu le poste, pensant qu'on l'avait confondu avec un homonyme, n'avait pas la moindre idée de sa fonction. Il demanda donc à un collègue : « Que faut-il faire pour être un bon deuxième hautbois ? » La réponse fut brève : « Tu regardes ce que fait le premier hautbois et tu fais la même chose. » Retenant la leçon, il observa McDonagh lors de la première répétition : or le soliste ne semblait pas dans son état normal, jouant extrêmement fort, le pavillon relevé, faisant exprès de souffler dans l'oreille du violoniste assis devant lui. Browne se dit que ce n'était pas encore le moment de suivre le conseil de son collègue. Puis arriva son premier concert : la *5e* de Beethoven. Browne avait en tout et pour tout cinq notes à jouer, il les rata toutes. Peu encouragé par ces deux expériences, il décida dès lors de faire ce qu'on lui avait dit : lors de la *1re* de Brahms dirigée par le grand Sir Adrian Boult, il décida de s'aligner sur le premier hautbois. Avec succès dans les trois premiers mouvements. Mais dans le finale, la partie de deuxième hautbois est complètement différente de celle du premier : qu'à cela ne tienne, Browne imita celle du premier, changeant les notes de sa propre partie ! Il eut juste le temps de voir le visage du chef, rouge de colère, au bord de l'apoplexie. La réponse à sa question, il l'eut un jour où, sortant du Royal Festival Hall, il aperçut Jock Sutcliffe en train d'attendre le bus, sur le trottoir d'en face. Il traversa pour se joindre à lui, moment que choisit Sutcliffe pour se cacher derrière un pilier. Browne comprit alors que pour être un bon deuxième hautbois, il fallait surtout ne pas faire la queue dans la même file d'attente que son hautbois solo…

Cette représentation ne doit pas faire oublier que le rapport hiérarchique n'exclut pas solidarité et entraide. Dans *Le Monde de la musique*, Jean-Michel Picard souligne volontiers qu'au Capitole de Toulouse, les pupitres de vents reposent fonctionnent de manière collégiale, et que lui-même communique beaucoup avec le deuxième hautbois, dont le côté cérébral complète sa personnalité plus instinctive. Le deuxième hautbois peut même être un précieux dépanneur. Lors d'une tournée du Los Angeles Philharmonic avec Esa-Pekka Salonen, on a vu le hautbois solo Ariana Ghez, en pleine *2*ᵉ de Sibelius, avoir une défaillance inhabituelle. À la deuxième fausse note, elle a échangé son instrument avec le deuxième hautbois Anne Marie Gabriele, qui a passé le reste du mouvement à bricoler les clés du hautbois de sa collègue. On a toujours besoin d'une assistance technique !

La pression

Le titre du roman de Peter Handke *L'Angoisse du gardien de but au moment du penalty* pourrait s'appliquer idéalement à la pression qui pèse sur les épaules du musicien d'orchestre au moment d'exécuter un solo. Dans le tutti, il joint sa voix à celle des autres, jouant en général la partie supérieure de son pupitre. Ainsi, le premier cor jouera-t-il principalement dans l'aigu, tandis que le deuxième sera chargé de la tessiture grave. Mais il reste une partie du tout. Et puis, soudain ou progressivement, l'orchestre s'efface et laisse émerger une voix solitaire, les autres instruments se contentant d'un accompagnement rythmique ou harmonique minimal, qui n'est pas complètement *a cappella* : c'est la flûte dans *Daphnis et Chloé* de Ravel, le hautbois dans le mouvement lent de la *Symphonie en ut* de Bizet, le cor anglais dans celui de la *Symphonie Du Nouveau Monde* de Dvořák, le basson au début du *Sacre du printemps*, le violon dans la *Shéhérazade* de Rimski-Korsakov. Là, en quelques minutes, le soliste est exposé comme jamais, nu, devant faire la démonstration tout à la fois de son savoir-faire et de sa musicalité. À la fin du concert, le chef le fera saluer individuellement pour recevoir les applaudissements du public. Mais pour en arriver là, il faudra avoir mobilisé ses ressources de sang froid : vaincre le trac, le tremblement des mains du violoniste, les lèvres sèches de l'instrumentiste à vent. Car tout le monde le juge et l'attend au tournant : le public, bien sûr, le chef, évidemment, mais aussi, et on a tendance à l'oublier, ses pairs. Comme dans tout groupe humain, les collègues peuvent se révéler les soutiens les plus solidaires comme les critiques les plus impitoyables. Qu'un alto solo qui a déjà tendance à s'adresser à son pupitre sur un ton de maître d'école, vienne à savonner un trait, et vous surprendrez des échanges de regard lourds de sous-entendus au sein de son pupitre… Aussi, quand on interroge un soliste d'orchestre sur le trac, il finit toujours par avouer que, plus encore que le public, c'est l'idée d'être jugé par ses collègues qui est particulièrement éprouvante. Car il ne faut pas oublier que jouer, c'est se mettre à nu.

L'ennemi ? Le « pain », ou le « canard », qui ne sont d'ailleurs pas tout à fait la même chose ! Le « pain » est une note jouée au mauvais endroit. Si elle tombe dans un silence, tout le monde sursaute et se retourne vers le fautif : dans l'hilarité si cela se produit en répétition, dans l'embarras si c'est le soir du concert ! Le « canard » est une fausse note ou une note mal sortie, le plus souvent d'un instrument à vent, les plus exposés à ce genre d'incidents. Dans un cas comme dans l'autre, l'instrumentiste se sent extrêmement fautif, voire humilié, et cette impression le torture pendant plusieurs jours après le concert. Si ce sentiment perdure, il peut affecter la confiance en soi du soliste : quand le timbalier a « cassé le bras du chef », attaquant trop tôt alors que le chef n'avait pas encore abaissé sa baguette, il se sent insécurisé, surtout s'il a l'impression que le chef ne lui fait plus confiance. Les cornistes sont parmi les plus en danger, n'étant jamais tout à fait sûrs de ce qui va sortir de leur instrument ! Or, un canard du cor peut ruiner toute une symphonie, d'autant que l'auditeur le moins averti l'entendra. Le soliste doit alors apprivoiser le canard. Pour Johannes Ritzkowski, « le couac est pour moi plutôt un bon ami, car il me renvoie immédiatement à ce qui a provoqué la faute. Peut-être n'ai-je pas fait attention à un problème technique, ai-je mal respiré, ou je n'étais pas absolument sûr de ce que je voulais faire. Le canard est un peu comme un coup de pied aux fesses, qui oblige à redevenir attentif. Ma réaction est de ne pas penser à ce qui s'est passé, autrement dit de ne pas être triste ou amer, mais de faire plus attention. Le canard qui m'irrite le plus est celui qui intervient après un beau passage. Un solo vient de réussir magnifiquement, et juste après on fait un pain qui vous donne une claque juste au bon moment pour ne pas devenir présomptueux ». Il faut des nerfs d'acier pour être cor solo d'orchestre, ce qui explique qu'au Philharmonique de Vienne, les premiers cors se rétrogradent d'office à l'âge de cinquante ans, qu'ils soient ou non en pleine possession de leurs moyens. Ils deviennent alors deuxième, troisième ou quatrième cor.

Cette rétrogradation est monnaie courante chez les musiciens d'orchestre : elle n'est pas toujours subie, mais peut être choisie. Le brillant violon solo d'une de nos phalanges nationales ne supporta pas la pression nerveuse liée à cette fonction clé, qui nécessite non seulement perfection musicale, mais aussi autorité, psychologie, diplomatie. Il décida de retourner dans le rang où il semble depuis tout à fait épanoui. Même décision pour André Chpelitch, trompette solo de l'Orchestre de Paris jusqu'à ce qu'il ne parvienne plus à dominer son trac et devienne deuxième trompette. Parfois, cette rétrogradation est due à des raisons musicales, lorsque l'on estime qu'un soliste n'est plus à la hauteur de sa mission. C'est une décision douloureuse si elle n'est pas prise directement par l'intéressé, mais réclamée par l'administration de l'orchestre ou le directeur musical. Même si l'instrumentiste conserve son salaire de soliste une fois rétrogradé, la démarche peut avoir quelque chose d'humiliant.

Dans les orchestres américains, on ne prend pas de gants : le musicien est poussé vers la sortie s'il ne donne pas satisfaction. Les syndicats le défendront pour ses indemnités, mais pas pour la conservation de son emploi. En France, le règlement des orchestres prévoit la possibilité de faire passer des « contrôles de fonction » aux instrumentistes. Il s'agit d'une audition passée devant le directeur musical et un jury paritaire. En réalité, on recourt extrêmement peu à cette solution, vécue comme une extrémité. Lorsque Emmanuel

Krivine prit la direction musicale de l'Orchestre national de Lyon en 1987, estimant le niveau trop insuffisant, il entama un bras de fer avec les musiciens, qui lui permit certes de se débarrasser d'éléments qu'il considérait comme des « bras cassés », mais eut aussi pour effet de pourrir le climat au sein de la communauté orchestrale. Ne voulant pas de guerre sociale avec les syndicats, la plupart des directeurs musicaux optent pour des solutions moins radicales. Ainsi, lorsqu'il était à la tête du Philharmonique de Radio France, Marek Janowski avait pris en grippe deux musiciens : l'alto solo Setrag Koulaksezian et le hautbois solo Jacques Vandeville. Au lieu d'entamer une procédure longue et douloureuse pour les renvoyer, il décréta simplement qu'il ne voulait plus que ces deux instrumentistes jouent sous sa direction. On les programmait donc essentiellement avec les chefs invités ! Daniel Barenboim avait procédé de manière identique à l'Orchestre de Paris, avec le corniste André Revertegat.

Cette pression qui pèse sur les épaules du musicien d'orchestre n'est pas sans répercussions sur sa vie personnelle. « On nous demande la perfection tout le temps, cela rend les relations humaines difficiles », avoue Marie-Christine Witterkoër, qui n'hésite pas à en tirer des conclusions sur la vie privée : « Cela ne facilite pas la vie de couple car à force d'être ainsi exigeant avec soi-même, on l'est énormément avec l'autre. » Certains solistes d'orchestre supportent moins bien que d'autres cette obligation d'être sans cesse au sommet de ses moyens. Hautbois solo du Philharmonique de Berlin sous Herbert von Karajan, Lothar Koch fut sans doute le plus grand hautboïste allemand du XXe siècle. Sa sonorité large, sombre mais fruitée, son vibrato belcantiste, illuminait les enregistrements beethoveniens, brahmsiens et straussiens de Karajan dans les années 1960 et 1970, lui permettant d'accéder au statut de légende vivante parmi les instrumentistes à vent. Un statut qui avait sa contrepartie : Koch se réfugia de plus en plus dans l'alcool, au point que cela finit par affecter son jeu. Lorsqu'il ruina une interprétation de l'*Héroïque* de Beethoven à Lucerne, vers la fin des années 1970, Karajan profita d'un autre poste de hautboïste vacant pour engager le jeune et magnifique Hansjörg Schellenberger, sur les conseils de son clarinettiste solo Karl Leister. Dès lors, il ne jura plus que par Schellenberger, à qui il confia les concerts et enregistrements qui auraient dû échoir à Koch, qui, en un véritable cercle vicieux, s'enfonça de plus en plus dans son addiction. Les exemples similaires sont nombreux. Le corniste Robert Tassin était un des instrumentistes les plus doués de sa génération lorsqu'il entra à l'Orchestre de Paris en 1967, mais il céda lui aussi à l'autodestruction. Il existe encore aujourd'hui, dans l'une de nos principales phalanges de région, un trompettiste qui arrive parfois tellement ivre au concert que le régisseur de l'orchestre tente de l'empêcher d'entrer en scène de peur qu'il gâche la symphonie.

Sans aller jusqu'à ces extrêmes, il existe de nombreuses maladies professionnelles typiques du musiciens d'orchestre. Le mal de dos, la tendinite en font partie, mais aussi les problèmes de surdité. Le volume sonore que dégage un orchestre équivaut parfois au départ des 24 heures du Mans, surtout si l'on est placé près des cuivres. De plus en plus, les orchestres ont pour obligation de fournir des protections sonores, que ce soit sous forme de pare-sons en plastique ou plexiglas placés devant les pupitres les plus sonores, ou sous forme de bouchons pour les oreilles. Certaines sociétés spécialisées en fabriquent, spécialement conçus pour atténuer la fréquence 4 000 Hz, la plus dangereuse : ces filtres permettent de perdre entre 8 et 17 décibels, mais tous les musiciens ne les acceptent pas, certains les estimant nuisibles à l'écoute. En 2008, un décret de l'Union européenne fixait la limite du volume produit par un orchestre symphonique à 85 décibels ! À peine un timide *forte*… Evgueni Svetlanov, qui faisait trembler les murs des salles de concert dans le *Poème de l'extase* de Scriabine, aurait été hors-la-loi ! Bien que la Suisse ne soit pas membre de l'Union européenne, les musiciens de l'Orchestre symphonique de Berne se rebellèrent contre le chef Roman Brogli-Sacher, estimant qu'il dépassait les limites du supportable au cours d'une production de *Wozzeck* : il est vrai que, après le meurtre de Marie par Wozzeck, Alban Berg réclame deux *crescendo* terrifiants, qu'il serait bien regrettable d'édulcorer ! La même année 2008, c'est l'Orchestre symphonique de la Radio bavaroise qui refusait d'assurer la création de la pièce *Halat Hisar* du compositeur israélo-suédois Dror Feiler en raison de son déchaînement de décibels. Aussi risibles que soient ces arguties, le problème est réel : Régis Poulain, bassoniste à l'Orchestre national de France, en sait quelque chose, qui fut pendant un temps en arrêt de travail pour de sérieux problèmes d'audition. Si ceux-ci ont tendance à se multiplier, c'est d'une part parce qu'il est notoirement plus facile de jouer *forte* que de jouer *piano*, ce qui réclame un contrôle musculaire bien plus important pour les instrumentistes à vent, mais c'est surtout dû à l'évolution de la facture : les instruments modernes sont beaucoup plus sonores que les anciens, évolution qui a tout naturellement accompagné l'agrandissement constant des salles de concerts et d'opéra.

Enfin, le musicien d'orchestre n'est pas à l'abri de la fameuse dystonie de fonction, ce trouble moteur entraînant une contraction involontaire des muscles, la plupart du temps de la main. On connaît bien les déboires des pianistes Leon Fleisher, Murray Perahia et Michel Béroff, empêchés de jouer plus ou moins longtemps par cette affection aussi redoutée qu'inexpliquée. Mais personne ne parle d'Alex

Klein, qui dut renoncer à sa place de hautbois solo du prestigieux Orchestre symphonique de Chicago car il ne pouvait plus contrôler ses mains, ou d'Alain Chomarat, irréprochable chef d'attaques des seconds violons de l'Opéra de Paris, qui ne sentait plus ses doigts. Problème : peu d'assurances acceptent de reconnaître la dystonie de fonction comme maladie professionnelle ! En France, certains médecins et kinésithérapeutes sont spécialisés dans ces troubles spécifiques : elle-même violoncelliste amateur, Isabelle Campion compte dans sa clientèle nombre de musiciens qu'elle remet d'aplomb et qui lui vouent une reconnaissance éternelle. En mars 2011 s'est tenue à Amsterdam la première conférence internationale sur la santé des musiciens.

II
Des modèles différents

Si l'orchestre est une micro-société, présentant à ce titre de nombreuses constantes, il ne forme pas une notion homogène. De même que les sociétés ne se ressemblent pas, selon les aires géographiques et culturelles, de même il existe des contrastes assez considérables d'un orchestre à l'autre. Entre une phalange anglaise et une formation française, par exemple, c'est presque le choc des civilisations ! Tout comme entre un orchestre d'opéra et un orchestre symphonique. Se dégagent dès lors des types de comportement et des modèles sociaux dont il ne faut pas sous-estimer les différences, malgré la globalisation.

Esthétiques sonores

Jusqu'aux années 1970, il existait une carte d'identité sonore des orchestres immédiatement reconnaissable. Le son français, avec ses cordes diaphanes, ses bois clairs jusqu'à être nasillards, le vibrato de ses cors qui fit dire à un Wilhelm Furtwängler éberlué : « On dirait du saxophone. » Le son allemand, sombre, dense, fondu, fermement assis sur les basses, moins individualisé. Le son viennois, avec ses violons soyeux et flûtés, son hautbois couinant, ses cors d'une douceur de violoncelle. Le son russe, avec ses violons chauffés à blanc, ses cuivres qui claquent et crépitent, ses trompettes qui vibrent. Le son américain, ce « golden sound » brillant, puissant et virtuose, avec des cuivres à l'éclat clinquant. Depuis, on constate une certaine forme d'internationalisation. Le disque, les tournées, les carrières planétaires de chefs dirigeant un soir à New York, le lendemain à Tokyo et le surlendemain à Londres, tentés de reproduire partout le même son, participent de cette tendance. Une autre raison est la normalisation de la facture internationale : comme on le verra dans la deuxième section de cet ouvrage, certaines particularités locales comme le basson français ou le hautbois viennois ont tendance à évoquer de plus en plus les espèces en voie de disparition chères au commandant Cousteau.

Certaines évolutions sont le reflet inévitable des changements de civilisation. On ne parle plus aujourd'hui comme il y a cinquante ans, il suffit d'écouter la voix des speakers de la radio. Le son très pincé et articulé des hautbois français se rapprochait du débit de la voix parlée. Mais le son trop transparent et léger des formations parisiennes des années 1940 pouvait être un obstacle pour obtenir la pâte sonore profonde d'une symphonie de Bruckner. Un jour, le grand chef autrichien Josef Krips s'adressa à l'Orchestre de Paris en ces termes : « Le problème, c'est que vous jouez Brahms, alors que nous jouons Braaaaahms. » Le fait que l'école française d'instruments à vent, par exemple, ait entamé à partir des années 1970 un rapprochement vers les normes internationales était donc une démarche salutaire : en recherchant un son plus rond, plus homogène, plus puissant, on ne s'étonnerait plus de leur exotisme dans la musique de Beethoven ou de Wagner. Lorsqu'ils créèrent l'Orchestre de Paris en 1967, Charles Munch et Marcel Landowski tombèrent d'accord pour recruter des cornistes jouant sans vibrato : chaque médaille ayant son revers, on peut y voir une nécessaire adaptation à l'époque, ou la perte d'un trésor national. En attendant, le fait que la Staatskapelle de Dresde, orchestre de tradition saxonne séculaire, vienne de recruter en la personne de Céline Moinet une hautbois solo française eût été impensable il y a seulement trente ans.

De fait, l'internationalisation du recrutement est un facteur décisif de cette évolution du son des orchestres. Il existe aujourd'hui vingt-deux nationalités différentes au Philharmonique de Berlin, dix-sept au Philharmonique de Vienne, dix-huit au Concertgebouw d'Amsterdam. Lorsque l'altiste Kunio Tsuchiya entra au Philharmonique de Berlin en 1959, il était le premier Japonais à jouer dans un orchestre allemand. Depuis, la diaspora des instrumentistes nippons est telle qu'il n'est pas un orchestre européen ou américain qui n'en compte plusieurs parmi ses rangs, sans que cela soit regardé comme une curiosité. Le phénomène est en train de se renouveler avec les musiciens chinois, qui commencent à occuper de plus en plus de postes-clés dans les phalanges américaines : Robert Chen est premier violon solo, Yuan-Qing Yu deuxième violon solo et Li-Kuo Chang deuxième alto solo de l'Orchestre symphonique de Chicago, Choong-Jin Chang alto solo et Hai-Ye Ni violoncelle solo de l'Orchestre de Philadelphie, Liang Wang hautbois solo du New York Philharmonic. Certaines minorités sont encore peu visibles : il existe étonnamment peu d'Afro-Américains dans les phalanges des États-Unis, le violoniste Booker Rowe ayant été un des premiers, à l'Orchestre de Philadelphie, en 1971, et André Adjiba, éblouissant timbalier de l'Orchestre symphonique de Mulhouse, reste un des rares musiciens noirs en France.

Mais certains recrutements commencent à refléter l'évolution de la population. Ainsi le Philharmonique de Berlin a-t-il recruté un contrebassiste turc, Fora Baltacigil, alors que le Deutsche Oper de la même ville comptait déjà dans ses rangs le bassoniste Selim Aykal. On est certes encore loin des proportions démographiques, ne serait-ce que parce que ces minorités n'ont qu'un accès très limité à la musique dite classique, mais ces présences n'en scellent pas moins à leur manière l'évolution des communautés nationales et apportent leur lot au multiculturalisme. En revanche, si le Philharmonique de Vienne conserve aujourd'hui une sonorité spécifique, c'est aussi parce que l'éventail des nationalités représentées est assez restreint : il s'agit essentiellement de nations danubiennes et balkaniques, Hongrois, Tchèques, Slovaques, Slovènes, Croates, Ukrainiens, Bulgares, issus de cette Mitteleuropa qui ferait presque croire à une survivance de l'Empire austro-hongrois. Ce melting-pot est un atout, mais il peut être un danger si l'osmose ne se fait pas. Ainsi existe-t-il aujourd'hui deux clans au sein de l'Orchestre philharmonique d'Israël : les sabras, nés sur place et qui parlent hébreu, et les Russes, issus de l'immigration massive en provenance de l'ex-Union soviétique. On a donc affaire à un orchestre fortement divisé.

Il faut nuancer le refrain, un peu trop facilement entonné, de la perte des identités. À en croire les Cassandre et les nostalgiques d'un âge d'or, les orchestres se ressembleraient tous aujourd'hui. Rien n'est moins sûr. D'abord, les priorités ont changé. Lorsque l'on demande à Simon Rattle de réagir aux critiques concernant la perte de la sonorité allemande du Philharmonique de Berlin, il répond sans ambages que la priorité, aujourd'hui, n'est plus d'avoir un orchestre doté d'une identité sonore unique, mais capable de rendre justice au style de chaque musique. Autrement dit : un orchestre qui sonne allemand dans la musique allemande, français dans la musique française, russe dans la musique russe, baroque dans la musique baroque. Cette versatilité stylistique est un signe fort de notre époque. Indéniablement, un orchestre russe est aujourd'hui plus à l'aise qu'autrefois dans une symphonie de Mahler, un orchestre français met moins de temps à trouver ses marques dans une symphonie de Bruckner. Quand nous lui avons posé la question de l'exotisme de la sonorité des cuivres de Saint-Pétersbourg dans le répertoire germanique, le chef Valeri Gergiev nous répondit fièrement : « Nos cors savent aussi jouer à l'allemande. » Témoins, nos confusions régulières lors de l'émission « La Tribune des critiques de disques », sur France Musique, où nous louâmes par exemple l'idiomatisme russe d'une interprétation de *Shéhérazade* qui se révéla être celle du Philharmonique de Berlin, ou le côté viennois d'une *8e* de Dvořák en réalité jouée par l'Orchestre des Pays-Bas.

D'autre part, on ne répétera jamais assez que la notion même de son allemand ou de son américain est aussi floue que discutable. Une fois que l'on en a énoncé les grandes caractéristiques, il existe des différences très importantes au sein d'une même culture. Un son allemand ? Soit, mais est-ce celui du Philharmonique de Berlin, formidable machine de guerre d'une puissance compacte et indestructible, de la Staatskapelle de Dresde, orchestre svelte et soyeux, ou du Gewandhaus de Leipzig, au son large et mat ? Un son américain ? Admettons, mais parle-t-on de celui du Chicago Symphony, herculéen et vrombissant, de celui de Philadelphie, chaud et velouté, ou de celui de Cleveland, élégant et clair ? Ces différences existent encore très nettement aujourd'hui, même s'il devient à l'évidence plus difficile de reconnaître un orchestre « à l'aveugle », au premier coup d'oreille, comme on identifie dans les enregistrements d'archive le Philharmonique de Vienne en entendant le hautbois, l'Orchestre national en entendant le basson ou le Philharmonique de Saint-Pétersbourg en entendant les trompettes.

Ces différences culturelles se traduisent par certains réflexes collectifs qui ajoutent au mystère de cette communauté musicale qu'est un orchestre. Ainsi, certains orchestres ont tendance à attaquer sur le geste du chef, d'autres à laisser un imperceptible temps de retard entre le geste et l'attaque. On a alors l'impression que c'est le chef qui anticipe, alors que c'est l'orchestre qui attend. En Russie, les musiciens de Saint-Pétersbourg sont les spécialistes de ce léger temps de retard, tandis que les orchestres moscovites jouent sur le temps. Même différence entre le Philharmonique de Vienne, avec lequel les chefs sont obligés d'anticiper le geste, ou celui de Berlin avec lequel la réponse est immédiate. Cela donne aux orchestres de Vienne ou Saint-Pétersbourg leur magnifique souplesse, avec cette impression que le son n'est pas attaqué mais avait déjà commencé. Mais cela peut aussi décontenancer des chefs qui préfèrent une réaction instantanée et même conduire à des malentendus. Lorsque Svetlin Roussev fut recruté comme violon solo du Philharmonique de Radio France, il y eut un effet comique lors de la première répétition, lorsqu'il attaqua avant tout l'orchestre : il ne savait pas encore que Myung-Whun Chung aimait un temps de retard une fois qu'il avait abaissé sa baguette, alors que ses collègues étaient déjà familiers de cette préférence. Voir cent musiciens attaquer comme un seul homme en laissant un temps d'attente après le geste du chef est l'un des phénomènes les plus fascinants du jeu d'orchestre, rappelant combien cette communauté est un corps sonore dont la totalité dépasse la somme des parties : il faut, dès lors, que tous sentent en même temps le moment précis où l'attente devient insupportable et où il faut jouer.

Quant aux spécificités instrumentales, leur disparition n'est pas une fatalité. Tous les chefs ne sont pas obsédés par la normalisation. Tout allemand qu'il est, Marek Janowski ne demanda ni au Philharmonique de Radio France ni à celui de Monte-Carlo d'abandonner les bassons français au profit du Fagott. Quant à Riccardo Muti, il aime le son de cet instrument lorsqu'il dirige l'Orchestre national de France : « Quand j'entends le basson français, je comprends pourquoi Tchaïkovski a ouvert la *Symphonie "Pathétique"* par un solo de basson, car seul l'instrument français permet d'obtenir le vrai *pianissimo.* » D'ailleurs Muti conjure les musiciens du National de ne pas perdre leur identité, et de conserver leur sonorité française. Lorsque Karajan tenta de convaincre les Wiener Philharmoniker de troquer leurs cors viennois contre des instruments allemands, il se heurta à la résistance des musiciens, soucieux de sauvegarder la sonorité si particulière de leurs instruments, dont les canards plus fréquents sont le prix à payer pour la douceur du son. D'autre part, depuis que le mouvement de retour aux instruments anciens s'est étendu de la musique baroque à celle du XIXe siècle, certains orchestres spécialisés contrecarrent le risque d'uniformisation du son. Lorsque John Eliot Gardiner donna *Les Troyens* de Berlioz avec l'Orchestre révolutionnaire et romantique, il constitua une collection d'instruments en cuivre d'époque, avec notamment les saxhorns, serpents et ophicléides dont on avait quelque peu oublié les spécificités sonores. Même phénomène lorsque l'Orchestre des Champs-Élysées donne les symphonies de Bruckner sous la direction de Philippe Herreweghe avec des trompettes et trombones à petite perce. Ou lorsque Jos van Immerseel enregistre avec son ensemble Anima Eterna les œuvres de Ravel et Rimski-Korsakov sur des hautbois et bassons de la fin du XIXe siècle. Cette tendance gagne aussi les orchestres modernes. Lorsqu'il était cor solo de l'Orchestre national de France, David Guerrier demanda à son pupitre de jouer *La Mer* de Debussy avec des instruments français dont on avait perdu l'usage depuis plus d'un demi-siècle, afin de retrouver les couleurs d'origine. Le même Guerrier passait au cor viennois dès que Brahms ou Bruckner étaient au programme. Quant à Riccardo Muti, lorsqu'il dirigea *Otello* à Salzbourg, il fit fabriquer des cuivres à Paris pour pouvoir jouer au diapason voulu par Verdi (436 au lieu des 444 Hz pratiqués par le Philharmonique de Vienne).

Outre les écoles et la facture instrumentale, on ne saurait négliger un autre paramètre essentiel dans le façonnage du son d'un orchestre : l'acoustique de sa salle. La sonorité incroyablement noble, chaude et patinée de l'Orchestre du Concertgebouw est aussi celle de sa salle, ce ne peut être un hasard.

Quel orchestre ?

La notion même d'orchestre recouvre des réalités bien différentes selon qu'il s'agit d'une phalange d'opéra, d'une formation symphonique, d'un orchestre de chambre ou d'un ensemble spécialisé. Entre le musicien d'orchestre d'opéra et le membre d'un orchestre symphonique, la différence est à peu près celle qui sépare le coureur de fond du sprinter. Appartenir à un orchestre d'opéra, c'est jouer dans la fosse et non sur scène : habitué à être dans l'ombre, on est encore plus anonyme que le musicien symphonique. Certains préfèrent cette discrétion à la surexposition. Discrétion telle qu'elle rend possible des comportements qui ne le seraient pas sur scène : ainsi lorsque les musiciens qui n'ont rien à jouer pendant un bon moment quittent purement et simplement la fosse pour n'y retourner que quand ce sera à eux… Cette attitude scandalise souvent le profane, venu pour apprécier la beauté de la musique et qui ne comprend pas que les exécutants boudent ainsi leur plaisir : le procédé peut en effet paraître choquant, mais le spectateur d'un soir ne joue pas *Le Lac des cygnes* douze fois de suite… Car c'est aussi un autre rapport au temps : une représentation d'opéra dure rarement moins de trois heures, un concert symphonique moitié moins. Et si le programme symphonique est donné une, deux, au maximum trois fois, l'opéra se donne par longues séries, jusqu'à dix ou douze fois de suite dans les grands théâtres lyriques, notamment quand il s'agit de ballets. Enfin, si le musicien de fosse est dans une fonction d'accompagnement, habitué à adapter son tempo à la respiration des chanteurs ou au pas des danseurs, l'instrumentiste symphonique ne se préoccupe que de la seule prestation de l'orchestre. Certains orchestres sont amenés à pratiquer les deux indifféremment : le Philharmonique de Vienne, la Staatskapelle de Dresde, le Gewandhaus de Leipzig assurent à la fois la saison symphonique et lyrique de leur ville. Mais quand ce n'est pas le cas, il est salutaire de permettre aux musiciens de se colleter régulièrement à l'autre discipline. Un orchestre symphonique gagne beaucoup de souplesse à faire régulièrement du lyrique. Le Philharmonique de Berlin donne un opéra par an au Festival de Pâques de Salzbourg, tout comme le Concertgebouw d'Amsterdam au Nederlandse Opera. Daniel Barenboim avait pris l'habitude de faire descendre l'Orchestre de Paris une fois par saison dans la fosse, coutume reprise peu ou prou par ses successeurs à une fréquence plus ou moins régulière, l'Orchestre national de France et le Philharmonique de Radio France participent chaque été en alternance aux Chorégies d'Orange. Cela ne va nullement de soi : lorsque l'on entendit le London Symphony Orchestra dans la fosse du Festival d'Aix-en-Provence 2011, on sentit bien, malgré la qualité intrinsèque de l'orchestre, qu'il ne s'agissait pas d'une phalange d'opéra naturelle, capable de réagir instantanément à ce qu'elle entend sur le plateau. De même, il est important qu'un orchestre lyrique donne de temps à autre des concerts symphoniques : histoire de se familiariser avec un répertoire essentiel, mais aussi de sortir pour une fois de l'anonymat de la fosse et de se confronter en première ligne au jugement du public. Riccardo Muti institua une véritable saison symphonique à la Scala de Milan, tout comme James Levine au Metropolitan Opera de New York. Les musiciens sont alors fiers de se montrer sous leur meilleur jour, mais ont aussi le trac : c'est que, s'ils connaissent *Les Noces de Figaro* ou *Tosca* par cœur, beaucoup d'entre eux jouent le *Concerto pour orchestre* de Bartók ou les *Tableaux d'une exposition* de Moussorgski pour la première fois. Comme le souligne Pierre Boulez, « ils n'en ont pas les réflexes ».

L'orchestre de chambre est encore un autre univers. Qu'il s'agisse d'une douzaine de cordes ou d'une formation « Mozart » d'une quarantaine de musiciens comme l'Academy of St. Martin in the Fields, l'English Chamber Orchestra ou l'Ensemble orchestral de Paris, la notion de masse existe beaucoup moins que dans une grande phalange. Personne ne peut s'y fondre et cacher, chacun est beaucoup plus exposé, et donc responsabilisé, comme en musique de chambre. Quant aux ensembles spécialisés, ils relèvent d'un autre modèle social, comme nous le verrons : dans les ensembles baroques et ensembles de musique contemporaine, la notion de « tuttiste » existe à peine, chacun étant pour ainsi dire un soliste. Sans parler du statut, puisque la plupart sont intermittents et non permanents.

Parmi les questions fondamentales qui se posent à l'orchestre symphonique, deux sont inextricablement liées :

celle du nombre et celle du répertoire. La multiplication des ensembles spécialisés a sérieusement rogné le répertoire des formations symphoniques, en amont et en aval : la musique baroque et la musique contemporaine ont progressivement déserté leurs programmes. L'intérêt de la politique de certains chefs modernes, comme Simon Rattle à Berlin, est justement de tenter de reconquérir ces territoires perdus. Après tout, Bach, Haendel et Rameau furent longtemps parmi les colonnes vertébrales de l'orchestre symphonique. Grâce à la révolution baroque, on a appris à les jouer avec une meilleure perception stylistique. Puis, ce sont Haydn, Mozart, et même Beethoven qui furent conquis par les ensembles d'instruments d'époque. Tout en intégrant les acquis de ces interprétations « historiquement informées », comme disent les Anglais, les orchestres symphoniques doivent revendiquer ces répertoires baroque et classique, qui peuvent leur apporter autant qu'ils leur apportent, en termes de souplesse, de cohésion, de soin de la sonorité et de culture musicale. Dans la génération actuelle, de plus en plus d'instrumentistes refusent la spécialisation : il n'est plus rare qu'un corniste joue aussi bien du cor moderne à pistons que du cor naturel, même phénomène pour les trompettistes. Quant aux instrumentistes à cordes, il n'est plus tabou pour eux de s'intéresser aux archets baroques, aux cordes en boyau. Et pour tous, le diapason unique n'est plus une règle d'or : le *la* à 440 n'est plus un dogme. Sous l'impulsion de son chef David Zinman, l'Orchestre de la Tonhalle de Zurich, par exemple, formation symphonique traditionnelle, utilise désormais des cors et trompettes naturelles dans Mozart, Beethoven, Schubert et Schumann. Il serait regrettable que l'orchestre symphonique se réduise aux grosses machines de Mahler de Stravinsky : ce serait à l'évidence un appauvrissement. De même, la création contemporaine est encore trop rejetée aux marges de la programmation, par exemple lors de festivals spécialisés (Présences à Radio France, Musica Viva à la Radio bavaroise).

Cette question pose immanquablement celle de l'effectif. Si un orchestre veut couvrir le spectre le plus large possible, il doit être nombreux. À la fois parce que les symphonies de Bruckner et Mahler, les poèmes symphoniques de Strauss, ou *Le Sacre du printemps* dépassent la centaine de musiciens, et qu'il serait fort coûteux de devoir recruter des dizaines de supplémentaires chaque fois que l'on veut aller au-delà du milieu du XIXe siècle. Mais aussi parce qu'avec un nombre suffisant de musiciens, l'orchestre peut se démultiplier selon les répertoires : c'était le sens de la création du « Nouvel Orchestre philharmonique de Radio France » en 1976, formation « à géométrie variable » de 141 musiciens, une partie pouvant donner un concert baroque ou contemporain à 40 tandis que l'autre prépare un opéra de Wagner à 90. Lorsque Marek Janowski prit la direction de l'Orchestre philharmonique de Monte-Carlo, il obtint de faire passer le nombre de musiciens à 100, tout comme Tugan Sokhiev obtint de la mairie de Toulouse vingt postes permanents de plus pour l'Orchestre national du Capitole de Toulouse : volonté politique et volonté artistique se rencontrent parfois. Cela pose la question de l'opportunité de l'existence de formations symphoniques de soixante musiciens, comme il en existe dans la province française ou allemande. Lorsqu'il s'agit de jouer dans une fosse d'opéra exiguë comme il en existe dans les théâtres lyriques, ou dans une salle municipale intime, cela se justifie. Après tout, Liszt disposait de huit violons pour la création de *Lohengrin* à Weimar en 1850 ! Mais ces formations sont nécessairement freinées dans leur développement : tout un pan essentiel du grand répertoire leur reste fermé, à moins de recourir à un afflux massif de musiciens supplémentaires, ce qui représente non seulement un coût important, mais aussi l'impossibilité de forger une sonorité commune et un esprit de groupe sur la durée. Ainsi, si l'on crée un orchestre de 50 musiciens à l'Opéra de Rouen, ou de 38 à l'Opéra de Dijon, ce ne devrait pas être une base définitive mais le premier pas d'une progression. « L'intermittence doit rester un outil d'ajustement, de souplesse », déclarait Laurent Bayle, directeur de la Cité de la musique et de la salle Pleyel, lors du colloque « Orchestres permanents et politiques publiques » à Metz en 2010. De là à préconiser des fusions d'orchestres, comme le fait Bayle, il y a un pas qui se heurte à bien des difficultés pratiques, sociales et culturelles. Fusionner l'Orchestre national de Lorraine, basé à Metz, et l'Orchestre symphonique et lyrique de Nancy, par exemple, signifierait de fait la disparition de deux formations dotées d'une identité forte. Au contraire de la création de l'Orchestre national des Pays de la Loire en 1971, qui fit une formation de qualité là où n'existait pas de tradition orchestrale.

Mentalités

Sans tomber dans la caricature, il existe encore aujourd'hui, en dépit de la mondialisation, des différences importantes de mentalité orchestrale d'une culture à l'autre. Chefs et musiciens anglo-saxons ressentent encore souvent l'effet de surprise lorsqu'ils se retrouvent face à une phalange française ou latine… Le brouhaha qui règne avant le début de la répétition ne se calme que très progressivement, et le bavardage revient de plus belle dès que le chef interrompt l'orchestre. Arrivant à l'Orchestre national de Lille comme basson solo en ayant été formée à la Juilliard School de New York et au Mozarteum de Salzbourg, Clélia

Goldings fut d'abord désarçonnée par ce comportement, avant de s'y habituer. De même qu'elle dut s'habituer à voir nombre de ses collègues arriver à la première répétition sans avoir ouvert la partition, faisant confiance à leurs capacités de déchiffrage. Violon solo de l'Orchestre philharmonique de Nice depuis les années 1980, la Tchèque Vera Brodmann-Novakova fait la même constatation, déclarant à *La Lettre du musicien* : « Dans les orchestres français, les musiciens parlent beaucoup. Ce n'est pas aussi cadré que dans les pays germaniques. » Sans parler des musiciens qui arrivent en retard aux répétitions… quand ce n'est pas au concert : on a vu un trompettiste de l'Orchestre national de Lille ne rejoindre sa place que pour le troisième mouvement du *Concerto pour violoncelle* de Lalo, sous le regard interloqué du chef Günter Neuhold et du soliste Alain Meunier. Face au même orchestre, le chef Lawrence Foster s'est interrompu en pleine répétition, a mis son chapeau et son manteau et s'est dirigé vers la sortie, sans un mot. Le temps de comprendre ce qui se passait, on l'a rattrapé à la sortie de la salle : « Je ne suis pas habitué à travailler dans ces conditions, je m'en vais ! » Il a fallu des trésors de diplomatie pour le faire revenir.

Mais l'impression n'est pas la même pour tous. Ainsi, Giovanni Radivo était membre de l'Orchestre du Mai florentin avant d'être violon solo de l'Orchestre national de Lyon. Pour lui, le jour et la nuit : « J'apprécie l'efficacité, l'organisation en France. En Italie, quand je donne le *la*, je dois attendre cinq minutes pour obtenir le silence. » L'herbe est toujours plus verte ailleurs… Le pianiste Philippe Bianconi fut cependant témoin de plusieurs situations cocasses. Alors qu'il répétait le *1er Concerto* de Brahms avec Semyon Bychkov et l'Orchestre de Paris, la séance de travail fut interrompue par un palabre au sein du pupitre de contrebasses, auquel rien ne semblait susceptible de mettre fin. Jetant un regard interrogatif au chef, celui-ci lui répondit par un geste qui en disait long sur son impuissance. De même, répétant le *Concerto* de Tchaïkovski avec l'Orchestre philharmonique de Marseille, il eut, entre autres perles, la surprise d'entendre une violoniste dire : « Bon, c'est pas tout ça mais j'ai un rendez-vous, là. » L'accent du Midi donnant une tournure savoureuse à une attitude qui lui aurait valu un renvoi sans préavis ni indemnités s'il s'était agi d'un orchestre américain…

Dans les orchestres allemands et américains, l'atmosphère est tout autre. La discipline règne, les musiciens sont installés et accordés avant le début de la répétition, qui aura lieu dans un silence total. Au point de mettre le chef italien Riccardo Chailly mal à l'aise, lorsqu'il fit ses débuts à l'Orchestre de Cleveland : habitué à la volière des orchestres italiens, il se sentit glacé par l'ordre américain. Il alla jusqu'à dire aux musiciens : « Vous savez, vous pouvez parler, si vous voulez ! » Les instrumentistes expatriés s'habituent très vite. Flûte solo au Capitole de Toulouse et à l'Orchestre de l'Opéra de Paris avant d'être appelé au mythique Chicago Symphony, Mathieu Dufour ne pourrait plus se réhabituer au travail d'orchestre en France : « C'est le jour et la nuit : ici règne la discipline, on travaille vite, dans la concentration et le silence, et chacun est tellement bien préparé que tout est en place dès la première répétition. » Même son de cloche chez Marc Jeanneret, altiste au Boston Symphony depuis 1977 : « En France, on répète trop et on ne joue pas assez. Ici, chaque concert est donné trois ou quatre fois, et on ne perd pas trop de temps en répétitions car chaque instrumentiste arrive parfaitement préparé. Cette nécessité d'être toujours prêt oblige à ne pas s'endormir. » D'autres préfèrent l'ambiance bon enfant dont la contrepartie est la capacité des musiciens à faire preuve d'un panache incroyable s'ils sont galvanisés : c'est la raison pour laquelle Seiji Ozawa a toujours aimé les musiciens français, passant sur leur côté gavroche.

Riccardo Muti, de son côté, tenta de ramener à la Scala de Milan la discipline toscaninienne qu'il avait apprise auprès des orchestres avec qui il construisit sa prestigieuse carrière : Philharmonique de Vienne, Orchestre de Philadelphie, Philharmonia. Des orchestres où il n'aurait pas assisté au dialogue qu'il eut à ses débuts avec celui du San Carlo de Naples, en dialecte napolitain. Il répétait le poème symphonique *Aus Italien* de Richard Strauss, dont le troisième mouvement s'intitule « Auf dem Strand von Sorrente ». Muti demande à l'orchestre : « Savez-vous ce que cela veut dire ? » Un musicien répond : « On ne parle pas français. » Un autre ajoute : « Ça veut dire "Sur la plage de Sorrente". » Ce à quoi un troisième laisse tomber : « Mais il n'y a pas de plage à Sorrente ! » La déception se lisant sur le visage du chef, dont l'interprétation reposait sur cette évocation, un quatrième lâcha : « Il y en a peut-être eu une, il y a longtemps ! »

La discipline ne fait évidemment pas tout. Dissipé, le musicien français a parfois du mal à rester concentré sur un temps long, mais il est par ailleurs capable de mobiliser soudain son énergie avec un brio époustouflant. Ainsi, si les répétitions sont parfois laborieuses, le concert peut être éblouissant ! Au contraire, la discipline anglo-saxonne a parfois pour revers de la médaille des interprétations parfaitement au point, mais un peu trop propres, voire aseptisées. Ce qui faisait dire à Josef Krips : « Avec moitié plus de discipline, l'orchestre français deviendrait le meilleur du monde. » Cette incapacité à garder ses forces mobilisées sur une longue durée faisait le drame de Leonard

Bernstein, que l'Orchestre national entendait régulièrement dire : « Vous autres Français, quand on vous fait un compliment, vous laissez tout tomber, c'est terrible ! » Ce qui n'empêchait pas Lenny d'entretenir une histoire d'amour avec nos musiciens, capables de répondre au quart de tour à sa passion dévorante et à le suivre dans ses interprétations les plus folles. Il est vrai que, comme par hasard, lorsque le musicien français insolent et insoumis a devant lui Carlo Maria Giulini, Bernard Haitink ou Seiji Ozawa, il devient aussi attentif qu'un Américain ou un Allemand : un trait de caractère qui avait le don d'exaspérer Franck Chevalier lorsqu'il était altiste à l'Orchestre national de France. « Cela veut dire que l'on ne dépend que du chef, n'est-ce pas un signe d'irresponsabilité ? » Mais Chevalier est le premier à reconnaître que l'on suit le flot, ne serait-ce que pour ne pas se faire regarder de travers : « On fait les mêmes blagues, on rit bêtement, et c'est la cour de récréation. » L'esprit grégaire, autrement dit, effet pervers de l'esprit de corps.

Voici en effet une autre différence fondamentale de mentalité. Si un orchestre latin n'aime pas son chef, il est capable de jouer au mieux très moyennement, au pire résolument mal, soit délibérément, pour saboter l'interprétation, soit par désintérêt et démotivation. L'orchestre est donc pour une large part le reflet de celui qui le dirige. Cela n'arrivera pas à un grand orchestre allemand ou anglo-saxon : si le chef ne leur convient pas, les musiciens auront tout de même à cœur de jouer le mieux possible et se contenteront de ne pas réinviter le chef en question. Question de fierté et de responsabilité : ils savent que s'ils donnent une mauvaise prestation, le public leur en attribuera la faute à eux, et non au chef, ils savent aussi que si le chef passe, l'orchestre reste, et doit être à la hauteur de sa réputation.

Modèles sociaux

À ces questions de sonorité et de mentalité s'ajoute un paramètre déterminant pour le fonctionnement de l'orchestre : son modèle économique, juridique et social. Il existe plusieurs modèles différents, autour de deux axes principaux : le statut des musiciens, selon qu'ils sont salariés ou au contrat, et le financement, public ou privé. Dans la plupart des pays d'Europe continentale occidentale, les orchestres emploient les musiciens salariés à plein temps, et reposent sur un financement public. Le paysage est assez contrasté : parmi les bailleurs de fonds susceptibles d'entretenir un orchestre figurent les États, les collectivités locales, les villes, mais aussi les offices publics de radiodiffusion et les théâtres lyriques (ceux-ci étant eux-mêmes subventionnés). De nos jours, on assiste à un recul inquiétant du financement public, qui menace plusieurs formations, notamment en Italie où les orchestres de la RAI ont été ramenés de trois à une seule phalange, et aux Pays-Bas où le gouvernement envisage de dissoudre purement et simplement l'Orchestre philharmonique de la Radio néerlandaise, tandis que la Radio autrichienne ORF prévoit de se défaire de son Orchestre symphonique. Le mouvement gagne l'Allemagne où la fusion des orchestres des Radios de Baden-Baden et de Stuttgart semble inévitable malgré les pétitions, et la France où l'existence de deux formations au sein de Radio France est remise en cause.

La France

Sur la trentaine de formations permanentes que compte la France, certaines dépendent de Radio France (l'Orchestre national de France et l'Orchestre philharmonique de Radio

France), d'autres d'une municipalité (Orchestre de Paris, Orchestre national de Lyon, Orchestre philharmonique de Nice…), d'autres d'une région (Orchestre national de Lille, Orchestre national Montpellier-Languedoc-Roussillon, Orchestre national des Pays de la Loire, Orchestre national d'Île de France…). Deux sont directement rattachées à un théâtre lyrique (Orchestre de l'Opéra national de Paris, Orchestre de l'Opéra national de Lyon), d'autres sont chargées d'assurer dans leur ville à la fois la vie symphonique et la saison de l'Opéra (Orchestre national du Capitole de Toulouse, Orchestre philharmonique de Strasbourg, Orchestre national Bordeaux-Aquitaine, Orchestre national Montpellier-Languedoc-Roussillon, Orchestre symphonique et lyrique de Nancy…). Sur le plan du statut, certaines sont des associations loi 1901 (Orchestre de Paris, Orchestre national de Lille, Orchestre national d'Île de France), d'autres des régies municipales (Orchestre national du Capitole de Toulouse, Orchestre national Bordeaux-Aquitaine, Orchestre philharmonique de Nice), d'autres des syndicats mixtes (Orchestre national des Pays de la Loire, Orchestre de Lorraine), d'autres des EPCC – Établissements publics de coopération culturelle (Orchestre de l'Opéra de Rouen). Cette diversité juridique a pour conséquence qu'il n'existe pas de convention collective nationale fixant la grille des salaires et des statuts. Globalement, les musiciens sont soit des employés municipaux, soit assimilés à la fonction publique territoriale.

Le réseau des orchestres français est en grande partie issu de la réforme Landowski, du nom du premier directeur de la musique au ministère de la Culture. Profitant de la dissolution en 1974 de l'ORTF, et donc des nombreux orchestres entretenus par la radiodiffusion publique française, Marcel Landowski créa les orchestres de région dans les années 1970 (rien qu'en 1976 : Orchestre national de Lille, Philharmonie de Lorraine et Orchestre de Cannes-Provence-Côte d'Azur). Un mouvement qu'il avait entamé dès 1971 avec la constitution de l'Orchestre national des Pays de la Loire, né de la fusion des orchestres d'Angers et Nantes. Grâce à son action, le maillage est réel : sur les 22 régions françaises, 4 seulement n'ont pas de formation permanente, et sur les 25 plus grandes villes, 17 disposent d'un orchestre. L'effectif va des 12 cordes de l'Orchestre de chambre de Toulouse aux 174 membres de l'Orchestre de l'Opéra de Paris, la plupart tournant autour de la centaine de musiciens (141 au Philharmonique de Radio France, 120 à l'Orchestre national de France, 119 à l'Orchestre de Paris, 117 à l'Orchestre national Bordeaux-Aquitaine, 116 au Capitole de Toulouse, 110 à l'Orchestre philharmonique de Strasbourg, 102 à l'Orchestre national de Lyon, 100 à Nice, 99 à Lille, 94 à Montpellier, mais seulement 70 à Metz, 66 à Nancy, 56 à Mulhouse, 47 à l'Orchestre de Bretagne).

L'Allemagne

Avec nos deux douzaines de formations symphoniques, nous faisons pâle figure face à la nation orchestrale par excellence : l'Allemagne, qui compte pas moins de 133 orchestres professionnels à financement public ! Ce réseau repose sur quatre colonnes : 84 orchestres de théâtres lyriques (à commencer par les plus prestigieux comme le Staatsoper de Munich, les trois opéras de Berlin, ceux de Stuttgart, Hambourg, Cologne jusqu'aux plus obscurs comme Cottbus, Gelsenkirchen, Neustrelitz ou Passau !), 30 orchestres symphoniques (dont le Philharmonique de Berlin, la Staatskapelle de Dresde, le Gewandhaus de Leipzig, le Symphonique de Bamberg), les 12 formations radiophoniques (Radio bavaroise, NDR de Hambourg, DSO de Berlin, SWR de Baden-Baden, Radio Stuttgart, WDR de Cologne, RSB Berlin, Radio Francfort…), et 7 orchestres de chambre (Stuttgart, Munich, Heilbronn…). L'Allemagne étant un pays décentralisé, aucun ne dépend directement de l'État fédéral. Certains sont municipaux, d'autres relèvent du Land. Mais contrairement à la France, il existe une convention collective nationale des musiciens d'orchestre, le TVK (Tarifvertrag für Musiker in Kulturorchestern), signée en 1971 avec la DOV (Deutsche Orchestervereinigung), puissante union des orchestres allemands qui édite sa propre revue, *Das Orchester*, et est l'interlocuteur lors de toute négociation entre partenaires sociaux. Le salaire des musiciens est calculé selon la catégorie à laquelle appartient leur orchestre. Il existe quatre catégories, principalement définies d'après la taille : A (plus de 99 musiciens), B (à partir de 66, sous-catégorie B/F à partir de 78), C (de 56 à 65), D (moins de 56). À l'intérieur de la catégorie A existent plusieurs sous-catégories, avec même une mention « hors-catégorie » à laquelle appartiennent les Philharmoniques de Berlin et Munich, la Staatskapelle de Dresde, le Gewandhaus de Leipzig ou la Radio bavaroise. Comme en France, les musiciens sont contractuels et non fonctionnaires, mais ils sont assimilés à la fonction publique, donc pour ainsi dire non révocables. Dans le système allemand, le salaire d'un musicien d'orchestre C correspond grosso modo à celui d'un instituteur, celui d'un orchestre A à un professeur de lycée, celui d'un orchestre A/hors catégorie à un professeur d'université (étant entendu que le corps enseignant est mieux payé en Allemagne qu'en France). Ce paysage orchestral reste un des plus denses du monde, malgré les conséquences de l'unification de l'Allemagne : en 1992, la République fédérale comptait encore 168 orchestres permanents, 35 furent dissous ou fusionnés, faisant passer le nombre de places d'orchestre de 12159 à 9922. Sur ces 2237 emplois perdus, 1742 le furent dans les Länder de l'ex-RDA.

Un statut protégé

Malgré les disparités locales, la France comme l'Allemagne relèvent globalement du même modèle : permanence, salariat, service public. Les musiciens sont considérés comme des agents publics non titulaires. Ils ne sont certes pas fonctionnaires à vie, mais n'en sont pas moins très difficilement révocables. Bien que la rémunération soit variable d'un statut à l'autre, les mêmes catégories indiciaires existent partout : hors catégorie (les « super-solistes », en général le violon solo, doté d'un contrat particulier), 1re catégorie (les premiers solistes), 2e (les deuxièmes solistes) et 3e (les tuttistes). Ils sont payés toute l'année, et bénéficient de tous les avantages sociaux en vigueur dans leur pays, parfois même de statuts particuliers (retraite à soixante ans pour les musiciens de l'Opéra de Paris). Leur rémunération court y compris lorsqu'ils ne travaillent pas. Au début des années 2000, il y eut par exemple des périodes où, pour des raisons de politique budgétaire, l'Orchestre de Paris et celui de l'Opéra de Lyon étaient loin d'effectuer toutes leurs heures statutaires : en « sous-service », les musiciens n'ont pas pour autant subi une baisse de salaire. Ce statut est un atout considérable, qui permet de travailler sur la durée sans lutter pour sa survie, et de faire de la musique sereinement. Mais toute médaille ayant son revers, il entraîne aussi des effets indésirables, lorsque guette la tentation de pantoufler et de se réfugier derrière les règlements syndicaux pour en faire le moins possible. Ce que la violoniste Tanya Atanasova, membre de l'Orchestre national des Pays de la Loire venue de Bulgarie, un pays sans avenir social pour les musiciens, résumait ainsi dans *La Lettre du musicien*: «Les musiciens français se plaignent de détails comme le confort d'un bus ou d'une chaise, et oublient parfois qu'ils ont des conditions de travail extraordinaires. Cela tient peut-être au fait que, quand le musicien est titulaire, il sait qu'il ne peut quasiment pas être viré.»

La Grande-Bretagne

Que l'on traverse la Manche, et voici un tout autre modèle. En Grande-Bretagne, le libéralisme économique concerne aussi le fonctionnement des orchestres. Les quatre grandes formations londoniennes, LSO (London Symphony Orchestra), Philharmonia, LPO (London Philharmonic Orchestra), et RPO (Royal Philharmonic Orchestra) ne sont pas des entreprises publiques salariées. Il y règne la règle du «no work, no pay»: les musiciens ne sont payés que quand ils jouent. Privés de subventions, ils recourent le plus possible au mécénat privé, mais sont surtout dépendants des recettes propres, en particulier de la billetterie. Au LSO, les musiciens sont actionnaires de l'orchestre, constitué en association appelée «charity», et sont intéressés à la recette. Le statut des musiciens est un mélange de free-lance et de permanent: une fois qu'il a intégré l'orchestre, l'instrumentiste en est membre à vie, mais il demeure payé au cachet, avec une grande souplesse pour s'absenter pendant une période plus ou moins longue. Cette flexibilité n'est pas un frein à la qualité, puisque les orchestres londoniens ont un niveau supérieur: soumis à une pression incessante, les musiciens sont extrêmement responsables et soucieux de la prospérité de leur entreprise. En outre, cette situation favorise un jeu collectif extrêmement soudé, fondé sur l'écoute mutuelle et la cohésion.

Mais cette pression n'a pas que des avantages. Elle les oblige d'abord à adopter un rythme effréné : l'orchestre multiplie les concerts avec des temps de répétition très courts afin de limiter les coûts. Ce souci de rendement s'exerce parfois au détriment d'interprétations approfondies ou peaufinées, au profit d'une efficacité immédiate : les concerts des formations londoniennes sont souvent impeccables sur le plan instrumental, pas toujours inspirées sur le plan musical. Sans parler du rythme de vie épuisant des musiciens. D'autre part, le besoin de rentabilité oblige souvent à ne pas se montrer trop aventureux dans la programmation, afin de remplir les salles : *Casse-Noisette* et la *Symphonie pastorale* seront globalement plus fréquents que Messiaen ou Stockhausen. Lorsque le chef Christoph von Dohnanyi retourna à Hambourg pour prendre la direction de l'Orchestre symphonique du NDR (Radio d'Allemagne du Nord) en 2004, après une longue période passée en Angleterre et aux États-Unis, il ne cacha pas sa satisfaction de revenir dans un système de subvention publique, où il pourrait davantage programmer la musique contemporaine sans avoir l'œil rivé sur les taux de fréquentation.

Enfin, les orchestres londoniens sont obligés de multiplier les activités annexes ou les partenariats. Le LPO est en résidence au Festival de Glyndebourne quatre mois par an, tandis que le LSO s'est fait une spécialité de l'enregistrement des grandes musiques de films hollywoodiens comme *La Guerre des étoiles, Indiana Jones, Superman*. Activité qui n'est plus aussi bien rémunérée qu'autrefois : fixé par le puissant syndicat des musiciens britanniques, le cachet n'a pas bougé depuis trente ans, afin de ne pas subir la concurrence des orchestres des pays de l'Est. Il faut aussi évoquer les actions culturelles envers le jeune public : le LSO fut pionnier dans son programme éducatif *Take a bow*, qui voit les musiciens encadrer des enfants des quartiers défavorisés et les initier à la musique d'ensemble. Enregistrer une bande originale de John Williams le matin, répéter une symphonie de Tchaïkovski l'après-midi, donner un concert éducatif le soir, partir en tournée le lendemain matin, c'est le lot commun du musicien londonien. Il n'existe à Londres que deux orchestres salariés : l'Orchestre symphonique de la BBC et l'Orchestre du Royal Opera House de Covent Garden. Nombre de musiciens des quatre grandes phalanges associatives aspirent tôt ou tard à intégrer l'un des deux, lorsqu'ils sont las de la cadence infernale et de la précarité sociale.

En France, le statut associatif fut longtemps la règle à Paris. C'était celui de la Société des concerts du Conservatoire, fondée en 1828, et des trois associations Colonne, Lamoureux et Pasdeloup, constituées à la fin du XIXe siècle. Jusqu'à la création de l'Orchestre national en 1934, les seuls orchestres permanents et salariés de la capitale étaient ceux de l'Opéra de Paris et de l'Opéra-Comique. Nombre de leurs membres faisaient aussi partie d'une des associations, occasion pour un instrumentiste d'opéra de jouer aussi du symphonique, mais aussi possibilité d'augmenter ses revenus. À la grande époque de la Société des concerts, dans les années 1930 et 1940, le violon solo Henry Merckel, le contrebassiste Gaston Logerot, le flûtiste Lucien Lavaillotte, le clarinettiste François Étienne, le corniste Lucien Thévet, le timbalier Félix Passerone venaient de l'Opéra, le hautboïste Roland Lamorlette et le trompettiste Raymond Sabarich de l'Opéra-Comique. Aujourd'hui, les trois associations Pasdeloup, Colonne et Lamoureux survivent en défendant leur statut, distinct des orchestres salariés. Très peu payés, les musiciens sont obligés d'avoir une autre activité (enseignement ou appartenance à une formation permanente : l'alto solo de

Pasdeloup, Benoît Marin, est membre du Philharmonique de Radio France, son violon solo Arnaud Nuvolone joue à l'Opéra de Paris). Avantage de l'inconvénient : ils ne jouent que par passion, et non par sécurité matérielle, en tentant d'apporter une souplesse et une fraîcheur que n'ont pas toujours les orchestres salariés. Eux aussi sont obligés de trouver, outre leurs concerts et actions éducatives, des débouchés autres : l'Orchestre Pasdeloup joue les comédies musicales programmées au Châtelet, tandis que Colonne se retrouve régulièrement dans la fosse du Palais Garnier pour accompagner des ballets. L'engagement des bénévoles qui font marcher ces associations musicales, à l'exemple de Marianne Rivière, violoniste et présidente des Concerts Pasdeloup, tient du sacerdoce. Et cela paie : le taux de fréquentation est l'un des meilleurs de la salle Pleyel.

Les États-Unis

Le modèle américain est une sorte de synthèse entre les modes de fonctionnement européen et britannique. Les musiciens y sont salariés et non free-lance, mais le financement des orchestres est privé à deux exceptions près : le National Symphony Orchestra de Washington et l'Utah Symphony Orchestra de Salt Lake City. Actuellement, la League of American Orchestras compte entre 350 et 400 formations permanentes. On a coutume d'y distinguer les « Big Five » (Cleveland, Chicago, Philadelphie, Boston, New York) et les autres. Mais certains orchestres d'excellence les talonnent de très près : c'est le cas par exemple de ceux de Los Angeles, San Francisco, Pittsburgh, mais aussi, un degré en dessous, de Saint Louis, Houston, Baltimore, Detroit, Washington, Cincinnati, Minneapolis, Atlanta, Dallas et Seattle. Sans oublier l'Orchestre du Metropolitan Opera de New York, qui a atteint ces dernières années un niveau international qu'il n'a pas toujours eu au cours de son histoire. Globalement, le standard technique des orchestres d'outre-Atlantique est très élevé. Même dans des villes dont nous n'entendons jamais parler se trouvent des phalanges dont la qualité impressionne les chefs et solistes européens amenés à s'y produire : Indianapolis, Newark, Rochester, Buffalo, Columbus, Milwaukee, Denver, Portland en font partie, voire Syracuse, Baton Rouge, Grand Rapids ou Kalamazoo !

En moyenne, un orchestre américain est financé à 39 % par des contributions privées, à 35 % par les recettes de billetterie, à 13 % par la dotation d'investissement, à 4 % par les subventions publiques. L'obsession du management des formations permanentes d'Amérique du Nord ? Le *fund raising* : rassembler des fonds. Il en fut ainsi de tout temps. À la tête de l'orchestre se trouve un *board*, comprenant les principaux donateurs, qui sont en droit d'attendre des résultats et auquel il faut rendre des comptes. Jusqu'à l'après-guerre, la majeure partie des bienfaiteurs des orchestres étaient les épouses ou veuves de riches industriels, pour qui le concert symphonique était autant une activité de représentation qu'un intérêt culturel. Outre son talent musical, le chef principal devait passer maître dans l'art de flatter cette grande bourgeoisie plus ou moins cultivée, en participant à de nombreux cocktails de bienfaisance. Une corvée pour Charles Munch lorsqu'il était directeur musical à Boston, où il préférait jouer aux cartes avec les musiciens français de l'orchestre, plutôt que de charmer les donateurs un verre de champagne à la main. L'importance de ces bienfaiteurs privés apparaît de façon complètement inattendue lorsque l'on consulte la liste des membres de l'orchestre. On s'aperçoit alors que les postes de premier pupitre portent le nom d'un mécène : ainsi, à l'Orchestre symphonique de Chicago, le violon solo occupe la « Louis C. Sudler Chair », le hautbois solo la « Nancy and Larry Fuller Chair ».

Aujourd'hui, le mécénat d'entreprise a tendance à remplacer le mécénat particulier, mais les orchestres américains ont subi de plein fouet les diverses crises des années 2000. Crise de la fréquentation, comme partout où l'éducation artistique ne fait plus aucune place à la musique classique : pour y remédier, les grandes phalanges d'outre-Atlantique ont développé des programmes éducatifs très performants. Ainsi, les musiciens de l'Orchestre symphonique de San Francisco suppléent-ils à l'absence de professeurs de musique dans les écoles primaires de Californie, en allant eux-mêmes initier les enfants : l'orchestre dépense 2 millions de dollars par an pour ce programme, et les DVD pédagogiques du chef Michael Tilson-Thomas, « Keeping Score », rassemblent 4, 5 millions de spectateurs, entre la télévision et internet. À Los Angeles, le charismatique directeur musical Gustavo Dudamel, lui-même originaire du Venezuela, effectue un travail important en direction des jeunes latinos des quartiers défavorisés, déjà entamé par son prédécesseur Esa-Pekka Salonen. Un peu partout, l'orchestre tente de regagner sa place dans la cité, au lieu d'être seulement la forteresse d'une élite de plus en plus âgée. Très tôt, les phalanges d'outre-Atlantique ont travaillé à la diversification de leur public. Jusqu'à créer un autre orchestre comme à Boston : émanation du Boston Symphony, les « Boston Pops » se sont spécialisés dans les concerts populaires dès 1885 !

Il n'en reste pas moins que les orchestres américains souffrent. Dans son pamphlet *No Vivaldi in the Garage*, Sheldon Morgenstern les accuse de s'être endettés déraisonnablement, confiant la collecte de fonds à des directeurs du développement insuffisamment contrôlés. Au début des années 2000, le Philharmonique de New York avait emprunté pour 5 millions de dollars à quatre banques différentes, au moment de l'explosion de la bulle spéculative. La décennie a été difficile pour les phalanges des États-Unis. Henry Fogel, qui fut pendant dix-huit ans administrateur de l'Orchestre symphonique de Chicago, parcourt aujourd'hui le pays pour effectuer des audits et donner des conseils. Il estime que, dans le contexte de prospérité des années 1990, les orchestres américains se sont lancés dans une expansion trop rapide. Les plus faibles sont touchés en premier : le Florida Philharmonic a mis la clé sous la porte tout comme le San Diego Symphony, les musiciens de Charleston (Caroline du Sud) ont accepté une baisse de salaire de 10 %, ceux de Detroit ont fini par accepter 22 % de diminution après des mois de grève, le Symphonique d'Atlanta cumule un déficit de trois millions de dollars.

On aurait pu croire les fameux « big five » épargnés par la crise. Mais eux aussi sentent le vent du boulet. À Cleveland, où les réserves sont passées de 129 à 95 millions de dollars, le chef Franz Welser-Möst a consenti une baisse de salaire de 20 %, le directeur général Gary Hanson de 15 %, le personnel administratif de 10 %. Quant à Philadelphie, orchestre réputé le plus âpre à la négociation, et où le salaire moyen d'un instrumentiste est de 124 000 dollars par an, les musiciens toucheront 5 % de moins en 2010 et 2011, les administratifs 20 % de moins, 12 postes sont supprimés et 6 places vacantes gelées. En 2011, l'orchestre s'est déclaré en faillite, moyen juridique courant aux États-Unis pour se donner la possibilité de rebondir. Quant au New York Philharmonic, il a vendu sur eBay pour 100 dollars des T-shirts signés par Gustavo Dudamel… Inconditionnels du libéralisme en période de prospérité, les orchestres américains commencent à envier le financement public de la culture à l'européenne, et s'activent pour obtenir le « *stimulus package* » de Barack

Obama, aide gouvernementale à la préservation des emplois dans le domaine de la culture.

Car la situation du musicien d'orchestre américain est paradoxale. Soumis au culte de la performance, constamment menacé si sa virtuosité baisse, il ne connaît guère d'avantages sociaux : sa retraite est payée par une caisse privée qui organise des concerts de bienfaisance pour alimenter ses caisses. Il n'existe d'ailleurs pas de limite d'âge, contrairement aux pays européens : Adolph Herseth était encore trompette solo du Chicago Symphony à la veille de ses quatre-vingts ans, Jules Eskin est toujours violoncelle solo du Boston Symphony au même âge, Stanley Drucker resta pendant soixante ans clarinette solo du New York Philharmonic. Mais parallèlement à ce que nous ressentirions en Europe comme de la précarité, les musiciens d'orchestre américains sont les plus puissamment syndiqués et les plus protégés. Passage obligé de toute négociation salariale, leur syndicat est un interlocuteur extrêmement dur et parfois immobiliste. Ainsi, les orchestres américains n'ont pas su anticiper la crise du disque : devenus trop chers, ils furent les premiers à être boudés par les grands labels phonographiques. En 1996, les musiciens de Philadelphie firent grève pendant 64 jours pour obtenir une réévaluation de leurs droits audiovisuels, ceux de San Francisco ont failli faire capoter une tournée en Asie pour renégocier leurs salaires, accusant l'administration d'avoir créé des déficits fictifs.

La Russie

La chute du rideau de fer a entraîné une grande confusion dans le paysage culturel russe. Le Philharmonique de Saint-Pétersbourg, ex-Léningrad, était déjà l'un des meilleurs orchestres du monde durant les cinquante ans de règne de son maître absolu Evgueni Mravinsky. Il l'est resté avec Yuri Temirkanov, mais doit effectuer énormément de tournées internationales pour compenser une situation économique pour le moins précaire, qui empêche Temirkanov d'inviter des chefs prestigieux car il n'a pas les moyens de les rémunérer. Dans la même ville, Valery Gergiev a fait de l'Orchestre du Théâtre Mariinski une véritable multinationale, grâce à la fois au soutien de Vladimir Poutine et à une recherche de financement digne du capitalisme triomphant. En revanche, des orchestres de tradition comme celui du Bolchoï de Moscou, l'Orchestre d'État de la Fédération de Russie (ex-Orchestre d'État d'URSS de Evgueni Svetlanov), le Philharmonique et le Symphonique de Moscou, végètent avec difficulté depuis la chute du régime soviétique, supplantés par des formations purement privées, fondées dans les années 1990 par des musiciens de renom, avec des titres anglo-saxons pour s'exporter plus facilement : le Russian National Orchestra du pianiste Mikhail Pletnev ou le National Philharmonic Orchestra of Russia du violoniste Vladimir Spivakov.

Une valeur marchande

Un orchestre se marchande. Les tournées internationales sont un passage obligé. Ainsi, il n'y a jamais eu autant de grands orchestres internationaux à Paris qu'en ces années 2010, que ce soit salle Pleyel ou au Théâtre des Champs-Élysées. Et pourtant, cela n'a jamais coûté aussi cher de les faire venir. Certes, la mondialisation crée de nouveaux marchés, de nombreux pays s'étant dotés de magnifiques salles de concerts, y compris en Asie ou en Amérique latine, mais la logique économique est un frein.

Faire tourner un orchestre symphonique, c'est faire voyager une centaine de musiciens, une douzaine d'administratifs et régisseurs, au moins deux camions d'instruments. Des frais incompressibles (environ 50 000 euros), qui n'incluent même pas le cachet de l'orchestre et du chef. Les transports aériens sont de plus en plus chers, et que l'on n'héberge pas des musiciens d'élite dans un deux étoiles. Pour Vony Sarfati, productrice privée, ce sont les taxes qui sont devenues insupportables : non pas tant la retenue à la source de 15 % sur le cachet, mais les cotisations que l'on est obligé de payer pour des musiciens étrangers qui viennent jouer un soir à Paris et n'en verront jamais la couleur. Elle n'hésite pas à parler « d'escroquerie » et de « protectionnisme encouragé par le lobby des orchestres français ». Plus modéré, Dominique Meyer, ancien directeur du Théâtre des Champs-Élysées, se contente d'évoquer une « usine à gaz » qui l'a obligé à créer deux emplois d'administratifs chargés de régler ces « tracasseries bureaucratiques ».

S'il est plus difficile de financer une tournée, c'est aussi que la musique symphonique relève d'une économie subventionnée, et qu'en temps de crise les aides publiques ou privées baissent. C'est à cause de la défection des sponsors que le Boston Symphony, par exemple, a renoncé à sa dernière tournée européenne. Néanmoins, se produire à l'étranger reste une opération de prestige pour un orchestre, et Vony Sarfati confirme que Paris est devenu à ce titre une plaque tournante, ce qui n'était pas le cas autrefois. Dommage collatéral : les coûts sont tels que la province ne peut plus accueillir ces phalanges internationales.

Le coût, parlons-en. On peut distinguer trois tranches. En bas de l'échelle, les orchestres que l'on peut avoir pour environ 60 ou 70 000 euros, qui prennent à leur charge la totalité de la masse salariale et le cachet du chef, voire du soliste s'il y en a un. Ils tournent souvent à perte, même si les orchestres de radio n'y sont plus autorisés aujourd'hui.

Une tranche autour de 80 à 110 000 euros, constituée de très bons orchestres au renom international, mais qui dépendent beaucoup de la notoriété du chef ou du soliste. Et le dessus du panier, entre 120 et 150 000 euros, le Philharmonique de Berlin étant hors catégorie. La fixation du prix des places est un casse-tête : à 130 euros la place en première catégorie, les concerts du Chicago Symphony n'étaient pas pleins, mais à 165 euros ceux du Philharmonique de Vienne le sont. L'attractivité du programme, la notoriété des interprètes sont des critères nécessaires mais pas suffisants : pour Dominique Meyer, « la fréquentation est erratique, et pas toujours liée à la qualité des concerts ». De fait, il s'accorde avec Laurent Bayle pour dire qu'il faut parfois prendre des risques si le projet artistique le mérite : en programmant les symphonies de Sibelius, compositeur peu populaire en France, par Salonen et le Los Angeles Philharmonic, Bayle acceptait dès le départ la probabilité d'un déficit, et Meyer s'est obstiné à programmer le tandem Mariss Jansons/Radio bavaroise, pourtant peu vendeur, jusqu'à ce que le public soit convaincu qu'il s'agit d'un des meilleurs du monde. On peut se l'autoriser si d'autres concerts bénéficiaires permettent l'équilibre sur l'ensemble d'une saison.

La responsabilité

Reste une question fondamentale : celle de la responsabilité du musicien d'orchestre au sein de sa formation. Où l'on touche une nouvelle fois au paradoxe de ce métier d'exécutant au sein d'une hiérarchie, et d'interprète pleinement associé à un projet artistique. Certains des meilleurs orchestres de la planète se distinguent par une très forte dimension de cogestion, voire d'autogestion. C'est le cas du Philharmonique de Berlin et du Philharmonique de Vienne. Constitué en fondation, le Philharmonique de Berlin possède certes une administration et un directeur musical très puissants, mais rien ne se décide sans la participation étroite des musiciens. À commencer par le choix du directeur musical, élu par la totalité des membres de l'orchestre. À titre de comparaison, il n'est pas rare que, en France, les musiciens apprennent par la presse le nom de leur futur chef… À Boston, lorsqu'il s'agit de trouver un successeur à Seiji Ozawa, les musiciens furent consultés et c'est une délégation de premiers pupitres qui alla trouver James Levine à New York pour discuter avec lui des modalités de leur éventuelle collaboration. Les Berliner Philharmoniker tiennent énormément à leur autonomie : un combat qui fut à l'origine de la brouille grandissante avec leur despotique directeur musical Herbert von Karajan au début des années 1980. Chaque aspect de la vie de l'orchestre est pris en charge par des musiciens, qui élisent nombre de délégués. Ainsi, le flûtiste Emmanuel Pahud fut chargé des relations avec les médias : pas un contrat discographique, pas une retransmission sur internet, pas une demande de reportage télévisé ou radiophonique qui ne passe par lui. « Les musiciens des orchestres français ont un rapport de salarié à patron. À Berlin, l'autogestion est telle que chaque musicien est responsabilisé. » Sa plus grande fierté : la Digital Concert Hall, cette salle de concert virtuelle imaginée par le violoncelliste Olaf Maninger et qui permet de visionner sur son ordinateur ou sa télévision, dans des prises de vue et de son dernier cri, les concerts du Philharmonique de Berlin comme si vous y étiez. « Le marché de la musique enregistrée a énormément changé, c'est passionnant de s'y adapter. » D'où la création, par de plus en plus d'orchestres, de leur propre label, afin de compenser le désengagement des majors : LSO Live pour le London Symphony, RCO Live pour le Concertgebouw d'Amsterdam, etc.

Le cas le plus poussé d'autogestion est le Philharmonique de Vienne. Les musiciens forment en réalité l'Orchestre de l'Opéra d'État de Vienne, dont ils sont salariés, avec pour mission de jouer tous les soirs dans ce prestigieux théâtre. Mais dès qu'ils quittent la fosse, ils se constituent en association autogérée, indépendante de l'Opéra, pour donner des concerts sous le nom d'Orchestre philharmonique de Vienne. Un musicien recruté par l'Orchestre de l'Opéra reçoit en général le titre de « Philharmoniker » au bout de trois ans. Pendant longtemps, le Philharmonique se contenta de donner dix concerts d'abonnement par saison, ainsi que le concert du nouvel an, au Musikverein, et de jouer l'été au Festival de Salzbourg. Mais le succès aidant, l'orchestre est de plus en plus demandé, avec des résidences régulières à Paris, New York ou Tokyo, sans parler des enregistrements. Ils se partagent alors la recette, bien plus lucrative que leur salaire à l'Opéra : un problème que Dominique Meyer a pris à bras le corps en obtenant enfin qu'ils soient mieux payés à l'Opéra, afin de leur éviter la tentation de déserter la fosse.

L'organisation de travail de cet orchestre reste un tour de force, qui fait du responsable du planning la clé de voûte de l'édifice. Ces 148 musiciens doivent en effet assurer chaque soir une représentation lyrique, soit 300 levers de rideau sur 36 ouvrages lyriques et 7 ballets, tout en donnant 46 concerts à Vienne, 48 en tournée, et l'été 10 concerts et 20 représentations au Festival de Salzbourg ! Pour faire face à une telle charge de travail, la plus grande souplesse est de mise. C'est pourquoi le Philharmonique de Vienne n'a pas de directeur musical : les musiciens choisissent eux-mêmes leurs chefs, et élisent en leur sein un responsable de la billetterie, des médias, du planning. D'où leur surnom de « démocratie des rois ».

Ce souci de cogestion a progressivement gagné l'Allemagne, quitte à passer par des signaux forts. Ainsi lorsque, en 1988, l'Orchestre de l'Opéra de Lubeck fit grève pour protester contre la nomination à sa tête du jeune chef Wolfgang Doerner, tout récent vainqueur du Concours de Besançon et assistant de Lorin Maazel. En réalité, cette démarche n'était pas dirigée contre ce chef talentueux, auquel les musiciens n'avaient aucune raison d'en vouloir. Elle était dirigée contre l'administration qui avait imposé ce choix sans même consulter l'orchestre. En réagissant ainsi, les musiciens voulaient faire un exemple et obtenir qu'à l'avenir, les autorités publiques ne cherchent plus à contourner les musiciens dans leurs choix artistiques. Dommage collatéral : la carrière allemande de Doerner fut brisée net…

Cette cogestion est l'un des chantiers intéressants pour les années à venir en France, où il reste beaucoup de chemin à parcourir. Le hautboïste François Leleux et le clarinettiste Romain Guyot, qui jouèrent à l'Opéra de Paris avant de faire de brillantes carrières à l'étranger, le disent tout net : ils ne voudraient pas retourner dans un orchestre français, non à cause de la qualité, mais du manque de responsabilisation des musiciens, qui se complaisent dans un rapport de force hiérarchique avec la direction. Ils ne souhaitent d'ailleurs plus être salariés dans un orchestre permanent. En revanche, ils jouent tous deux au sein du Chamber Orchestra of Europe. Créé par de tout jeunes musiciens qui avaient envie de continuer ensemble l'aventure de l'Orchestre des Jeunes de la Communauté européenne fondé par Claudio Abbado, le COE, tout comme le Mahler Chamber Orchestra, est une communauté musicale hors du commun. Sans saison ni résidence fixe, il se réunit plusieurs fois par an pour des tournées, avec les plus grands chefs du moment : une structure légère, autogérée par des musiciens de toutes nationalités. L'idée : vivre chaque concert comme un événement sans être rattrapé par la routine. Entre deux tournées, ils enseignent ou mènent leur carrière de soliste : et quand ils retrouvent le COE, ils sont affamés, bien décidés à aller au-delà de leurs limites, trouvant leur épanouissement dans cet orchestre où les musiciens s'écoutent.

Nombre de musiciens permanents se sentent étrangers au fonctionnement de leur orchestre. Selon Ralf Pegelhoff, ancien membre de l'Orchestre d'État de Hanovre, dans la revue *Das Orchester,* « les orchestres ont développé une gestion autocratique, ignorant les mutations sociales de ces dernières années. Les musiciens ne sont consultés sur rien ». Dans *La Lettre du musicien*, Bruno Zambon, tuba solo de l'Orchestre philharmonique de Nice, confirme : « Nous n'avons aucun pouvoir, aucun avis décisionnaire. Il y a quelques années, nous avions organisé des sondages pour évaluer les chefs qui venaient nous diriger. Mais cela a été très mal perçu par l'administration. Pour elle, nous sommes des salariés de la municipalité et nous n'avons pas à donner notre avis. »

Mais les musiciens français ne sont-ils pas eux-mêmes fautifs ? Le témoignage de Franck Chevalier corrobore cette impression. Lorsqu'il intégra l'Orchestre national de France, il ne tarda pas à faire partie de la « Représentation permanente », afin d'influer sur les décisions. « Jouer en orchestre étant un rêve d'enfant, j'étais très déterminé. Je voulais montrer que l'on a des idées fausses sur les Français, incapables de s'organiser collectivement. J'étais convaincu qu'il n'y a pas d'atavisme. Je me suis beaucoup documenté sur les conditions ailleurs : salaires, conditions de travail, choix des chefs, programmation. Mais très vite, les luttes intestines et les clans ont été plus forts, et la voie que je défendais n'a pas été majoritaire. C'était comme si les musiciens disaient : surtout préservons notre absence de choix ! »

Ressort essentiel de cette attitude : garder une possibilité de critiquer les décisions de l'administration, ce qui n'est plus possible quand on y est associé à part entière. « J'avais la conviction qu'il faut être capable de régler nos problèmes entre nous », poursuit Chevalier, « sinon cela nous serait imposé de l'extérieur ». Exemple : il existe dans les orchestres français un dogme selon lequel il est exclu de critiquer un collègue. Or, au Philharmonique de Berlin, au London Symphony Orchestra ou dans un orchestre américain, les musiciens ne confient à personne d'autre le soin de signaler à l'un des leurs qu'il n'est pas à la hauteur de sa tâche, et à prendre les mesures qui s'imposent. En France, on laisse ce soin à la direction et l'on prend la défense du musicien concerné même si l'on sait pertinemment qu'il pose un problème. Ainsi l'Orchestre national attendit-il l'arrivée de Kurt Masur pour laisser le chef, formé à la dure école allemande, trancher dans le vif et rétrograder plusieurs musiciens avec une brutalité qui aurait pu être évitée. « Une société mûre est une société qui sait s'organiser sans avoir besoin d'un homme providentiel », conclut Franck Chevalier.

Lors du colloque de Metz, Laurent Bayle allait dans ce sens : « Il est urgent de pousser le management à l'innovation, notamment l'ouvrir à la cogestion ou à la participation plus forte des musiciens. C'est la seule voie possible pour l'orchestre, celle suivie par tradition en Allemagne et sous la contrainte financière en Angleterre. Une variante française est à initier, que le dialogue actuel entre les directions et les représentations du personnel ne saurait suffire à nourrir. »

L'institution devra se remettre en cause, car elle est, sinon menacée, du moins aiguillonnée par la multiplication des ensembles spécialisés, composés d'intermittents freelance. C'est évidemment le cas des ensembles baroques qui fleurissent depuis un bon quart de siècle : Les Arts Florissants de William Christie, Les Musiciens du Louvre de Marc Minkowski, les English Baroque Soloists de John Eliot Gardiner, Les Talens lyriques de Christophe Rousset, Le Concert d'Astrée d'Emmanuelle Haïm, mais aussi les orchestres spécialisés dans les musiques plus tardives comme l'Orchestre révolutionnaire et romantique de Gardiner, l'Orchestre du XVIIIe siècle de Frans Brüggen, l'Orchestre des Champs-Élysées de Philippe Herreweghe, Le Cercle de l'harmonie de Jérémie Rhorer, La Chambre philharmonique d'Emmanuel Krivine. Tous étroitement liés à un chef et un seul, ces ensembles d'instruments d'époque se composent de musiciens recrutés au contrat pour un projet ou une tournée spécifique. Voici le « no work no pay » des orchestres londoniens : ces cachetonneurs doivent multiplier les engagements dans l'année pour en tirer un revenu suffisant. Pourtant, s'il n'est pas rare qu'un musicien passe de l'un à l'autre, on retrouve des noyaux suffisamment fidèles pour forger dans chaque ensemble un son spécifique. Malgré le stress de l'insécurité, la plupart de ces musiciens ne voudraient pas échanger leur liberté contre une place permanente. Et les chefs soulignent à volonté la souplesse et l'esprit pionnier de musiciens engagés à 100 % pour le résultat artistique, sans pesanteurs syndicales ou administratives. On sent ces ensembles partagés entre la volonté de sauvegarder cet enthousiasme et cette ardeur à la tâche, et le rêve de plus de sécurité. La quête de financements pérennes, à travers des résidences ou des subventions par les collectivités locales, reste l'une de leurs priorités. Jérémie Rhorer n'hésite pas à parler d'échec de l'institution, quand il voit combien les ensembles spécialisés sont peu soutenus, et Christophe Rousset rêve de pouvoir salarier les Talens lyriques. Mais pour Paul McCreesh, la situation est encore moins enviable en Grande-Bretagne, comme il nous l'expliquait en 2003, année de la grève des intermittents du spectacle :

«*Le Figaro* : Que vous inspire le conflit des intermittents en France ?

PAUL MCCREESH : Je ne connais pas le détail du système français, mais il me semble bon que l'on puisse garantir aux artistes une certaine sécurité. En Angleterre, la plupart des musiciens sont *free-lance*. C'est le cas des orchestres baroques comme le mien. Or, on ne touche de l'argent que quand on joue, sans protection le reste du temps. Et la musique n'est pas du tout subventionnée.

– Peut-on parler d'un système libéral ?

– C'est un système commercial ! Comme on ne peut se permettre de perdre de l'argent, on prend de moins en moins de risques. Dans le domaine de la musique ancienne, la conséquence est un rétrécissement du répertoire : on finit par jouer toujours les mêmes œuvres, non par manque de curiosité mais pour des raisons budgétaires. Je suis frustré car j'aimerais faire des recherches sur Schütz ou Buxtehude, mais je crains de ne pouvoir les mener à bien. Cela nous bride aussi en matière d'effectifs : j'aimerais faire les grands oratorios de Haydn, par exemple, mais c'est trop cher. C'est une des raisons pour lesquelles j'accepte de plus en plus d'engagements comme chef invité : je ne veux pas jouer tout le temps *Didon et Énée*.

– Êtes-vous amer ?

– Je ne voudrais pas donner cette impression. Mais quand je vois que William Christie ou Philippe Herreweghe, qui sont subventionnés, peuvent monter sans problème *Les Saisons* de Haydn ou la *Missa Solemnis* de Beethoven, je suis parfois envieux. Et surtout, je trouve que cela casse le marché.

– Pourtant, vous continuez à plaider pour les orchestres *free-lance*.

– Car il y a un contraste énorme entre un musicien qui sait que s'il joue mal, c'est fini pour lui, et celui qui sait qu'il gardera sa place. Ce que je n'aime pas, c'est l'esprit fonctionnaire. J'ai dirigé un orchestre français, en province : les musiciens rangeaient déjà leurs instruments pendant les applaudissements. Je n'y retournerai pas, même si l'on m'offre 30 000 euros de cachet. Beaucoup d'orchestres modernes ne remettent absolument pas leur style de jeu en question : c'est comme si Harnoncourt n'avait jamais existé. Et ne parlons pas des orchestres américains ! J'ai dirigé Haendel avec l'un d'entre eux, on ne m'y reprendra plus. »

Permanence contre intermittence, c'est encore le choc des civilisations. Mais les caricatures sont trop faciles : les bons libéraux, pleins d'esprit d'entreprise, contre les méchants fonctionnaires, l'œil rivé sur la montre et la préservation des acquis sociaux. Dans les grands orchestres permanents, malgré horaires syndicaux et inerties grégaires, la passion artistique est là et ne demande qu'à être activée et réactivée : la routine est loin d'être une fatalité ! Quant à la pression incessante du temps qui pèse sur les épaules des orchestres intermittents, elle ne permet pas toujours passer tout le temps qu'il faudrait pour laisser mûrir une interprétation et forger un son.

Risquons-nous à exprimer notre idéal, quitte à ne pas être dans l'air du temps à l'heure de l'ultralibéralisme et des économies d'échelle : nous voudrions que l'orchestre soit une formation permanente de financement public n'excluant pas une forte composante mixte public/privé, où la sécurité de l'emploi et les droits sociaux auraient pour contrepartie une cogestion de l'orchestre par des musiciens responsables de leur sort. Marek Janowski nous déclarait en 2006 : « Je crains qu'un jour les orchestres n'aient plus les moyens d'employer des musiciens permanents, mais seulement au contrat. J'espère ne pas connaître cela. Mais il faut être conscient d'une chose : la grande époque de la musique symphonique est derrière nous, c'est le XIXe siècle. » Le XXIe siècle montrera si l'orchestre est capable d'évoluer en même temps que la société, ou s'il est définitivement un dinosaure issu du XIXe siècle bourgeois.

III
Le recrutement

Pour exercer ce métier à part entière, un impératif: se faire admettre dans un orchestre. Cette procédure de recrutement est difficile et complexe. Même si les modalités en varient parfois sensiblement, la grande majorité des orchestres du monde entier ont opté pour la même méthode : le concours. Épreuve initiatique, qui nécessite une préparation spécifique, quasi sportive.

La préparation

Première étape : être informé des places vacantes ouvertes au concours. Dans certains pays, elles sont systématiquement publiées dans un périodique spécialisé : la revue *Das Orchester*, organe de l'Union des orchestres allemands, joue ce rôle outre-Rhin, tout comme *Musical America* aux États-Unis ; on y trouve des pages entières d'annonces de recrutement. En France, ces informations sont accessibles de manière plus éparse, en consultant les dernières pages des magazines musicaux (*Diapason*, *Classica*) ou culturels (*Télérama*), l'instrument de travail le plus prisé des professionnels étant *La Lettre du musicien*. Internet est de plus en plus une source indispensable d'information : l'Association française des orchestres, la League of American Orchestras, la Deutsche Orchestervereinigung, publient systématiquement les postes vacants sur leurs sites respectifs. Sans parler du bouche à oreille.

Une fois informé de la date, reste à s'inscrire dans les délais. Certains orchestres traitent toutes les demandes qui leur parviennent, d'autres opèrent une présélection sur dossier. En Allemagne et en Autriche, mais aussi aux États-Unis, il faut être invité à participer au concours : il est donc essentiel d'avoir des recommandations. Pour compenser cette injustice, certaines formations organisent un pré-concours pour ceux qui n'auront pas été invités. L'une des conditions pour l'être est d'occuper déjà un poste dans un orchestre. Une autre est de se recommander d'un professeur particulièrement respecté. En Allemagne, il est clair que certaines classes sont considérées comme un sésame : ainsi la plupart de ceux qui se présentent pour une place de bassoniste ont étudié avec Milan Turkovic ou Klaus Thunemann.

Certains orchestres vont jusqu'à abriter en leur sein leur propre centre de formation. L'Orchestre philharmonique de Berlin fut pionnier de ce mode de recrutement avec l'Académie Karajan, où de jeunes instrumentistes de haut niveau sont formés par les membres des Philharmoniker. Pour 950 euros par mois, une trentaine de boursiers choisis sur critère d'excellence étudient pendant deux ans tout en ayant la possibilité de participer à des répétitions et à des concerts du Philharmonique. Ils se familiarisent ainsi non seulement avec les particularités du jeu d'orchestre, mais aussi avec le haut niveau et la personnalité sonore des Philharmoniker. Par la même occasion, l'orchestre prépare sa propre rélève et n'hésite pas à puiser parmi les plus brillants élèves de l'académie : c'est ainsi que la Française Solène Kermarrec, qui intégra l'Académie Karajan après ses études au CNSM de Paris, devint la première femme membre du pupitre de violoncelles du Philharmonique de Berlin. C'est même parfois l'occasion de trouver l'oiseau rare : s'étant présenté pour étudier à l'Académie, le violoncelliste suisse David Riniker fut jugé apte à entrer immédiatement au Philharmonique ! Les autres orchestres allemands recourent au système du Praktikum : ce stage pratique donne la possibilité à un étudiant avancé de jouer régulièrement au sein d'un orchestre professionnel. Formule fructueuse, mais aussi contestée par certains, qui estiment que le système est parfois détourné pour éviter de payer des supplémentaires et obtenir une main d'œuvre bon marché… Sinon, les orchestres de jeunes sont la meilleure école possible pour apprendre les réflexes du jeu collectif : l'Orchestre des Jeunes Gustav Mahler et l'Orchestre des Jeunes de la Communauté européenne, fondés par Claudio Abbado, sont les pépinières des grandes formations européennes, rôle joué aux États-Unis par le New World Symphony Orchestra fondé par Michael Tilson-Thomas ou en France par l'Orchestre français des Jeunes, orchestre école créé en 1982, et qui supplée à l'insuffisance de la formation aux métiers de l'orchestre dans la plupart de nos conservatoires, à l'exception du CNR (aujourd'hui CRR) de Paris.

Reste à se préparer pour le concours proprement dit. Préparation physique, psychologique, technique et musicale. Le candidat y sera en effet jugé sur ses aptitudes instrumentales aussi bien que sur sa personnalité, son adaptabilité, son assurance. Il s'agit donc tout à la fois de préparer les œuvres au programme pour y être irréprochable, d'entraîner ou rafraîchir sa technique pour ne pas commettre d'erreur, de soigner sa condition physique en faisant attention à son sommeil, à son alimentation, au besoin en ayant des activités sportives, et de se préparer psychologiquement pour faire le plein de confiance en soi. Quitte à recourir aux bêta-bloquants… Pour certains, c'est peine perdue : forte de son premier prix de violon au Conservatoire de Paris et d'une expérience de « cachetonneuse » dans divers orchestres, Hélène Segré n'aura jamais intégré une formation permanente à cause du trac paralysant le jour du concours. Comment jouer le *Concerto* de Mendelssohn quand l'archet rebondit sur les cordes à force de trembler ? Il est globalement plus facile de présenter les concours d'orchestre quand on est jeune, dans la foulée de ses études. Un musicien expérimenté sera certes aguerri à toutes les situations possibles, mais il a perdu l'habitude de préparer intensivement un programme, de se présenter devant un jury, autrement dit de se remettre dans la position de l'élève, et son travail est moins axé sur la virtuosité pure. Pourtant, c'est souvent la seule possibilité pour un instrumentiste de se voir promu : il n'est pas rare qu'un deuxième hautbois se présente au poste de hautbois solo, ou qu'un violoncelliste du rang aspire à occuper une place de premier ou deuxième violoncelle solo. On n'en salue que plus le courage de Marc Desmons, deuxième alto solo très respecté à l'Opéra de Paris depuis dix-huit ans, qui se présenta la quarantaine venue au poste de premier alto solo du Philharmonique de Radio France, avec succès : il n'allait pas de soi de se mettre en position de devoir faire ses preuves devant ses pairs. Ce que confirme Frédéric Tardy, hautbois solo de l'Orchestre de l'Opéra de Lyon : apprenant qu'un poste de hautbois solo se libérait à Paris, il hésita d'autant plus à se présenter que, lui-même professeur au Conservatoire de Paris, il formait ceux qui allaient postuler et risquaient de lui passer devant ! Vu la progression régulière du niveau technique, il n'est pas absurde que l'élève dépasse le maître… Comme on interrogeait François Dupin sur l'étudiant qu'il avait recruté comme supplémentaire pour un concert de l'Orchestre de Paris, il nous répondit : « Ne m'en parlez pas, il est meilleur que moi ! Il a présenté pour entrer au Conservatoire l'œuvre avec laquelle j'ai obtenu mon prix ! »

Le concours

Que l'on soit prêt ou non, arrive la date du concours. En général, il se déroule en plusieurs tours. Si l'on se présente pour une promotion dans son propre orchestre, on est en général dispensé du premier tour. Dans de nombreux cas, ce tour initial est consacré à des concertos. À un violoniste, il est souvent demandé un concerto de Mozart et le premier mouvement d'un concerto romantique au choix. Certains instruments ont leurs passages obligés : un altiste travaillera tel concerto de Stamitz ou Hoffmeister, un contrebassiste celui de Dittersdorf, un tromboniste celui de David, qu'ils n'auront que peu d'autres occasions de jouer ! L'épreuve suivante est consacrée aux fameux et redoutés « traits d'orchestre ». Il s'agit d'extraits du répertoire orchestral symphonique et/ou lyrique correspondant au pupitre pour lequel postule le candidat. Ils sont choisis selon des critères bien spécifiques : il s'agit de tester la musicalité, la sonorité, mais aussi la justesse, le sens du rythme, la capacité de déchiffrage. La souplesse et la malléabilité aussi, car le jury se réserve le droit de demander de rejouer le trait à un autre tempo ou selon une autre nuance. Ces traits d'orchestre peuvent être un solo s'il s'agit d'une place de premier pupitre, il peut aussi s'agir de traits de tutti d'une symphonie de Beethoven ou de Brahms, d'un ballet de Tchaïkovski ou Ravel, d'un opéra de Verdi ou Wagner, pour un musicien du rang. Expérience extrêmement perturbante que de jouer seul, à découvert, un trait destiné à s'insérer dans un tutti de cent musiciens, et donc par définition à ne pas être entendu ! Dans certains orchestres, la liste des traits mis au concours est communiquée à l'avance, dans d'autres les candidats les découvrent sur place. Marie-Christine Witterkoër, regrette l'époque où le candidat découvrait les traits d'orchestre au dernier moment car cela permettait d'évaluer sa rapidité de réaction et ses facilités en lecture à vue. Globalement, l'épreuve des traits d'orchestre est considérée comme plus importante que celle du concerto.

Il faut imaginer le candidat seul face à un jury, en général sur la scène de la salle où joue l'orchestre, accompagné par un piano (seuls deux postes bénéficient d'une épreuve avec tout l'orchestre : violon solo et timbalier solo). Certaines phalanges optent pour les épreuves derrière paravent, afin que le jury ne soit pas influencé. On peut reconnaître tel collègue que l'on a envie… ou non de privilégier. Tel professeur peut favoriser son élève. Pire encore : le macho peut éliminer plus facilement les femmes (en cas d'épreuve derrière paravent, on leur conseille d'éviter les talons dont le bruit pourrait les trahir…). D'autres formations utilisent le paravent pour le ou les premiers tours, mais pas pour la finale. D'autres y renoncent complètement, arguant que, pour juger des aptitudes d'un musicien, l'œil est aussi important que l'oreille. La prestance, le charisme, la ferveur, sont des critères essentiels pour un instrumentiste, y compris dans un orchestre. Lorsque Nikolaus Harnoncourt fut recruté comme violoncelle du rang à l'Orchestre symphonique de Vienne, juste après la Seconde Guerre mondiale, Herbert von Karajan, qui présidait le concours, déclara : « J'ai su que c'était lui que j'allais engager, rien qu'à la façon dont il s'est assis. » Parfois, l'aplomb paie. Lorsque le Roumain

Marius Mocanu se présenta pour une place de second violon à l'Orchestre philharmonique de Monte-Carlo, il ne fut pas retenu. Mais comme le jury n'avait recruté personne à la fin de la journée, et que son train ne repartait pas tout de suite, il demanda à rencontrer ses censeurs pour demander ce qu'on avait à lui reprocher. Lorsque le chef Lawrence Foster lui dit: « Votre Mendelssohn était trop lent », le violoniste ne se démonta pas: « Excusez-moi, mais trop lent par rapport à quoi ? » Impressionné par cette assurance, le jury lui donna une autre chance et il fut admis à l'orchestre, dont il ne tarda pas à devenir chef d'attaques des seconds violons.

Autre situation peu banale: lorsque Joseph Golan, violoniste du rang au Chicago Symphony depuis 1953, postula pour la place de chef d'attaques de seconds violons en 1969, il tenta le tout pour le tout, expliquant au directeur musical Georg Solti: « J'aime improviser, voyez-vous un inconvénient à ce que je joue un peu de jazz, de musique tzigane et klezmer ? » Connaissant le caractère de Solti, il s'attendait à entendre le fatidique « au suivant », mais à sa grande surprise le chef lui fit signe de jouer et, au bout de cinq minutes, lui dit: « M. Golan, maintenant que vous avez établi la tonalité de *ré* mineur, voudriez-vous jouer le concerto de Beethoven dans celle de *ré* majeur ? » Il devint chef d'attaques et le resta jusqu'en 2002. Une telle situation était encore possible à une époque où les concours étaient nettement moins réglementés. Lorsque Charles Munch auditionna le clarinettiste Gino Cioffi pour le Boston Symphony, il lui demanda seulement: « Qu'avez-vous préparé ? » L'Italien répondit: « Demandez-moi ce que vous voulez, concerto, symphonie, opéra. » Munch lui demanda s'il jouait le *Concerto* de Mozart, le clarinettiste le joua brillamment de mémoire et s'avança en disant: « Alors, pas mal, non ? » Munch se tourna vers le violon solo Richard Burgin en lui disant: « Quelle confiance ! Il nous faut cet homme ! »

Les places étant chères, il peut y avoir jusqu'à une centaine de candidats pour une audition, surtout dans les pays où n'existe pas de présélection ou d'invitation. Le jury se prépare alors à de longues journées passées à écouter cinquante violonistes, clarinettistes ou trompettistes. Une épreuve parfois aussi difficile pour les examinateurs, tant il doit être épuisant d'entendre toute la journée la cadence de harpe de *Casse-Noisette*. Parfois, les jurés décompressent en pratiquant un humour qui peut se révéler discutable, surtout quand on a affaire au goût de la provocation propre à Armin Jordan. À la fin d'une longue journée où il était clair qu'aucun violoniste ne faisait l'affaire, le chef suisse demanda au dernier de continuer à présenter des morceaux, alors que les précédents avaient été très vite interrompus par la clochette fatidique. À un membre du jury qui lui faisait remarquer que cela ne servait à rien d'en entendre davantage, Jordan lui répondit : « Si si, pour une fois que j'entends un juif qui ne sait pas jouer du violon, j'ai envie d'écouter… » Un autre aurait été traîné devant les tribunaux, mais on savait qu'avec Armin Jordan ce plaisir de choquer cachait un cœur immense et un humanisme généreux qui n'étaient nullement ceux d'un antisémite !

Il n'en reste pas moins que c'est avant tout pour le candidat que l'épreuve du concours peut se révéler particulièrement cruelle. Lorsqu'il s'agit de pourvoir un poste de trompette solo à l'Orchestre philharmonique de Nice, le directeur Pierre Médecin avait fait venir la première trompette du Philharmonique de Vienne, Josef Pomberger, pour présider le concours, comptant sur son niveau d'exigence. De fait, deux candidats d'égale valeur sont arrivés ex aequo, rien ne permettait de les départager. Pomberger proposa alors la solution suivante, courante à Vienne : chacun à son tour jouerait coup sur coup le solo *pianissimo* du Prélude de *Parsifal* de Wagner et celui, éclatant, de la *Symphonie alpestre* de Richard Strauss. Et ainsi de suite, jusqu'à ce que l'un des deux ait une défaillance : le premier à faire un « canard » serait éliminé. Ce qui se passa, au profit de Franz Baumann. Cette méthode, qui rappelle l'épreuve des « tirs au but » pour départager deux équipes de football, ou le « tie break » au tennis, que les Américains n'appellent pas pour rien « sudden death » (mort subite), est plus proche de la roulette russe que de la musique. Mais son sadisme ne doit pas faire oublier qu'une trompette solo d'orchestre doit avoir des nerfs d'acier.

La composition du jury est variable selon les orchestres et les pays. En général, il est présidé par le directeur musical, qui a parfois voix prépondérante. Il est arrivé à Myung-Whun Chung de mettre son veto à un candidat qui avait eu la préférence d'une majorité du jury du Philharmonique de Radio France, mais il est arrivé à Kurt Masur de voir un musicien qu'il était prêt à recruter, refusé par la commission. À l'inverse, lorsque Daniel Barenboim recruta Jean Dupouy comme alto solo à l'Orchestre de Paris, il suivit l'avis du jury, qui n'était pas le sien : « Ce n'est pas le son d'alto que j'aime, mais si vous pensez que c'est ce qu'il nous faut, je vous suis. » La composition de la commission est très variable. On y trouve en général des musiciens du pupitre concerné, des solistes de l'orchestre (rarement des tuttistes, ce qui est régulièrement contesté), un ou plusieurs membres de l'administration, parfois des personnalités extérieures (en général d'éminents représentants de l'instrument). On ne connaît que trois exemples où c'est tout l'orchestre qui se réunit pour évaluer les candidats et élire le futur collègue : les Philharmoniques de Berlin et Vienne, et l'Orchestre symphonique de la Radio bavaroise. Autrefois, il n'était pas rare, notamment aux États-Unis, que le chef soit seul à décider :

Fritz Reiner auditionna le flûtiste Walfrid Kujala dans sa chambre d'hôtel à Pittsburgh et lui fit jouer divers extraits qu'il avait choisis lui-même. Intéressé par son jeu, il déduisit toutefois, du fait qu'il jouait les deux mesures à 4/4 de *Till Eulenspiegel* deux fois trop lentement, qu'il ne connaissait pas l'œuvre. Verdict : « Vous jouez très bien mais vous avez encore besoin d'expérience. » Une fois celle-ci acquise, c'est à Chicago que Reiner, se souvenant de lui, le recruta finalement comme deuxième flûte et piccolo. À Boston, Serge Koussevitzky recruta l'altiste Eugen Lehner sans lui faire passer d'audition, sur la seule foi de son appartenance au célèbre Quatuor Kolisch. Cette habitude a aujourd'hui disparu, même si elle avait encore cours au début des années 2000 au New York Philharmonic. Alors que l'on demandait à Lorin Maazel qui recrutait les nouveaux musiciens, il nous répondit très laconiquement : « C'est moi. »

Le principe du concours a beau être le cas de figure le plus fréquent, il n'est pas universel. Les orchestres londoniens, par exemple, n'approuvent pas ce système qui permet uniquement de tester la technique instrumentale des candidats, et non leur aptitude à s'insérer dans un collectif. C'est pourquoi ils préfèrent inviter des instrumentistes à jouer plusieurs concerts avec eux pour évaluer leur compatibilité. Dans certains cas, l'un n'exclut pas l'autre : dans nombre d'orchestres allemands, lorsque l'on sait qu'une place est vacante, on teste plusieurs instrumentistes en les invitant à jouer avec l'orchestre avant qu'ils se présentent au concours, où on les évalue davantage en connaissance de cause.

Les habitudes en matière de recrutement divergent encore sur un point selon les pays. En France ou en Allemagne, on n'hésite pas à engager des musiciens très jeunes à des postes-clés : Pascal Moraguès avait dix-huit ans lorsqu'il fut nommé clarinette solo de l'Orchestre de Paris, Sarah Nemtanu vingt et un ans lorsque l'Orchestre national fit d'elle son premier violon solo. Aux États-Unis, on privilégiera plus volontiers l'expérience : lorsque Robert Langevin devint flûte solo du New York Philharmonic, il avait déjà exercé les mêmes fonctions à Montréal et Pittsburgh, et William Preucil était premier violon de l'Orchestre symphonique d'Atlanta lorsqu'il fut appelé à l'Orchestre de Cleveland. Dans ces cas-là, il s'agit davantage de cooptation. Les rôles sont parfois même inversés, lorsqu'un musicien est sollicité directement par l'orchestre. Ainsi, au moment de trouver un successeur à Stanley Drucker comme clarinette solo, le New York Philharmonic n'a pas hésité à démarcher Ricardo Moralès pour le débaucher de l'Orchestre de Philadelphie.

La titularisation

Le musicien qui a réussi le concours entre donc à l'orchestre. Mais rien n'est fait. Il faut encore qu'il soit titularisé. Cette confirmation n'intervient qu'après une année probatoire, appelée en France année de stage. Durant cette période, on vérifie que l'on n'a pas fait le mauvais choix, et que les capacités instrumentales et musicales décelées chez le vainqueur du concours s'accompagnent bien des qualités humaines nécessaires (autant qu'un musicien, on recrute un collègue). En France, la titularisation est la plupart du temps une formalité, et il faut avoir gravement failli à sa tâche ou manifesté des troubles du comportement pour qu'elle soit remise en cause. C'est moins le cas en Allemagne où la période probatoire fait peser sur les épaules du candidat une pression considérable. Au Philharmonique de Berlin, elle ne dure pas un, mais deux ans, au cours desquels le nouveau venu est observé, testé, épié, reçoit les remarques de ses collègues sur son jeu, sa sonorité, les maladresses à éviter pour être partie prenante de cette collectivité musicale. On ne leur passe rien. Le tromboniste Thomas Horch ne fut pas titularisé car il avait fait un canard dans le solo du *Boléro* de Ravel. « Il devait savoir que tôt ou tard un trombone solo doit jouer le *Boléro* et que ce jour-là il n'a pas droit à l'erreur », arguèrent ses collègues. Depuis, il est le brillant trombone solo de l'Orchestre symphonique de la Radio bavaroise, mais la blessure restera. La flûtiste française Virginie Reibel fit les frais de ce système. Engagée sur concours comme piccolo solo des Berliner, elle ne fut pas titularisée au bout de ses deux ans de stage. Entre-temps, elle avait démissionné de son poste de piccolo solo de l'Orchestre de Paris, qui ne lui offrait qu'un an de congé sans solde et non deux. Elle vécut douloureusement cette période, surtout parce qu'après lui avoir donné des indications sur ce qu'il fallait améliorer dans son jeu, ses collègues berlinois ne lui dirent plus rien. Elle eut toutes les peines du monde à obtenir des explications au moment où lui fut notifiée la décision de ne pas la confirmer. Emmanuel Pahud, flûte solo, se contenta de lui dire : « Tu n'as pas le schmürtz. » Expression sibylline, qui voulait sans doute dire quelque chose comme : « Il te manque le petit quelque chose en plus. » Ce qui est sans doute beaucoup plus difficile à entendre que : tu joues trop haut, ou trop bas, avec trop de vibrato ou pas assez, avec un son trop clair ou pas assez.

Il arrive que l'on propose au candidat d'effectuer une deuxième année de stage. Ce fut le cas lorsque la hautboïste Nora Cismondi, éblouissante soliste de l'Orchestre national de France, fut admise au Philharmonique de Munich. Elle avait en effet senti des réticences de la part de ses collègues de pupitre, non pas sur sa musicalité ou sa virtuosité, mais sur sa sonorité, pas tout à fait appariée à celle des bois de l'orchestre. Elle joua une deuxième année au sein de l'orchestre et demanda une nouvelle délibération. Le vote fut majoritaire en sa faveur de la part de l'ensemble de l'orchestre, mais toujours pas de la part de ses voisins immédiats du pupitre. Elle aurait pu passer outre et occuper la place, mais elle préféra d'elle-même renoncer, estimant que l'assentiment de ses futurs collègues était un passage obligé. Tant mieux pour l'Orchestre national…

Souvent, la capacité à occuper une « chaise » n'est pas liée aux aptitudes musicales : en recrutant l'Israélien Erez Ofer comme premier violon en 1995, l'Orchestre de Philadelphie misait sur un instrumentiste virtuose, qui ne parvint cependant pas à habiter sa fonction. De même, lorsque la Coréenne Hae Sun Kang remporta le concours de violon solo de l'Orchestre de Paris, il était évident qu'elle était une violoniste supérieurement talentueuse. Mais elle se rendit elle-même compte qu'elle n'était pas faite pour exercer une fonction d'autorité sur toute une section, et renonça au bout d'un an pour intégrer l'Ensemble Intercontemporain. Lorsque Michael Bladerer, contrebassiste tuttiste du Philharmonique de Vienne, postula à la succession de Herbert Manhart comme contrebasse solo, il remporta l'audition mais ne fut pas confirmé par ses collègues : on trouvait qu'il n'entraînait pas assez les autres, et que son geste pour donner le départ d'un pizzicato n'était pas celui d'un leader.

Parfois, l'attribution d'un poste est rendue difficile par le prestige de celui qui l'occupait jusqu'alors. Lorsqu'il s'agit de trouver un successeur à Karl Leister comme clarinette solo du Philharmonique de Berlin, à Gerhart Hetzel comme violon solo du Philharmonique de Vienne, à Adolph Herseth comme trompette solo du Chicago Symphony, à Everett Firth comme timbalier solo du Boston Symphony, il faut parfois s'y reprendre à plusieurs fois. Ce fut le cas pour la succession de John Mack, grand hautbois solo de l'Orchestre de Cleveland retiré en 2001 : ni Jeffrey Rathbun, ni Laura Griffiths ne parvinrent à convaincre l'orchestre qu'ils étaient digne d'occuper cette place. Ce n'est que quatre ans après que Frank Rosenwein intégra le pupitre… et y resta. Certains postes semblent même maudits : au départ d'André Sennedat, l'Orchestre de Paris eut un mal fou à trouver et garder un basson solo dans les années 1990, et le poste de contrebasse solo de l'Opéra de Paris occupé par Jean-Marc Rollez demeura non pourvu pendant plus de dix ans, chaque concours se révélant infructueux alors que les candidats excellents ne manquaient pas, y compris dans les rangs mêmes de l'orchestre. Rivalités internes ? Poste gelé par un professeur qui garde la place pour un de ses élèves quand il sera prêt ? Toutes les conjectures sont possibles, y compris les plus farfelues. Même James Conlon, alors chef permanent à l'Opéra, assistait impuissant à ce blocage.

Les supplémentaires

Il existe parmi les musiciens d'orchestre une espèce à part, et pourtant essentielle. Lorsque des musiciens sont absents pour une raison ou une autre (maladie, congé…), ou que l'effectif permanent est insuffisant pour le nombre d'instrumentistes requis par la partition, il faut avoir recours à des extras : en musique, on les appelle des « supplémentaires ». En général, c'est le chef de pupitre qui les propose. Quand il s'agit de remplacer un soliste, on fait plutôt appel à un musicien occupant déjà un poste similaire dans une autre phalange, afin de ne pas prendre de risque. Dans le tutti, c'est plutôt l'occasion de donner leur chance à de jeunes musiciens qui enrichissent ainsi précieusement leur expérience orchestrale. L'orchestre dispose ainsi d'une liste de supplémentaires possibles, dans laquelle l'administration pioche en fonction des besoins. À l'Orchestre de Paris, par exemple, on appelle en priorité les musiciens qui ont échoué aux derniers concours de recrutement mais étaient les mieux placés en finale. Au Philharmonique de Vienne, outre les jeunes musiciens en fin d'études ou en début de parcours, les supplémentaires sont souvent des retraités de l'orchestre, bien heureux de donner un coup de main à leurs collègues et de retrouver l'ambiance de l'orchestre auquel ils se sont dévoués pendant quarante ans. Sur la liste des membres de l'Orchestre du Metropolitan Opera de New York figurent même les noms des supplémentaires attitrés !

L'intendance doit prévoir les besoins suffisamment longtemps à l'avance, ce qui n'est pas très difficile quand il s'agit d'un motif purement numérique : ainsi l'Orchestre national de Lille possède quatre titulaires par instrument dans les bois, or *Le Sacre du printemps* de Stravinsky réclame les bois par cinq. Il ne faut donc pas avoir fait Polytechnique pour savoir qu'il faudra déjà prévoir un supplémentaire à la flûte, au hautbois, à la clarinette et au basson. Voire plus si tel titulaire est malade ou en congé, ce que l'on ne peut pas toujours anticiper. Les orchestres qui recourent le plus aux supplémentaires sont ceux dont l'effectif n'est pas assez nombreux pour couvrir tout le répertoire symphonique, et au contraire les formations des grands théâtres lyriques, qui jouent un tel nombre de représentations que même les 174 titulaires de l'Opéra de Paris ou les 146 de l'Opéra de Vienne ne parviennent pas à couvrir tous les besoins lorsque le rideau doit se lever 300 soirs par an. À titre d'exemple, lors de la représentation d'*Elektra* du 18 juin 2005 à l'Opéra Bastille, l'Orchestre de l'Opéra comptait 3 supplémentaires dans les premiers violons, 4 dans les seconds, 2 dans les altos, 3 dans les violoncelles, 3 dans les contrebasses, 2 dans les flûtes, 1 dans les hautbois, 5 dans les clarinettes, 1 dans les bassons, 3 dans les cors, 3 dans les trompettes, 2 dans les trombones, 3 dans les percussions, 1 dans les harpes, soit un total de 36 sur les 110 musiciens requis par l'ouvrage de Strauss. Une telle proportion n'est pas quotidienne. En outre, un orchestre aguerri est à même d'absorber cette quantité de « corps étrangers » sans que cela nuise à sa qualité. Mais c'est parfois un inconvénient : lorsqu'il y a trop de supplémentaires dans un pupitre, celui-ci peut perdre en cohésion, en réflexes collectifs, en identité sonore. En particulier pour certains groupes particulièrement soudés, comme les pupitres de cors, vite fragilisés si tous les titulaires ne sont pas là. On a déjà entendu certains chefs dire à leur attachée de presse : « N'invitez pas de critiques cette semaine, il y a trop de remplaçants dans l'orchestre ! »

Si beaucoup de supplémentaires le sont par défaut et non par choix, il existe quelques cas d'instrumentistes qui préfèrent ce mode de vie, qui leur permet de conserver une plus grande liberté et leur évite les servitudes d'un poste de salarié. On pourrait les appeler les « supplémentaires permanents »... Quand ils sont reconnus pour leur compétence, on fait sans cesse appel à eux : payés au « service », ils n'ont pas les avantages de la sécurité et des cotisations patronales, mais peuvent accumuler les cachets tout en enseignant et en gérant leur planning comme bon leur semble. C'est le cas du percussionniste Philippe Labadie, dit « l'Indien » à cause de ses cheveux noirs mi-longs : à force de le voir au pupitre de l'Orchestre de Paris depuis deux décennies, on aurait fini par le croire titulaire, mais il a toujours gardé son indépendance. Gageons qu'on aurait pu ouvrir un poste avec le nombre de services qu'il effectua brillamment en free-lance à la grosse caisse ou au tam-tam, voire aux timbales. C'est ce qui a failli se passer pour la violoniste Cécile Jacquillat, qui fut présente avec une telle régularité dans la fosse de l'Opéra de Paris en tant que supplémentaire dans les années 1980 et 1990 que certains proposèrent d'intercéder pour la titulariser d'office, ce qui fut refusé par d'autres, arguant de l'injustice faite à ceux qui avaient présenté le concours d'entrée.

Constituer un orchestre

Si le renouvellement des postes est l'une des tâches essentielles qui incombent à un orchestre permanent, quelle mission exaltante de constituer un orchestre de toute pièce ! Le phénomène fut relativement rare au XXe siècle, puisque la plupart des grandes phalanges avaient été créées au XIXe. Mais il existe quelques exceptions célèbres. Ainsi lorsque la chaîne de radio et télévision new-yorkaise NBC (National Broadcasting Corporation) proposa au déjà mythique Arturo Toscanini de créer pour lui un orchestre sur mesure, avec lequel il pourrait diriger et enregistrer tout son répertoire, en bénéficiant des moyens modernes de diffusion. En 1937, Toscanini avait déjà soixante-dix ans, mais il était au sommet de son art et de son exigence artistique. Il allait diriger le NBC Symphony Orchestra pendant dix-sept ans, livrant à la postérité ses interprétations légendaires depuis le studio 8-H du Rockfeller Center. Mais avant le concert inaugural de Noël 1937, il avait fallu constituer cet orchestre virtuose comme on lève une armée. David Sarnoff, président de la firme RCA, dont c'est l'idée, chargea de cette mission le chef polonais Arthur Rodzinsky, ancien assistant de Stokowski à Philadelphie, directeur musical de l'Orchestre de Cleveland et connu pour ses talents de bâtisseur. On fit une véritable campagne de recrutement, débauchant les meilleurs musiciens des États-Unis en leur faisant miroiter des contrats avantageux, surtout en cette époque d'extrême précarité aggravée par les suites de la crise de 1929. Le premier violon solo fut Mischa Mischakoff, qui occupait alors cette fonction au Chicago Symphony, tandis que l'alto solo Carlton Cooley venait de l'Orchestre de Cleveland et le violoncelliste Frank Miller du Boston Symphony. Pour former le pupitre de contrebasses, Homere Mensch avait quitté le Pittsburgh Symphony, Philip Sklar le Detroit Symphony tout comme la flûte solo John Wummer, Oscar Zimmermann le Saint Louis Symphony tout comme le violoncelliste Edgar Lustgarten. D'autres furent recrutés très jeunes, frais émoulus des grandes écoles américaines comme la Juilliard School ou le Curtis Institute. Beaucoup avaient été repérés par le chef belge Léon Barzin, assistant de Toscanini et fondateur de la National Orchestral Association, pépinière de musiciens : le violoncelliste Alan Schulman avait vingt-deux ans en 1937 tout comme le bassoniste Leonard Sharrow. Parmi les origines, on trouve nombre de réfugiés ou fils de réfugiés juifs d'Europe centrale (les violonistes Felix Galimir, Josef Gingold, Oscar Shumsky, le violoncelliste Benar Heifetz), mais aussi bon nombre d'Italiens ou fils d'Italiens, plus à même de comprendre la langue et la personnalité particulières du maestro (les violonistes Remo Bolognini et Giorgio Ciompi, le violoncelliste Osvaldo Mazzucchi, le contrebassiste Luigi Giobbe, le flûtiste Carmine Coppola, les hautboïstes Paolo Renzi et Filippo Ghignatti, le corniste Arturo Cerino). Certains étaient des solistes de renom : au pupitre d'alto voisinaient William Primrose, pour qui Bartók composa son *Concerto pour alto*, et Tibor Serly, élève de Bartók qui compléta ce *Concerto* resté inachevé. D'autres sections étaient de véritables histoires de famille, comme le pupitre de cors, composé des trois frères Arthur, Harry et Jack Berv, auprès desquels Albert Stagliano, futur cor solo du Boston Symphony, devait se sentir une pièce rapportée.

Tout comme à la NBC, la plupart des créations d'orchestre au XXe siècle furent le fait des offices de radiodiffusion. En France, l'Orchestre national de la RTF fut créé en 1933 par le ministère des PTT, et l'Allemagne constitua après guerre le réseau des orchestres de l'ARD, la société publique de radio et de télévision. C'est ainsi que Munich se dota en 1949 de l'Orchestre symphonique de la Radio bavaroise, qu'il fallut là encore constituer entièrement. Si l'effectif de l'Orchestre national de la RTF tarda quelque peu à se stabiliser, le son de l'orchestre fut aussitôt façonné par ses extraordinaires bois, le flûtiste Fernand Dufrêne, le hautboïste Jules Goetgheluck, le clarinettiste Gaston Hamelin, le bassoniste René Plessier. À la Radio bavaroise, le cœur fut formé au contraire par le son chaud des cordes, modelé par les membres du Quatuor Koeckert recrutés comme chef de pupitre. Rudolf Koeckert, Willi Buchner, Oskar Riedl et Josef Merz, qui étaient sous le régime nazi membres de l'Orchestre philharmonique allemand de Prague, avaient décidé de se consacrer exclusivement à la musique de chambre à la fin de la guerre, lorsqu'ils reçurent une lettre du chef Eugen Jochum et de l'intendant de la Radio bavaroise Rudolf von Scholtz, leur proposant de constituer les premiers pupitres d'un nouvel orchestre, où des conditions de travail avantageuses (deux fois douze concerts d'abonnement par an) leur permettraient de continuer à se consacrer au quatuor. En France, on assista encore à une création d'orchestre en 1983 avec celui de l'Opéra de Lyon : confié à John Eliot Gardiner, le recrutement en fut international et fondé sur l'excellence.

À la NBC comme à Paris ou à Munich, le miracle s'est produit : à partir d'individualités piochées ici et là, on a forgé un corps sonore unique. Mais dans chaque cas il s'agissait de créer un orchestre permanent. Un autre cas de figure se présente, lorsque l'objectif est de forger un orchestre ad hoc pour une durée limitée. C'est ce qui a lieu chaque été au Festival de Bayreuth depuis 1876, année de création de la manifestation par Richard Wagner. La phalange connue sous le nom d'Orchestre du Festival de Bayreuth se reforme en effet tous les ans en faisant appel à des musiciens issus des principaux orchestres d'Allemagne : orchestres d'opéra comme ceux de Berlin, Hambourg, Stuttgart, Cologne, mais aussi formations symphoniques comme le Philharmonique de Berlin et les grandes formations de radio (NDR de Hambourg, WDR de Cologne, SWR de Baden-Baden). Depuis la chute du mur de Berlin et l'unification de l'Allemagne, on a assisté au retour en force de membres des prestigieuses phalanges de l'ex-RDA comme la Staatskapelle de Dresde ou le Gewandhaus de Leipzig, qui avaient déjà formé le noyau de l'Orchestre du Festival avant la division. Seuls absents : les membres du Bayerisches Staatsorchester, à la fois par rivalité traditionnelle entre Bayreuth et Munich en matière wagnérienne, et pour une raison pratique, puisque l'Opéra de Munich donne son Festival d'opéra au mois de juillet, alors que Bayreuth s'apprête à ouvrir ses portes. Le recrutement repose uniquement sur la cooptation. Ce qui n'exclut pas les clans : actuellement la Staatskapelle de Dresde y est très puissante, et a tendance à y imposer ses vents, qui ne sont pas les meilleurs au contraire de ses merveilleuses cordes. À d'autres époques, c'était le Deutsche Oper ou le Staatsoper de Berlin qui dominait. Tout en laissant une place importante à des membres de formations de province moins célèbres mais réputées pour leur professionnalisme (Mannheim, Düsseldorf, Karlsruhe, Hanovre, Brême...).

Si une chose est d'entrer à l'Orchestre du Festival de Bayreuth, une autre est d'y rester : si les wagnériens donnent à la fosse du Festspielhaus le surnom d'abîme mystique, le fait d'y jouer relève du sacerdoce ! Pendant deux mois d'été, au moment où la plupart aspirent aux vacances, certains musiciens vont s'enfermer dans la fosse d'orchestre la plus inconfortable du monde. L'invention géniale de Wagner consistant à rendre la fosse invisible en la couvrant, et à en accentuer la pente afin de créer une sonorité fondue et atténuée, est peut-être un baume pour les chanteurs, qui ne sont jamais couverts par l'orchestre, et pour les auditeurs, qui bénéficient d'une des meilleures acoustiques du monde. Mais elle l'est moins pour les musiciens, car dans l'abîme mystique on est très serré, la température peut atteindre les quarante degrés et le volume sonore est résolument tonitruant. Au moins le fait d'être invisible permet-il de jouer en bermuda… Mais pour ces passionnés, être assis pendant cinq heures pour jouer *Parsifal, Tristan* ou le *Ring* n'est en rien une corvée : l'amour de la musique de Wagner et la magie du lieu compensent largement les inconvénients, y compris une rémunération peu lucrative. Parmi les motivations qui poussent les musiciens à postuler, la personnalité du chef peut se révéler décisive : durant les années où Christian Thielemann y dirigeait, l'Orchestre du Festival comptait un nombre accru de musiciens du Deutsche Oper de Berlin, qui regrettaient l'époque où Thielemann était leur directeur musical.

Parmi cette élite, un Français : Jean-Louis Ollu. Violoniste à l'Orchestre de Paris et amoureux de Wagner, il profita de l'époque où son directeur Daniel Barenboim était un assidu de Bayreuth. Mais si une lettre de recommandation du chef peut être un sésame, elle ne suffit nullement : il faut ensuite convaincre les collègues de son aptitude à jouer collectivement et à se fondre dans le style de jeu particulier qu'impose une musique qui ne l'est pas moins. Ollu y retourna tous les ans pendant plus de vingt ans, jusqu'à l'âge fatidique de soixante-cinq ans. Non sans cacher qu'il lui était parfois difficile de retrouver un certain relâchement français après avoir goûté à la rigueur allemande. Parmi les musiciens ayant marqué la fosse de Bayreuth, on peut citer le violon solo Edgard Wollgandt, du Gewandhaus de Leipzig, dans l'entre-deux-guerres, le clarinettiste Heinrich Geuser et le bassoniste Willy Fugmann, de la Staatskapelle de Berlin, après la guerre, les hautboïstes Helmut Schützeichel (Mannheim) et Alfred Sous (Radio Francfort) dans les années 1970, le violoncelliste Rudolf Mandalka (Düsseldorf) des années 1960 aux années 1980, et surtout le cor solo Gerd Seifert, du Philharmonique de Berlin, qui lança 151 fois l'appel de Siegfried…

Plus récemment, c'est un véritable phalanstère que Claudio Abbado lança sur les fonts baptismaux en fondant l'Orchestre du Festival de Lucerne en 2003. Luxe suprême que de réunir chaque été, pour deux concerts, l'élite internationale du monde musical et d'en faire en quelques répétitions un groupe soudé par l'excellence et l'amitié. Ce fut le tour de force du chef italien, grand fédérateur devant l'éternel : chaque mois d'août, avec pour fil rouge les symphonies de Mahler, Abbado obtient de cette communauté provisoire des exécutions d'une évidence accentuée par la lumière qui se dégage de lui depuis qu'il échappa à une grave maladie, en 2000. Pour constituer cette équipe gagnante, il s'adressa à quatre types de musiciens. Certains anciens du Philharmonique de Berlin, dont Abbado était directeur musical entre 1990 et 2001, et qui lui restent fidèles : le violon solo Kolja Blacher, le chef d'attaques des seconds violons Hans Joachim Westphal (qui jouait encore dans la *9*e de Mahler à quatre-vingts ans, en 2010), l'alto solo Wolfram Christ. Certains grands solistes d'orchestre (le violoniste Sebastian Breuninger, du Gewandhaus de Leipzig, le violoncelliste Franz Bartolomey et le contrebassiste Alois Posch, du Philharmonique de Vienne, le flûtiste Jacques Zoon, ex-Concertgebouw d'Amsterdam et Boston Symphony, le hautboïste Albrecht Mayer, du Philharmonique de Berlin, le corniste Alessio Allegrini de l'Académie Sainte-Cécile de Rome, le tromboniste Jörgen van Rijen, du Concertgebouw d'Amsterdam, le timbalier Raymond Curfs, de la Radio bavaroise). Des concertistes et professeurs renommés (la violoncelliste Natalia Gutman, la clarinettiste Sabine Meyer, le corniste Bruno Schneider, le trompettiste Reinhold Friedrich). Et, comme socle du tutti, les membres du Mahler Chamber Orchestra, eux-mêmes issus de l'Orchestre des Jeunes Gustav Mahler fondé par Abbado. D'une telle diversité devrait naître le chaos, c'est une respiration commune que l'on entend une fois par an. Un tour de force précédemment réussi par Seiji Ozawa avec l'Orchestre Saito Kinen, fondé en hommage au fondateur de la vie musicale japonaise, Hideo Saito, et réunissant chaque année à Matsumoto toute la diaspora des musiciens nippons jouant dans le monde entier.

Le processus est plus complexe lorsqu'il s'agit non pas d'une création ex nihilo, mais d'une greffe. Par exemple lorsque l'on fusionne deux orchestres. C'est ce qui se produisit en 1972, à la dissolution de la Réunion des Théâtres lyriques nationaux, qui conduisit à la suppression de l'Orchestre de l'Opéra-Comique et de l'insertion de ses membres dans celui de l'Opéra de Paris. L'Orchestre de l'Opéra vit son effectif augmenter d'un seul coup, tandis que les titulaires uniques d'une place de soliste se voyaient affubler d'un alter ego. C'est ainsi que le violon solo Roger André fut rejoint par Pierre Doukan, l'alto solo Bruno Pasquier par Paul Hadjaje, le violoncelle solo Hubert Varron par Michel Tournus. C'est ainsi que le pupitre de flûte de l'Opéra, composé de Jean-Pierre Eustache, Raymond Guiot, Michel

Plockyn et Christian Chéret, se vit enrichi du jour au lendemain de Maxence Larrieu et Rémy Cotton. Cohabitation parfois difficile, tant les habitudes de travail et la mentalité des deux maisons étaient différentes. Sans parler de la fierté des musiciens de l'Opéra, équivalents de la « botte » pour les énarques qui choisissent l'Inspection des finances ou le Conseil d'État, et toujours un peu condescendants envers leurs collègues de la salle Favart, soudain promus leurs égaux sans avoir passé le même concours qu'eux. Mais passé ces quelques mois d'observation, l'absorption fut finalement rapide, et l'on oublia vite d'où venait tel ou tel. Pierre Doukan n'eut aucun mal à se faire reconnaître comme un grand violon solo, sans parler de stars comme le hautboïste Pierre Pierlot.

En revanche, la création de l'Orchestre de Paris par Marcel Landowski et Charles Munch, en 1967, fut assez maladroite. Au lieu de se donner la chance de créer un nouvel orchestre, comme à la NBC en 1937 ou à la Radio bavaroise en 1949, on opta pour une cote mal taillée. L'Orchestre de Paris devant remplacer la défunte Société des concerts du Conservatoire, on donna priorité aux membres de cette dernière pour rejoindre l'OP. Or, s'il y avait à la Société des musiciens d'exception qui allaient former l'épine dorsale de l'Orchestre de Paris (le contrebassiste Jacques Cazauran, le flûtiste Michel Debost, le hautboïste Jean-Claude Malgoire, le percussionniste Jacques Rémy), il y en avait aussi d'une qualité bien moindre. Au lieu de saisir l'occasion de repartir de zéro, on assista dans les premières années à la cohabitation entre de jeunes et brillants instrumentistes (le violoniste Jacques-Francis Manzone, l'altiste Davia Binder, le violoncelliste Roland Pidoux, le contrebassiste Bernard Cazauran, le hautboïste Maurice Bourgue, le corniste Michel Garcin-Marrou), et d'anciens sociétaires parfois bien indolents, et dont le talent ne correspondait pas toujours au cahier des charges de l'OP : être le grand orchestre français international de prestige. Cela provoqua une hétérogénéité de niveaux dommageable, qui ne commença à s'améliorer qu'à l'arrivée de Daniel Barenboim. Lorsque ce dernier déclarait dans une interview : « J'ai 120 Platini dans mon orchestre », c'était pure démagogie car il savait bien que ce n'était pas vrai.

Risquée aussi, la méthode employée par Alain Lombard lorsqu'il prit la direction de l'Orchestre national Bordeaux-Aquitaine, en 1988. Décidé à en redorer le blason, et disposant d'une carte blanche budgétaire, il plaça aux premiers pupitres des mercenaires venus des orchestres parisiens (les violonistes Pierre Doukan et Roland Daugareil, le contrebassiste Jacques Cazauran, le corniste Jean-Jacques Justafré, le timbalier Sylvio Gualda...) : même s'il avait pris soin de s'assurer de l'accord des musiciens bordelais, cela pouvait être ressenti comme humiliant. Et puis, comme le soulignait Herbert von Karajan, on mesure le niveau d'un orchestre à celui de son maillon le plus faible.

IV
Sociologie

Nous avons vu que l'orchestre est une société en soi, avec ses rapports sociaux et hiérarchiques plus ou moins bien réglés. On y trouve les tuttistes ou la « vase », exécutants qui ne sortent jamais du rang, et les solistes, qui disposent à la fois d'une « visibilité » musicale plus individuelle et d'une marge de responsabilité accrue. On y trouve les cordes et les vents, avec ce que la confrontation suppose d'admiration réciproque et d'antagonismes plus ou moins rentrés, entre le « quatuor » qui s'estime le cœur de l'orchestre mais souffre d'un manque de reconnaissance dû à l'effet de masse, et les « souffleurs » de l'harmonie, qui roulent facilement des mécaniques car ce sont leurs solos que l'on applaudit, mais sont soumis à une pression nerveuse permanente et sans cesse renvoyés à la moindre noblesse de leurs instruments comparés au prestige du violon.

Mais avant de former une composante sociale à part entière, les musiciens sont eux-mêmes issus de la société, et leur origine sociale détermine en grande partie, quoique heureusement pas entièrement, leur rapport à l'instrument et au métier. Cet aspect a été étudié avec minutie par le sociologue

Bernard Lehmann dans son ouvrage *L'Orchestre dans tous ses éclats, ethnographie des formations symphoniques*, résultat de cinq ans d'enquête au sein des principales phalanges parisiennes. Plutôt que d'effectuer une compilation qui relèverait vite du plagiat, nous renvoyons à la lecture de ce livre éclairant, quoique parfois unidimensionnel dans son approche, et nous contenterons d'en tenter ici une synthèse.

Origine sociale

Lehmann propose une statistique éloquente concernant l'origine sociale des élèves du Conservatoire de Paris entre 1950 et 1975. On y constate des différences importantes selon les familles d'instruments, qui définissent une véritable ligne de fracture. 41,6 % des cordes sont des enfants de cadres et professions intellectuelles supérieures, contre 14,5 % des cuivres, les bois se trouvant à peu près au milieu avec 28 % (ce qui, étonnamment, est le reflet de leur position géographique au sein de l'orchestre…). On compte 27,1 % de fils d'ouvriers parmi les cuivres contre 10,2 dans les cordes. Si l'on affine encore la recherche, on remarque que 47,2 % des élèves de violons sont issus de familles de cadres et professions intellectuelles supérieures, contre 12,7 % des trompettes, et que si les violons comptent 8,2 % de fils d'ouvriers, les trombones en totalisent 30,3 %. Ce qui définirait selon Lehmann une « hiérarchie par la tessiture », puisque si 47,2 % des violons sont enfants de cadres et professions intellectuelles supérieures, la proportion tombe à 35,6 % dans les contrebasses. Même phénomène dans les bois, puisque 52,6 % des flûtes sont issus de cadres et professions intellectuelles supérieures, contre 13,3 % des bassons. L'aigu pour les milieux favorisés, le grave pour les couches populaires ? Un clivage hiérarchique qui correspond de fait à la répartition des forces dans l'écriture musicale occidentale, où le chant revient la plupart du temps aux voix et instruments aigus, l'accompagnement incombant au grave.

Plusieurs explications sont traditionnellement avancées pour étayer ces chiffres. Deux d'entre elles se dégagent en général. Les cordes ont leur place dans le développement de la bourgeoisie au XIXe siècle : outre le piano, on fait du quatuor dans les salons bourgeois, le violon est associé à tout un imaginaire lié à l'élégance, à la noblesse du matériau (le bois précieux) et donc à la fortune, ainsi qu'au culte de la performance, favorisé par la grande difficulté technique et la richesse du répertoire de l'instrument. Dans le même imaginaire, l'instrument à vent est associé à l'orphéon de village, dont le développement au XIXe siècle, notamment dans le Nord de la France avec les harmonies municipales, moyen d'accès à la musique pour les couches populaires. Le matériau moins noble, le répertoire moins raffiné, la dimension collective plus que soliste, sans compter que le fait de toucher l'instrument avec sa bouche n'est pas propre, concourent à cette image bien ancrée dans l'inconscient collectif. Les récits d'un Maurice André au *Grand Échiquier* de Jacques Chancel, évoquant son adolescence où il travaillait sa trompette tout en descendant dans la mine, ont contribué à asseoir cette distinction. L'autre explication majeure est celle du temps d'études nécessaire à l'instrument : pour atteindre un niveau transcendant au violon, il n'est pas rare de commencer à cinq ou six ans, si bien que l'on a déjà une vingtaine d'années d'études derrière soi lorsque l'on entre dans la vie professionnelle, tandis que l'on commence un instrument à vent beaucoup plus tard (ne serait-ce que pour des raisons physiologiques, les cuivres réclamant par exemple un souffle et une musculature des lèvres insuffisants chez le petit enfant). Il est possible de devenir un virtuose de la clarinette en cinq ou six ans, ce qui ne l'est pas pour un violoniste ou un violoncelliste. Ce n'est pas, là non plus, sans créer des jalousies.

Lorsque nous posons la question de l'origine sociale aux musiciens d'orchestre, la réponse qui revient le plus souvent est : « C'était vrai autrefois, mais ça ne l'est plus tellement, les choses ont évolué. » Et il est vrai que nous pouvons citer de nombreux contre-exemples spectaculaires. Clélia Goldings, basson solo de l'Orchestre national de Lille, est la fille de deux psychiatres américains renommés, appartenant à la grande bourgeoisie cultivée de Boston. Alexander von Puttkamer, tubiste du Philharmonique de Berlin, est le rejeton d'une des plus vieilles familles de la noblesse prussienne et le neveu d'un directeur de la NASA. Mais globalement, il semble que les clivages demeurent. Bernard Lehmann rapporte une scène éloquente. S'entretenant avec un clarinettiste de l'Opéra de Paris (le sociologue a changé tous les prénoms de ses interlocuteurs pour préserver leur anonymat), le dialogue est interrompu par l'arrivée d'un tubiste que son interlocuteur mêle à la conversation dans l'espoir d'être conforté dans sa conviction que le fossé social entre pupitres se comble. En vain :

« Pour Jean-François [...], les différences sociales entre les instrumentistes n'existent plus. Pour tenter de le démontrer, il interpelle le tuba solo qui passe dans la salle où a lieu l'entretien. Il est à noter que celui-ci est un "géant bien en chair" – comme peut l'être un tubiste dans l'imagerie populaire – avec un très fort accent du Nord de la France, le teint quelque peu couperosé, alors que mon interlocuteur direct, le regard chaussé de fines lunettes ovales, le visage cerné d'une barbe à la façon des instituteurs IIIe République, "joue le jeu" de la calme maîtrise de soi, prenant un ton posé, recherchant ses mots.

– Hein, René, qu'est-ce que tu en penses ? C'est superficiel de dire ça je crois, non je pense que ça l'a été un peu, peut-être il y a plus longtemps, en tout cas, je crois pas, dans les jeunes générations il semble que ça disparaisse.

– Quoi ?

– Eh bien les différences, de dire je sais pas le violon va venir forcément de Neuilly, de Paris, du XVIe, et le trombone il va venir de l'harmonie municipale de je sais pas quoi, des petites choses qui, qui…

– Si quand même ça existe toujours.

– Ça existe toujours un peu quand même ? Mais moins quand même ? ça existe moins.

– Moi je dirais autant.

– Tu dirais autant toi ?

– Oui.

– Je ne sais pas, moi je le ressens comme moins.

– Ça dépend, les fils d'ouvriers, il n'y en a pas beaucoup chez les cordes.

– Ah, de toute façon non !

– Parce qu'ils font de grandes études de violon et de piano. Pourquoi, pourquoi ? Parce ça coûte trop cher, ça ça restera toujours. »

Fidèle à son parti pris de retranscrire ses entretiens tels quels, sans la moindre réécriture, en conservant jusqu'aux hésitations, répétitions et phrases inachevées, le sociologue a surpris là un échange fort éclairant, qui, au-delà des statistiques brutes, montre l'importance du ressenti en matière sociale.

De fait, si l'on observe un orchestre pendant la pause d'une répétition, avant ou après un concert dans les cafés voisins de la salle, ou à plus forte raison en tournée, on constate que des groupes se forment, et que le brassage y est limité : les cordes restent entre elles tout comme les vents et les percussions, et à l'intérieur de chaque grande section les pupitres se désunissent peu : les violons entre eux, les bois entre eux, les cuivres entre eux. Allant souper au restaurant situé à côté du Grand Théâtre de Genève, on y a aperçu le pupitre de bassons à une table, les cors un peu plus loin. Même phénomène dans la salle de petit déjeuner de l'hôtel à Lucerne, le lendemain d'un concert du Philharmonique de Berlin. Pour frappants qu'ils soient, ces constats ne sauraient toutefois donner lieu à des généralités. Il est évidemment trop facile de classer les cuivres comme des alcooliques lisant *L'Équipe*, les bois comme des divas prétentieuses et les cordes comme des bourgeois condescendants. Les échanges sont nombreux, et les regroupements répondent souvent à d'autres critères que l'appartenance sociale, comme l'âge : lorsque l'Orchestre de l'Opéra de Paris lança une campagne de recrutement massive au début des années 1990, les postes étant restés gelés depuis plusieurs années, les jeunes arrivants, tous camarades de conservatoire, eurent tendance à rester entre eux au-delà des différences de pupitre, plutôt que de se mêler au groupe des anciens qui avaient connu l'ère Rolf Liebermann.

Promus et déclassés

À partir de son enquête sociologique, Bernard Lehmann établit la distinction entre deux types de musiciens d'orchestre : les promus et les déclassés. Pour les premiers, enfants d'origine populaire, intégrer un orchestre professionnel est une promotion. Imaginons un fils de mineur ayant commencé la trompette dans l'harmonie municipale de son village, et qui se retrouve trompette solo à l'Orchestre de Paris, amené à voyager dans le monde entier avec son orchestre et à côtoyer, même de loin, Bernstein, Rubinstein et Rostropovitch : le bond est considérable. Pour les seconds, issus de la bourgeoisie économique ou intellectuelle, devenir instrumentiste d'orchestre est plus facilement ressenti comme un déclassement. Imaginons un fils de grand chirurgien et de ténor du barreau, qui fait ses huit heures de violon par jour, maîtrise les triples cordes et les pizzicati de la main gauche des *Caprices* de Paganini : il se voit déjà jouant le *Concerto* de Tchaïkovski à Carnegie Hall, descendant dans les plus grands palaces avec sa photo sur les pochettes de disques. Pour lui, se retrouver musicien du rang, avec des horaires de bureau et une liste de présence à émarger chaque matin, est un déclassement. Ils auront alors un discours quasi mystique sur la musique, comme pour cacher le fait qu'elle est leur gagne-pain. « Pour les enfants de cadres, la relation quasi religieuse qu'ils entretiennent avec la musique vient comme remblayer la béance creusée entre les aspirations professionnelles et les positions effectivement occupées. Plus les musiciens viennent d'un milieu éloigné de la musique, et *a fortiori* d'un milieu élevé, plus ils intériorisent les représentations de l'esthétique dominante et plus ils semblent souffrir de leur situation. »

Lehmann voit toutefois un point commun aux promus et aux déclassés. « Malgré leurs nombreuses différences, ces deux groupes ont en commun que, faute de parents éclairés sur la carrière musicale, faute de parents suffisamment au fait des méthodes optimales de travail de l'instrument, ils sont conduits à être seuls face à lui et à leur destinée, à surinvestir dans la musique aux dépens de l'école, à être ballottés par les fluctuations de leur trajectoire. » Les témoignages qu'il recueille montrent souvent les instrumentistes à cordes « déclassés » soumis à l'autorité parentale et tenus à l'écart de la sociabilité du système scolaire. Le risque ? L'isolement d'une jeunesse focalisée sur le travail, et souvent déracinée, par exemple lorsqu'il s'agit d'entrer au Conservatoire de Paris à quinze ou seize ans, à plus forte raison lorsque l'on vient de province. À l'image d'« Hélène », fille de magistrat, interviewée par le sociologue : « Quand je suis entrée au Conservatoire c'était la première fois que je voyais Paris. [...] j'étais vraiment désemparée au début, parce que je ne connaissais vraiment, vraiment personne, je ne savais même pas comment marchait le métro ni rien. » Ces sacrifices peuvent conduire à ce que Bernard Lehmann, paraphrasant Balzac, n'hésite pas à nommer les « illusions perdues » lors de l'entrée dans un orchestre. Comme pour cette altiste : « Bon moi je suis arrivée à vingt-quatre ans à l'Orchestre de Paris, pour moi c'était magique. Et j'ai été accueillie très curieusement, il y a un des mes collègues qui est altiste, qui est très gentil, qui aime son métier, la manière dont il m'a accueillie le premier matin, c'était : "Qu'est-ce que tu as de la chance, tu as vingt-quatre ans, quand tu partiras à la retraite tu toucheras la maximum." Ç'a ç'a [elle bégaie] été une gifle épouvantable. Je me suis dit : quoi ! je rentre où ? Dans une banque ? »

Les « promus » aussi, ont connu l'enfance privée de jeux d'enfants, passant la journée de repos à travailler l'instrument au lieu de retrouver les copains pour une partie de foot, négligeant les études générales au point de les abandonner parfois. Sauf pression des parents : fils de peintre en bâtiment du Mans, « Edmond » raconte comment son père l'a obligé à suivre des cours de comptabilité afin de travailler à la « Mutuelle ». Sans sécher les cours, il se débrouilla pour y avoir de si mauvais résultats qu'il serait évident qu'il n'était pas fait pour la comptabilité... Il devint basson solo de l'Orchestre de Paris sous la direction de Munch, Karajan, Solti et Barenboim. « Mis pratiquement sur les rails de l'orchestre par la médiation de l'orphéon, issus de milieux populaires, n'ayant bien souvent de connaissances musicales que populaires ou ne connaissant du classique que le répertoire de leur seul instrument, les promus, malgré le sentiment qu'ils ont généralement de ne pas être tout à fait des musiciens conformes, vivent leur métier comme une promotion sociale », conclut Lehmann. Ils sont en général portés par leur trajectoire plus qu'ils ne la portent : un professeur de village les oriente vers l'instrument où l'on manque d'élèves, et s'il le trouve doué, le dirige vers l'École nationale de musique où le professeur l'incite à tenter Paris. Certains n'en reviennent toujours pas. Lehmann fait parler « Paul », tromboniste à l'Opéra de Paris : « Vous savez le désir de tout musicien, c'est de rentrer dans un grand orchestre [...]. Alors c'est aussi le couronnement d'une carrière, on rentre à l'Opéra, à l'Orchestre national, euh, une question d'ambition personnelle, mais ce n'est pas une question de prétention, mais il faut être ambitieux dans ce métier. Si vous n'êtes pas ambitieux, vous plafonnez et ça s'arrête. Il faut vouloir se remettre en question, progresser, etc., affronter les concours, bon ça c'est de l'ambition et j'ai eu l'ambition de rentrer là bon. »

Lehmann a même identifié un profil de musicien pour qui la musique est avant tout un facteur de réussite socio-économique. Il décrit sans complaisance les conditions de vie de « René », flûtiste à l'Opéra de Paris : il le reçoit en veste d'intérieur de soie dans un grand appartement à la décoration chargée, dans un immeuble de grand standing du XVIe arrondissement. Quitte à forcer le trait, l'auteur semble faire le portrait d'un parvenu. Fils de mineur du Nord, « René » déclare : « Pour moi qui ne... qui ne suis que d'un milieu modeste, la première chose qui m'intéressait quand même, en dehors du diplôme et de me faire plaisir avec la musique, choses qui m'intéressaient aussi, c'est que je sentais qu'il y avait un tremplin pour la promotion sociale appréciable du fait que chez nous, je ne vais pas dire que j'ai connu la misère, mais disons que c'était quand même une vie très médiocre sur le plan matériel, très médiocre. Je veux dire c'est comme ça. Et quand on commence à voyager un peu, à quatorze, quinze ans, on commence à observer un peu, on se dit qu'il y a peut-être possibilité de vivre autrement, et ailleurs que dans ce milieu où j'étais, c'est ce que je pensais, ce n'est pas forcément un critère du bon sens, mais je pensais comme tel (il rit). » Et de défendre l'idée selon laquelle les bourgeois pourraient se livrer la pratique de la musique comme un art pour l'art, tandis que les dominés effectuent des choix guidés par l'urgence, optant pour des instruments rentables rapidement, c'est-à-dire où l'on peut atteindre un excellent niveau en un temps limité.

De même, Lehmann propose une interprétation sociale d'un phénomène que nous n'avions jusqu'alors évoqué que sous l'angle artistique : la pratique de la musique de chambre pour les cordes (les « déclassés »...). Outre le besoin d'épanouissement musical et de fréquentation régulière d'un répertoire atteignant la quintessence de la beauté (comment se passer des Quatuors de Beethoven, de *La Jeune Fille et la mort* ou du *Quintette en ut* de Schubert quand on est violoniste, altiste ou violoncelliste ?), le sociologue a cru percevoir que, pour les musiciens d'orchestre, « la nécessité de la musique de chambre en tant que forme musicale n'arrive qu'en second rang, après que le besoin de reconnaissance a été formulé. Mais il suffit alors d'être un petit peu directif dans le questionnement, de faire entendre à l'interlocuteur ce que l'on a soi-même entendu, pour susciter aussitôt un réflexe de dénégation : « Non, c'est parce qu'on aime ça, on aime profondément ça. La musique, avant tout, c'est d'abord la musique de chambre. » Mais avant cette dénégation énergique et cette sanctification, voire cette mythification de la musique de chambre, il aura fallu entendre tout un discours comme celui de l'altiste « Hervé » : « À l'orchestre bon, la plupart des problèmes, on n'en a pas rien à foutre mais ça ne nous touche pas de près. Dans le quatuor on a l'impression de faire quelque chose, de présenter quelque chose de soi. À l'orchestre on vient pour servir, c'est un peu l'armée : vous faites ci, [...] vous faites ça. À la limite notre métier c'est pas de, d'avoir des idées, c'est de pouvoir, c'est de pouvoir exécuter celles des autres, c'est un peu frustrant. Si je fais du quatuor, je crois que c'est simplement pratiquement, on peut plus facilement être satisfait en quatuor parce qu'on a l'impression de présenter quelque chose de personnel, d'avoir, d'imposer une conception, enfin pas d'imposer mais de proposer une conception personnelle à une salle. » De l'entretien avec le violoncelliste « Rémy », se dégage l'idée selon laquelle, pour un tuttiste des cordes, la musique de chambre est un moyen de sortir du lot, de se distinguer de la masse de l'orchestre, mais aussi des vents qui sont naturellement solistes (le fameux « taisez-vous les anonymes » lancé par le hautboïste aux cordes) : « Si vous voulez, c'est une reconnaissance. À partir du moment où on vous dit constamment, justement comme peuvent le dire certains instrumentistes à vent, qu'on n'existe pas en fait : non, on existe, et on existe malgré eux. Bon, ça les emmerde, ça c'est sûr, et dans l'administration aussi. Alors en effet, c'est une sorte de compensation. »

Les héritiers

À ces deux catégories sociales, Bernard Lehmann en ajoute une, empruntée à Bourdieu : les « héritiers ». Il s'agit des enfants de musiciens. Ils représentent 20, 1 %

des effectifs de l'Orchestre de l'Opéra de Paris (23, 2 % chez les seules cordes). Ils sont avantagés dès le choix de l'instrument : loin des tâtonnements des promus et des déclassés, le musicien saura choisir pour son enfant un instrument adapté à ses dispositions physiques et permettant d'optimiser les chances de débouchés professionnels. Le choix du professeur, ensuite, tient compte lui aussi d'un objectif de réussite maximale. Il est facilité par les relations que le ou les parents ont pu nouer au cours de leur propre carrière musicale. Mais si tous ces éléments sont parfaitement rationalisables, la stratégie ne suffit pas à expliquer le taux de réussite des « héritiers » : le fait d'avoir fait de la musique ensemble dès le plus jeune âge, d'avoir accompagné son père ou sa mère aux répétitions quand il n'y avait pas de baby-sitter, la pure et simple vertu de l'exemple, sont aussi d'excellentes raisons que Lehmann passe un peu trop sous silence. C'est sans doute un mélange de passion musicale et de stratégie élaborée comme un plan de bataille qui aura permis à Ernst Ottensamer, clarinette solo du Philharmonique de Vienne, de placer ses deux fils au pupitre de première clarinette des deux plus grands orchestres du monde : Daniel à ses côtés au Philharmonique de Vienne, Andreas au Philharmonique de Berlin. Cette notion de succession et de transmission joue un rôle très important dans les familles de musiciens, parfois même au sein du même orchestre. Si l'on considère le seul Orchestre de l'Opéra de Paris aujourd'hui : le violon solo Frédéric Laroque est le fils de Jean-Pierre Laroque, qui y était basson solo, le chef d'attaque des seconds violons Christophe Guiot est le fils de Raymond Guiot, qui y était flûtiste, le violoniste Franck Gali est le fils de Lionel Gali, qui y était chef d'attaques des seconds violons, le violoncelle solo Aurélien Sabouret est le fils de Jean-Pierre Sabouret qui y était deuxième violon solo. Quant au violoncelle solo

Cyrille Lacrouts et au troisième violon solo Éric Lacrouts, leurs père et oncle étaient respectivement troisième violoncelle solo à l'Opéra et violoniste du rang à l'Orchestre national !

On en arrive ainsi à de véritables dynasties de musiciens, les champions toutes catégories du recrutement de père en fils étant les aristocrates du Philharmonique de Vienne. Ainsi, lorsque les trois frères Josef, Alfred et René Staar, respectivement alto solo, membre des premiers violons et chef d'attaques des seconds violons, se côtoyaient au pupitre, ils pouvaient rencontrer leur beau-frère Wolfgang Tomböck sr., ancien cor solo et leur neveu, fils de ce dernier, Wolfgang Tomböck jr., nouveau cor solo ! L'actuel violoncelle solo, Franz Bartolomey, avait un grand-père clarinettiste, un père et un frère seconds violons. Quant aux deux frères Alexander et Reinhart Öhlberger, hautboïste et bassoniste, ils sont fils et neveu de deux bassonistes, Camillo et Karl Öhlberger, le gendre de ce dernier étant l'actuel basson solo Michael Werba, dont le beau-frère Harald Müller est également basson solo… Vous suivez toujours ?

Ces critères sociaux sont à l'évidence extrêmement pertinents, mais s'ils sont nécessaires, ils ne sont pas suffisants : il n'existe pas de déterminisme en la matière, et tout autant que le statut social, le paramètre essentiel semble être chez tout musicien la manière dont il le ressent. Le besoin de reconnaissance est, de fait, un point commun à toutes les catégories sociales de musicien d'orchestre. Dès lors, la question qui se pose n'est plus leur statut, mais la manière dont ils se sentent perçus par la société. C'est ce qu'étudie Pauline Adenot dans *Les Musiciens d'orchestre symphonique, de la vocation au désenchantement* : elle y décrit des artistes tiraillés entre leur passion pour la musique et le regard que porte sur eux une société qui peine encore à considérer le métier de musicien comme une vraie profession.

V
Les femmes dans l'orchestre

Pur produit de l'essor de la bourgeoisie du XIXe siècle, l'orchestre symphonique est un reflet relativement fidèle de l'évolution de la société, même s'il résiste parfois plus fortement que d'autres institutions à ses mutations. Pendant longtemps l'orchestre fut une communauté masculine. Ce n'est qu'après la Première Guerre mondiale que les femmes commencèrent à s'y faire timidement une place. Les premières phalanges à les admettre furent les orchestres de radio : comme ces formations n'étaient initialement destinées qu'à jouer en studio et non en public, on ne serait pas troublé par la vue de musiciennes au milieu de cette troupe virile. Née en 1893, Lily Laskine fut à l'âge de seize ans la première femme à intégrer l'Orchestre de l'Opéra de Paris, comme harpe solo. Lorsque Doriot Anthony Dwyer fut recrutée par Charles Munch comme flûte solo du Boston Symphony Orchestra, elle était la première femme à occuper un tel poste dans une grande phalange internationale. Elle était d'ailleurs la première femme du BSO, si bien qu'il fallut prévoir pour elle une loge personnelle pour se changer, tandis que ses cent quatre collègues masculins se contentaient du foyer des musiciens. En 1952 !

Aujourd'hui, si l'on est encore loin de la parité, la féminisation du métier de musicien d'orchestre a sérieusement gagné du terrain. Sur les quatre grandes formations parisiennes, l'Orchestre de l'Opéra compte à ce jour 57 femmes sur 174 musiciens, soit 32,7 %. Au Philharmonique de Radio France, la proportion est de 46 sur 141, soit 32,6 %. L'Orchestre national de France affiche 35 femmes sur 120 musiciens, soit 29,1 %, et l'Orchestre de Paris 34 sur 119, soit 28,7. C'est moins que les 40,5 % du New York Philharmonic, les 38,7 de l'Opéra de Zurich, les 37,7 % du Los Angeles Philharmonic ou les 35,9 % de l'Orchestre Bruckner de Linz. Mais c'est plus que les 26,8 % du London Symphony Orchestra, les 24,4 % du Gewandhaus de Leipzig, les 21,1 % de la Radio bavaroise ou les 15,6 % de la Staatskapelle de Dresde… Selon Gerald Mertens, secrétaire général de l'Union des orchestres allemands, la proportion de femmes dans les orchestres augmente à mesure que la profession de musicien d'orchestre devient financièrement moins attractive pour les hommes… D'une manière générale, les femmes musiciennes d'orchestre sont confrontées aux mêmes préoccupations que toutes les femmes dans le monde du travail : remplacement pendant les congés de maternité, compatibilité entre la maternité et le travail. C'est un cercle vicieux : pour influer sur l'organisation de leur orchestre, elles devraient faire davantage partie des délégués et autres commissions, or leurs obligations familiales les en tiennent le plus souvent éloignées. Certains orchestres, cependant, intègrent ce critère dans l'organisation du travail : l'Orchestre national de Lille programme très peu de concerts le mercredi, jour des enfants, et si l'Orchestre de l'Opéra de Paris répète le matin et joue le soir, l'après-midi est libre.

Longtemps, les femmes se contentèrent de la harpe et de la flûte, ou de places de violonistes du rang. De plus en plus, elles ont accès à tous les instruments. Selon une étude non scientifique menée par William Osborne sur 35 orchestres européens et nord-américains, les pupitres de harpe resteraient à 81,8 % féminins, ceux de violon à 43,06 %, ceux de flûte à 42,8 %, mais ceux de cor à 10,3 % et ceux de trompette à 1,32 %. Cependant, des pionnières ont joué un rôle essentiel. En devenant cor solo de l'Orchestre du Metropolitan Opera de New York il y a vingt-cinq ans, Julie Landsman fut assurément une inspiratrice, sans l'exemple de qui son élève Jennifer Montone ne serait pas aujourd'hui cor solo de l'Orchestre de Philadelphie, qui a également recruté une tubiste, Carol Jantsch ! Le pupitre de cor du Concertgebouw compta longtemps trois femmes, Julia Studebaker, Sharon St Onge et Paulien Weierink. Même situation à Chicago où, jusqu'à récemment, il n'était pas rare que le légendaire cor solo Dale Clevenger soit le seul élément masculin de son pupitre, avec à ses côtés Gail Williams, Susanna Drake et Kimberly Wright. En France, Isabelle Leroy créa un précédent en devenant dans les années 1980 corniste au Philharmonique de Radio France. La contrebasse, les cuivres, la percussion, se féminisent progressivement. L'Orchestre national de France a recruté une première contrebasse solo, l'Orchestre de Paris et celui de l'Opéra comptent chacun une deuxième contrebasse solo, l'Orchestre de l'Opéra compte deux percussionnistes femmes.

L'affaire Abbie Conant

Il reste cependant des résistances, comme l'a prouvé il n'y a pas si longtemps la triste affaire Abbie Conant. Cette tromboniste américaine fut invitée en 1980 à se présenter pour la place de trombone solo de l'Orchestre philharmonique de Munich, recevant une lettre en bonne et due forme adressée à « Monsieur Abbie Conant ». Elle passa le premier tour derrière paravent en même temps que trente-deux hommes. Elle fut retenue pour la finale sans paravent, qu'elle remporta. Elle fut donc admise pour l'année probatoire, à l'issue de laquelle le musicien se voit signifier s'il est ou non titularisé. Or, à la fin de cette période de stage, elle fut convoquée par une commission restreinte : le directeur musical Sergiu Celibidache avait mis son veto à son recrutement. Le syndicat des musiciens d'orchestre lui fit savoir qu'il couvrirait ses frais de justice au cas où elle voudrait se lancer dans une procédure contre son employeur.

Elle évita cette extrémité, optant pour une deuxième année de stage, au cours de laquelle le directeur musical pourrait exprimer ce qu'il avait à lui reprocher, ce qu'il n'avait pas fait jusque-là comme la loi l'y obligeait pourtant. En novembre 1982, le verdict tomba : on voulait bien la recruter, mais comme deuxième trombone. Un délégué lui conseilla d'accepter : « Vos nerfs ne tiendront pas. » Elle chercha à rencontrer Celibidache, qui n'avait pas davantage expliqué ses raisons. Il la reçut et se contenta de lui dire, avec un sourire entendu : « Vous connaissez le problème : il faut un homme pour cette place. » Elle obtint alors d'un juge que l'orchestre soit obligé de motiver sa décision. En 1983, elle reçut alors cette explication surréaliste : elle n'avait pas la force physique pour occuper ce pupitre. Elle se soumit alors à des tests dans une clinique de Munich spécialisée dans les poumons. Le rapport d'expertise concluait qu'elle disposait de la capacité thoracique d'un sportif de haut niveau. Après nomination d'un expert, le juge constatant que l'administration du Philharmonique de Munich n'avait pas été en mesure de justifier sa décision, Abbie Conant fut rétablie dans ses droits en 1988, mais à une catégorie salariale inférieure. Les deux trombones solos, Dankwart Schmidt et Dany Bonvin, proposèrent de se partager la place de deuxième trombone pour la laisser jouer. En 1991, elle obtint le rétablissement dans la bonne catégorie salariale, mais sans effet rétroactif, finalement accordé en 1993. Elle faisait partie de l'orchestre depuis treize ans, dont onze de procédure. Élue sur une chaire de professeur dans une Musikhochschule, mieux payée qu'une place d'orchestre, elle eut alors la satisfaction de quitter le Philharmonique au moment où elle était rétablie dans ses droits. Et cela remonte à vingt ans seulement. Gageons qu'un tel cauchemar ne serait plus possible aujourd'hui. À moins que ?

Berlin et les femmes

Le Philharmonique de Berlin fut longtemps le dernier des Mohicans en matière d'ouverture aux femmes. Lorsque l'on écoute des extraits de répétitions de grands chefs du passé, on n'est pas surpris d'entendre Wilhelm Furtwängler dire « Meine Herren » et non « Meine Damen und Herren », ou Bruno Walter « Gentlemen » au lieu de « Ladies and Gentlemen ». Mais au début des années 1980, un chef qui s'adressait aux Berliner Philharmoniker devait encore se contenter de « Meine Herren ». Symboliquement, la grande crise qui opposa Karajan à « son » Philharmonique de Berlin en 1983 fut déclenchée par une femme ! Et pour une raison inverse à l'épisode Celibidache. C'est en effet lorsque le chef à vie de l'orchestre voulut imposer la jeune clarinettiste Sabine Meyer que les musiciens se rebellèrent contre le despotisme du directeur musical. Les Berliner Philharmoniker furent accusés de misogynie, mais l'explication en l'occurrence est beaucoup plus complexe. Il y a d'abord une motivation musicale : soucieux de l'homogénéité de leurs pupitres, les vents des Philharmoniker avaient développé autour de leur légendaire clarinette solo Karl Leister un son rond et fondu, et ils estimaient que la sonorité plus claire et aiguë de Sabine Meyer ne se mariait pas au reste de la section. D'autre part, Sabine Meyer a, à n'en pas douter, fait les frais d'une aspiration croissante des musiciens berlinois à l'autonomie, qui leur faisait accepter de plus en plus difficilement les diktats du directeur musical. Quant à l'argument de la misogynie, il aurait été valable si Sabine Meyer avait été la première femme à entrer au Philharmonique. Or, un an avant, les Berliner avaient recruté la violoniste suisse Madeleine Carruzzo. L'incident Sabine Meyer ne fut du reste pas une porte fermée à la féminisation de l'orchestre. À partir de la fin des années 1980, et surtout de la période Abbado, dans les années 1990, les femmes ne furent plus une rareté au Philharmonique. Avec 13,2 %, on est certes encore loin des pourcentages évoqués plus haut dans les formations françaises et anglo-saxonnes ou des 27 % qui sont la moyenne nationale dans les orchestres allemands. Mais aujourd'hui, avec cinq femmes dans les premiers violons, six dans les seconds, deux dans les altos, deux dans les violoncelles, une flûtiste, une bassoniste, une harpiste et même une corniste, soit dix-neuf musiciennes en tout, on a peine à croire qu'il y a tout juste trente ans, il n'y en avait pas une seule. Il y a bien encore des ratés, comme ces deux altos solos, Danuta Waskiewicz et Carrie Dennis, recalées après leur période de stage, la première à l'issue d'une pénible querelle, la seconde dans la discrétion, aussitôt recrutée par Esa-Pekka Salonen à Los Angeles. Mais c'est le lot courant des recrutements dans les orchestres.

Vienne et les femmes

Si Berlin a réussi son passage à l'ère moderne, ce fut beaucoup plus laborieux au Philharmonique de Vienne, qui mit bien plus longtemps à accepter les femmes en ses rangs, et où les mentalités évoluent avec lenteur et difficulté. Comme nous l'avons évoqué plus haut, les Wiener Philharmoniker sont une émanation de l'Orchestre de l'Opéra d'État de Vienne, phalange publique et permanente qui, à côté de ses obligations statutaires dans la fosse, se constitue en association autogérée sous le nom d'Orchestre philharmonique de Vienne. Il faut donc réussir le concours d'entrée à l'Orchestre de l'Opéra, y être titularisé au bout d'une année probatoire, puis y jouer encore en moyenne deux ans avant d'être admis comme un sociétaire à part entière des Wiener Philharmoniker, avec droit de vote dans les assemblées générales et droit à pension complémentaire outre la retraite publique de l'Opéra. Fondé en 1842, le Philharmonique n'admit la première femme en son sein qu'en 1997 ! La même année 1997, le violoncelliste Werner Resel démissionna de ses fonctions de président de l'orchestre « pour raisons personnelles » : il demeurait hostile à l'arrivée des femmes dans son orchestre. En 1997, cela faisait déjà vingt-six ans qu'Anna Lelkes était harpe solo de l'Opéra de Vienne : on lui proposa enfin de devenir membre à part entière des Philharmoniker quatre ans avant la retraite, alors qu'il faut normalement attendre trois ans. En 1999, c'est une autre harpiste, la Française Julie Palloc, qui remporta le concours d'entrée à l'Opéra de Vienne, mais elle ne fut pas titularisée au bout de son année de stage : elle joue aujourd'hui à l'Opéra de Zurich. En 2003, Peter Schmidl, clarinette solo et gérant de l'orchestre, estimait dans le magazine autrichien *Profil* que deux tiers des musiciens étaient pour l'admission des femmes, mais qu'un tiers restait contre. Cela n'empêcha pas l'altiste Ursula Plaichinger d'être la deuxième femme, et la première non harpiste, à obtenir le titre envié de Wiener Philharmoniker. Recrutée en 2001, elle participa au Concert du nouvel an, vitrine internationale de l'orchestre, en 2003. Elle fut suivie de peu par une nouvelle harpiste, Charlotte Balzereit, et en 2004 par la violoncelliste Ursula Wex. Membre de l'Orchestre de l'Opéra de Vienne, cette dernière n'avait cependant toujours pas en 2011 le titre de Philharmoniker, les congés matérnité ne comptant pas pour l'ancienneté… Ce fut ensuite la violoniste française Isabelle Caillieret (aujourd'hui Ballot) en 2005, et surtout la Bulgare Albena Danailova, violon solo, en 2008. À Mmes Plaichinger, Wex, Balzereit, Ballot et Danailova, s'ajoutent aujourd'hui la violoniste Oleysia Kurylyak et l'altiste Daniela Ivanova, tout juste entrées à l'Orchestre de l'Opéra de Vienne et en attente d'admission chez les Philharmoniker. Avec sept femmes sur 148 membres, soit une proportion de 4,6 % (qui tombe à 2,6 si l'on ne compte que les sociétaires en titre), on est encore loin du compte.

Ce qui est plus inquiétant, c'est l'état d'esprit que trahissent plusieurs incidents et déclarations constatés à Vienne ces dernières années. En 2008, la hautboïste Helene Kenyeri aurait été la première femme recrutée dans un pupitre de vents du Philharmonique. Précédée d'une réputation flatteuse, elle attira l'attention des médias mais ne survécut pas à son année probatoire. Plus pénible, l'affaire Iva Nikolova. Recrutée fin 2005, la violoniste ne fut pas non plus confirmée au bout de son année de stage, mais l'histoire prit un tour plus polémique. Deux votes sont nécessaires pour être titularisée : le premier, à bulletins secrets, du pupitre auquel postule le candidat, le second d'un jury élargi représentant tout l'orchestre. À chacun, la majorité des deux tiers est requise. Sur les vingt-cinq membres du pupitre des violons, sept ne prirent pas part au vote. Parmi les dix-huit restants, cinq votèrent pour son admission, six pour son rejet et sept pour lui proposer une deuxième année de stage.

Dans le second jury, les deux violons solos Rainer Küchl et Werner Hink s'exprimèrent en sa faveur, tout comme six violonistes. Deux violonistes restèrent neutres, un seul, Martin Zalodek, la critiqua ouvertement, estimant qu'elle jouait trop fort. Impression confirmée par le flûtiste Dieter Flury, régulièrement assis juste derrière elle. La majorité des deux tiers ne fut pas atteinte. Mais le lendemain du vote, le violoniste Martin Kubik, qui s'était abstenu, écrivait une lettre ouverte à l'orchestre indiquant qu'il n'avait certes rien à objecter quant à la régularité du vote, mais que, réflexion faite, ce serait une honte de se priver d'une violoniste du niveau d'Iva Nikolova. Il proposait de lui donner une deuxième chance. Sa lettre fut approuvée par vingt et un des vingt-cinq membres du pupitre de premiers violons. Il attirait notamment l'attention sur le fait que chaque stagiaire est doté d'un tuteur au sein de l'orchestre, et que si l'on a des critiques à formuler sur le candidat, il faut les lui transmettre afin qu'il prodigue ses conseils à l'impétrant : or Hubert Kroisamer, tuteur de Nikolova, n'avait recueilli aucune remarque concernant sa « filleule ». Mais le violoncelliste Werner Resel, intendant de l'Orchestre de l'Opéra, campa sur sa position et refusa d'organiser un deuxième vote. Les collègues favorables à Nikolova proposèrent alors de lui permettre de repasser une audition, profitant du concours prévu à la fin de l'année 2006. Resel s'arrangea alors pour introduire une nouvelle clause, selon laquelle un candidat ayant échoué à un concours devait attendre trois ans avant de se représenter, et voulut rendre cette disposition rétroactive. Le directeur de l'Opéra, Ioan Holender, refusa la rétroactivité, estimant que l'on ne peut changer les règles quand cela vous arrange : « Ça pue », déclara-t-il à la télévision autrichienne. Les médias autrichiens commençaient à s'emparer de l'affaire, pointant du doigt la misogynie du Philharmonique de Vienne… La titularisation de l'altiste Ursula Plaichinger fournit un alibi au bon moment, et l'on trouva une autre argutie juridique pour empêcher Iva Nikolova de repasser une audition : le délai de six semaines obligatoire pour inviter un candidat à concourir était forclos. L'audition organisée pour remplacer Iva Nikolova eut lieu le 20 décembre 2006 : aucun des candidats ne fut retenu. Quant à Nikolova, elle ne postula plus jamais au Philharmonique de Vienne et fait aujourd'hui partie de l'Orchestre Bruckner de Linz.

Les désaccords sur un recrutement au sein d'un orchestre sont monnaie courante, mais ils ne prennent jamais de telles proportions : il est évident que la question est beaucoup plus sensible lorsqu'elle touche de près aux problèmes de discrimination. Or, le Philharmonique de Vienne, quelle que soit l'adulation que l'on éprouve pour sa sonorité et son style uniques au monde, n'est pas toujours à l'abri de préjugés dont certains font froid dans le dos. William Osborne mentionne une interview sur la chaîne de radio NPR le 28 février 1997, dans laquelle le violoniste Hans Novak s'exprimait contre la présence des femmes à cause des intrigues, des jalousies, et du fait que certains peuvent tomber amoureux… Dans l'article *Herr-liche Orchester ?*, paru dans la revue *Das Orchester*, et dont le titre est un jeu de mot sur « herrlich » (merveilleux) et « Herr » (masculin), Nadine Dietrich fait référence à une émission de la chaîne de radio allemande WDR 5, où plusieurs membres des Wiener Philharmoniker s'entretenaient, le 13 février 1996, avec le sociologue Roland Girtler. Tous les clichés y passent. Le percussionniste Wolfgang Schuster rappelle le rythme de travail épuisant du Philharmonique, pointant au passage la désorganisation que représenteraient des congés de maternité dans ce planning très serré, et la baisse de qualité s'il faut souvent recourir à des remplaçants aux postes de solistes. Et de demander : « Une association d'artistes doit-elle nécessairement refléter la réalité sociale ? » Le violoniste Helmut Zehetner estime que « les rapports sont plus directs [...] dans un groupe d'hommes » et que, quand la pâte commence à prendre dans une symphonie de Mahler, il sent très bien qu'il est entouré d'hommes : il ne voudrait pas « jeter par-dessus bord cette unité émotionnelle ».

Quant au flûtiste Dieter Flury, il va plus loin en n'hésitant pas à évoquer la question raciale. Convaincu que le son est une « affaire d'âme, et pas seulement de savoir-faire technique », il concède volontiers que « nous sommes un groupe d'hommes blancs jouant de la musique écrite par des hommes blancs ». Déjà, dans ses mémoires, *Und dafür wird man noch bezahlt : mein Leben bei den Wiener Philharmonikern*, le violoniste Otto Strasser, longtemps président de l'orchestre, se prononçait en 1970 contre les concours derrière paravent. La raison ? Lorsqu'ils tentèrent l'expérience, « un candidat se révéla être le meilleur, et lorsque l'on retira le paravent, c'est un Japonais qui se tenait devant le jury éberlué. Mais il ne fut pas engagé car son visage ne collait pas à la *Pizzicato Polka* ». Au moins, les choses sont dites... Le premier Japonais à gagner une audition à Vienne fut le tubiste Yasuhito Sugiyama, en 2003. Il ne fut pas confirmé à l'issue de son année probatoire. Il fut alors recruté par l'Orchestre de Cleveland ! Mais les Wiener Philharmoniker ne sont pas à l'abri du métissage : deux de leurs violonistes, Jun Keller et Wilfried Hedenborg, sont issus de parents autrichiens et japonais, et leurs yeux bridés ne semblent plus être un obstacle pour jouer le Concert du nouvel an. Le violon solo Rainer Küchl étant lui-même marié à une Japonaise, ce serait un comble.

VI
Parcours de vie

Pour être musicien d'orchestre, on en est pas moins homme. L'existence de ces anonymes à qui l'on doit la volupté des sensations ressenties en écoutant une symphonie est un véritable parcours de vie, avec ses avatars et vicissitudes, ses chemins de traverse et ses choix décisifs. Certains dédient toute leur vie à l'orchestre. C'est parfois tout simplement par amour de la musique et du métier. Ce qui n'est d'ailleurs pas la même chose. Un musicien de l'Orchestre de Paris, à qui nous parlions de notre amitié avec son ancien collègue François Dupin, nous fit l'aveu suivant : « François aimait le métier. Moi, je n'aime pas le métier. J'aime la musique, mais je n'aime pas le métier. » Confession qui fait froid dans le dos, mais qui s'explique aisément : quand ce que l'on perçoit comme un art et une passion devient une profession, avec ses horaires, sa répétitivité, sa réglementation, cela peut être perçu par certains comme un appauvrissement et une contrainte.

Consacrer toute sa vie à l'orchestre répond parfois à des raisons moins séduisantes que le seul amour du métier ou de la musique. C'est parfois un besoin sécurité matérielle et psychologique. Ce peut être tout simplement un substitut à toute autre forme d'existence, la compensation d'un manque : pour certains, l'orchestre est la seule famille, et le fait d'y jouer la seule activité dont ils sont capables. Sans cette béquille, leur vie risquerait de tourner au vide existentiel : phénomène bien connu de ces travailleurs qui redoutent de prendre leur retraite car ils ne sauront absolument pas quoi faire. Lorsque nous avons rencontré Jules Eskin, violoncelle solo du Boston Symphony Orchestra depuis 1964, il avait soixante-seize ans. Il en a aujourd'hui quatre-vingts et est toujours en poste. Comme nous l'interrogions sur cette longévité, il nous fit cette réponse : « Je n'ai pas d'autres centres d'intérêt que la musique. Je n'aime pas cuisiner, je n'aime pas voyager, je ne fais pas de maquettes. Et puis ma femme est dans l'orchestre, et elle a vingt-deux ans de moins que moi… » Certains musiciens rangent leur instrument le jour de leur départ en retraite et n'en ouvrent plus jamais l'étui, sans en éprouver le moindre regret : c'était devenu un outil de travail plus qu'un véhicule de beauté. D'autres ont du mal à imaginer une existence sans ces œuvres qui les ont accompagnés toute leur vie. Au cours de son ultime saison d'activité, nous rencontrions régulièrement François Dupin à la fin des concerts. Après un programme admirablement dirigé par Carlo Maria Giulini en 1993, et auquel figurait *La Mer* de Debussy, Dupin nous dit, pensif : « Vous vous rendez compte que c'était ma dernière *Mer*. » Cette *Mer* qui avait ouvert le premier concert de l'Orchestre de Paris en 1967, sous la baguette de Charles Munch, et lors de laquelle il tenait déjà les cymbales suspendues, avant de la redonner sous la direction de Baudo, Jacquillat, Dervaux, Barenboim, Boulez ou Maazel. Et qu'il avait bien dû jouer précédemment à Strasbourg sous la direction d'Ernest Bour ou à l'ORTF sous celle de Charles Bruck, peut-être même sous la baguette d'André Cluytens en faisant des remplacements à la Société des concerts du Conservatoire.

L'ENSEIGNEMENT

Pour éviter les risques de routine et de frustration inhérents au métier de musicien d'orchestre, il peut être salutaire de diversifier ses activités. Le débouché n° 1 est sans conteste l'enseignement, prolongement presque naturel du métier de musicien. Tous les praticiens n'ont certes pas le goût et le don de la pédagogie, mais pour ceux qui le possèdent, c'est à la fois un moyen d'élargir leur palette d'activité et de transmettre leur art. L'art de l'instrument, bien sûr, mais aussi celui de jouer au sein d'un orchestre : expérience précieuse pour ceux qui en feront à leur tour leur métier. Car, comme on l'a vu, on peut maîtriser les *Caprices* de Paganini avec une totale perfection technique, on ne sera pas pour autant un bon musicien d'orchestre si l'on n'a pas appris les règles et réflexes du jeu collectif. En outre, le contact permanent avec les élèves oblige à rester jeune et à se remettre constamment en question, ne serait-ce que parce que cela oblige à formuler et à s'interroger en permanence sur ce que l'on fait. Pour certains instrumentistes purement instinctifs, l'enseignement est un désastre. Pour l'élève car il ne peut rien lui apprendre, et parfois pour lui-même ; du jour où on demande à tel clarinettiste ou trompettiste : « Mais comment faites-vous cela ? » et qu'il répond : « Je n'en sais rien, je le fais, c'est tout », il risque de commencer à se poser des questions et de ne plus y parvenir !

Musicien d'orchestre et professeur : il s'agit d'un cumul d'emploi, plus ou moins réglementé selon les pays. En France, dans les années 1990, il fut question d'interdire à un instrumentiste d'orchestre permanent d'occuper un poste de professeur titulaire dans un conservatoire. La levée de bouclier ne fut pas seulement corporatiste et syndicale : il ne s'agissait pas tant de défendre une source de revenus complémentaires, mais surtout de défendre l'idée selon laquelle on ne peut transmettre un art que si on le pratique. Alors professeur au Conservatoire national supérieur de Lyon, François Dupin nous disait, atterré : « Si l'on m'empêche de faire mon métier de musicien d'orchestre, j'arrêterai aussi le Conservatoire car je ne peux enseigner que grâce à mon expérience pratique. » On est heureusement revenu de cette rigidité. Aujourd'hui, par exemple, le corps professoral du CNSM de Paris compte bon nombre de solistes des formations parisiennes : le contrebassiste Thierry Barbé, le hautboïste Jacques Tys, les bassonistes Gilbert Audin et Laurent Lefèvre et le trompettiste Clément Garrec, de l'Opéra, le violoniste Roland Daugareil, l'altiste David Gaillard, le clarinettiste Pascal Moraguès et le corniste André Cazalet, de l'Orchestre de Paris, l'altiste Sabine Toutain et le tromboniste Olivier Devaure, de l'Orchestre national, le violoniste Svetlin Roussev et le bassoniste Jean-François Duquesnoy, du Philharmonique de Radio France, ont chacun leur classe au Conservatoire. Sans parler des Conservatoires à rayonnement régional, des Conservatoires municipaux de Paris, des Écoles nationales de musique, dont les enseignants sont souvent musiciens d'orchestre. Le Philharmonique de Strasbourg a même mis en place une formule originale, qui couple automatiquement une place de soliste à l'orchestre avec une classe au conservatoire de la ville. La double activité oblige le musicien d'orchestre à des contorsions d'emploi du temps : Frédéric Macarez, timbalier solo de l'Orchestre de Paris et professeur au CRR de Paris, donne ses rendez-vous entre une répétition d'orchestre et un cours, tout en envoyant nombre de sms pour déplacer l'élève suivant… Mais il n'y a pas plus fier lorsque l'un de ses étudiants intègre une grande formation, comme lorsque Adrien Perruchon devint timbalier solo du Philharmonique de Radio France alors qu'il n'avait pas encore vingt ans. Et quand l'amour du métier est là, la fatigue est vite oubliée : le jeudi, Marie-Christine Witterkoër, altiste à l'Orchestre de Paris, donne huit heures de cours au Conservatoire du XIIIe arrondissement, or l'orchestre joue traditionnellement le jeudi soir. Lorsqu'elle arrive salle Pleyel à 19 h 30, elle est éreintée, mais dès qu'elle s'assoit à son pupitre, que les musiciens s'accordent et que le chef entre en scène, l'épuisement est oublié et cède la place à l'excitation du concert, après lequel elle sait qu'elle mettra du temps à s'endormir, le temps que l'adrénaline retombe.

En Allemagne, les lois sur le cumul sont plus sévères. On ne peut occuper un emploi à plein temps dans un orchestre et un poste complet de professeur titulaire. Cette réglementation a parfois eu pour effet de priver certains orchestres prestigieux de leurs meilleurs éléments : à l'échelle indiciaire supérieure, en effet, une « C4 Professur », équivalent d'une chaire d'université, est mieux rémunérée qu'une place de soliste dans une orchestre de rang A. C'est ainsi que l'on a vu Karl Leister, légendaire clarinette solo du Philharmonique de Berlin, quitter son pupitre pour répondre à l'appel du Mozarteum de Salzbourg qui lui offrait une place de professeur. Il fut suivi peu après par l'alto solo Wolfram Christ, sollicité par la Musikhochschule de Freiburg. Sentant le danger, Simon Rattle s'attela, dès sa nomination comme directeur musical des Berliner Philharmoniker, à la tâche consistant à réévaluer le salaire de ses musiciens, afin de stopper l'hémorragie. À l'Universität für Musik de Vienne, au contraire, tout comme au Curtis Institute, il va de soi que ce sont les musiciens du Philharmonique de Vienne ou de l'Orchestre de Philadelphie qui forment les nouvelles recrues, soucieux de garantir la pérennité d'un son et d'un style.

La musique de chambre

Parmi les autres débouchés qui s'offrent au musicien d'orchestre pour éviter de tourner en rond et de tomber dans la routine : la carrière de soliste et la musique de chambre. Aucune des deux formules n'est facile à concilier avec l'emploi du temps serré d'un instrumentiste dont les services d'orchestre occupent le plus clair du temps. Sans parler des problèmes de planning : que faire si, à la date où l'on reçoit une proposition pour jouer un concerto ou un quintette, sont programmées deux répétitions d'orchestre ? Une administration intelligente aura pourtant tout intérêt à encourager ses musiciens désireux d'élargir leur palette. L'orchestre a tout à gagner à compter dans ses rangs des gens heureux et épanouis, et non aigris et sous pressurisés. Mais cette souplesse doit demeurer en accord avec les intérêts du service ! Jusqu'aux années 1970, les musiciens de l'Opéra de Paris avaient pris certaines habitudes. En prenant à leur aise avec les engagements extérieurs, ils manquaient plus souvent qu'à leur tour et se faisaient remplacer dans la fosse. Lorsque Dominique Meyer fut administrateur de l'Opéra, au début des années 1990, il reçut en même temps un certificat médical de deux violonistes, d'un altiste et d'un violoncelliste : comme par hasard, la formation d'un quatuor à cordes. Il fit son enquête et découvrit que ces musiciens allaient se produire à Nancy le jour de leur congé maladie. Il prit une sanction immédiate. Hugues Gall durcit encore les règles en interdisant presque systématiquement les congés sans solde.

Cette sévérité excessive était le résultat d'abus répétés. Mais quand les choses se passent en bonne intelligence, administration et musiciens peuvent s'entendre. Ainsi, le violoniste Richard Schmoucler, de l'Orchestre de Paris, a fondé avec quelques amis et collègues le Sirba Octet, ensemble spécialisé dans la musique juive et la comédie musicale de Broadway. Le Sirba Octet donne trente à quarante concerts par an. Il faut parfois jongler avec le planning de l'Orchestre de Paris, mais que l'on ne compte pas sur eux pour quitter leur place : « J'ai besoin de jouer les symphonies de Brahms ou Mahler, de me sentir partie intégrante de la musique au sein du grand orchestre, et je les joue avec encore plus de plaisir quand je reviens d'une tournée avec Sirba », affirme Richard Schmoucler, qui ajoute : « Nous sommes avant tout musiciens d'orchestre, mais depuis que nous donnons nos spectacles, où nous nous permettons une liberté gestuelle impossible dans un orchestre symphonique, nous jouons le classique différemment. »

Le Philharmonique de Berlin a très tôt encouragé en son sein la formation de groupes de musique de chambre : le Quatuor Brandis autrefois, le Philharmonia Quartett aujourd'hui, le Quintette à vent du Philharmonique de Berlin, l'Octuor philharmonique, le Scharoun Ensemble, Les Douze Violoncelles, les Berliner Barocksolisten, etc. Une manière de contrôler cette activité en la favorisant. Là encore, des conflits d'intérêt ont pu naître. La crise qui opposa Herbert von Karajan et les Philharmoniker au début des années 1980 fut favorisée par le conflit avec le contrebassiste Rainer Zepperitz, qui donnait de plus en plus de concerts avec son ensemble Berliner Philharmonische Virtuosen. Karajan lui reprochait d'exploiter le nom du Philharmonique de Berlin à des fins lucratives tout en mettant en péril l'établissement du planning de l'orchestre. On est depuis revenu à plus de raison. Le Philharmonique de Vienne a connu le même phénomène : au cours de son histoire, l'Octuor de Vienne, les Solistes à vents de Vienne, le Wiener Konzerthaus Quartett, le Quatuor Weller autrefois, les Wiener Solisten ou le Quatuor Küchl aujourd'hui, sont des émanations du Philharmonique, tout comme le Gewandhaus de Leipzig abrite le Gewandhaus Quartett, ou le Symphonique de Boston les Boston Symphony Chamber Players.

Nombre d'orchestres organisent leur propre saison de musique de chambre, afin de permettre à leurs membres de pratiquer régulièrement cette discipline qui les met davantage en avant et leur permet d'aborder un répertoire fondamental. La plupart des musiciens ressentent cette possibilité comme épanouissante et responsabilisante. À l'Orchestre de Paris, l'initiative remonte à Daniel Barenboim, qui n'hésitait pas à se mettre lui-même au piano pour dialoguer avec ses musiciens avec une intimité que ne permet pas la masse orchestrale. Pour tous ceux qui y participèrent, c'est un souvenir inoubliable. D'autres chefs pianistes virent dans cette formule une manière de resserrer le lien musical avec leurs musiciens : Wolfgang Sawallisch à l'Opéra de Munich, Christoph Eschenbach à l'Orchestre de Paris, Myung-Whun Chung au Philharmonique de Radio France en font partie, tout comme James Levine ou André Prévin, qui enregistrèrent de magnifiques quatuors et quintettes avec les premiers pupitres du Philharmonique de Vienne.

Les concertos

Pour les plus talentueux, chanceux ou volontaires des musiciens d'orchestre, il n'est pas exclu de donner des concerts en soliste. Ne serait-ce qu'avec leur propre formation. Les grands orchestres ont toujours mis en valeur leurs premiers pupitres en leur confiant régulièrement des concertos. C'est pour eux une source de reconnaissance et une manière de sortir du rang. C'est aussi pour le public une occasion de faire mieux connaissance avec ceux qu'ils ne voient d'ordinaire que comme partie d'un tout. Wilhelm Furtwängler n'avait pas l'impression de déchoir en accompagnant Willy Boskovsky, Wolfgang Schneiderhan ou Emanuel Brabec au Philharmonique de Vienne, Szymon Goldberg, Gerhard Taschner ou Tibor de Machula au Philharmonique de Berlin. Bernard Haitink enregistra le *Concerto pour violon* de Brahms avec Hermann Krebbers, violon solo du Concertgebouw d'Amsterdam, Karl Böhm grava le *Concerto pour clarinette* de Mozart avec Alfred Prinz, clarinette solo du Philharmonique de Vienne tandis que Karajan y faisait appel à Karl Leister avec le Philharmonique de Berlin, Rudolf Kempe confia sa version des deux *Concertos pour cor* de Strauss à Peter Damm, de la Staatskapelle de Dresde, tandis que George Szell enregistrait le premier avec Myron Bloom et ses collègues de l'Orchestre de Cleveland.

Lorsque Daniel Barenboim était directeur musical de l'Orchestre de Paris, il ne se passait guère de saison sans que l'un des principaux chefs de pupitre se produisît en soliste : on n'a pas oublié la classe de Luben Yordanoff dans le *Concerto pour violon* de Brahms, ou la ferveur d'Étienne Péclard dans le *Concerto pour violoncelle* de Lutoslawski dirigé par le compositeur. Cet exercice du concerto n'est pas toujours naturel pour le musicien d'orchestre : plus habitué à être fondu dans la masse, il n'a pas toujours le rayonnement immédiat, le son projeté et les nerfs aguerris du concertiste habitué à être seul face au public tous les soirs. En outre, le fait de jouer devant ses collègues est à la fois stimulant et stressant, car on est inévitablement soucieux de tenir son rang, se sachant jugé. Mais ce défi fait progresser, et rappelle aux abonnés que leur orchestre est composé d'autre chose qu'une masse informe d'anonymes. Gageons que plus d'un aura été impressionné par le lyrisme irrésistible et la beauté du son dont fit preuve Philippe Aïche dans le *Concerto pour violon* de Korngold où Christoph Eschenbach dirigea son premier violon à l'Orchestre de Paris. C'est enfin l'occasion de familiariser le public avec des instruments beaucoup plus rarement mis en avant, dont les membres de l'orchestre sont souvent les seuls titulaires. Les rares enregistrements du *Concerto pour tuba* de Ralph Vaughan Williams sont dus à Arnold Jacobs, de l'Orchestre symphonique de Chicago et à Patrick Harrild, du London Symphony, tandis que François Dupin fit découvrir à une salle Pleyel médusée que les timbales étaient un instrument mélodique et virtuose, lorsqu'il créa le *Concerto* de Siegfried Matthus avec ses collègues de l'Orchestre de Paris.

Lorsqu'un musicien d'orchestre possède une certaine renommée, il lui arrive même de donner des concerts en soliste en dehors de sa propre formation, à un rythme plus ou moins élevé mais qu'il faut toujours faire cadrer avec le planning de l'orchestre. Il s'agit la plupart du temps de chefs de pupitre, or ceux-ci, dans les grands orchestres, ont des contrats spéciaux qui les déchargent d'une partie des obligations de service. C'est ainsi que le flûtiste Emmanuel Pahud mène une brillantissime carrière internationale, y compris discographique, qui fait de lui l'un des flûtistes les plus demandés au monde, tout en conservant sa place au Philharmonique de Berlin. Ce que Deborah Nemtanu, violon solo de l'Ensemble orchestral de Paris, explique ainsi : « Je sais seulement que la musique ne peut être pour moi une activité solitaire, elle ne se vit que dans le partage. Mais j'ai aussi besoin de faire de la musique de chambre et des concertos : cette diversité m'épanouit. »

Les affaires

Autre débouché possible pour le musicien d'orchestre en quête de diversification… et de complément de ressources : les fameuses « affaires ». Ce terme désigne en particulier le travail de studio, aussi bien dans le domaine de la musique de film que des variétés (on appelait cela autrefois faire un « phono »), que les émissions de télévision ou les tours de chant. Chef d'attaques des seconds violons de l'Opéra et violon solo chez Lamoureux, Lionel Gali fut de ces cumulards que l'on retrouvait systématiquement dans les enregistrements d'albums de Barbara ou Jacques Dutronc, ou sur les bandes originales de films dues à Michel Colombier ou Gabriel Yared. Ses cadets Alain Kouznetzoff ou Christophe Guiot ont maintenu vivante cette tradition d'éclectisme, et l'orchestre présent sur les plateaux de Maritie et Gilbert Carpentier, Michel Drucker ou Jacques Martin ressemblait bien souvent à une annexe de l'Orchestre de l'Opéra… Un violoniste de l'Opéra, Michel Ganot, s'était même fait une spécialité de diriger les bandes originales de films de Claude Chabrol. Du coup, il arrivait que ces musiciens, que les collègues jaloux appellent des « requins », préfèrent envoyer un remplaçant dans la fosse. Ces « affaires » sont nettement moins nombreuses aujourd'hui, ne serait-ce que parce que les studios de musique de film recourent de plus en plus à l'électronique et de moins en moins aux instrumentistes vivants, coût de la main d'œuvre oblige…

En tout cas, il semble que nous ne soyons plus tout à fait dans l'optique où le musicien entrait dans un orchestre à vingt et un ans et y faisait exclusivement toute sa carrière jusqu'à sa retraite. Aujourd'hui, le métier d'orchestre se diversifie. L'instrumentiste ne reste plus toujours à son poste, parfois quitte l'orchestre puis revient. Le musicien a maintenant conscience que son rôle d'instrumentiste d'orchestre, aussi enrichissant et noble soit-il, ne suffit plus totalement à son épanouissement. Il forme des groupes de musique de chambre, enseigne, joue en soliste. Il lui arrive aussi de participer à des formations spécialisées en free-lance. C'est le souci d'être musicien avant d'être musicien d'orchestre.

Une vie après l'orchestre ?

Les activités que nous venons de décrire comme des formules alternatives possibles pour ne pas se contenter du métier d'orchestre, conduisent parfois le musicien à changer de choix de vie et à quitter son parcours balisé. Ceux qui veulent se consacrer réellement à la musique de chambre se rendent vite compte que le rythme de répétitions et de voyages d'un quatuor à cordes est difficilement compatible avec un poste permanent. Ce n'est certes pas un parcours obligé : les membres du Quatuor Artémis ou du Quatuor Modigliani, par exemple, n'ont pas commencé par faire partie d'un orchestre, ils ont constitué leur groupe dès leurs études. Mais d'autres ont procédé plus prudemment, commençant par concilier les deux en attendant de voir si le quatuor avait suffisamment de succès. Le violoniste Christophe Giovaninetti a quitté l'Orchestre de Paris pour se consacrer au Quatuor Ysaÿe, tout comme son collègue Nicolas Risler avec le Quatuor Arpeggione, le violoncelliste Jean-Philippe Martignoni a démissionné de l'Orchestre national quand le Quatuor Parisii s'est mis à bien « marcher », l'altiste Franck Chevalier l'a imité pour être pleinement disponible pour le Quatuor Diotima. Mais si Risler nous a avoué ne pas regretter la vie d'orchestre, ce n'est pas le cas de Chevalier, qui avait un véritable amour du jeu orchestral. En revanche, il reconnaît trouver dans le quatuor une plus grande responsabilité : « On ne peut imputer l'échec ni au chef, ni à l'administration, ni au groupe, on ne peut s'en prendre qu'à soi-même. » C'est ce que dut se dire Geraldine Walther, extraordinaire alto solo de l'Orchestre symphonique de San Francisco depuis 1976, lorsque le Quatuor Takács lui proposa de le rejoindre en 2005 : elle avait alors cinquante-cinq ans et est une quartettiste épanouie après avoir été une musicienne d'orchestre passionnée.

Certains vont jusqu'à quitter l'orchestre pour tenter une carrière de soliste. C'est un risque, quand on considère le caractère aléatoire de l'existence du concertiste. Certains assurent leurs arrières en occupant un poste de professeur : ce fut le cas pour Patrice Fontanarosa et Régis Pasquier, lorsqu'ils démissionnèrent de l'Orchestre national, les deux enseignant au CNSM de Paris. Mais pour un Janos Starker, qui ne tarda pas à devenir l'un des plus grands violoncellistes de tous les temps après avoir occupé quelques années le premier pupitre du Metropolitan Opera de New York et de l'Orchestre symphonique de Chicago (où l'avait appelé son compatriote hongrois Fritz Reiner), pour un Gregor Piatigorski qui avait effectué le même bond après son passage par le Philharmonique de Berlin, beaucoup ne remplissent pas tout à fait les attentes placées dans leur nouvelle vie : on n'entendit plus beaucoup parler du violoniste Ingolf Turban une fois qu'il eut quitté le Philharmonique de Munich où Sergiu Celibidache l'avait appelé. C'est encore plus délicat pour les vents, où peu d'élus deviennent des stars internationales comme Jean-Pierre Rampal après avoir démissionné de l'Opéra de Paris où il était deuxième flûte, Maurice

André, trompette solo de l'Opéra-Comique, James Galway, flûte solo du London Symphony et du Philharmonique de Berlin. Ceux-là avaient vraiment quelque chose en plus. Et puis on ne peut s'empêcher d'avoir un pincement au cœur lorsque l'on voit partir un musicien dont le charisme apportait beaucoup à l'orchestre : les flûtistes Andras Adorjan à la Radio bavaroise, Patrick Gallois à l'Orchestre national ou Philippe Bernold à l'Opéra de Lyon, les cornistes Radovan Vlatkovic à la Radio de Berlin ou Ab Koster au NDR de Hambourg, les violoncellistes Jan Vogler et Peter Bruns à la Staatskapelle de Dresde, auraient pu apporter encore beaucoup à leur orchestre. D'autres n'auraient pu faire d'autre choix : s'il joua brièvement au Boston Symphony, il était évident que Paul Tortelier n'était pas fait pour autre chose que la vie de soliste, et le clarinettiste Paul Meyer n'hésite pas à avouer que les quelques années qu'il passa dans la fosse de l'Opéra de Paris dans les années 1980 le dégoûtèrent plutôt de l'activité d'orchestre.

Mais plus encore que la musique de chambre et la carrière de soliste, il est un miroir aux alouettes qui fait chavirer plus d'un musicien d'orchestre : devenir chef. Il est vrai que le fait de connaître l'orchestre de l'intérieur peut être un atout pour en pénétrer le fonctionnement musical et psychologique, et en anticiper les réactions. Mais ce n'est en rien une condition suffisante pour réunir les qualités nécessaires ! Pour certains, l'expérience fut plutôt concluante : Toscanini fut violoncelliste à la Scala de Milan lors de la création de l'*Otello* de Verdi, Carlo Maria Giulini commença comme douzième alto à l'Orchestre de l'Augusteo de Rome, Charles Munch fut violon solo du Gewandhaus de Leipzig sous la direction de Furtwängler avant d'opter pour la baguette, tandis que Pierre Monteux avait été repéré comme altiste des Concerts Colonne, Rudolf Kempe avait été hautbois solo au Gewandhaus de Leipzig et Klaus Tennstedt premier violon à l'Opéra de Halle. Jean-Claude Malgoire était cor anglais solo de l'Orchestre de Paris avant de devenir le pionnier de la musique baroque en France. Pierre Dervaux ? Michel Plasson ? Serge Baudo ? Jean-Claude Casadesus ? Tous sont d'anciens percussionnistes d'orchestre, excellent poste d'observation s'il en est. Parmi les chefs en activité, Nikolaus Harnoncourt a commencé comme violoncelliste du rang au Symphonique de Vienne, Neville Marriner comme chef d'attaques des seconds violons du London Symphony, Pinchas Steinberg comme violoniste au Philharmonique de Berlin, Sakari Oramo comme premier violon de l'Orchestre de la Radio finlandaise, Edo de Waart comme hautboïste du Concertgebouw d'Amsterdam, Jaap van Zweden comme violon solo du même orchestre, Manfred Honeck comme altiste du rang au Philharmonique de Vienne, Andris Nelsons comme trompettiste à l'Opéra de Riga. Certaines formations sont même des pépinières de chefs : de l'Orchestre de Chambre d'Europe des années 1980, le violoniste Gerard Korsten, le violoncelliste Marco Guidarini, le flûtiste Thierry Fischer, le hautboïste Douglas Boyd, ont tous pris la baguette. Et tous soulignent combien leur expérience les a aidés une fois passés à la baguette. Ainsi de Susanna Mälkki, aujourd'hui directrice musicale de l'Ensemble Intercontemporain, à qui nous posions la question : « J'ai été pendant trois ans violoncelle solo de l'Orchestre symphonique de Göteborg, un orchestre magnifique, dont le chef, Neeme Järvi, m'a beaucoup appris. Je connais l'orchestre de l'intérieur, je n'oublie donc pas pourquoi le chef est là : les instrumentistes ont besoin de certaines informations spécifiques, c'est un rôle très pragmatique. Je sais aussi qu'un orchestre, au-delà des individualités qui le composent, a une personnalité propre :

les musiciens respirent et ressentent au même moment, du moins le chef doit-il s'y employer. »

Mais là encore, beaucoup d'appelés, peu d'élus. Si Daniel Barenboim eut la générosité d'aider le violoniste Claude Bardon à sortir du rang de l'Orchestre de Paris pour accomplir sa vocation de chef, si Lorin Maazel fit de même avec Wolfgang Gieron à la Radio bavaroise, si Jacques-Francis Manzone quitta successivement le pupitre de violon solo de l'Orchestre de Paris et de l'Opéra de Nice pour diriger, on n'est pas sûr que leur carrière ait été à la hauteur de leurs attentes. Même chose pour Erich Binder, qui démissionna de son poste de violon solo du Philharmonique de Vienne, pour mener une carrière de chef que l'on attend toujours. Se pose alors la question : vaut-il mieux être musicien d'orchestre à Berlin, Vienne, Londres et New York, ou diriger dans la province roumaine, ukrainienne, normande ou turque ? De fait, lorsque l'on voit que Sebastian Weigle est aujourd'hui directeur musical de l'Opéra de Francfort après avoir été le brillant cor solo de la Staatskapelle de Berlin, ou que Karlheinz Steffens a quitté son poste de clarinette solo du Philharmonique de Berlin pour prendre la direction de l'Opéra de Halle et de l'Orchestre de Rhénanie-Palatinat, on sait que le cor et la clarinette ont perdu deux grands maîtres, mais on n'est pas sûr que la direction d'orchestre en ait gagné deux. Eux, en revanche, auront réalisé leur rêve. Tout comme on peut estimer que le choix de Joseph Silverstein de devenir chef de l'Orchestre de l'Utah à Salt Lake City après avoir été violon solo du Boston Symphony n'est pas forcément celui de la promotion. Certains sont plus prudents : assistant de grands chefs comme Giuseppe Patané, Sir John Pritchard ou Christoph von Dohnanyi, Franck Gali préféra ne jamais renoncer à son poste de second violon à l'Opéra de Paris, si bien que la direction demeura pour lui une activité annexe, alors qu'elle était au fond sa réelle passion, beaucoup plus que le violon.

Il reste un cas de figure plus marginal, mais non moins frappant : les musiciens qui deviennent chanteurs d'opéra. Siegfried Jerusalem avait été bassoniste à l'Orchestre symphonique de la Radio de Stuttgart avant de devenir le grand Siegfried des années 1980, l'un de ses successeurs Klaus Florian Vogt, sans doute le Lohengrin le plus recherché actuellement, était corniste dans la fosse de l'Opéra de Hambourg, et Juha Uusitalo, le Wotan d'aujourd'hui, était flûtiste à l'Opéra d'Helsinki.

Il existe enfin des cas plus extrêmes de grand écart, comme celui du contrebassiste Manfred Hecking, qui mena de front études musicales et études de… médecine ! Né en 1973 à Wiesbaden, il fut l'élève de Rainer Zepperitz et Klaus Stoll, du Philharmonique de Berlin, avant d'entrer en 1999 au Philharmonique de Munich. La même année, il s'inscrivit en cycle de perfectionnement à Vienne pour étudier avec Alois Posch, du Philharmonique de Vienne, orchestre qu'il intégra en 2001. Mais il étudiait parallèlement la médecine depuis 1993, et soutint sa thèse sur les molécules d'adhésion cellulaire… En 2003/2004 il effectuait son stage pratique (équivalent de l'internat) à l'Hôpital général de Vienne, et en décembre 2004 il obtenait le troisième niveau de l'examen d'État (équivalent de l'agrégation de médecine). Tout en jouant dans la fosse de l'Opéra et au sein du Philharmonique de Vienne. L'année suivante, il annonçait qu'il quittait l'orchestre et optait pour la médecine. Définitivement ?

Une vie avant l'orchestre ?

Restons avec quelques contrebassistes, pour prendre conscience que, si la question de la vie après l'orchestre se pose de façon aiguë, il n'en reste pas moins que nombre de musiciens ont déjà vécu avant d'intégrer une formation permanente. Et que leur vie n'est pas toujours celle, bien balisée, de l'élève de conservatoire qui travaille son instrument au lieu de jouer à la poupée ou au ballon depuis son plus jeune âge. Voici par exemple le cas de Chi-chi Nwanoku. Contrebasse solo de l'Orchestra of the Age of Enlightenment, cette Londonienne née de parents nigérians et irlandais était certes douée pour la musique, mais elle l'était plus encore plus l'athlétisme. Sprinteuse exceptionnelle, elle fut sélectionnée pour les compétitions nationales du 100m chez les cadets et les juniors, et serait sans doute devenue championne olympique si une blessure au genou n'avait mis à fin à ce qui s'annonçait comme un brillant parcours. Devenue trop âgée pour atteindre un haut niveau au piano, qu'elle jouait depuis l'âge de sept ans, elle opta pour la contrebasse, dont elle devint rapidement une virtuose. Elle est aujourd'hui professeur de contrebasse au Trinity College, mais poussée par ses deux enfants, Jacob et Phoebe, il lui arrive de concourir aux 100m, dans la catégorie vétérans !

Autre contrebassiste, autre tranche de vie, autre destin que rien ne prédestinait à être musicien professionnel : le Vénézuélien Edicson Ruiz. Enfant à problèmes, il fut élevé par une mère célibataire qui, ayant perdu son emploi à cinquante ans, devint taxi de nuit, roulant en permanence avec une arme à feu. Rien ne parvenait à canaliser l'agressivité de ce garçon intenable : ni le karaté, ni la chorale, d'où il fut renvoyé. Sa mère entendit alors parler du « Sistema », cette institution vénézuélienne popularisée par le chef Gustavo Dudamel, où l'on initie les enfants à la musique par la pratique orchestrale. À dix ans, on essaya l'alto mais ce fut une catastrophe. Il entendit cependant une contrebasse et fut séduit. À onze ans il étudia l'instrument, à quatorze ans il entrait à l'Orchestre Simon Bolivar, le must des phalanges de jeunes du pays, à seize ans il obtenait un premier prix au concours d'Indianapolis et était choisi pour la session d'été de l'Orchestre des Jeunes du Festival du Schleswig-Holstein, dans le nord de l'Allemagne. C'est là qu'il rencontra ses « pères européens », Klaus Stoll et Janne Saksala, du Philharmonique de Berlin, qui le firent entrer à l'Académie Karajan. À dix-neuf ans il devenait membre du Philharmonique de Berlin où il put inviter deux fois sa mère, qui pensait avoir engendré de la graine de délinquant.

Encore un contrebassiste dont l'orchestre n'était pas la vocation initiale : François Rabbath. Par rapport à tous ces musiciens qui ont dédié leur vie à un seul métier, il eut un destin pour le moins atypique. Né en Syrie, il s'installa au Liban lorsque son père, banquier, fit faillite. Au lieu de retrouver un emploi dans la finance, le père fonda un orchestre de night-club où jouaient ses cinq frères et ses trois sœurs. Lorsque son frère lui rapporta une contrebasse, il fut séduit par l'instrument et décida d'apprendre seul à en jouer. Il réussit néanmoins à se procurer une méthode, qu'il adapta à sa manière. Il n'eut alors de cesse que de se rendre à Paris pour rencontrer l'auteur de cette méthode qui était mort depuis longtemps ! Il s'inscrivit au Conservatoire, mais envoya rapidement promener le professeur, cet autodidacte se révélant incapable de se couler dans le moule de l'enseignement académique. Dès lors, il devient un musicien free-lance, accompagnant Brel, Aznavour, Bécaud, Barbara ou Michel Legrand et enregistrant un album solo dès 1963. Il fait ses débuts à Carnegie Hall en 1975, et crée à Cincinnati le *Concerto pour contrebasse* écrit pour lui par Franck Proto. C'est aussi lui qui conseilla l'acteur Jacques Villeret lorsque celui-ci joua au théâtre la pièce de Süskind *La Contrebasse*. Or, voici qu'à cinquante ans, marié et père et de famille, il se met en quête de plus de plus de sécurité matérielle. Et remporte le concours d'entrée à l'Orchestre de l'Opéra de Paris devant trente-sept contrebassistes âgés de vingt-cinq à trente ans… Le virtuose invité dans le monde entier doit apprendre à se fondre dans le tutti, découvrant avec passion le répertoire lyrique dont il ignorait à peu près tout, et la discipline de la fosse. Le voici devenu anonyme ! Enfin, pas tout à fait, car avec sa barbe blanche de gourou et ses grandes médailles rondes pleines de signes cabalistiques, il a toujours quelque peu tranché… Sans parler de son habitude, héritée du jazz, de manifester bruyamment son enthousiasme lorsqu'un chanteur ou un collègue de l'orchestre avait particulièrement réussi un air ou un solo. Lors de la retransmission télévisée d'un concert dirigé par Georges Prêtre, on voit nettement son voisin de pupitre Louis Guilbert le rappeler à l'ordre… Cette diversité de profils et ces chemins de traverse contribuent aussi à faire de l'orchestre une communauté bigarrée, et non une armée où pas une tête ne dépasse.

Une vie à côté de l'orchestre

Parmi les préjugés les plus tenaces concernant les musiciens professionnels figure l'idée selon laquelle ils n'auraient aucun centre d'intérêt en dehors de la musique. Rien n'est plus faux, et outre la diversification des activités professionnelles à laquelle nous faisions allusion plus haut, il peut être absolument salutaire pour un musicien d'orchestre d'avoir une autre passion que son métier. Yves Gérard, percussionniste à l'Orchestre national des Pays de la Loire, est un passionné d'aviation. Titulaire de tous ses brevets de pilotage, il se retrouve dans les airs dès qu'il a quelques heures devant lui et est lui-même instructeur. Franck Gali, violoniste à l'Opéra de Paris, s'est remis aux études la cinquantaine venue : inscrit en littérature et civilisation russes, il a passé DEUG, licence, master 1, master 2 avec les meilleures mentions et est actuellement en train de rédiger sa thèse de doctorat ! Il y avait autrefois au Philharmonique de Berlin un violoniste nommé Gustav Zimmermann, qui collectionnait les scarabées : il en avait même découvert des espèces que les entomologistes ignoraient. Everett « Vic » Firth, timbalier du Boston Symphony Orchestra, est non seulement un collectionneur d'art averti, mais un business-man avisé : son entreprise de 150 employés fournit plus de la moitié du marché mondial des baguettes de tambour ! Le Boston Symphony des années 1950 comptait d'ailleurs plus d'un excentrique, comme le rappelle Harry Ellis Dickson dans ses mémoires : le bassoniste Ernst Panenka, astronome amateur, avait passé des années à construire son propre télescope, le chef d'attaques des seconds violons, le Révérend William Marshall, était pasteur, ministre du culte pentecôtiste. Mais le cas le plus troublant reste sans doute celui du hautboïste Gerhard Stempnik : insurpassable cor anglais solo du Philharmonique de Berlin sous Furtwängler et Karajan, il s'intéressait à la transcommunication, cherchant à capter les voix des esprits sur son magnétophone…

Expériences éphémères ou durables

Si certains, comme on l'a vu, vouent leur vie entière à un orchestre, d'autres tentent des expériences destinées à apporter un changement dans ce qui pourrait devenir une routine. Certains mettent tout simplement l'orchestre entre parenthèses, quitte à y revenir : ce fut le cas d'Emmanuel Pahud, dont les Berliner Philharmoniker gardèrent la place au chaud. Le temps pour le flûtiste de se rendre compte que l'orchestre est sa famille, et y revenir. Son prédécesseur au pupitre, Karlheinz Zöller, avait fait de même, à ceci près qu'il y avait été obligé par les séquelles d'un accident : il ne revint que lorsqu'il fut tout à fait remis, James Galway ayant occupé sa « chaise » dans l'intervalle. D'autres tentent de s'expatrier pour enrichir leur expérience, quitte à revenir. Ce fut le cas, par exemple, de deux musiciens de l'Opéra de Paris : Olivier Doise, recruté comme hautbois solo par le Philharmonique de Munich, et Jean Raffard, admis comme trombone solo du Concertgebouw d'Amsterdam, et revenus tous deux dans leur pays. Les raisons sont multiples : difficultés d'adaptation à une langue, des habitudes de travail, des mentalités, problèmes pratiques pour la scolarisation des enfants ou la situation professionnelle des conjoints, mal du pays etc. D'autres restent : c'est le cas de Mathieu Dufour, appelé par Daniel Barenboim comme flûte solo de l'Orchestre symphonique de Chicago, et qui prit le risque de démissionner de l'Opéra de Paris, Hugues Gall ne lui ayant pas accordé de congé. S'il ne s'était pas plu (ou n'avait pas plu…) à Chicago, il se serait retrouvé au chômage en rentrant en France.

Les expatriés français dans les orchestres étrangers sont aujourd'hui nombreux : Simon Bernardini, Simon Roturier, Bruno Delepelaire, Solène Kermarrec, Emmanuel Pahud, Sophie Dartigalongue, Guillaume Jehl et Marie-Pierre Langlamet au Philharmonique de Berlin, Isabelle Ballot au Philharmonique de Vienne, Sophie Adam, Jérôme Fruchart, Pierre-Emmanuel de Maistre, Olivier Thiery et Olivier Patey au Concertgebouw d'Amsterdam, Céline Moinet et Nicolas Naudot à la Staatskapelle de Dresde, Mathieu Dufour à Chicago, Marc Jeanneret et Blaise Déjardin à Boston, Laurent Quénelle au London Symphony, Vincent Aucante au Gewandhaus de Leipzig, Valérie Gillard, Philippe Boucly et la fratrie Véronique, Joseph et François Bastian à la Radio bavaroise, Philippe Honoré, Éric Villeminey et Laurent Ben Slimane au Philharmonia, Marie-Anne Mairesse au London Philharmonic, Sophie Besançon, Aki Saulière et Romain Guyot au Chamber Orchestra of Europe, Geoffroy Schied, Béatrice Muthelet et Delphine Tissot au Mahler Chamber Orchestra, Céline Vaudé et Clément Courtin au Philharmonique de Munich, Bruno Eicher au Metropolitan Opera de New York, Fabien Thouand à la Scala de Milan, Guillaume Couloumy au NDR de Hambourg, Olivier Tardy à l'Opéra de Munich, Sabine Poyé-Morel et Philippe Liztler à la Tonhalle de Zurich, Juliette Hurel et Julien Hervé à Rotterdam, Mathieu Lescure à Oslo, Jean-Christophe Garzia, Thierry Lentz et Franck Pulcini au SWR de Baden-Baden, Philippe Tondre à la Radio de Stuttgart, Victor Aviat et Julie Palloc à l'Opéra de Zurich, Jean-Noël Melleret à la Monnaie de Bruxelles, Virginie Reibel et Pierre-Antoine Escoffier à Valence, Anne-Sophie Basset au WDR de Cologne, Nicolas Kock-Vassiliou à la Radio de Francfort, Éric Kirchhoff au Deutsche Oper de Berlin, Sarah Louvion à l'Opéra de Francfort, Nicolas Thiébaud à celui de Hambourg, Guilhaume Santana à Radio Sarrebruck, Mathieu Ancelin au Komische Oper de Berlin, David Delacroix, Antoine Lederlin, Stéphane Réty, Samuel Retaillaud et Henri-Michel Garzia à Bâle, la liste est incomplète !

Le phénomène de l'expatriation touche aussi les musiciens étrangers installés en France. Malgré une réputation de protectionnisme, les orchestres français leur sont de plus en plus ouverts. Ce mouvement commença dans les années 1970 et s'intensifia au début des années 1980 : la création des orchestres de région par la réforme Landowski provoqua un appel d'air important, les nationaux n'étant pas suffisants pour pourvoir tous les postes. Dans les années 1980, on recruta jusqu'à 30 % d'étrangers dans les formations hexagonales. Cet afflux concerne surtout les cordes, l'école de vents française étant si réputée dans le monde que c'est elle au contraire qui exporte. L'Europe de l'Est fut longtemps la provenance la plus fréquente, avec une forte composante roumaine (Eduard Popa, violoniste, Constantin Bobesco, chef d'attaques des seconds violons, Teodor Coman, deuxième alto solo et le regretté Dan Iarca, altiste à l'Orchestre national de France, Marius Mocanu, chef d'attaques des seconds violons à l'Orchestre philharmonique de Monte-Carlo, Vladimir Nemtanu, violon solo de l'Orchestre national Bordeaux Aquitaine, Fernand Iaciu, violon solo de l'Orchestre national de Lille, Constantin Serban, violon solo de l'Orchestre national des Pays de la Loire, Vasile Ioan, alto solo de l'Orchestre philharmonique de Nice…).

Pour les Roumains des orchestres français, notre pays fut une terre promise au plus fort de la dictature Ceaucescu. Ces brillants instrumentistes durent déployer des trésors d'ingéniosité et risquer leur vie ou celle de leurs familles pour quitter un pays dans lequel ils ne se sentaient pas d'avenir. Ils parlent souvent un français très recherché, et sont très impliqués dans la vie musicale. La langue est d'ailleurs le meilleur outil d'intégration pour les musiciens étrangers, comme Vera Brodmann-Novakova, violon solo tchèque de l'Orchestre philharmonique de Nice, le confirmait à Antoine Pecqueur dans *La Lettre du musicien* : « Au départ, je ne parlais pas le français. Musicalement, je me comprenais avec mes collègues. Mais, par contre, j'étais extérieure à la vie de l'orchestre, aux réunions… C'est aussi une question de mentalité. Je suis une enfant du communisme. J'étais habituée à me taire et, en France, il faut dire ce que l'on pense ! » Aujourd'hui, de plus en plus de candidats recrutés dans les orchestres français sont d'origine extrême-orientale. Pour ceux qui ont déjà étudié dans un conservatoire français, l'adaptation n'est en rien problématique. Mais une violoniste chinoise, une contrebassiste taïwanaise ou une percussionniste japonaise qui intègre l'Orchestre national de Lille passe parfois par une période un peu difficile : il faut à la fois faire ses preuves musicalement, trouver sa place dans une communauté où tout le monde se connaît, mais aussi s'adapter à la vie quotidienne, au climat, à la nourriture, aux tracasseries pratiques, tout en progressant en langue. Sans se vexer au début d'intéresser les médias non par son talent, mais par son origine. L'orchestre n'en apparaît pas moins comme le meilleur des outils d'intégration.

Témoins de l'histoire

Étudier l'histoire des orchestres, c'est aussi constater que les musiciens sont le fidèle reflet des mouvements de la grande histoire. Témoins et acteurs, ils n'échappent jamais à son bruit et à sa fureur. En consultant la liste des membres des grands orchestres américains, on distingue nettement l'arrivée massive de musiciens allemands chassés par la grande crise économique liée à la Première guerre mondiale, puis de juifs d'Europe centrale chassés par le nazisme. Certains orchestres sont même la conséquence directe d'un événement historique délimité dans le temps et l'espace : l'Orchestre symphonique de Bamberg fut fondé en 1946 par des musiciens de la Philharmonie allemande de Prague, Allemands des Sudètes obligés de quitter la Bohême une fois la Tchécoslovaquie libérée du joug nazi, tandis que la Philharmonia Hungarica fut installée en Allemagne en 1956 à partir d'un noyau de musiciens hongrois qui avaient fui leur patrie au moment de l'entrée des chars soviétiques à Budapest en 1956. Cette grande histoire se lit à la lumière des destins individuels : celui de Jeanne Haskil, violoniste de l'Orchestre national obligée de franchir la ligne de démarcation avec sa sœur Clara, pour fuir l'épuration raciale à laquelle les musiciens n'échappèrent pas sous Vichy. Parfois, la postérité occulte certaines réalités. On célèbre aujourd'hui Wolfgang Schneiderhan et Willy Boskovsky comme deux grands premiers violons de l'histoire du Philharmonique de Vienne. Admiration légitime, qui ne doit pas faire oublier que s'ils furent recrutés en 1938, c'était pour pallier le départ des deux premiers violons en place à l'époque, Arnold Rosé et Ricardo Odnoposoff, déclarés indésirables pour raisons raciales. Longtemps, les Wiener Philharmoniker, à l'image de toute l'Autriche, occultèrent cette époque de leur histoire, jusqu'à ce que leur président Clemens Hellsberg, dans le livre qu'il écrivit sur son orchestre en 1992, *Demokratie der Könige*, lui consacre un chapitre entier, citant le nom des membres exterminés en déportation : Moritz Glattauer, Viktor Robitsek, Max Starkmann, Julius Stwertka, Armin Tyroler et Anton Weiss, ainsi que ceux qui furent « seulement » expulsés : Hugo Burghauser, Friedrich Buxbaum, Daniel Falk, Paul Fischer, Leopold Föderl, Josef Geringer, Ricardo Odnoposoff, Arnold Rosé, Berthold Salander et Ludwig Wittels. Dans la deuxième moitié du XXe siècle, ce sont surtout les musiciens russes et des pays du Pacte de Varsovie qui, fuyant le régime stalinien, arrivèrent dans les orchestres occidentaux.

VII
Quand la machine se grippe

Le pain, le canard, la fausse note, sont le lot quotidien du musicien d'orchestre. Ce sont des incidents isolés, et qui le restent la plupart du temps, même si l'effet boule de neige est toujours possible : un musicien nerveux commet une erreur, et il est suivi par plusieurs autres, y compris parmi ceux qui ne connaissent d'habitude aucune défaillance. Le London Symphony Orchestra se souvient encore de cette *5*^{e} de Mahler avec Claudio Abbado, en tournée aux États-Unis : l'indestructible trompette solo Maurice Murphy craqua la note aiguë de son célèbre solo introductif, et c'est toute la symphonie qui fut par terre. Un orchestre est un mécanisme sensible, soumis à de nombreux aléas. Ses réactions collectives sont imprévisibles. Que ce soit imputable à une mauvaise indication du chef ou à un moment d'inattention, il arrive que ce bel ordonnancement se grippe pendant plus ou moins longtemps : plus personne ne sait où il en est dans sa partition, la cohésion s'effiloche. On dit alors que l'on se donne « rendez-vous au point d'orgue » ! Ces moments de brasse coulée sont plus rares dans les très grands orchestres professionnels, mais rien ne peut les empêcher. Une fois que Wotan a ordonné aux Walkyries de le laisser seul avec

Brünnhilde, au troisième acte de *La Walkyrie,* l'orchestre joue une page que l'on n'avait jamais ressentie comme particulièrement périlleuse jusqu'à ce que l'on entende la prestigieuse Staatskapelle de Berlin, sous la baguette aguerrie de Daniel Barenboim, traverser quelques secondes de panique intense qui ont dû paraître une éternité aux musiciens. La musique était devenue cacophonie, jusqu'à ce que l'on voie la baguette de Barenboim émerger de la fosse et marquer un gigantesque premier temps : il avait dû leur souffler quelque chose comme « on se retrouve au chiffre 44 »… On a vu un Kurt Masur furieux devoir arrêter l'Orchestre national peu après le début du finale du *Concerto en sol* de Ravel, lors d'un concert de gala des lauréats du Concours Long-Thibaud. Le jeune pianiste coréen était parti trop vite après la fanfare initiale, une partie de l'orchestre se cala sur le pianiste tandis que l'autre suivait la battue du chef !

On n'en est que plus admiratif lorsqu'un orchestre garde son sang-froid face à une circonstance contraire. L'Orchestre de Paris jouait la *Symphonie héroïque* de Beethoven sous la direction d'Eugen Jochum lorsque, vers la fin du premier mouvement, une coupure d'électricité priva la salle de lumière. L'orchestre joua encore pendant une vingtaine de mesures dans le noir sans une fausse note, avant que la musique se délite progressivement et que le combat cesse de combattants : vingt mesures à l'aveugle, ce n'est pas rien ! On a vu l'Orchestre de l'Opéra en faire autant au troisième acte de l'*Otello* de Verdi, sous la direction de James Conlon, alors que la fosse s'était trouvée plongée dans les ténèbres.

Cauchemars de musiciens

Parfois, les pires cauchemars se réalisent. Le musicien d'orchestre n'en est pas à l'abri. Laissons la parole à François

Dupin : « Un soir, je m'aperçois avant le début du concert que j'avais oublié ma partie de vibraphone chez moi ! Un immense frisson me parcourut, mes veines se vidèrent, le monde s'écroula. […] Un mot au chef du personnel, et me voilà dans ma voiture, lancée à toute allure dans Paris. Six étages sans ascenseur, aller-retour. De nouveau 120 à l'heure dans les rues ; la montre trottant allégrement, indiquant dix minutes de retard. Un feu rouge, un traînard. Treize minutes, deux mille personnes m'attendent, prévenues qu'un incident technique s'est produit. Quatorze minutes, arrivée dans la cour du théâtre, abandon de la voiture n'importe où, course sur le plateau où Solti fait les cent pas. Je dois jouer des solos difficiles, le souffle coupé, le regard embué de transpiration. J'ai vieilli de dix ans d'un seul coup. »

Il arrive cependant que le musicien n'y soit pour rien. Alors que Lorin Maazel dirigeait *Fidelio* au Châtelet, le trompettiste devait lancer depuis la coulisse l'indispensable appel de trompette qui signale l'arrivée du ministre du Roi, signifiant que le tyran Pizarro est démasqué et que les héros sont sauvés. Or on n'entendit rien. Tandis que Maazel envisageait déjà de tuer de ses mains l'instrumentiste négligent, un régisseur du théâtre se vantait : « Il y avait un type qui voulait jouer de la trompette en plein pendant le spectacle, heureusement que j'étais là pour l'en empêcher ! »

Un jour, Gregory Cass, cor solo de l'Orchestre de la Suisse romande, jouait la *5ᵉ* de Tchaïkovski, où un sublime et difficile solo de cor ouvre le deuxième mouvement. Tournant la page de sa partition à la fin du premier mouvement, il s'aperçut que la page du solo manquait. Le sol se déroba sous lui et il était proche du malaise cardiaque lorsque, voyant le chef lever sa baguette, il sut qu'il n'avait d'autre possibilité que de jouer son solo par cœur, en priant pour ne pas avoir de trou de mémoire.

Parfois, la partition manquante est retrouvée à temps. Un jour, au Boston Symphony Orchestra, le violoniste Rolland Tapley s'aperçut qu'une feuille de la partie de timbales s'était glissée dans ses propres pages. Il jeta un coup d'œil en direction du timbalier Roman Szulc, qui semblait de plus en plus nerveux. Tapley prit alors une décision rapide : assez doué pour les avions en papier, il en fit un avec la page égarée, qui survola quatre altistes, deux hautboïstes, un contrebassoniste et trois trompettistes pour arriver juste aux pieds des timbales d'un Szulc aussi reconnaissant que soulagé. Fritz Reiner, qui dirigeait, avoua après-coup s'être interrogé sur l'état mental du lanceur d'avions en papier, et s'être demandé un instant s'il ne ferait pas mieux de prendre ses jambes à son cou. Toujours à Boston, sous la direction de Koussevitzky, les cordes jouaient un tremolo si vigoureux que l'altiste Eugen Lehner en perdit son archet, qui atterrit sur les genoux d'une auditrice. Pour ne pas se faire repérer, Lehner continua le geste, agitant dans l'air un archet imaginaire, avec tant de conviction que Koussevitzky ne s'aperçut de rien : la dame bienveillante lui rendit son archet dès que le chef regarda ailleurs.

C'est à l'Orchestre de la Suisse romande qu'un percussionniste connut un enchaînement digne de Kafka. Musicien supplémentaire, il avait été engagé pour jouer les cloches que Berlioz a prévues dans sa *Symphonie fantastique*, pour sonner le glas des condamnés dans le dernier mouvement. Ces énormes instruments sont placés en coulisse. C'était le cas au Casino de Lausanne où l'OSR joue régulièrement lorsqu'il ne se produit pas au Victoria Hall de Genève. Seulement voilà : trouvant la coulisse du Casino trop bruyante, le chef Wolfgang Sawallisch exigea que personne n'y ait accès une fois le concert commencé. Or, n'intervenant que dans le dernier mouvement, notre musicien avait prévu de n'arriver que quelques minutes avant le finale. Il se présenta à l'entrée des artistes et le dialogue suivant s'engagea avec le concierge : « Personne n'entre. » « Je suis musicien. » « Alors montrez-moi votre badge. » « Je n'ai pas de badge, je suis supplémentaire. » « De toute façon le concert est déjà commencé. » « Je sais, mais je n'interviens qu'à la fin du concert ». « Alors si vous êtes musicien montrez-moi votre instrument. » « C'est-à-dire, ce sont des cloches qui sont déjà disposées en coulisse »... Le concierge ne le laissa jamais entrer ! Ne pouvant être prévenu de l'incident, Wolfgang Sawallisch leva sa baguette au moment prévu et donna d'un geste impérieux le signal aux cloches en coulisse : un silence de mort répondit à son commandement. Il retenta sa chance une ou deux fois puis, comprenant que la symphonie se passerait de cloches, l'orchestre reprit, le chef cachant mal sa colère.

Il est vrai que les cloches de la *Fantastique* sont de tout temps une fabrique à problèmes. On pense à ce musicien qui ne s'aperçut pas que, au cours d'une tournée, les cloches avaient bien été transportées, mais que le papier placé à l'intérieur pour les protéger n'en avait pas été retiré. Au moment de frapper avec son maillet, au lieu d'un résonnant « bong », on n'entendit qu'un lamentable « poc »... Ou à cet autre qui, se croyant plus malin que les autres, avait résolu de placer la cloche à l'envers, la panse vers le haut, et de la frapper à l'intérieur comme avec un battant. Évidemment, il ne réussit qu'à faire tomber son maillet jusqu'au fond, le public entendant depuis la coulisse un fracas suivi d'un retentissant mot de Cambronne.

On se retrouve dans des situations comiques qu'un scénariste de film n'aurait même pas osé imaginer. Ainsi lorsque, à Lille, une œuvre réclamait la présence de deux contrebassons, ce qui est rarissime. Le titulaire habituel avait bien le sien, mais où en trouver un deuxième ? Avant de se tourner vers les luthiers en vue d'une coûteuse location, on se souvint que l'Orchestre gardait un vieux modèle de contrebasson de fabrication française dans son parc à instruments. On le sortit du placard, l'instrumentiste recruté pour l'occasion s'installa au pupitre, plaça l'antique contrebasson sur sa pique, moment que choisit l'instrument pour se désintégrer littéralement comme la voiture de Bourvil dans *Le Corniaud*, laissant le musicien face aux débris éparpillés, contemplant les dégâts en levant les bras comme s'il disait : « Je n'ai touché à rien ! »

Il arrive bien sûr que la catastrophe soit provoquée par une erreur de jugement. Bien avant d'être timbalier solo de l'Orchestre de Paris, Frédéric Macarez fit ses débuts dans sa ville d'Amiens, jouant les percussions au cours d'une représentation de *Carmen*. Peu familier des us et coutumes d'un orchestre d'opéra, il sortit à l'entracte et devisa gaîment avec certains musiciens bavards, avant de s'apercevoir que, si les collègues ne se pressaient pas de retourner à leur place, c'est parce qu'ils ne jouaient pas dès le début de l'acte suivant. Panique : les autres sont déjà rentrés ! Macarez ouvre la porte de la fosse, voit que les lumières de la salle sont éteintes, l'orchestre en place et le chef prêt. Et les percussions commencent immédiatement. Il évalue rapidement la distance qui le sépare de ses instruments et estime qu'une grande enjambée lui permettrait d'être en position. Seul paramètre qu'il oublie d'intégrer : le sol était jonché de câbles, caisses et autres accessoires. Il se prit allègrement les pieds dedans et s'étala en faisant tout tomber : pas tout à fait l'entrée discrète dont il avait rêvé.

Le cauchemar n'a pas toujours lieu pendant le concert. Il peut le précéder. Glenn Dicterow, premier violon solo du New York Philharmonic, en sait quelque chose. Ce soir-là, voyant qu'il pleuvait et que l'orchestre jouait non pas à l'Avery Fisher Hall comme d'habitude, mais à Carnegie Hall, il décida exceptionnellement de prendre un taxi, emportant son habit et son violon, un Guarnerius del Gesù sans prix. Il paya avec sa carte de crédit, prit son habit… et laissa le violon par terre, au pied de la banquette arrière du taxi. Une fois dans sa loge, ce n'est qu'au bout de plusieurs minutes qu'il s'aperçut qu'il lui manquait quelque chose. Il était 19 h 25, trente-cinq minutes avant le début du concert. Arrivé dans Lower Manhattan, le chauffeur aperçut un étui dans sa voiture : voyant dessus une étiquette d'avion, il appela le numéro et tomba sur l'agence de voyage du New York Philharmonic, qui remonta la filière. Le chauffeur apporta son instrument à un Dicterow dont le cœur s'était arrêté, quelques minutes avant le début du concert. Le violoniste dit au « taxi driver » qu'il était un héros, et lui offrit une invitation permanente aux concerts de l'orchestre… Cette distraction est le lot de nombreux musiciens d'orchestre. Un jour, Burton Fine, alto solo du Boston Symphony, alla voir un collègue violoniste avant le début d'une répétition. « Dis-moi, m'as-tu vu entrer tout à l'heure ? » « Oui. » « Est-ce que j'avais mon étui à instrument ? » « Oui, je crois. » « Bon, alors il doit être quelque part… »

Galères collectives

Les tournées sont l'une des activités fondamentales d'un orchestre. Elles sont l'occasion de souder le groupe, de se confronter à d'autres publics, parfois même à d'autres cultures. Mais elles représentent aussi une organisation très serrée, où les ratés sont inévitables. Et encore, le développement des moyens de transport a considérablement facilité les voyages, quand on compare ceux d'aujourd'hui à la première tournée américaine de l'Orchestre national en 1948, décrite par Henry Barraud dans ses *Mémoires*. On y lit le récit palpitant d'un véritable cauchemar, accentué par le fait que les musiciens avaient été victimes d'un impresario que son manque de scrupule distinguait peu d'un escroc. L'orchestre voyageait donc dans des autocars sans climatisation ni amortisseurs, parfois obligé de renoncer à franchir certaines routes enneigées, parfois contraint de dormir dans les bus. On en est loin aujourd'hui, mais une tournée sans incident est une vue de l'esprit. Cela va de la valise égarée à la chambre d'hôtel non réservée, en passant par le portefeuille volé et le pourboire trop généreux dans une monnaie que l'on ne connaît pas (le hautboïste Maurice Bourgue donna cent dollars à un chauffeur de taxi en croyant lui en donner un, et lui dit « gardez tout », s'étonnant des remerciements appuyés du chauffeur).

Mais ce ne sont que des avatars individuels. Que fait-on, en revanche, lorsque les camions d'instruments du London Symphony Orchestra se retrouvent bloqués à la douane de Calais à la suite d'une grève, et qu'un concert est prévu le jour même, 8 mars 2008, à Dijon, avec la 7e de Mahler sous la direction de Valery Gergiev ? Et que l'on est samedi ? En moins de six heures, l'administration de l'auditorium de Dijon réussit le tour de force de réunir tout l'instrumentarium de la symphonie : trente violons, douze altos, dix violoncelles, huit contrebasses, tous les bois et les cuivres, ainsi que la percussion, sans compter le tuba ténor, les cloches à vaches et la mandoline requises par le compositeur. Un luthier dijonnais et un luthier lyonnais furent mis à contribution, des musiciens de l'Orchestre national de Lyon, les conservatoires de Dijon et Châlon, plusieurs boutiques parisiennes mirent la main à la pâte, les bassonistes de l'Opéra de Lyon prêtant leurs instruments.

Mobilisant plusieurs véhicules à travers toute la France, la course aux instruments prit fin à 21 h 20. Prévenu, le public patientait depuis 20 h. Les musiciens londoniens prirent vingt minutes pour se familiariser avec leur instrument d'un jour (pour certains, des instruments d'étude…) et ils finirent par donner, peu avant 22 h, en jean et pull (les fracs étaient aussi retenus à Calais), une interprétation de la *7e* de Mahler que ni eux, ni Gergiev, ni les auditeurs n'oublieront de leur vie.

Il faut être très réactif dans pareil cas, tout comme en cette veille de Noël 1989, lorsque l'Orchestre symphonique de la Radio bavaroise donna à Berlin un concert exceptionnel au cours duquel Leonard Bernstein dirigea la *9e* de Beethoven pour fêter la toute récente chute du mur, survenue un mois et demi avant. L'orchestre devait être rentré le lendemain pour Noël. La fin du concert étant prévue à minuit et demi, l'administration de l'orchestre demande au ministère des Transports l'autorisation de décoller à une heure et demie du matin. Munich et Berlin se renvoient la balle, l'un étant prêt à donner l'autorisation de décoller si l'autre donnait l'autorisation d'atterrir, et inversement. Finalement, le feu vert est donné. Mais voici que pendant le concert, alors que les chœurs chantaient la liberté retrouvée, l'administrateur apprenait que finalement, ce n'était plus 1 h 30 mais 1 h du matin. Et si l'orchestre ne s'y trouvait pas à l'heure dite, l'autorisation de décoller devenait caduque. Pendant que les musiciens jouaient ce concert inoubliable, le manager de l'orchestre contactait la police pour lui demander d'escorter l'orchestre jusqu'à l'aéroport. Commencé une demi-heure en retard, le concert se termina à 0 h 40. Les musiciens se changèrent en courant vers les bus, jetant leur frac dans les bras du régisseur qui les rassemblait à la louche. Motos et voitures de police, sirènes hurlantes et gyrophares clignotants, ouvrirent la voie du convoi jusqu'à l'aéroport, où les musiciens étaient dans l'avion à 0 h 59 précises ! Si l'orchestre est le théâtre de pannes multiples, il est aussi le lieu des miracles.

Deuxième partie

Une communauté structurée

I
Organisation et hiérarchie

Véritable communauté humaine et musicale, un orchestre possède une organisation sociale structurée, largement fondée sur la hiérarchie. Une hiérarchie interne assez complexe, et dont la conception varie parfois d'un pays ou d'une culture à l'autre, mais qui repose depuis toujours sur la distinction entre solistes et musiciens du rang, rappelant celle de l'armée entre gradés et simples soldats. Le terme de « musicien du rang » tend cependant de plus en plus à tomber en désaffection, tant son côté méprisant ramène ses titulaires du côté de la piétaille, de la chair à canon : on parle aujourd'hui plus volontiers de « tuttistes ». Ce néologisme édulcorant, qui n'est pas sans évoquer le remplacement du « facteur » par le « préposé », ou du « concierge » par le « gardien », désigne les musiciens jouant uniquement dans les « tutti », pages où tout l'orchestre joue ensemble. Mais cette distinction s'accompagne de multiples hiérarchies intermédiaires, dans une structure pyramidale.

Si le premier violon est le sommet de la pyramide, il n'en est que la partie émergée. La distinction se fait entre solistes et tuttistes. Mais chaque pupitre est soumis à une organisation pyramidale à peu près similaire. À sa tête : un premier soliste qui a pour double fonction de jouer les solos et d'être chef de pupitre. Le seul à ne pas porter le titre de soliste est le premier des seconds violons, car il ne joue pour ainsi dire jamais en solo : on l'appelle le chef d'attaques, en allemand *Stimmführer*.

Premiers et deuxièmes solistes

Ce serait trop simple s'il n'y avait qu'un seul chef. Il existe aussi des sous-chefs, tout comme l'armée établit une gradation entre sous-officiers et officiers. Ainsi, il n'est pas rare que le chef de pupitre soit assisté d'un deuxième, voire d'un troisième soliste. Dans les cordes, c'est la configuration la plus fréquente. En France, pour valoriser la notion de premier soliste, on a créé le statut de « super-soliste », qui le place nettement au-dessus du lot, tant en termes de salaire que d'avantages, par exemple en matière de temps de travail (il a moins d'obligations de service). Dans les orchestres richement dotés, tous les premiers pupitres, des cordes aux vents, bénéficient de ce titre : c'est le cas des grandes formations parisiennes. Dans les orchestres au budget plus limité, on l'attribue au seul premier violon, les autres se contentant d'un statut de « premier soliste ». Le titre de super-soliste n'existe pas ailleurs, mais en Allemagne, les annonces de recrutement, en précisant l'indice du poste dans la convention collective *(Tarifvertrag)*, indiquent pour certains emplois qu'il s'agit d'un contrat hors convention *(Sondervertrag)*. Aux États-Unis, il est négociable.

Dans les cordes, le deuxième soliste est assis à côté du premier, sur la chaise de gauche : on l'appelle le cosoliste, et le troisième est assis juste derrière le premier soliste. À chacun de ces postes correspond un salaire différent.

Le deuxième peut à tout moment être amené à occuper la fonction de premier si celui-ci est absent. C'est pourquoi on l'appelle en Allemagne le soliste remplaçant *(stellvertrend)*, terme que les francophones de l'Orchestre de la Suisse romande ont adopté. Au Philharmonique de Berlin, pour éviter ce que peuvent avoir de dégradant ces dénominations, on se contente de faire la différence entre « premier soliste » et « soliste » : il y a un premier violoncelle solo et un violoncelle solo. Terminologie plus démocratique, mais non dépourvue d'hypocrisie : dans les faits, le « violoncelle solo » n'est rien d'autre qu'un deuxième… Quand le deuxième soliste occupe la première place, le troisième monte d'un cran et passe deuxième.

On aurait tort de sous-estimer l'importance du second : il est à la charnière entre le soliste et le pupitre, et le fait qu'il se trouve toujours en première ligne l'oblige à une concentration et à un engagement qui doivent se transmettre à tous ses collègues. Il est un facteur de stabilité. Violoncelle solo du Boston Symphony Orchestra depuis 1964, Jules Eskin nous a avoué que la lourde responsabilité de sa mission lui était grandement facilitée par la fiabilité de sa suppléante, Martha Babcock. De véritables paires se forment : au London Symphony Orchestra, Jock Long fut longtemps deuxième violoncelle solo auprès de Kenneth Heath. Les deux hommes étaient liés par une complicité artistique totale, et Heath ne se comportait pas en despote, accordant une latitude aux idées musicales de son voisin. Mais lorsque Heath quitta l'orchestre, Long ne retrouva pas la même entente avec le nouveau violoncelle solo, Douglas Cummings : il préféra dès lors réintégrer le rang. Un homme a longtemps incarné à nos yeux cette place de second, avec autant d'efficacité que de discrétion : Jacques Duhem, deuxième violon solo à l'Orchestre national de France. Avec son bouc et sa tenue corporelle très droite, son calme olympien et sa longue expérience, il vit passer plusieurs premiers violons, mais assura la continuité du son et du style. Et toutes les fois où on l'a vu en position de violon solo, il était parfaitement à la hauteur de sa tâche. Jean-Pierre Sabouret, deuxième violon solo à l'Opéra de Paris, Bernard Muller, deuxième alto solo à l'Orchestre national, Guy Besnard, deuxième violoncelle solo à l'Orchestre de Paris, furent ces merveilleux équipiers, toujours parfaitement à leur place. Un rôle que le troisième soliste doit être tout à fait capable de remplir quand le deuxième est absent ou appelé à être premier. Car troisième soliste ne veut pas dire troisième couteau ! Les témoins s'accordent à dire que, à l'Opéra de Paris des années 1950 et 1960, les solos étaient beaucoup mieux joués les soirs où officiait le troisième soliste, Jacques Dabat. Trente ans plus tard, on assista au même phénomène lorsque Joanna Matkowska, qui n'était « que » troisième violon solo, assurait la « Méditation » de *Thaïs* avec une beauté sonore que n'avaient pas toujours ses supérieurs hiérarchiques Doukan, Le Floch ou Kouznetzoff.

Pour distinguer entre deuxième et troisième soliste, les Américains parlent d'« *associate principal* » et « *assistant principal* », les Anglais de « *coprincipal* » et « *sub-principal* ». Mais la notion recouvre des réalités bien différentes d'un orchestre à l'autre, et surtout d'un pays à l'autre. À l'Orchestre national de France, le 2e solo peut être amené à jouer aussi bien en second qu'en soliste. Aux États-Unis, l'« associate principal » est souvent relégué à une position peu enviable : dans le cas d'un programme traditionnel comportant une ouverture, un concerto, l'entracte et une symphonie, il est soliste pendant la première partie et cède sa place au « principal » pour la symphonie. Solution pour le moins frustrante, puisque les œuvres les plus intéressantes sont la plupart du temps placées en deuxième partie de concert : oubliés, la 7e de Beethoven, la *Symphonie fantastique* ou *Le Sacre du printemps*, on est déjà rentré chez soi quand votre supérieur s'y régale.

Doubler ou pas

Dans les vents, cette hiérarchie peut être diversement appréciée. En 2003, deux postes se retrouvèrent vacants à l'Orchestre national de France : première et deuxième clarinette solo. Le niveau des candidats se révéla exceptionnel, et l'on recruta deux des meilleurs clarinettistes français : Patrick Messina comme premier, Nicolas Baldeyrou comme deuxième. Conformément au fonctionnement habituel de cet orchestre, tantôt l'un et l'autre alternaient au premier pupitre, permettant à Baldeyrou de s'illustrer dans la *Fantastique* sous la direction de Sir Colin Davis, tantôt Baldeyrou jouait la deuxième clarinette aux côtés de Messina. Luxe extraordinaire, mais situation difficile sur le plan humain : comment justifier une différence hiérarchique alors qu'ils sont à l'évidence d'égal niveau ? La paire fit long feu, et bientôt Nicolas Baldeyrou quitta l'orchestre pour poursuivre sa carrière de soliste et de chambriste, avant d'intégrer finalement le Philharmonique de Radio France, cette fois comme première clarinette solo.

À l'Orchestre de Paris ou au Philharmonique de Radio France, l'organisation est plus saine, quoique budgétairement plus coûteuse : chaque pupitre est doublé. On trouve donc deux solistes de rang égal, qui alternent d'une semaine ou d'un programme à l'autre. L'Orchestre de Paris compte ainsi dans ses rangs deux clarinettistes géniaux, Pascal Moraguès et Philippe Berrod, qui ont le même statut : ils ne sont donc pas guettés par les difficultés rencontrées par le tandem Messina-Baldeyrou. Un rapport hiérarchique peut toutefois s'immiscer insidieusement entre deux solistes de rang égal. Il peut être dû à la notoriété, à l'ancienneté (que l'ancien soit détrôné par le nouveau ou l'étouffe de son prestige), voire par le goût du public : on a ses « chouchous »… C'est beaucoup plus pervers lorsque ce déséquilibre est provoqué par le chef d'orchestre. Pour s'en tenir à l'exemple des clarinettes, Herbert von Karajan ne faisait pas mystère de son admiration pour Karl Leister, soliste du Philharmonique de Berlin pendant tout son mandat et l'un des principaux artisans du fameux « son Berlin », si rond, chaud et fondu. Personne n'est donc surpris que, sur les disques et vidéos du maître, la première clarinette soit systématiquement Leister. À ceci près que ce dernier avait un alter ego en la personne de Herbert Stähr, dont personne ne se souvient ! Stähr devant bien remplir la totalité de ses obligations de service, il y a fort à parier qu'il jouait essentiellement avec les chefs invités, les programmes et enregistrements de Karajan revenant à Leister. Inutile de souligner ce qu'une telle situation peut avoir de blessant pour un instrumentiste qui, même s'il n'a aucune propension à la paranoïa, se rend forcément compte qu'il y a deux poids, deux mesures. Situation encore plus difficile à vivre si les choses ne sont pas dites clairement.

Juste retour des choses, ce sont parfois les instrumentistes qui font leur choix : timbalier de l'Orchestre de Paris, Jacques Rémy n'aimait pas jouer sous la direction de Georg Solti, au contraire de son collègue François Dupin, qui prenait donc les timbales les soirs où le chef hongrois était au pupitre.

Doubler les pupitres de solistes est une habitude fréquente dans les grands orchestres européens. Ce fut longtemps une revendication des vents de l'Orchestre de Paris, réduits à un par partie alors que leurs collègues des cordes allaient depuis longtemps par deux. Leur charge de travail était donc plus importante, et il fallait trouver des remplaçants quand ils étaient en congé. La décision d'alignement entre solistes des cordes et des vents fut prise au milieu des années 1990 par Pierre Vozlinsky, allégeant la tâche du flûtiste Vicens Prats, rejoint par Vincent Lucas, du hautboïste Michel Benet, rejoint par René Guillamot, ou du clarinettiste Pascal Moraguès, rejoint par Philippe Berrod. Cette double attribution des postes de solistes était depuis longtemps de mise dans des orchestres prestigieux comme le Concertgebouw d'Amsterdam ou la Radio bavaroise, sans parler du Philharmonique de Berlin, qui compte même trois Konzertmeister. Dans les grands théâtres lyriques, ils sont souvent plus nombreux encore. Au Philharmonique de Vienne, qui est aussi l'Orchestre du Staatsoper de Vienne, on trouve quatre Konzertmeister et cinq seconds solistes pour les premiers violons, trois premiers solistes et trois seconds pour tous les autres pupitres. Phénomène comparable à la Staatskapelle de Dresde et au Gewandhaus de Leipzig, où les solistes sont par trois, et plus accentué encore au Théâtre Mariinski de Saint-Pétersbourg : dans cette véritable usine dirigée à plein régime par Valery Gergiev, où l'on doit pouvoir jouer un opéra et un ballet sur place le même jour, pendant que la troupe se produit au même moment à Paris ou New York, l'orchestre compte 240 musiciens répartis en trois formations. C'est peut-être le seul orchestre qui pratique les trois huit ! À titre de comparaison, l'Orchestre de l'Opéra de Paris et celui de de Vienne, réputés parmi les plus nombreux du monde, comptent respectivement 174 et 149 musiciens !

Faut-il y voir une réminiscence de l'économie planifiée de l'ancien bloc de l'Est, qui ne lésinait pas sur les emplois publics ? C'est d'autant plus plausible que le Gewandhaus de Leipzig, fleuron de l'ex-RDA, comptait 200 musiciens à la chute du mur de Berlin : malgré les menaces répétées de réductions drastiques liées à l'unification de l'Allemagne et à la libéralisation de l'économie, il réunit encore 180 musiciens ! Dans les pays anglo-saxons, au contraire, fleurons de l'économie privée, l'effectif des orchestres est beaucoup moins nombreux. Dans les formations londoniennes ou américaines, par exemple, il n'y a qu'un chef de pupitre. Un jour que l'on interrogeait le chef Christoph von Dohnanyi sur le bonheur qu'il éprouvait à être directeur musical de l'Orchestre de Cleveland, il évoqua certes des raisons attendues comme la qualité technique, la beauté du son, la discipline, le professionnalisme, mais il ajouta, de manière plus surprenante : « Et ils ne sont pas trop nombreux. » Comme on lui demandait de préciser sa pensée, il expliqua que plus un orchestre comporte de membres, plus il est difficile d'obtenir une homogénéité et des réflexes communs car les titulaires changent sans cesse.

Splendeurs et misères de la tourne

En insistant sur la satisfaction qu'il avait à travailler avec un effectif resserré, où l'on retrouve les mêmes musiciens d'une fois sur l'autre, Dohnanyi faisait allusion à l'une des hantises des chefs d'orchestre : la « tourne ». Surtout répandu dans les grands orchestres d'opéra où l'on joue tous les soirs, ce système consiste à pratiquer une rotation très fréquente des musiciens, si bien que ce ne sont pas forcément les mêmes qui jouent chaque représentation d'un même ouvrage. Longtemps, ce fut le sport favori de l'Orchestre de l'Opéra de Paris, dont les membres se faisaient souvent remplacer dans la fosse, soit pour jouer le répertoire symphonique au sein des associations (Société des concerts du Conservatoire, Colonne, Lamoureux, Pasdeloup), soit pour faire des « affaires », selon l'expression consacrée : enregistrements lucratifs de musiques de films ou de variétés, participation à des émissions de télévision, etc.

Certains chefs peu regardants s'en accommodaient : le procédé était entré dans les mœurs. On en arrivait parfois à des situations aberrantes, résumées dans cette anecdote trop belle pour être vraie. Un chef, désespéré d'avoir vu tous les musiciens changer au cours des répétitions, s'adresse au clarinettiste : « Monsieur, je tiens en tout cas à vous féliciter car vous êtes le seul à avoir été présent à toutes les répétitions », ce à quoi le musicien réplique : « Mais c'est que, Maître, ce n'est pas moi qui jouerai le concert… » On raconte aussi ce cauchemar de chef : un musicien envoie son concierge à sa place dans la fosse en lui demandant de faire semblant de jouer, ce que personne ne remarquera. Le chef lève sa baguette, aucun son ne sort : il n'y a que des concierges dans l'orchestre !

Avec l'arrivée de Rolf Liebermann en 1973, les grands chefs internationaux, reprenant le chemin de l'Opéra de Paris, acceptèrent moins facilement de voir les musiciens changer constamment, préférant jouer une série de représentations avec des instrumentistes ayant eu le temps de se familiariser avec leur interprétation et leurs indications. Un premier incident majeur eut lieu au début des années 1980, lorsque Marek Janowski claqua la porte du Palais Garnier avant la première du *Vaisseau fantôme* : il avait vu la composition de l'orchestre changer en totalité au cours des répétitions. Lorsqu'il fut nommé directeur de l'Opéra de Paris, en 1995, le premier geste de Hugues Gall, ancien adjoint de Liebermann, fut de demander à Sir Georg Solti de revenir diriger une version de concert de *Don Giovanni* : avant de dire oui, le célèbre chef hongrois, qui avait ouvert l'ère Liebermann en 1973 avec des *Noces de Figaro* entrées dans l'histoire, commença par demander si les musiciens avaient toujours l'habitude de changer tous les jours… De fait, Gall fut celui qui interdisit les « tournes » à l'Opéra de Paris, sauf cas de force majeure bien sûr.

Si le procédé demeure assez courant dans les grands théâtres de répertoire d'Allemagne, tels Munich ou Berlin, les rois de la tourne restent les Wiener Philharmoniker. L'organisation de travail de cet orchestre reste un tour de force, qui fait du responsable du planning la clé de voûte de l'édifice. Ces 149 musiciens doivent en effet assurer chaque soir une représentation à l'Opéra de Vienne, soit 300 levers de rideau sur 36 ouvrages lyriques et 7 ballets, tout en donnant 46 concerts à Vienne, 48 en tournée, et l'été 10 concerts et 20 représentations lyriques au Festival de Salzbourg ! Pour faire face à une telle charge de travail, rançon de la notoriété d'un des plus beaux orchestres du monde, la plus grande souplesse est de mise. Les Wiener sont donc habitués à se relayer sans cesse : connaissant à fond les huit dixièmes de leur répertoire, ils s'estiment à même de jouer tout opéra ou concert au pied levé, sans avoir répété avec le chef. D'ailleurs, même si Dominique Meyer, actuel directeur du Staatsoper, est en train de modifier ce système en douceur, seules les nouvelles productions bénéficient traditionnellement de répétitions d'orchestre à Vienne : les reprises ne sont pas répétées. Il est vrai que l'orchestre joue *Tristan et Isolde* ou le *Ring* par cœur, mais si certains chefs de répertoire ne voient aucun inconvénient à lever la baguette le soir sans avoir rencontré l'orchestre, d'autres, comme Christoph von Dohnanyi, ont fini par cesser de diriger à Vienne, estimant que les conditions n'étaient pas réunies pour mettre au point une interprétation peaufinée. Jusqu'ici, tous ceux qui ont essayé de changer les habitudes de l'orchestre se sont heurtés à un refus. Lorin Maazel, directeur de l'Opéra de Vienne en 1983, fit passer plusieurs réformes sauf celle-là : les musiciens lui demandèrent instamment de leur laisser la haute main sur leur planning. Il n'insista pas. Quant à Claudio Abbado, il renonça à diriger au Festival de Salzbourg lorsqu'il ne put obtenir la garantie qu'il aurait face à lui les mêmes musiciens de la première répétition à la dernière représentation. Il suffit de regarder des vidéos de concerts du Philharmonique de Vienne sous la direction de Leonard Bernstein ou Karl Böhm : ces captations furent visiblement réalisées à partir de plusieurs prises, car on n'y voit pas toujours les mêmes musiciens d'un plan à l'autre !

La méthode viennoise, qui n'a jamais empêché le Staatsoper d'être une des plus belles maisons d'opéra du monde, a parfois ses effets pervers. Lorsque le chef français Serge Baudo y fut engagé pour diriger *Pelléas et Mélisande* de Debussy à la fin des années 1960, il eut la mauvaise surprise de voir le soir de la première d'autres musiciens que ceux avec qui il avait répété. Sylvain Cambreling eut une expérience peut-être encore plus traumatisante. Prévenu de ce mode de fonctionnement, il était plutôt inquiet à l'idée de diriger à Vienne *La Clémence de Titus*. Les répétitions lui apportèrent une heureuse surprise : les musiciens étaient assidus et réguliers. Il n'en fut que plus angoissé avant d'aborder la première, sachant ce qui était arrivé à ses prédécesseurs : grand soulagement là encore, en constatant que c'étaient bien les mêmes musiciens. Réconfort provisoire avant la douche froide : à la deuxième représentation, il avait un autre orchestre face à lui ! Un orchestre dont Mozart est certes le pain quotidien, mais pas forcément dans l'interprétation de Cambreling. Surtout si les musiciens qui avaient répété avec lui n'ont pas transmis les nouvelles instructions à leurs collègues. Si bien que, lorsque le chef prit, comme convenu en répétition, une marche à deux temps et non à quatre comme dans la tradition, une partie de l'orchestre suivit la battue de Cambreling tandis que l'autre joua comme elle y était habituée : la catastrophe était inévitable !

À l'Opéra de Vienne, il est toujours instructif de regarder qui joue dans la fosse. Lorsque le Philharmonique est en tournée avec une œuvre réclamant un grand effectif, l'Opéra ne programmera pas d'ouvrage lourd comme *Elektra* ou *La Femme sans ombre*, qui nécessiterait trop de supplémentaires. Mais avec seulement 148 musiciens permanents, il est impossible de renoncer aux remplaçants. Ils sont de deux sortes : d'anciens Philharmoniker à la retraite, heureux de retrouver leurs collègues, et les étudiants avancés, ce qui permet aussi de tester la relève éventuelle. Les Viennois sont fiers de compter sur le Philharmonique de Vienne chaque soir dans la fosse, mais force est de reconnaître que, certains soirs, il y a plus de remplaçants que de titulaires ! On revoit encore l'air interdit du chef Horst Stein, un soir de fin juin, dans *Les Maîtres Chanteurs* : ayant abaissé sa baguette avec la confiance totale que lui donnait son grand métier, ce qu'il entendit venant des cuivres ressemblait à un orphéon en pleine Bérézina. Les Philharmoniker étaient en tournée…

On a aussi vu le jeune et dynamique Konzertmeister Rainer Honeck, dans un *Don Giovanni* de répertoire, se retourner plusieurs fois pour aiguillonner des violons qu'il trouvait peu réactifs : il était ce soir-là à la tête d'un pupitre de maison de retraite ! Pour permettre à chacun de prendre quelques vacances, les musiciens viennois s'arrangent entre eux pour jouer sans interruption pendant une certaine période, quels que soient les ouvrages. C'est pourquoi, à Salzbourg, il n'y a pas, comme ce serait logique, l'équipe qui joue *Les Noces de Figaro,* celle qui joue *Le Chevalier à la rose*, etc., mais celle qui joue du 1er au 15 août et celle qui prend le relais.

Pour éviter l'anarchie dans les tournes, l'Opéra de Paris a inauguré, au début des années 1990, un système qui y est toujours en vigueur. L'orchestre est divisé en deux équipes distinctes, afin de pouvoir jouer le même soir à l'Opéra Bastille et au Palais Garnier, d'assurer à la fois le répertoire lyrique et le ballet et de monter simultanément des ouvrages lourds. Il y a donc les « bleus » et les « verts ». Avantage de cette solution : ce sont les mêmes musiciens qui jouent une série entière. Inconvénients : l'absence de passerelle d'une équipe à l'autre, qui fait que certains musiciens n'ont plus jamais l'occasion de jouer ensemble, comme s'ils ne faisaient pas partie du même orchestre. Seuls les nouveaux musiciens, pendant leur année probatoire, ont pour obligation de jouer au sein des deux formations, afin d'être évalués par le plus possible de collègues. Gérard Mortier a assoupli la formule. Alors que jusqu'ici on identifiait les bleus et les verts à leur violon solo, il a interverti les deux, Maxime Tholance et Frédéric Laroque, et autorisé certains pupitres de vents comme les hautbois ou les bassons à permuter. Il n'en reste pas moins que l'orchestre de l'Opéra est divisé en deux, solution rendue possible par le fait que tous les pupitres sont doublés. Lorsque Philippe Jordan fut nommé directeur musical par Nicolas Joël, son premier souci fut de diriger au plus vite les deux équipes, afin de faire connaissance avec la totalité de son orchestre. On peut dès lors s'amuser à définir la personnalité des deux : si les bleus ont davantage la réputation de fortes têtes, les verts seraient plus jeunes et malléables, ce qui se ressentirait dans un jeu plus débridé chez les bleus, plus contrôlé chez les verts. Mais soyons honnête : à l'aveugle, nous sommes incapables de reconnaître une formation ou l'autre. Ce qui est sûr, c'est que l'on ne peut en aucun cas parler d'une formation « A » et d'une formation « B », ce qui supposerait une différence qualitative : que l'on tombe sur les bleus ou les verts, c'est bien à l'Orchestre de l'Opéra que l'on a affaire. Avec un regard extérieur à cette savante organisation, on pourra néanmoins s'étonner d'une conséquence de cette division en deux : s'il y a des absents chez les bleus, au lieu de faire jouer des membres de l'équipe verte, on aura recours à des supplémentaires. Mais il est vrai qu'au moment où les bleus jouent à Bastille, les verts sont requis à Garnier ! Là encore, le responsable du planning est le rouage essentiel de la machine.

Chaises musicales

Reste maintenant à déterminer où chacun prendra place. Pour les solistes, c'est clair : ils occupent les premières places, dans l'ordre hiérarchique. Pour les tuttistes des cordes, qui constituent la masse de l'orchestre, cela ne va pas de soi. La plupart des orchestres pratiquent une rotation, afin que ce ne soient pas toujours les mêmes qui se trouvent près du chef ou tout au fond. Il est en effet plus gratifiant de jouer devant, tant sur le plan visuel qu'acoustique : ceux qui se trouvent au dernier pupitre voient et entendent moins bien, tant les indications du chef d'orchestre en répétition que les coups d'archet de leur chef de pupitre. Le risque est donc grand de se sentir déconnecté du groupe, donc moins investi. Mais il est vrai que l'on reconnaît les très grands orchestres au fait que l'on y joue avec la même ardeur du premier au dernier pupitre.

Reste à savoir comment décider de la place de chacun au sein du pupitre. Dans certains orchestres, la rotation est systématique : un violoniste du rang changera de pupitre à chaque programme. Ce qui lui permettra non seulement d'être assis devant, au milieu ou derrière selon les semaines, mais aussi de tâter de la chaise de gauche comme de celle de droite, la plus exposée car la plus proche du public, au bord de la scène. Tous les arrangements sont certes possibles : certains préfèrent être assis à droite ou à gauche, on trouve toujours un collègue arrangeant ! Du jour où il se fit mal en tombant de scène, se retrouvant les quatre fers en l'air sur les genoux des spectateurs du premier rang, Walter Blovsky, altiste du Philharmonique de Vienne, jura qu'on ne le reverrait jamais plus au bord du podium !

Souvent, les orchestres désignent un responsable de la rotation des tuttistes. Ce peut être l'administrateur aussi bien qu'un régisseur ou même un membre de l'orchestre. À l'Orchestre national de France, c'est le chef de pupitre qui détermine la place de chacun à chaque concert. Procédé discutable car on y court le risque d'arbitraire : que le violoncelle solo se prenne d'inimitié pour un subordonné, et il sera tenté de le reléguer systématiquement au fond, ce qui peut finir par tourner à la brimade ou au harcèlement moral ! On ne connaît plus qu'un seul orchestre au monde qui ne fasse pas tourner les tuttistes : le Philharmonique de Vienne. Dans cette formation séculaire, aux coutumes ancrées dans la tradition, il existe encore un ordre de préséance au sein du tutti. Seul espoir d'avancer du fond vers les premiers pupitres : les départs en retraite. C'est en effet l'ancienneté qui prévaut : c'est pourquoi la liste des musiciens donne la composition de chaque pupitre, non dans l'ordre alphabétique comme les neuf dixièmes des orchestres du monde, mais dans l'ordre d'entrée à l'orchestre. Cet ordre vaut aussi bien pour les solistes que pour les tuttistes. Si deux Konzertmeister se trouvent au premier pupitre, le plus ancien sera sur la chaise de droite en position de violon solo, et son collègue et normalement alter ego inévitablement à sa gauche, alors qu'à Berlin l'ancien n'a aucun problème à permuter avec le plus jeune. Pendant toutes les années 1970 et 80, les quatre

Konzertmeister du Philharmonique de Vienne étaient Gerhart Hetzel, Rainer Küchl, Erich Binder et Werner Hink, dans cet ordre de préséance. Si bien que Küchl souffrit longtemps de n'être premier Konzertmeister qu'en l'absence de Hetzel… Mais depuis la mort de ce dernier en 1992, Küchl est à son tour en première ligne, suivi aujourd'hui de Rainer Honeck, Volkhard Steude et Albena Danailova. Au départ de Küchl, Honeck connaîtra la satisfaction d'être le premier, promotion qui fut refusée à Werner Hink, qui sera passé de la quatrième à la troisième puis à la deuxième place mais pas au-delà en raison de la plus grande longévité de son congénaire. Conséquence concrète : un jeune instrumentiste à cordes tout juste recruté comme musicien du rang au Philharmonique de Vienne sait qu'il va devoir s'habituer à jouer au fond tant que les anciens n'auront pas libéré la place ! Et aussi à jouer presque toujours avec le même voisin de pupitre. Or, là aussi, la complicité est essentielle : jouer à côté d'un collègue avec qui on ne s'entend pas, dont les tics vous agacent, ou qui fait de grands gestes alors que vous préférez l'immobilité, peut rapidement donner des envies de meurtre.

II
Les cordes

L'orchestre symphonique se divise en trois grandes sections : cordes, vents et percussions. Chaque section se décompose à son tour en pupitres. Les cordes sont la part la plus nombreuse de l'orchestre. À partir du milieu du XIXe siècle, l'écriture symphonique a certes donné de plus en plus d'importance et d'autonomie aux vents, puis aux percussions, mais dans deux bons tiers du répertoire d'un orchestre, force est de constater que c'est aux cordes que revient le chant. Ce sont elles qui jouent le plus, ce sont elles qui forgent le son de l'orchestre. Un son puissant et vigoureux au Philharmonique de Berlin, élégant et soyeux au Philharmonique de Vienne, chaud et rond au Concertgebouw d'Amsterdam, lumineux et velouté à la Staatskapelle de Dresde, sombre et dense au Gewandhaus de Leipzig, clair et doux à Cleveland, ardent et vibrant au Philharmonique de Saint-Pétersbourg, etc. Les très grands orchestres se distinguent en général avant tout par la qualité de leurs cordes : ce n'est pas toujours très bon signe lorsque l'on remarque trop l'excellence de tel ou tel soliste des vents…

Indispensable pour phraser et articuler les symphonies de Haydn, Mozart, Beethoven ou Brahms, ce socle forme environ 75 % de l'effectif dans le répertoire classique, 65 % dans le répertoire romantique et postromantique. On a pris l'habitude de l'appeler « le quatuor » : on dira ainsi qu'un orchestre dispose d'un « très bon quatuor », en référence à la musique de chambre. Mais il serait plus approprié de parler de « quintette », avec ses premiers et seconds violons, altos, violoncelles et contrebasses. Confrontés à leur masse informe sur scène, nombre de spectateurs de concerts s'ingénient à les compter une par une pour en déterminer l'effectif. Méthode fastidieuse et peu fiable. Il existe un moyen beaucoup plus sûr. Il suffit de compter les contrebasses, et d'ajouter deux instruments à chaque pupitre en remontant du grave à l'aigu jusqu'aux premiers violons. Ainsi, s'il y a huit contrebasses, on a toute chance de trouver dix violoncelles, douze altos, quatorze seconds violons et seize premiers. Selon le répertoire, les habitudes de l'orchestre et les goûts du chef, les formations symphoniques optent donc principalement pour trois types de configuration :

Un effectif à soixante cordes réparties en 16 premiers violons, 14 seconds, 12 altos, 10 violoncelles et 8 contrebasses : c'est l'effectif pour les grandes œuvres post romantiques de Brahms, Wagner, Bruckner, Mahler et pour les grandes pièces orchestrales modernes de Strauss, Stravinsky, Bartók et autres.

Un effectif à cinquante cordes (14-12-10-8-6), plus fréquent pour le dernier Beethoven, Schubert ou Schumann.

Un effectif à quarante cordes (12-10-8-6-4), plus habituel pour Haydn, Mozart ou le premier Beethoven.

Toutes les variantes sont bien sûr possibles entre ces schémas réguliers. Ainsi, certains chefs aiment gonfler encore les grandes machines orchestrales pour doper le son : on a vu Myung-Whun Chung mettre dix contrebasses dans Brahms, pour un effectif à soixante-huit cordes. Au contraire, la pratique des orchestres d'instruments anciens et le souci d'interprétations historiquement authentiques ont mis au goût du jour le retour à des effectifs quasi chambristes dans le répertoire mozartien : il n'est pas rare, dès lors, d'y rencontrer une configuration à 10-8-6-4-2, voire à des nombres impairs (cinq altos, ou trois contrebasses). Avec parfois des résultats tout à fait inattendus, puisqu'il se révèle souvent plus facile d'obtenir un *pianissimo* expressif avec un grand effectif, ou un *fortissimo* nourri sans multiplier le nombre de musiciens.

Ce statut consistant à être à la fois le cœur et la majorité de l'orchestre place les musiciens des cordes dans une situation psychologique ambiguë, entre la fierté d'avoir le rôle principal et le complexe d'être fondu dans la masse. Cette ambivalence se retrouve notamment dans le principal pupitre des cordes, celui des premiers violons. C'est à eux que revient la ligne de chant, ils sont indéniablement leaders. Mais à moins de figurer parmi les violons solos, les violonistes du rang sont les premiers à être conscients d'être à la fois musicalement au premier plan, et néanmoins anonymes. Sans parler d'un sentiment d'injustice lorsqu'ils sont moins applaudis que certains solistes des vents, alors qu'ils jouent en général sans discontinuer, de la première à la dernière mesure, tandis que leurs collègues de l'harmonie ont souvent des dizaines de mesures à compter…

Les coups d'archet

Avant même de juger leur son, des critères visuels permettent déjà d'évaluer la qualité d'un pupitre de violons. Il y a d'abord le maniement des archets. La longueur d'archet, par exemple, est un élément déterminant dans le rendu sonore : les violons sonnent tout à fait différemment selon que l'on utilise quelques centimètres d'archet ou la totalité, selon que l'on va de la pointe au talon ou que l'on reste au milieu. L'une des marques des meilleurs orchestres, c'est que chaque violoniste y utilise toute la longueur d'archet, alors que dans des phalanges moins aguerries, on sera parfois frappé par la différence entre les premiers pupitres, qui ne laissent pas un centimètre inexploité, et les derniers, qui font de tout petits gestes. La vitesse d'archet est un autre critère discriminant : dans un tremolo, par exemple, on voit tout de suite ceux qui parviennent à une grande vélocité d'oscillations, et ceux chez qui l'on peut compter chaque battement. L'homogénéité du pupitre s'en ressent forcément, qui faisait régulièrement dire à Jacques Doucelin, critique au *Figaro* : « Ce soir, on pouvait compter les violons »...

Le vibrato est aussi un paramètre décisif : bien qu'il n'y ait rien de plus personnel que le vibrato d'un violoniste, il est préférable que les membres d'un pupitre n'aient pas de trop grandes disparités en la matière : si une partie utilise un vibrato serré et l'autre un vibrato lâche, tandis qu'une troisième ne vibre pas du tout, à moins qu'il s'agisse d'un effet voulu, c'est nuisible à la cohésion du son. La justesse et la qualité de la sonorité sont des impératifs d'autant plus difficiles à respecter que les violonistes du rang n'entendent pas toujours très bien ce qu'ils font, à cause du volume sonore considérable que dégage un orchestre au complet. Si certains musiciens du rang affirment très bien contrôler leur son en plein tutti, d'autres admettent que ce n'est plus vraiment le cas une fois dans le feu de l'action. De toute façon, le trait écrit pour être joué au sein d'un groupe de seize n'a rien à voir avec une phrase musicale destinée à être jouée en solo : c'est pourquoi il est peu probant de faire jouer un passage de tutti à un violoniste seul. Enfin, la partie la plus visible à l'œil nu est tout simplement la coordination des archets : le spectateur le moins habitué se rend immédiatement compte si les violonistes de l'orchestre déplacent leurs archets en parfaite synchronisation ou avec des décalages plus ou moins marqués.

Il importe cependant de signaler que le coup d'archet unique est une invention relativement récente dans l'histoire de l'interprétation. Lorsque Toscanini, l'un des premiers à le systématiser, l'exporta aux États-Unis après la Première Guerre mondiale, les critiques américains en furent mal à l'aise, trouvant que l'orchestre ressemblait à une armée en marche. De fait, son collègue Leopold Stokowski préconisait la liberté dans les coups d'archet, et lorsque Bruckner réclame un tremolo de violons, Sergiu Celibidache demandait à chaque musicien de le jouer avec une vitesse d'archet différente, afin d'assurer un fondu plus souple et une absence d'accents réguliers : on avait ainsi l'impression d'un halo sonore. Il semble que, à l'époque du classicisme et du premier romantisme, les coups d'archet aient été laissés à l'appréciation de chaque instrumentiste. Du reste, les partitions autographes de Mozart ne les précisent pas : ils n'ont été ajoutés par les éditeurs que dans les éditions imprimées. Le chef Louis Langrée en tira les conséquences lorsqu'il dirigea *Don Giovanni* au Festival d'Aix-en-Provence en 2010 : il laissa les coups d'archet à la discrétion de chaque membre du Concerto Köln. « Les musiciens n'ont pas tous le même bras : pourquoi les obliger à aligner leur geste sur celui du voisin si c'est contraire à leur physionomie ? Pourquoi chacun n'adopterait-il pas le mouvement qui lui convient le mieux, pourvu bien sûr que l'idée musicale soit la même », nous expliquait le chef français.

Le premier violon

Au sommet de la pyramide se trouve le premier violon. Son prestige remonte à l'époque préromantique où, en l'absence de chef, l'orchestre suivait essentiellement les indications de son «*primus inter pares*». Depuis l'avènement du chef, il est devenu à la fois le premier des musiciens, et le deuxième homme après le maestro. Quiconque a accès aux coulisses d'une salle de concert s'en rend immédiatement compte : alors que les musiciens disposent d'une salle commune pour se changer et se chauffer, le premier violon dispose d'une loge individuelle, au même titre que le chef. Le spectateur le moins averti prend conscience de son statut particulier dès les premières minutes d'un concert : lorsque le chef entre en scène, son premier geste est de serrer la main du premier violon, imité en cela par le soliste si le programme comporte un concerto. Geste à la symbolique complexe : salue-t-il ainsi le patron des musiciens, ou l'orchestre dans son entier, à travers son représentant ? Pour le pianiste Philippe Bianconi, aucune ambiguïté : « Lorsque je serre la main du premier violon au début et à la fin d'un concerto, c'est tout l'orchestre que je remercie. »

L'entrée en scène et les saluts

Avant cette poignée de main, un autre rituel nous renseigne sur le statut du premier violon : son entrée en scène. Car si, une fois le public installé, l'orchestre fait une entrée collective, le premier violon se voit gratifié d'une entrée individuelle, saluée par des applaudissements. Les habitudes varient toutefois d'un orchestre à l'autre.

Cas le plus fréquent : une fois que l'orchestre est assis, le premier violon, dont la chaise est encore vide, fait son entrée seul, salue le public et se retourne vers le hautbois solo à qui il demande d'un geste de donner le *la* pour l'accord. Une fois l'orchestre accordé, il s'assoit… et se lève à nouveau quelques secondes plus tard, imité par tout l'orchestre, pour saluer l'entrée du chef dont il attend la poignée de main. Le maestro, dont certains préfèrent serrer la main des deux violonistes présents au premier pupitre, peut à son tour inviter l'orchestre à s'asseoir : le pouvoir vient de changer de main.

Mais cette configuration est loin d'être la seule. Dans certains orchestres londoniens comme le Philharmonia, le premier violon entre seul, mais seulement une fois l'orchestre accordé : c'est son voisin de pupitre, le « cosoliste », qui entretemps aura prié le hautbois solo de donner le *la*. Ce qui signifie concrètement que le premier violon ne s'abaisse pas à s'accorder en même temps que l'orchestre (reste à espérer qu'il l'a fait dans sa loge…).

D'autres orchestres, comme l'Orchestre national de France ou le Philharmonique de Berlin, ont su humaniser l'arrivée du premier violon : celui-ci bénéficie bel et bien de son entrée en scène individuelle, mais il prie l'orchestre de se lever pour saluer avec lui. Compromis original : le premier violon est au-dessus du lot, puisque c'est à son signal que l'orchestre se lève, mais il est aussi un membre du groupe, dont il n'est que l'émanation.

Poussant plus loin encore cette logique, certains orchestres renoncent purement et simplement à l'entrée individuelle du premier violon : c'est par exemple le cas du Philharmonique de Vienne où il s'installe en même temps que ses collègues. À ceci près qu'à Vienne, c'est lui qui donne l'accord et non le hautboïste…

Dans le cas de figure, le plus fréquent, où le premier violon salue séparément, on ne peut s'empêcher de se demander si les auditeurs savent bien qui ils applaudissent : un homme ou un orchestre entier ? Pendant longtemps, lorsque le rituel symphonique était parfaitement assimilé par un auditoire qui en avait intégré les codes, il était clair qu'à travers le premier violon, on applaudissait l'orchestre. Mais depuis quelques années, une nouvelle habitude se fait jour : lorsque les musiciens entrent en scène, la salle commence déjà à les applaudir ! Situation parfois cocasse, puisque l'arrivée de cent musiciens ne se fait pas en un tournemain : au bout de quelques secondes les applaudissements faiblissent alors que tout le monde n'est pas encore sur scène, si bien que certains se croient obligés de recommencer timidement à frapper dans leurs mains pour montrer aux suivants qu'ils ne les oublient pas. Et ce jusqu'à ce que le dernier arrivé soit assis... Du coup, ils en oublieraient presque d'applaudir le premier violon, dont l'entrée passe parfois inaperçue ! Faut-il en tirer des conclusions sur le rapport d'une société à la communauté et au leadership ?

Si le rituel d'avant-concert met bien en évidence la prééminence du premier violon, l'après-concert la confirme encore. Non seulement c'est à lui que le chef serre la main à la fin du concert, parfois avant de faire lever l'orchestre entier, parfois après. En retour, c'est le premier violon qui décide de faire applaudir ou non le chef par l'orchestre, en refusant de se lever pour le faire bénéficier seul des ovations du public. Très théâtralisée, la scène est toujours la même : le chef fait signe à l'orchestre de se lever, le premier violon fait ostensiblement non de la tête au chef qui prend l'air gêné et reconnaissant. Une fois que le chef a salué, il se tourne à nouveau vers le premier violon, qui cette fois accepte de se lever, entraînant avec lui tout l'orchestre. On en arrive même à des situations où le premier violon impose son autorité au chef, comme lorsque Wolf-Dieter Batzdorf, au premier pupitre de la Staatskapelle de Berlin, intima d'un geste impérieux à Pierre Boulez l'ordre de monter sur l'estrade afin de recevoir seul les hourras de la salle après une très belle *4*ᵉ de Mahler, alors que le chef français souhaitait visiblement rester au même niveau que ses musiciens. C'est le premier violon, enfin, qui donne le signal de la fin des applaudissements, et c'est à sa suite que l'orchestre regagne la coulisse, même si le public continue à applaudir.

À ces règles générales, on connaît des exceptions marquantes, selon les circonstances ou les personnalités. On a vu plus d'une fois un chef comme Seiji Ozawa, célèbre pour sa modestie, embarrassé des marques d'admiration de l'orchestre : refusant de recueillir seul les lauriers du concert, il tire dans ces cas-là le premier violon par la manche et l'oblige à se lever tandis que l'orchestre reste ostensiblement assis pour continuer à applaudir le chef à tout rompre. Le premier violon se retrouve alors seul debout, se sentant l'air suffisamment stupide pour se rasseoir aussitôt : ou comment la tête est dépassée par la base… À rebours, un premier violon peut faire un usage quelque peu arbitraire de son pouvoir de décision ! Un soir, Guy Braunstein, l'imprévisible premier pupitre du Philharmonique de Berlin, s'avisa de quitter la scène de Pleyel après un concert triomphal de Simon Rattle, alors que le chef n'avait salué qu'une seule fois ! Ce sont ses collègues qui lui firent aimablement remarquer que le public avait peut-être encore le droit d'applaudir un peu… N'était-il pas satisfait du concert ? Avait-il l'esprit ailleurs ? La deuxième hypothèse, rendue plus vraisemblable par le fait qu'il n'était pas en bonne santé, n'excuse pas pour autant cette attitude pour le moins cavalière. Il est vrai que c'est le même Guy Braunstein qui, un jour, interrompit Simon Rattle pendant une répétition de *La Mer* de Debussy pour demander : « On est vraiment obligé de jouer cette musique de m… ? »

Une fonction aux multiples facettes

Si l'on s'est tant attardé sur cet aspect gestuel, c'est parce qu'il nous en dit déjà long sur le statut du premier violon.

Mais il ne nous en dit qu'une toute petite partie. Encore plus révélateur est le titre que l'on donne à ce poste-clé dans les différents pays. En France, on l'appelle « violon solo », voire « premier violon solo ». En Italie « violino di spalla », en Espagne « concertino ». En Angleterre, on l'appelle « leader ». En Allemagne et en Autriche, on le nomme « Konzertmeister », titre importé aux États-Unis sous le nom de « concertmaster », ainsi que dans la plupart des pays d'Europe nordique, centrale et orientale. Ce ne sont pas seulement des variantes de terminologie, mais aussi des différences de conception.

Dans les pays latins, on insiste avant tout sur l'instrument : le premier violon est le premier des violonistes, il est un instrumentiste soliste. Les Espagnols en font même l'héritier du « concertino », terme qui, dans le concerto grosso baroque, désignait les instruments solistes qui dialoguaient avec ou se détachaient du « ripieno ». Sa fonction serait donc avant tout instrumentale. Dans les cultures anglo-saxonne et germanique, il s'agit avant tout d'un poste à responsabilité : il est le maître de concert, voire le leader de l'orchestre. Ce dernier titre, propre à l'Angleterre, a induit en erreur bien des traducteurs de pochettes de disques, voire des critiques insuffisamment informés : combien de fois n'avons-nous lu « l'Orchestre symphonique de Londres, sous la direction de Michael Davis », ou « l'Orchestre philharmonique de Londres, sous la baguette de David Nolan », alors qu'il s'agissait du premier violon et non du chef ! Revanche involontaire de l'anonyme sur la star, par méconnaissance linguistique…

Soliste ou meneur d'hommes ? Les deux, bien sûr, et bien d'autres fonctions encore. Tout d'abord, le violon solo est celui à qui sont dévolus les grands solos de violon du répertoire symphonique et lyrique, souvent particulièrement virtuoses. Les redoutables harmoniques aigus de la *Shéhérazade* et les sautillés délirants du *Capriccio espagnol* de Rimski-Korsakov, la virtuosité digne de Paganini d'*Une vie de héros*, mais aussi la valse viennoise d'*Ainsi parlait Zarathoustra*, le chant pur de l'acte III de *La Femme sans ombre*, de la fin de l'acte I du *Chevalier à la rose*, du lied *Beim Schlafengehen* des *Quatre Derniers Lieder* de Richard Strauss, sans oublier le « Benedictus » de la *Missa Solemnis* de Beethoven, *Le Lac des cygnes* de Tchaïkovski, les trois mouvements centraux de la *Sérénade Haffner* de Mozart, la « Méditation » de *Thaïs*, de Massenet, l'air « Demeure chaste et pure » dans le *Faust* de Gounod, la *Danse macabre* de Saint-Saëns, *Ma mère l'Oye* de Ravel, le mouvement lent de la *1re Symphonie* de Brahms, le scherzo de la *4e* de Mahler où un violon désaccordé évoque une danse macabre pleine de causticité, font partie de ces moments exposés, où les compositeurs ont réservé au premier violon de l'orchestre une occasion de briller, par sa dextérité, son panache ou son expressivité.

On mesure alors l'importance de disposer d'un instrumentiste de tout premier ordre. Ce qui explique que l'on trouve souvent à ce poste des violonistes virtuoses au point d'acquérir une notoriété comme concertistes après leur activité d'orchestre : ce fut le cas, entre autres, de Szymon Goldberg ou Gerhard Taschner au Philharmonique de Berlin, de Ricardo Odnoposoff ou Wolfgang Schneiderhan au Philharmonique de Vienne, de Tossi Spivakovski ou Josef Gingold à Cleveland, d'Anshel Brusilow à Philadelphie, de Sachko Gawriloff au NDR de Hambourg, plus récemment d'Ingolf Turban à Munich ou Chantal Juillet à Montréal.

Mais ces qualités violonistiques sont loin de suffire, tout comme le rôle du premier violon est loin de se limiter à bien jouer les solos. Il est chargé de décider des coups d'archet qui seront joués par l'ensemble du pupitre des violons et altos, et de les unifier, du moins lorsque le chef n'a pas ses propres souhaits en la matière. Certains, comme Carlo Maria Giulini, arrivent en effet avec leur « matériel » déjà prêt, autrement dit leur propre partition où leurs indications sont déjà inscrites pour chaque pupitre. Carlos Kleiber était même tellement maniaque en la matière qu'il était capable d'annuler un concert s'il s'apercevait au début des répétitions que l'on n'avait pas reporté ses indications, envoyées longtemps à l'avance. Mais d'autres s'en remettent complètement à l'orchestre, et donc au premier violon. Un jour, Wolfgang Stresemann, administrateur du Philharmonique de Berlin, alla féliciter le premier violon Michel Schwalbé pour le coup d'archet spécifique choisi par Karajan dans un passage précis. Schwalbé lui répondit sans ambages : « Il n'y est pour rien, les coups d'archet c'est notre responsabilité, il nous laisse faire. »

Dans un cas comme dans l'autre, le premier violon doit donc pouvoir montrer à ses collègues de façon convaincante quel coup d'archet utiliser. Voire discuter avec le chef s'il estime que le geste est trop inconfortable ou non conforme au résultat souhaité. Cela se passe normalement dans la concorde, parfois de façon plus rude, comme lorsque la toute jeune Sarah Nemtanu, violon solo de l'Orchestre national de France, provoqua la colère du chef Emmanuel Krivine en lui répliquant sèchement : « Vos coups d'archet, ça marche peut-être avec vos musiciens [allusion à l'ensemble La Chambre philharmonique fondé par ce chef], mais pas avec un orchestre comme le nôtre ! » Les musiciens de l'Orchestre de l'Opéra de Paris refusèrent de jouer *Così fan tutte* sous la direction de Daniel Harding car il avait fait envoyer ses propres coups d'archet, et qu'ils les trouvaient antimusicaux (ou qu'ils s'estimaient dépossédés de ce qu'ils considéraient comme une prérogative...). Mais si dans, la majorité des cas, tout le monde s'entend sur coups d'archet, phrasés et articulations, c'est parce que le premier violon est là pour jouer le rôle de courroie de transmission entre le chef et l'orchestre. C'est avant tout vers lui que le chef se tourne lorsqu'il souhaite voir ses intentions réalisées par l'orchestre. Ce qui nécessite une adaptation permanente. Comme le souligne Rainer Honeck, actuel Konzertmeister du Philharmonique de Vienne : « Cela dépend des chefs. Avec un chef qui tâtonne, il faut être très présent et guider l'orchestre. Au contraire, avec un chef à la conception très affirmée, on se fait plus discret. Riccardo Muti n'aime pas que le premier violon prenne trop d'initiative, car c'est lui le chef ! »

Ce rôle d'interface nécessite une combinaison de diplomatie, de psychologie et d'autorité qui n'est pas donnée à tout le monde, à plus forte raison aux grands virtuoses, chez qui l'on peut redouter un certain individualisme. Merveilleuse violoniste, la Coréenne Hae Sun Kang remporta la place de violon solo de l'Orchestre de Paris grâce à ses qualités instrumentales. Mais elle s'aperçut vite qu'elle n'était pas faite pour « manager » un groupe de fortes têtes, et elle préféra renoncer après sa période d'essai : elle intégra alors l'Ensemble Intercontemporain où elle est beaucoup plus à l'aise, dans un esprit de musique de chambre. Le premier violon doit être impérativement respecté par ses collègues : respect pour ses capacités musicales, bien sûr, mais aussi pour son aura, son rayonnement humain et sa capacité à prendre ses responsabilités.

Soliste, il est aussi chef de pupitre : le plus fourni de l'orchestre, celui des violons, mais *a fortiori*, il est le leader de l'ensemble des cordes, gardant le soir du concert un contact visuel permanent avec les solistes des autres pupitres. C'est pourquoi le meilleur premier violon n'est pas toujours le plus virtuose. À Chicago, Fritz Reiner estimait particulièrement Victor Aitay, malgré une sonorité vraiment peu séduisante. *« Please, Victor, don't scrrrratch »*, lui disait-il sans cesse avec son accent hongrois à couper au couteau (« De grâce, Victor, ne grrrattez pas »), ce qui ne l'empêchait pas de lui faire une confiance absolue. De même, à la fin de sa vie, Karajan persistait à confier de grands solos au Konzertmeister Leon Spierer, dont la technique accrochait parfois : il estimait sa présence positive pour l'orchestre. Il faillit d'ailleurs créer un incident diplomatique en imposant Spierer en lieu et place de Toru Yasunaga pour la *Messe en si*, alors que le Konzertmeister japonais était techniquement beaucoup plus sûr. Quant à James Levine, il affirme : « La plus grande chance que j'aie eue en arrivant au Met fut d'avoir Raymond Gniewek comme premier violon. » Il est vrai que Levine fut nommé chef principal de l'Opéra de New York en 1973 : Gniewek était déjà en poste depuis 1957, le resta jusqu'en l'an 2000. « C'est mon boulot de traduire techniquement le son désiré », dit-il. « Je dois le faire en jouant, et non en parlant, car les mots peuvent avoir une signification différente pour chacun. »

C'est ce qui explique aussi que certains violons solos soient restés en place très longtemps, alors que leur technique n'était plus aussi affûtée. Ce fut le cas d'Arnold Rosé, beau-frère de Mahler et Konzertmeister du Philharmonique de Vienne de 1881 à 1938 : il avait alors soixante-quinze ans, et serait sans doute resté si l'avènement du régime nazi en Autriche par l'Anschluss ne l'avait chassé. Aujourd'hui, le premier violon de l'Opéra de Los Angeles, Stuart Cannin, a dépassé les quatre-vingts ans : sans doute ne jouerait-il pas le solo d'*Une vie de héros* avec la dextérité d'un grand virtuose, mais le directeur musical James Conlon ne jure que par lui.

Cette relation essentielle de confiance entraîne parfois entre le premier violon et le chef une complicité telle que leurs destins sont liés : ainsi, le Russe Alexander Barantschik, leader du London Symphony Orchestra quand Michael Tilson-Thomas en était le chef, suivit ce dernier pour occuper la même fonction à l'Orchestre symphonique de San Francisco lorsque « MTT » en fut nommé directeur musical.

À cet égard, c'est l'appellation italienne « violino di spalla » qui, plus encore que violon solo, leader ou Konzertmeister, s'applique le mieux. Comment comprendre cette expression sibylline que l'on pourrait traduire littéralement par « violon d'épaule » ? Tout violon ne se pose-t-il pas sur l'épaule, qu'il soit premier ou douzième ? Épaule est à comprendre ici dans le sens d'épauler : le « violino di spalla », c'est celui sur l'épaule de qui le chef peut se reposer, tout comme au théâtre le « ruolo di spalla » est censé faciliter la tâche du rôle principal. Mais que cette confiance vienne à manquer, et l'ambiance peut se dégrader rapidement : premier violon de l'Orchestre de Paris depuis sa création en 1967, l'excellent Luben Yordanoff fut l'élégant partenaire de Munch, Karajan, Solti et Barenboim, jusqu'à ce qu'il soit pris en grippe par Semyon Bychkov, sans doute plus habitué à la poigne soviétique ou à l'efficacité américaine. « Avez-vous déjà vu un premier violon jouer les jambes croisées ? », répliqua le maestro à un musicien qui s'étonnait de le voir désavouer Yordanoff.

La dimension humaine

Parfois, ce rôle de « spalla » s'inverse. Lorsque Kurt Masur, devenu directeur musical de l'Orchestre national de France, recruta Sarah Nemtanu comme premier violon en 2002, il avait soixante-quinze ans et elle vingt et un. Il avait tout à lui apprendre, en termes de métier et de répertoire, et allait vite établir avec elle un rapport de grand-père à petite-fille. Lorsqu'elle cassa une corde dans le *Divertimento pour cordes* de Bartók et n'en avait pas de rechange à portée de main (pour son tout premier concert en tant que violon solo !), ce Prussien intransigeant et bougon le prit avec le sourire et lui fit une bise attendrie. Lorsque Daniele Gatti prit la succession de Masur au National, il était évident que ses rapports avec Sarah Nemtanu n'auraient pas cette dimension affective. Habitué à des relations de travail plus classiques, il sembla trouver un meilleur terrain d'entente avec Luc Héry, l'autre violon solo. Ce dernier, présent depuis beaucoup plus longtemps, avait souffert de relations difficiles avec Masur, mais il avait joué un rôle fédérateur essentiel à l'époque où l'orchestre, démotivé par le manque d'investissement de son chef Charles Dutoit, menaçait de se déliter. De même, si Bernard Haitink ou Colin Davis aiment la jeunesse et la fraîcheur de Sarah Nemtanu, Riccardo Muti préfère Luc Héry : le maestro napolitain n'apprécie pas, par exemple, de voir la jeune violon solo s'adresser à son pupitre avant que le chef ait pris la parole ! Rien d'étonnant, dans ces conditions, que l'alchimie se fasse plus ou moins bien entre un chef et un premier violon, selon les personnalités et les habitudes de travail. Des différents Konzertmeister du Philharmonique de Vienne, Pierre Boulez avoue préférer Rainer Küchl, que d'autres chefs trouvent raide et distant, alors que Philippe Jordan apprécie la présence souriante et chaleureuse de Rainer Honeck au pupitre.

En cas de dissension à l'intérieur du pupitre, voire d'insubordination, c'est d'abord au premier violon de faire respecter l'ordre : lorsqu'il était chef du London Symphony Orchestra, Claudio Abbado se tournait vers Michael Davis dès qu'un problème de discipline se posait, l'air de dire :

« Faites votre boulot. » Un orchestre en voudra davantage à un premier violon trop effacé, refusant de prendre ses responsabilités en cas de conflit, qu'à un premier violon jouant son rôle de leader. Dans les orchestres français, on reproche souvent aux violons solos de ne pas assez intervenir dans la vie de l'orchestre et de ne pas assez jouer de leur autorité, soit pour se faire respecter de l'orchestre, soit pour s'imposer face au chef en cas de besoin, en tout cas pour souder l'ensemble. Mais ils sont aussi les premiers à se rebiffer s'ils ont l'impression d'un abus d'autorité de la part du leader. Lorsque John Nelson, directeur musical de l'Ensemble orchestral de Paris, fit appel à Jean Estournet comme premier violon solo, avec pour mission d'améliorer la qualité du jeu collectif et de la mentalité des musiciens, il savait qu'il recourait à un homme reconnu pour son exigence et son expérience. Ancien violon solo du Philharmonique de Radio France, il avait déjà contribué à bâtir l'Orchestre de l'Opéra de Lyon, fondé par John Eliot Gardiner en 1983, et à en faire un des meilleurs de France. Seulement voilà : à l'Ensemble orchestral, si les résultats musicaux se firent rapidement sentir, l'harmonie ne fut pas au rendez-vous sur le plan humain, et Estournet révéla aussi la face autoritaire de sa personnalité, ce qui finit par pourrir ses rapports avec ses collègues et avec son administration. Inflexible, à juste titre, sur des exigences musicales légitimes, il ne sut probablement pas adapter son comportement aux attentes du groupe et au minimum indispensable de sérénité dans les relations humaines. Il fut remplacé par Deborah Nemtanu : les femmes violon solo sont encore relativement peu nombreuses, même si le très sexiste Philharmonique de Vienne vient d'en élire une, Albena Danailova. « Un violon solo femme, ce n'est pas mal pour calmer certains conflits. Ce poste est une responsabilité musicale, mais aussi un investissement humain », explique

Deborah Nemtanu, dont le père Vladimir est premier violon de l'Orchestre national Bordeaux-Aquitaine et la sœur Sarah de l'Orchestre national de France. Elle insiste également sur la nécessité de ne pas se comporter en despote : « Ne jamais s'adresser aux collègues en disant "vous", mais "nous" : quand je fais travailler mon pupitre, je m'inclus dedans. »

Le rôle moteur du premier violon ne cesse pas lorsque le concert commence. Là encore, sa présence doit rayonner suffisamment pour se faire le relais entre l'énergie transmise par le chef et l'orchestre : il doit littéralement emmener son pupitre. Ce qui ne signifie pas qu'il doit forcément surjouer ou montrer de manière didactique tous les changements d'archet : l'orchestre risque vite d'être agacé par un côté trop démonstratif et infantilisant. Ou déconcerté par un premier violon au jeu extraverti : lorsque Svetlin Roussev fut recruté au Philharmonique de Radio France, sa tonicité était si époustouflante que l'on avait l'impression que son pupitre peinait à le suivre ! Le premier violon doit aussi être vigilant pour rattraper des mauvais coups ou éviter des accidents. Si un musicien ne comprend pas la battue du chef ou est handicapé par une mauvaise acoustique, il aura tendance à regarder le premier violon pour savoir où il en est. Il faut parfois décider vite. Au Philharmonique de Vienne, dans la fugue du finale du *Concerto pour orchestre* de Bartók dirigée par Pierre Boulez, on a vu Rainer Küchl taper rageusement du pied pour remettre dans le droit chemin son voisin de pupitre Eckhard Seifert qui était entré un temps trop tôt. On a aussi vu Philippe Aïche sauver les meubles, dans la très périlleuse fin de la *5ᵉ Symphonie* de Prokofiev : alors que Christoph Eschenbach et l'Orchestre de Paris s'étaient imperceptiblement décalés rythmiquement, l'orchestre aurait terminé après le chef si le premier violon n'avait discrètement mais distinctement donné le signal de la fin.

Tout comme, un siècle auparavant, Arnold Rosé avait sauvé une représentation de *La Walkyrie* au Festival de Bayreuth en remettant l'orchestre sur les rails alors que le chef était perdu, suscitant l'admiration de Mahler, présent dans la salle.

Cette présence indispensable au premier pupitre prend des formes bien différentes selon la personnalité. Force massive et stable de Matthias Wollong à la Staatskapelle de Dresde, classe naturelle de William Preucil à Cleveland, nonchalance apparente de Glenn Dicterow au New York Philharmonic, sautillements de lutin de Sebastian Breuninger au Gewandhaus de Leipzig, bouillonnante énergie motrice de Gordan Nikolitch au London Symphony : chacun sa méthode, chacun sa nature. Dans un cas comme dans l'autre, on reconnaît le talent d'un premier violon au fait que les cordes jouent mieux quand il est là.

Les grands premiers violons

Les grands Konzertmeister de l'histoire sont ceux qui ont su allier tout ou partie de ces qualités complémentaires : virtuosité, beauté du jeu, fiabilité, autorité, psychologie, afin d'exercer au mieux ses différents rôles, jouer les grands solos, unifier les archets, être la courroie de transmission entre le chef et l'orchestre, assurer la cohésion du groupe, arbitrer les conflits. Certains ont marqué la fonction. Au Philharmonique de Vienne, Wolfgang Schneiderhan est passé à l'histoire pour son charisme, Willy Boskovsky pour son style viennois et sa présence souriante et rassurante, qui lui permit d'exceller aussi pendant vingt-cinq ans à la direction du Concert du nouvel an, qu'il dirigeait tantôt avec une baguette, tantôt depuis son archet, dans la tradition autrichienne du « Stehgeiger » (violoniste debout). Mais des

Konzertmeister successifs des Wiener Philharmoniker, c'est indéniablement Gerhart Hetzel qui restera la personnalité la plus marquante : recruté en 1969 contre l'avis de Boskovsky (il n'était pas viennois…), il y resta jusqu'à sa mort prématurée en 1992, à cinquante-deux ans, alors qu'il faisait une promenade en montagne à Salzbourg : il est mort en voulant protéger son violon lors de la chute, oubliant de protéger sa tête. Cet ascète à l'allure sévère et pudique mais au bon sourire, donnait tout à son métier avec la même conscience, qu'il s'agisse de concerts prestigieux ou de matinées d'abonnement. Un véritable sacerdoce qui lui valait le respect unanime de ses collègues et des chefs : dans les vidéos de concerts dirigés par Leonard Bernstein, on voit ce dernier embrasser chaleureusement un Hetzel à la fois ému et gêné à la fin de chaque concert. Quant à Karajan, dans ses entretiens avec Richard Osborne, il disait de lui : « Il y a à Vienne un chef de pupitre nommé Hetzel, que j'estime vraiment. Il m'observe sans arrêt, au point que je crains parfois qu'il en oublie de regarder la partition. Mais apparemment, il la sait par cœur. » Hetzel était un être de tolérance et d'humanisme, mais qui ne noua pas de véritables amitiés au sein de l'orchestre, tant sa mission l'absorbait tout entier. Riccardo Muti, avec qui il donna son dernier concert, s'en souvient avec émotion : « Il n'était presque pas assis, il semblait voler. Quand il aimait un chef, il ne le quittait pas des yeux : je n'oublierai jamais la façon dont il me regardait en jouant. » Pour illustrer le sang-froid et l'ascendant de Hetzel, Muti raconte que, lors d'un concert en plein air en Italie, des gouttes de pluie se mirent à tomber. N'importe quel autre orchestre aurait pris la fuite pour protéger les instruments. Là, le Philharmonique de Vienne ne bougea pas car Hetzel resta imperturbable. Muti l'interrogea du regard, Hetzel fit non de la tête. En quelques minutes, les gouttes avaient cessé.

Au Philharmonique de Berlin, si les noms d'Erich Röhn ou Siegfried Borries ne peuvent être oubliés, c'est celui de Michel Schwalbé qui reste aujourd'hui encore le symbole de l'institution. Recruté par Karajan en 1957, ce Franco-judéo-polonais installé en Suisse, élève de Jules Boucherit au Conservatoire de Paris, fut un grand artisan de la réconciliation franco-allemande et de la construction européenne. Karajan l'avait connu violon solo de l'Orchestre de la Suisse romande avant de le débaucher à Berlin : il allait devenir son bras droit jusqu'au début des années 1980, contribuant à forger le légendaire son de cordes du Philharmonique. Incomparable dans les solos d'*Une vie de héros* ou de la *Missa Solemnis*, avec sa sonorité de lumière et son incroyable virtuosité, il ne se fit pas que des amis au sein de l'orchestre : contrairement à Hetzel à Vienne, on lui reprochait parfois son contrat en or, qui lui permettait de n'intervenir que pour les concerts prestigieux, les enregistrements lucratifs ou les grands solos, et de laisser le quotidien moins glorieux à ses collègues de pupitre (Thomas Brandis et Leon Spierer). Mais dans l'esprit du public, le premier violon de Berlin, c'était Schwalbé, et il l'est encore aujourd'hui pour beaucoup ! De lui aussi, Riccardo Muti garde un souvenir inoubliable : « Quand la musique exprimait le drame, son visage était tourmenté, quand la musique exprimait la joie, il souriait, il vivait ce qu'il jouait. »

Dans l'entre-deux-guerres, Edgar Wollgandt fut le Konzertmeister incontestable du Gewandhaus de Leipzig… et du Festival de Bayreuth, où il était chaque été impensable de faire appel à quelqu'un d'autre pour reformer le pupitre des violons. Après lui, Gerhard Bosse et Karl Suske perpétuèrent cette tradition du premier violon par vocation, dans la ville de Bach et Mendelssohn : Kurt Masur parle encore d'eux avec révérence. Après guerre, Rudolf Koeckert contribua à fonder l'Orchestre symphonique de la Radio bavaroise, tout comme Manoug Parikian l'Orchestre Philharmonia, à Londres : ils furent des bâtisseurs. Le London Symphony n'a oublié ni la personnalité considérable de John Georgiadis, ni le sérieux de Michael Davis, qui officia aussi à la BBC. Le sourire de Joseph Silverstein rayonnait sur les cordes du Boston Symphony comme la mine renfrognée de Daniel Majeske soudait celles de l'Orchestre de Cleveland.

Les grands premiers violons historiques français furent Henry Merckel à l'Opéra, Henri Bronschwak à l'Orchestre national, Roland Charmy et Pierre Nérini à la Société des concerts du Conservatoire, Lionel Gali aux Concerts Lamoureux. Merckel avait parfois une manière particulière d'aborder ses solos : avant une représentation de *Faust,* il regardait sur l'affiche qui chantait le rôle titre. Si c'était un ténor vedette, il savait qu'il n'aurait pas à travailler son périlleux aigu, car il serait couvert par les applaudissements qui ne manqueraient pas d'éclater aussitôt après le contre-*ut* du chanteur. Mais si c'était un ténor moyen, il fallait qu'il s'entraîne car la salle resterait de marbre et on entendrait la conclusion du violon ! Plus récemment, dans les années 1980, l'époque où Régis Pasquier et Patrice Fontanarosa alternaient au premier pupitre du National correspond à une phase particulièrement heureuse de cet orchestre, humainement comme artistiquement. Aujourd'hui, avec Sarah Nemtanu à l'Orchestre national, Deborah Nemtanu à l'Ensemble orchestral de Paris, Élisabeth Balmas et Hélène Collerette au Philharmonique de Radio France, Jennifer Gilbert à l'Orchestre national de Lyon, Liza Kerob au Philharmonique de Monte-Carlo, Charlotte Julliard à Strasbourg, Dorota Anderszewska à Montpellier, Anne-Estelle Médouze à l'Orchestre national d'Île de France, Vera Novakova à Nice, Berthilde Dufour à Cannes, Cordélia Palm à Avignon, Sylvie Tallec à Tours, la France est pionnière en matière de premiers violons femmes. Et quand on interroge le chef Tugan Sokhiev sur le recrutement de la rayonnante Geneviève Laurenceau au premier pupitre de l'Orchestre national du Capitole de Toulouse, il n'y va pas par quatre chemins : « un miracle ».

On l'aura compris, premier violon est un métier. Certains s'en sont fait une spécialité. Ce fut le cas, aux États-Unis, d'un homme étonnant : Mischa Mischakoff. Ce juif russe né en Ukraine en 1895, véritable concentré d'histoire européenne, fuit les pogroms de l'Union soviétique naissante en 1921 dans des conditions rocambolesques et s'installa aux États-Unis. Là-bas, il devint le concertmaster attitré des grands orchestres américains : New York de 1924 à 1927, Philadelphie de 1927 à 1930, Chicago de 1930 à 1937, le NBC Symphony Orchestra de 1937 à 1952 et Detroit de 1952 à 1968. À la NBC, il était le seul à ne pas subir les colères de Toscanini, qui lui demandait souvent conseil en matière de coups d'archet. Les chefs appréciaient sa réactivité à leurs gestes et, par son assurance, il exerçait sur ses collègues une influence stabilisatrice. Luxe suprême de ce collectionneur de postes : c'est lui qui choisissait où et avec qui il avait envie de travailler. Ainsi, à la fin d'une répétition à Philadelphie, il demanda au chef tout puissant Leopold Stokowski, dont le comportement l'avait exaspéré : « Maître, étiez-vous satisfait de mon jeu ? – Mais bien sûr, Mischakoff, c'était parfait comme toujours. – Eh bien tant mieux car c'était la dernière fois que vous m'entendiez. » Et il partit sans demander son préavis.

Les seconds violons

Les seconds violons sont le pupitre le plus méconnu de l'orchestre. Les auditeurs ne se rendent pas toujours compte que, en règle générale, il existe deux parties de violon comme dans un quatuor. Les seconds sont parfois dans une situation plus ingrate que les premiers, car dans le répertoire classique et dans beaucoup d'opéras belcantistes, c'est le rôle d'accompagnement qui leur incombe pendant que le chant revient aux premiers violons. Ils jouent souvent à contretemps (les fameux « ploum-ploum » !), et dans une tessiture plus grave que les premiers violons, ce qui impose une accoutumance. Certes moins exposés, ils n'en sont pas moins essentiels au tissu musical, créant souvent des jeux d'échos ou de rebond, ou nourrissant les voix intermédiaires. Le fait de jouer tantôt à l'unisson avec les premiers, pour revenir très vite à un rôle d'accompagnement, nécessite qui plus est une grande rapidité de réaction. Celle-ci est l'apanage de leur chef de pupitre, le « chef d'attaques des seconds violons ». Dans l'ombre du premier violon aux yeux du public, il occupe un poste-clé, devant être capable de prendre au bond la balle que lui lancent le chef ou ses collègues leaders des autres pupitres de cordes. Il est donc tout sauf une remorque.

À l'Orchestre national de France, Liliane Béguin-Rossi, avec son éternel chignon sévère, fut pendant des années un roc insubmersible, pour son pupitre autant que pour les chefs comme Leonard Bernstein, qui ne manquait jamais de lui témoigner une reconnaissance appuyée lors des saluts. Aujourd'hui, Florence Binder assume la même responsabilité avec un sourire permanent, qui doit rassurer immédiatement les chefs les plus anxieux et encourager ses voisins de pupitre à garder vivant le contact musical, comme en musique de chambre. À l'Orchestre de Paris, sous un air fermé en apparence, Christian Brière est un artiste certes rigoureux, mais aussi plein de la fantaisie et du sens du dialogue musical que lui donnent sa fréquentation du tango et de la musique klezmer.

Quant au Philharmonique de Vienne, il suffit de regarder les vidéos de concerts parues depuis trente ans, pour constater que la mine réjouie et l'énergie débordante déployées par le premier des seconds violons font de Peter Wächter l'une des locomotives de l'orchestre, qui a trouvé dans le pantagruélique Tibor Kovac un digne successeur. Que les qualités d'un grand « chef d'attaques des seconds » se trouvent rarement réunies, on en prend conscience en constatant que Claudio Abbado, au moment de fonder l'Orchestre du Festival de Lucerne, y fit appel à la barbe blanche de Hans Joachim Westphal, quatre-vingts ans, qui avait occupé cette fonction au Philharmonique de Berlin sous Furtwängler et Karajan.

Qu'il puisse être frustrant de jouer toute sa vie dans les seconds violons, cela se traduit par le fait que nombre de tuttistes entrés dans les seconds aspirent au bout de quelques années à rejoindre les premiers. Mais si c'est un cas fréquent, et un bel exemple de promotion interne au sein de l'orchestre, ce n'est pas une règle générale : par goût ou par tempérament, certains préfèrent rester moins exposés, et d'autres ont fini par s'habituer à jouer les parties de second, au point de faire corps avec leur « chaise ». Mais il existe certains orchestres où les violonistes du rang sont amenés à jouer indifféremment et alternativement dans les premiers et les seconds violons. C'est le cas au Philharmonique de Radio France, où l'on ne pratique pas de recrutement distinct : on y entre non comme premier ou deuxième violon, mais simplement comme violoniste. Un instrumentiste alterne entre les premiers et les seconds tous les un ou deux ans. Inconvénient : l'impossibilité de s'identifier durablement à sa place, de faire corps avec elle. Avantage : la nécessaire adaptabilité musicale, qui oblige à savoir se mettre successivement dans la peau du leader et dans celle de l'accompagnateur. Dans les orchestres qui pratiquent encore des recrutements distincts, l'idéal serait de ne pas faire de différence de niveau entre premiers et seconds violons. Dans la pratique, à l'exception des plus grands orchestres, on a parfois tendance à reléguer les musiciens les moins performants dans les seconds, ce qui est de très mauvaise politique puisque cela a pour conséquence de compromettre encore un équilibre musical déjà précaire.

Les altos

György Ligeti avait coutume de dire que, s'il n'y a qu'une quinte de différence entre le violon et l'alto, c'est un monde qui les sépare. Le pupitre d'altos est souvent, bien à tort, le plus mal-aimé, ou du moins méconnu de l'orchestre. Les auditeurs ont parfois des difficultés à l'identifier à cause de sa position médiane : les altos sont à la charnière entre cordes aiguës et cordes graves. Ils ne se rendent pas compte que, sans eux, il y aurait un trou dans le tissu musical. La mauvaise réputation des altistes provient du fait qu'ils furent longtemps considérés comme des violonistes ratés. Il est vrai que, autrefois, il était courant de passer à l'alto quand on échouait dans sa carrière de violoniste. Cette époque appartient cependant au passé, et aujourd'hui le choix de l'alto est souvent pour un élève une décision consciente, voire une vocation : Sabine Toutain, alto solo de l'Orchestre national de France, n'aimait pas la sonorité du violon et a commencé directement par l'alto. Ce qui n'empêche pas les altistes de traîner encore une mauvaise réputation, en particulier celle de jouer faux ! Il est vrai que, en raison de la taille de l'instrument, la justesse en est plus difficile à contrôler que sur un violon, en particulier dans l'aigu, très tendu.

Il n'en fallait pas plus pour faire d'eux les Belges de l'orchestre : il existe un réservoir inépuisable de blagues d'altistes, qui les présentent régulièrement comme les derniers des derniers. Histoires que les altistes eux-mêmes sont prompts à colporter, la capacité à rire de soi-même étant la meilleure manière de désamorcer la malveillance, de même que les Juifs sont les premiers à raconter des histoires juives. Des exemples ?

Quelle est la différence entre le premier et le dixième altiste du pupitre ? Un demi-ton.

La différence entre le pupitre d'altos de l'orchestre et les Beatles ? Aucune : cela fait quarante ans qu'ils n'ont pas joué ensemble.

Perdu dans le désert, vous rencontrez un altiste qui joue juste et un altiste qui joue faux. Auquel s'adresser ? À celui qui joue faux, car un altiste qui joue juste, c'est un mirage.

On pourrait en écrire un livre entier, contentons-nous d'en évoquer quelques-unes parmi les plus cruelles.

Un musicien entre comme douzième altiste à l'Orchestre de Bécon-les-Granit. En se promenant dans la forêt il marche sur une grenouille qui se transforme en bon génie : « Tu m'as libéré d'un sort qui m'avait transformé en grenouille, pour te remercier j'exaucerai ton vœu le plus cher. » Le musicien réfléchit et dit : « J'aimerais être un meilleur musicien. » Et de douzième alto, il devient alto solo de l'Orchestre de Bécon-les-Granit ! Heureux mais toujours frustré, il retourne voir le bon génie et lui demande s'il peut encore progresser. Et il devient alto solo de l'Orchestre national de France ! Mais cela ne lui suffit pas, il retourne voir le magicien et devient alto solo de l'Orchestre philharmonique de Berlin ! Comblé, il croit avoir atteint le sommet, mais il en veut toujours plus et retourne auprès du bon génie pour lui demander s'il est possible d'être encore meilleur. Et il devient douzième violon à l'Orchestre de Bécon-les-Granit…

Un musicien d'orchestre frotte une lampe à huile et libère un bon génie. Le mage lui propose, pour le remercier de l'avoir libéré de son sort, d'exaucer son vœu le plus cher. L'altiste déplie alors une carte du monde et explique au bon génie : « Il y a là une région, le Proche-Orient, où deux peuples, les Israéliens et les Palestiniens, se font une guerre ininterrompue, conflit tragique qui empoisonne le monde entier depuis des millénaires. J'aimerais qu'ils fassent enfin la paix. » Le magicien se montre dubitatif : « J'ai certes des pouvoirs, mais ils ne sont pas illimités, et je crains que ce que tu me demandes excède mes capacités. N'as-tu pas un souhait plus réaliste ? » Le musicien réfléchit et dit : « Alors j'aimerais entendre une fois le pupitre d'altos de mon orchestre jouer juste. » Le bon génie se racle la gorge et lâche : « Euh, et si tu me remontrais ta carte du Proche-Orient ? »

Parfois, pas besoin d'histoires drôles pour lancer des flèches empoisonnées. Parlant un jour avec un ami instrumentiste, nous louâmes le talent d'un altiste de son orchestre en disant : « Untel est vraiment un excellent musicien. » Notre interlocuteur fronça les sourcils et prit un air perplexe, comme si nous venions de dire une bêtise, puis lâcha, avec le plus grand sérieux : « Mais il n'est pas musicien, il est altiste ! » Il suffit d'entendre les premiers altos de nos orchestres jouer les solos dévolus à leur instrument pour prendre conscience de l'injustice de ce mépris.

Lorsque Richard Strauss compose un poème symphonique autour de la figure de Don Quichotte, c'est l'alto solo, avec sa raucité rugueuse, qui est chargé de jouer le rôle de Sancho Pança aux côtés du violoncelle qui incarne le chevalier à la triste figure. Dans *La Damnation de Faust*, de Berlioz, son timbre pénétrant crée le climat de mélancolie qui envahit Marguerite dans sa Ballade du roi de Thulé. Dans le *Freischütz* de Weber, sa tessiture ambiguë relaie la fausse légèreté d'Ännchen, bien plus lucide qu'on pourrait le croire sur les événements sombres qui se préparent. Dans *Bacchus et Ariane* d'Albert Roussel, sa sensualité langoureuse est un préliminaire aux ébats furieux de la bacchanale. Et dans la *9e Symphonie* de Mahler, il intervient à intervalles réguliers par petites touches pour renforcer le caractère morbide et grinçant de l'œuvre : à l'Orchestre symphonique de San Francisco, Geraldine Walther n'avait pas son pareil pour évoquer tout le testament de Mahler en quelques notes poignantes.

Quant au pupitre dans son entier, il joue souvent les utilités dans le répertoire classique, doublant les violoncelles à l'octave, mais Brahms l'émancipe, jusqu'à ce que Bruckner lui destine à lui seul le thème du mouvement lent de sa *4e Symphonie*. Si, dans la transition vers la coda du finale de sa *1re Symphonie « Titan »*, Mahler confie aux altos des traits mordants et inquiets, leur côté élégiaque et introverti contribue en général à tirer la sonorité d'un orchestre vers plus de chaleur ambrée, comme dans le finale de la *1re* de Brahms où le pupitre vient assombrir la couleur générale.

L'alto solo

Les grands altos solos historiques présentent des profils relativement différents. Certains étaient de véritables chambristes : Ernst Morawec ou Rudolf Streng au Philharmonique de Vienne, Oskar Riedl à la Radio bavaroise, furent de grands quartettistes, recherchés pour leur souplesse musicale. Dans les orchestres américains, on remarquait davantage leurs qualités de solistes : alto solo à Cleveland sous George Szell, Abrahm Skernick était incomparable dans la *Symphonie concertante pour violon et alto* de Mozart, Joseph de Pasquale illumina l'Orchestre de Philadelphie, pendant trois décennies, et les altos solos successifs de Toscanini à la NBC, William Primrose et Carlton Cooley (ce dernier ayant aussi exercé à Cleveland et Boston), furent des concertistes de premier plan. Primrose quitta rapidement l'orchestre pour mener une éblouissante carrière de soliste. Les orchestres allemands fournirent davantage des chefs de pupitre que des solistes, entraînant derrière eux leur équipe avec un charisme de leader : l'exemple le plus frappant fut l'incroyable Wolfram Christ, alto solo du Philharmonique de Berlin sous Karajan puis Abbado, et dont le crâne d'œuf, le menton volontaire et les épaules râblées sont un porte-étendard auquel se rallie encore aujourd'hui chaque été le pupitre d'altos de l'Orchestre du Festival de Lucerne, fondé par Abbado.

En France, les grands altos solos du passé furent Maurice Vieux, puis Pierre Ladhuie à l'Opéra de Paris, Micheline Lemoine à l'Orchestre national. Eux se consacraient essentiellement à la carrière d'orchestre, tandis que Bruno Pasquier, qui passa de l'Opéra au National, n'abandonna jamais la musique de chambre et les concerts en soliste. L'un des hommes les plus respectés dans cette discipline fut Jean Dupouy qui, après avoir amassé une expérience considérable à l'étranger, jouant notamment sous la direction de Stokowski à New York, revint en France pour être alto solo de l'Orchestre de Paris. Absolument parfait dans la *Concertante* de Mozart ou dans le *6e Concerto brandebourgeois* de Bach, qu'il joua en duo avec son alter ego Ana Bela Chavès, cet homme discret, d'apparence austère, exerçait sa tâche comme un sacerdoce. Mais ce grand angoissé, capable de changer une corde juste avant d'entrer en scène parce que sa sonorité ne lui convenait pas, dut lutter pour devenir un leader, tant son manque de confiance en soi le rendait constamment insatisfait.

Aujourd'hui, les grands altos solos ne manquent pas. Chacun a sa personnalité, ce qui se traduit non seulement par le son mais aussi par l'attitude et le comportement. À l'Opéra de Paris, Pierre Lénert se distingue par des solos d'une sonorité profonde et chaude, parfaitement timbrée. À l'Orchestre de Paris, Ana Bela Chavès, l'une des plus grandes titulaires, est non seulement une instrumentiste de premier ordre, mais un leader incontestable, au caractère bien trempé trônant à la tête de son pupitre avec ses cheveux courts, sa tenue corporelle impeccable et sa concentration jamais relâchée. À l'Orchestre national de France, Nicolas Bône semble plus décontracté : un charmeur, par le son comme par le sourire. Au Philharmonique de Radio France, Christophe Gaugué frappe par sa position très affaissée, qui lui permet de regarder le chef par-dessous ses lunettes, et par ses attitudes parfois excentriques : n'hésitant pas à faire la moue, à sourire ou même à rire, il ne laisse rien ignorer de ce qu'il sent et pense, là où d'autres préfèrent rester impassibles. On sent chez lui la forte tête, mais aussi le passionné, ce qui va souvent de pair.

À l'étranger, les profils sont tout aussi différents. Au Philharmonique de Berlin, Neithard Resa est la quintessence du musicien d'orchestre, qui ne se met jamais en avant mais aura toujours été solide au poste, d'une présence discrète mais sûre, et d'une longévité exceptionnelle. Même sobriété, doublée d'un côté marmoréen, chez Ken Hakii au Concertgebouw d'Amsterdam. D'une plus jeune génération, l'étonnante Carrie Dennis au Los Angeles Philharmonic est d'un allant et d'un enthousiasme irrésistibles. À l'époque actuelle, ils sont deux à faire exception à la règle selon laquelle les altistes contemporains ne sont plus d'anciens violonistes : Christian Frohn était deuxième chef d'attaques des seconds violons au Philharmonique de Vienne avant d'y remporter le concours d'alto solo, et Hermann Menninghaus, leader du pupitre d'altos de l'Orchestre symphonique de la Radio bavaroise, avait commencé comme violoniste du rang au Philharmonique de Berlin. Mais de telles reconversions restent rarissimes à ce niveau.

Dans ses souvenirs de violoniste au Boston Symphony Orchestra, Harry Ellis Dickson considère que le pupitre d'altos est psychologiquement le moins problématique de l'orchestre. Comme si leur tessiture intermédiaire et leur position médiane les conduisaient à adopter un comportement mesuré. Le juste milieu, en quelque sorte. De telles généralisations sont toujours discutables, mais le grand chef Arthur Nikisch, déjà, décrivait les altistes de l'orchestre comme des gens calmes et de bonne nature. Ils sont en tout cas moins stressés que les violonistes « dévoreurs de notes », toujours soumis à la pression de la virtuosité et de la compétition. Discrets, ils n'aiment pas se mettre au premier plan, préférant tirer les ficelles dans l'ombre, et apprécient le partage d'émotions musicales. Mais s'ils ne sont pas nerveux, les altistes ne sont pas pour autant lymphatiques ou désengagés. Ils peuvent même être particulièrement réactifs.

Dans les grands orchestres, appartenir au pupitre d'alto peut même être ressenti comme un véritable épanouissement. Altiste canadien, Matthew Hunter avait des relations d'amitié avec Walter Küssner, du Philharmonique de Berlin. Lorsque cet orchestre de prestige se produisit au Canada, la maladie d'un musicien nécessita le recrutement d'un remplaçant sur place. Küssner recommanda Hunter : habitué à des pupitres d'altos plutôt placides, ce dernier prit place au milieu de ses collègues d'un jour, et, dès la première attaque, fut tellement submergé par l'énergie et la plénitude qui se dégageait de ce moteur d'avion à réaction, qu'il n'eut plus qu'une idée en tête : en faire partie. Dès qu'une place se libéra, il se présenta et fut admis. Il est depuis un homme heureux : meilleure preuve de l'inanité des blagues d'altistes auxquelles nous avons accordé un écho bien trop complaisant.

Les violoncelles

Le pupitre de violoncelles est le pendant de celui des violons pour les cordes graves : instrument mélodique par excellence, il chante de sa voix chaleureuse et profonde, comme une mezzo aux côtés des sopranos, tout en contribuant à l'assise harmonique et rythmique avec les contrebasses. C'est un pupitre vedette, qui a moins souvent le premier rôle, mais dont chaque intervention est marquante, en particulier dans le répertoire romantique qui l'émancipe du rôle d'accompagnateur auquel le style classique avait tendance à le cantonner. Beethoven leur confie le thème de l'andante de sa *5e Symphonie*, Brahms la merveilleuse mélodie de l'introduction de sa *2e Symphonie*, Dvořák leur fait ouvrir sa *8e Symphonie* avec un lyrisme irrésistible, Tchaïkovski les fait littéralement décoller dans le « Pas de deux » de *Casse-Noisette*, Verdi les met à découvert dans l'Offertoire de son *Requiem*. À chaque fois, l'orchestre se met à ressembler à une voix humaine.

Si les violonistes font parfois la star, si les altistes sont pondérés (et un peu complexés), le pupitre des violoncelles a la réputation d'être bon enfant, voire bon vivant. Moins nombreux, ils dépassent rarement la dizaine dans le répertoire postromantique et moderne, six ou huit dans le répertoire classique, quatre dans Mozart. L'entente au sein d'un pupitre de violoncelle évoque donc celle de la musique de chambre. Dans la deuxième partie de « De l'Aube à midi sur la mer », premier mouvement de *La Mer*, Debussy invente une de ses plus belles phrases mélodiques : une litanie chantée par les violoncelles divisés en 4 parties, chef-d'œuvre d'orchestration miroitante… et défi pour la cohésion des pupitres. Or on raconte que, avec leur effectif très stable des années 1930 à la dissolution de l'ORTF en 1974, les violoncellistes de l'Orchestre national, menés par Jacques Neilz, connaissaient par cœur ce passage-clé et n'avaient besoin ni de se regarder, ni de suivre la baguette du chef pour chanter d'une seule voix.

Un orchestre est allé jusqu'au bout de cette logique : le Philharmonique de Berlin, dont le pupitre de violoncelles s'est constitué en groupe de musique de chambre sous le nom « Les 12 violoncelles du Philharmonique de Berlin ». Jouant à la fois des œuvres originales (Klengel, Villa-Lobos), des créations (Xenakis, Eder) et des transcriptions (du Gospel aux Beatles), ils se sont produits dans le monde entier et sont déjà à la tête d'une discographie importante. Ne pouvant accepter des engagements que lorsque l'orchestre ne joue pas, ils sont parfois confrontés à de véritables casse-tête de planning, aggravés lorsque les avions ne décollent pas ou que les trains ne roulent pas. Ainsi lorsque l'on apprend la fermeture de l'aéroport de Stuttgart où l'on doit jouer le soir même : on réserve pour midi un vol à destination de Francfort, où il sera possible de prendre un train pour Stuttgart. Sauf que, s'il y a bel et bien douze places libres dans l'avion, il faut enregistrer les instruments en soute : inconcevable. On se reporte sur le vol de 16 h 30, arrivée à Francfort à 17 h 45 pour le train de 18 h 05, sachant que la gare se trouve dans l'autre terminal. Les douze arrivent à 18 h 02 sur le quai et montent dans le train. À Stuttgart, un bus les attend moteur en marche : ils atteignent la salle de concert à 20 h 25, se changent et donnent leur concert légèrement raccourci et sans entracte. Le lendemain, réveil à 4 h 30, départ de l'hôtel à 5 h, décollage de Stuttgart à 6 h 10, arrivée à Berlin à 7 h 20 pour être à l'heure à la répétition du Philharmonique à 10 h.

Surmonter ce genre de stress n'est possible que dans le cadre d'une grande complicité. Elle lie les douze violoncellistes depuis leur création, même si l'équipe actuelle ne comporte plus aucun membre fondateur. Complicité qui ne signifie pas lissage des individualités. Pendant des années, Rudolf Weinsheimer et Christoph Kapler occupèrent la charnière du pupitre, respectivement en septième et huitième position. Assis côte à côte, le premier eut toujours tendance à presser le mouvement, le second à freiner : dans les passages difficiles où ils risquaient de se perturber l'un l'autre, Kapler faisait le geste de baisser un rideau invisible entre eux en disant : « Et maintenant, le mur. » Le mot leur a survécu : chaque fois qu'un petit désaccord musical menace, on tire le mur ! Et l'on rappelle la mauvaise foi savoureuse de Kapler qui, lorsque le même passage coinçait en répétition, déclarait sans ciller : « Ce passage n'a jamais été un problème. » Le rôle du chef de pupitre peut là encore se révéler essentiel pour la cohésion et la qualité du pupitre, d'autant qu'il est responsable de ses coups d'archet, contrairement à l'alto solo qui se conforme traditionnellement à ceux du premier violon. Pendant le *Requiem* de Verdi dirigé par Myung-Whun Chung à la basilique de Saint-Denis, les violoncelles dérapèrent dans l'Offertoire. Le lendemain matin, leur leader Éric Levionnois convoqua son pupitre pour une répétition non prévue, afin de mettre au point le passage pour le concert suivant. Belle preuve de perfectionnisme.

Chevaux de bataille

Le violoncelle solo est l'une des vedettes de l'orchestre : il est presque aussi exposé que le premier violon, avec lequel il doit s'entendre parfaitement. Dans certains orchestres, il reçoit même le titre de Konzertmeister. C'est le cas à la Staatskapelle de Dresde, qui compte deux ou trois violoncelles solos au-dessus desquels trône un « Konzertmeister des violoncelles ». Après Peter Bruns, cette chaire resta inoccupée pendant dix ans, l'orchestre n'estimant personne digne de ce titre. Jusqu'à ce que la position soit à nouveau attribuée en 2008 à un musicien de vingt ans, Isang Enders, né de parents allemands et coréens. Les solos de violoncelle comptent parmi les plus beaux de la littérature symphonique. Dans le troisième mouvement du *2e Concerto pour piano* de Brahms, le violoncelle solo de l'orchestre se fait partenaire de musique de chambre du pianiste : jouant ce Concerto avec l'Orchestre national de France, Emmanuel Ax ira même jusqu'à offrir en bis, non une pièce pour piano seul, mais un mouvement de la *2e Sonate pour violoncelle et piano* de Brahms, avec Carlos Dourthé, violoncelle solo de l'orchestre. Dans l'air de Philippe II du *Don Carlo* de Verdi, il évoque toute la solitude du roi sans amour : on comprend la déconvenue du soliste lorsque l'on joue l'édition critique d'Ursula Günther, qui attribue cette page à l'ensemble du pupitre en tutti, et non à un violoncelle solo. Solitude, encore, pour l'Empereur, à l'acte II de *La Femme sans ombre* de Richard Strauss. Solitude toujours, mais plus amoureuse que désespérée, pour Mario Cavaradossi au troisième acte de *Tosca* de Puccini : à chaque fois, c'est la voix du violoncelle qui se fait leur porte-parole. Lorsque les jumeaux Siegmund et Sieglinde échangent un regard au début du premier acte de *La Walkyrie* de Wagner, c'est un violoncelle éperdu qui révèle leur passion naissante. Sans oublier bien sûr l'Ouverture de *Guillaume Tell* de Rossini (avec son aigu redouté !), celle du *Roi d'Ys* de Lalo, le *Lac des cygnes* de Tchaïkovski, le *2e Concerto pour piano* de Liszt, l'Ouverture *Poète et Paysan* de Franz von Suppé ou la *15e* de Chostakovitch.

Violoncelles solos d'hier

Comme le premier violon, le violoncelle solo peut être tenté par une carrière de concertiste. Certains ne restèrent pas chefs de pupitre, vite appelés à une destinée de soliste : Gregor Piatigorski ne s'éternisa pas au Philharmonique de Berlin, pas plus que Janos Starker au Symphonique de Chicago, André Navarra à l'Opéra-Comique, Paul Tortelier à Boston ou Lynn Harrell à Cleveland. Certains s'orientèrent vers d'autres voies musicales, comme Anner Bylsma, qui quitta le pupitre du Concertgebouw d'Amsterdam pour devenir un pionnier du baroque. Mais d'autres vouèrent leur vie à l'orchestre malgré des débuts prometteurs, à l'image d'Hubert Varron, inoubliable violoncelle solo de l'Opéra de Paris, qui avait obtenu à dix-sept ans un deuxième prix au Concours de Prague, juste derrière un certain… Rostropovitch ! Lorne Munroe fut violoncelle solo de l'Orchestre de Philadelphie de 1951 à 1964, puis du New York Philharmonic de 1964 à 1996 ! À l'heure où nous mettons sous presse, l'exceptionnel Jules Eskin est toujours, à 82 ans, violoncelle solo du Boston Symphony depuis cinquante ans. L'un de ses prédécesseurs, le Français Georges Miquelle, qui rejoignit le Boston Symphony en 1918, fut violoncelle solo de l'Orchestre symphonique de Detroit de 1923 à 1954. Parmi les grands violoncelles solos historiques, citons en Grande-Bretagne Raymond Clark, qui officia au Royal Philharmonic et au Philharmonia où l'on peut l'entendre donner la réplique à Claudio Arrau dans le miraculeux enregistrement du *2e Concerto* de Brahms dirigé par Carlo Maria Giulini. En France, Gaston Marchesini à l'Opéra de Paris, Jacques Neilz à l'Orchestre national, Albert Tétard à la fondation de l'Orchestre de Paris, furent des chefs de pupitre admirés, qui se vouèrent à leur activité d'orchestre.

Dans les pays de langue allemande, les profils sont assez contrastés. Pendant les années Furtwängler, le Philharmonique de Berlin recrutait plutôt des solistes à forte personnalité comme Piatigorski, mais aussi Joseph Schuster ou Nikolai Graudan. Plus tard, les complices Ottomar Borwitzky et Eberhard Finke étaient plus musiciens d'orchestre que solistes, fidèles à la préférence de Karajan pour un son fondu. Le Gewandhaus de Leipzig compta parmi ses rangs Friedrich Grützmacher, Carl Davidoff ou Julius Klengel, trois figures marquantes qui firent évoluer la technique et le répertoire du violoncelle. Le deuxième a même donné son nom au Stradivarius joué autrefois par Jacqueline du Pré, aujourd'hui par Yo Yo Ma. En revanche, la liste des violoncelles solos du Philharmonique de Vienne révèle le primat de la musique de chambre : Friedrich Buxbaum, Richard Krotschak, Emmanuel Brabec, Robert Scheiwein, furent tous de grands spécialistes du quatuor, musiciens d'une grande élégance et pureté.

La coexistence peut se révéler fructueuse entre deux personnalités fort différentes, ainsi durant les années où Werner Thomas et Reinhold Buhl étaient les deux violoncelles solos de l'Orchestre symphonique de la Radio bavaroise : le premier, jeune et brillant instrumentiste à la carrière de soliste déjà enviable, apportait sa séduction et sa virtuosité insolente, le second, chambriste hypersensible, relayait les intentions du chef avec une abnégation pleine de ferveur. Cas de figure comparable lorsque Hervé Derrien et Roland Pidoux alternaient au premier pupitre de l'Orchestre national de France. Depuis la salle, on percevait chez le premier la tension que donne le poids des responsabilités, chez le second une nonchalance souriante, qui n'est pas de la désinvolture mais la décontraction de celui qui est là pour le plaisir de jouer et non pour commander.

Le grand parmi les grands reste sans doute Tibor de Machula. Ce Hongrois fut recruté par Furtwängler au Philharmonique de Berlin en 1936, pour remédier au départ de Schuster et Graudan, devenus indésirables pour raisons raciales. À vingt-quatre ans, il s'imposa aussitôt par son charisme et sa sonorité, au point que Furtwängler lui confia le *Concerto* de Schumann, dont il existe un enregistrement. L'orchestre fut complètement abasourdi de le voir partir en 1947, préférant occuper la même place au Concertgebouw d'Amsterdam. Alors étudiant, Bernard Haitink se souvient d'avoir assisté au premier concert avec ce nouveau violoncelle solo : il remarqua aussitôt que le pupitre sonnait différemment, plus vivant, plus habité. Machula exerça à Amsterdam trente ans de domination absolue, dépassant en notoriété les premiers violons qu'il vit se succéder, Jo Juda, Jan Damen, Hermann Krebbers et Teo Olof. Véritable pilier de stabilité, c'était un homme à l'autorité courtoise mais incontestée : un grand seigneur, à la mise toujours extrêmement soignée. Le fait que sa forte corpulence l'ait empêché de se retourner pour s'adresser à ses collègues, ajoutait à cette dimension quasi autocratique : nul besoin de se perdre en explications, il suffisait de le suivre, comme un officier supérieur en campagne. Mais en cas de conflit dans l'orchestre, c'est lui qui rappelait ses collègues à la sagesse, en grand diplomate. C'est aujourd'hui un de ses élèves, Gottfried Hoogeveen, qui occupe son pupitre.

Violoncelles solos d'aujourd'hui

De nos jours, ils sont plusieurs à perpétuer cette haute lignée. Parmi les vétérans, on ne peut qu'être frappé par la grande classe de Franz Bartolomey au Philharmonique de Vienne, ou de Jürnjacob Timm au Gewandhaus de Leipzig. Le premier, fils, petit-fils et frère de membres des Wiener

Philharmoniker, fut longtemps le petit dernier de son pupitre, dans l'ombre de Robert Scheiwein et Wolfgang Herzer. Il a fini par passer en première ligne, situation qui sied à son visage serein et réfléchi, à sa ligne svelte et à ses attaches fines. Timm est quant à lui de ces musiciens allemands sans esbroufe, féru de musique de chambre, et dont l'autorité naturelle n'a pas besoin d'élever la voix pour s'exercer. Qualités qui semblent se transmettre, puisque son fils Thomas est aujourd'hui chef d'attaques des seconds violons au Philharmonique de Berlin.

Soliste racé, Carter Brey avait commencé une carrière de concertiste de haut niveau après son succès au Concours Rostropovitch en 1981, avant de prendre la tête du pupitre de violoncelles du New York Philharmonic. Il y inspire le respect par son calme et son talent plus que par la contrainte : n'étant pas dirigiste, il s'efforce de laisser chacun jouer selon sa technique, mais il sait évaluer le moment où il doit intervenir, par exemple pour unifier un doigté. Ainsi, au début de la *8e* de Dvořák, où il demandera à ses collègues de rester sur la corde de *la* jusqu'au bout de la phrase, et de ne passer à la corde de *ré* que sur la phrase suivante, afin que le *si* bémol ne sonne pas plus faible. À la faveur de départs en retraite de grands anciens, on a assisté ces dernières années à certains rajeunissements spectaculaires. Au Philharmonique de Vienne, Tamas Varga, Peter Somodari et Robert Nagy, secondés par leur compatriote Csaba Bornemisza en second soliste, ont fait du pupitre de violoncelles une enclave magyare, véritable survivance de l'Empire austro-hongrois. Et plus encore à l'Orchestre symphonique de la Radio bavaroise, où les deux violoncelles solos actuels, Sebastian Klinger et Maximilian Hornung, n'ont pas soixante ans à eux deux !

En France, la division Paris-province ne vaut guère pour le niveau des violoncelles solos. C'est à Bordeaux que se trouve l'un des plus remarquables d'entre eux, Étienne Péclard : longtemps premier pupitre de l'Orchestre de Paris sous Daniel Barenboim, ce qui lui permit de s'illustrer entre autres dans le *Don Quichotte* de Strauss, ou dans le *Concerto* de Lutoslawski sous la direction du compositeur, cet élève d'André Navarra s'installa au bord de la Gironde lorsque Alain Lombard restructura l'Orchestre national Bordeaux-Aquitaine. Il y demeura le musicien chaleureux et passionné que l'on avait tant de plaisir à voir se jeter dans la musique avec engagement. Nicolas Hartmann à Lyon, Cyrille Tricoire à Montpellier, Thierry Amadi à Monte-Carlo, Sarah Iancu au Capitole de Toulouse, sont eux aussi d'éminents titulaires, dont le niveau d'excellence n'a strictement rien de « provincial ». À Paris, on ne peut qu'être frappé par la différence d'attitude entre les deux actuels violoncelles solos de l'Orchestre national de France, comme Derrien et Pidoux autrefois : Raphaël Perraud est plus un « *primus inter pares* », comme un partenaire de musique de chambre invitant courtoisement les autres à le suivre, tandis que Jean-Luc Bourré affiche immédiatement une autorité de chef de pupitre et un charisme de leader. On avouera un faible pour Nadine Pierre au Philharmonique de Radio France : cette chambriste reconnue inspire le respect à son pupitre par son perfectionnisme, sa concentration, son professionnalisme à toute épreuve, et si l'on s'ennuie un peu au cours d'un concert de routine, il suffit de la regarder pour y retrouver de l'intérêt, tant elle porte son pupitre à bout de bras, avec une beauté du geste qui ne se départit jamais d'une élégante sobriété.

Les contrebasses

Vient finalement le pupitre le plus grave : les contrebasses. Contrairement aux violons et aux violoncelles, elles ne sont qu'exceptionnellement chargées de la mélodie, mais leur rôle n'en est pas moins crucial : elles constituent le fondement harmonique et rythmique de l'orchestre, son assise. Quand on veut se moquer d'elles, on raconte l'histoire de ce contrebassiste qui prend sa retraite et assiste pour la première fois à une représentation de *Carmen* depuis la salle. Après le spectacle, son fils, qui lui a succédé dans les contrebasses, lui demande si ça lui a plu, et le père répond : « Ça alors, c'est incroyable ! Tu savais, toi, que pendant que nous jouons "ploum-ploum ploum-ploum", il y a les violons qui font "la la la" ? » (et il chante l'ouverture de *Carmen*).

Dans le répertoire classique, elles se contentent souvent de doubler les violoncelles à l'octave : l'entente entre violoncelles et contrebasses est d'ailleurs cruciale au sein d'un orchestre. À partir du dernier Beethoven elles prennent de plus en plus d'autonomie, pour disposer d'une partie spécifique. Les contrebassistes dégagent une sorte de force tranquille qui tient pour une part à la tessiture grave et à la grande taille de l'instrument : comment ne pas penser à la placidité bonhomme des gros chiens comme les terre-neuve ou les saint-bernard, quand caniches et yorkshire s'agitent autour d'eux en jappant d'une voix suraiguë ? Mais loin de nous l'idée de comparer les violons à des roquets ! Le comportement des contrebasses tient sans doute aussi à leur fonction musicale. Ils n'ont pas de millions de notes à jouer comme les violonistes, ils ne sont pas en première ligne. Cela leur confère à la fois une grande modestie et une conscience aiguë de leur mission. Tout le monde n'aspire pas à occuper la voix de dessus : pour certains, il est tout à fait gratifiant d'assurer le socle sur lequel le chant vient se déposer. Le choix de la contrebasse n'est pas un choix par défaut, mais bien une déclaration d'intention, pour ne pas dire une profession de foi. Il n'y a pas d'arbre sans racines : plus les racines seront solides, plus les branches et les feuilles seront resplendissantes. Les contrebasses enracinent l'orchestre. Ce qui ne les met pas à l'abri d'un complexe, auquel l'écrivain allemand Patrick Süsskind a consacré une savoureuse pièce de théâtre : *La Contrebasse*. Dans ce monologue, immortalisé en France par Jacques Villeret, un contrebassiste se débat avec des pulsions schizophréniques et paranoïaques, tiraillé entre amour et haine de cet instrument énorme et très encombrant, entre orgueil d'être essentiel à l'orchestre et honte d'y être relégué tout au fond.

Archet français ou allemand ?

Souvent peu sonores dans les orchestres latins, voués au chant et à la transparence, les contrebasses ont un rôle fondamental dans les orchestres allemands, spontanément attachés à l'harmonie. Ce sont elles qui confèrent aux formations germaniques leur sonorité sombre et ample, assise sur des fondations considérables. La densité du son des pupitres de contrebasses en Allemagne tient aussi à la facture et à la technique instrumentale. Les instruments allemands, parfois à cinq cordes au lieu de quatre, ont déjà un timbre moins clair que les contrebasses françaises. Un chef désireux d'augmenter la masse sonore de son orchestre n'hésitera pas à demander des contrebasses à cinq cordes. Mais la différence essentielle tient à l'archet. Plus court, l'archet allemand se tient par en dessous, comme celui d'une viole de gambe. L'archet français se tient, lui, par-dessus, comme un archet de violoncelle. Bien que les avis soient partagés sur la question, la tenue d'archet à l'allemande est supposée donner plus de puissance à l'attaque et de volume au son, tandis que la technique française joue davantage sur la clarté de la ligne et le phrasé. L'incompatibilité entre les deux approches provoque des oppositions esthétiques qui tournent parfois au protectionnisme.

Un contrebassiste jouant avec l'archet français ne pourra pas se présenter à un concours de recrutement en Allemagne, et réciproquement, à moins de refaire entièrement sa technique. Maria Chirokoliyska avait appris la méthode allemande avant de passer à l'archet français, ce qui lui a permis d'être recrutée par l'Orchestre national de France comme contrebasse solo. L'Américain Marc Marder avait été recalé à l'Orchestre de Paris, non par manque de talent, mais parce qu'il jouait à l'allemande. Interrogé sur la question, Rainer Zepperitz, légendaire contrebasse solo du Philharmonique de Berlin, au lieu de prêcher pour sa paroisse, nous avait assuré qu'il comprenait ses collègues français et espérait qu'ils allaient défendre encore longtemps leur approche, afin de garantir une diversité dans l'esthétique sonore des orchestres. Mais une brèche a été ouverte. Ce qui fut refusé à Marc Marder il y a trente ans a été possible pour l'Allemand Eckhard Rudolph, qui fut recruté par Michel Plasson à l'Orchestre du Capitole de Toulouse avant d'intégrer l'Ensemble orchestral de Paris. Sacrilège pour les tenants de l'école française, signe d'ouverture pour les autres. Bien qu'adepte de l'archet français, Michel Maldonado, qui joue avec Philippe Herreweghe et Marc Minkowski, ne décolère pas contre ses collègues de l'Orchestre de l'Opéra de Paris : il leur reproche, du temps où leur chef de pupitre était Jean-Marc Rollez, professeur au Conservatoire de Paris et leader de l'école française de contrebasse, d'avoir constitué leur parc instrumental d'instruments français à la sonorité trop claire et acidulée à son goût, au détriment de la chaleur et de la profondeur du son.

Géographiquement, la division entre archets français et allemands trace une ligne de démarcation est-ouest.

La Russie et les pays d'Europe centrale jouent majoritairement les archets allemands, les pays latins et anglo-saxons les archets français. Les États-Unis, avec leur sens aigu du melting-pot, ont accepté le mélange auquel se refusent les orchestres européens. Dans la plupart des orchestres américains, il est possible de jouer indifféremment l'un ou l'autre. Lorsque le Los Angeles Philharmonic a donné l'intégrale des symphonies de Sibelius à la salle Pleyel, sur huit contrebassistes, la moitié jouait avec l'archet allemand, l'autre moitié avec l'archet français. Non seulement cela ne nuisait pas à la cohésion du pupitre, mais cela lui donnait une couleur, un grain sonore particulier, à la fois limpide et vrombissant. Le Hongrois Ferenc Bokany, qui fut contrebasse solo à l'Orchestre national de Lyon, enseigne les deux techniques d'archet au Conservatoire de Lausanne.

Cette distinction binaire n'exclut pas des disparités importantes au sein d'une même aire culturelle. À Paris, les contrebasses de l'Orchestre national de France ont conservé une approche très française, plutôt transparente, tandis que celles de l'Orchestre de Paris, habituées au répertoire germanique depuis qu'elles ont eu pour chefs Karajan, Solti puis Barenboim, forment un groupe puissant et compact : or, les deux pupitres pratiquent l'archet français. De même, en Allemagne, les contrebasses de la Staatskapelle de Dresde ont certes une force motrice irrésistible, « à l'allemande », mais s'insèrent dans un tissu sonore doux et lumineux. Celles du Philharmonique de Berlin, en revanche, ont toujours été un corps sonore colossal, un véritable char d'assaut. Dans cet orchestre, les contrebassistes ont pour ainsi dire renversé les rôles : là où la fonction de socle harmonique et rythmique pousse à la modestie, eux en font un motif de fierté en devenant les leaders de l'orchestre. Déjà, le fait que les attaques de Wilhelm Furtwängler sonnent comme un « woum » plutôt que comme le « tchac » de Toscanini était en grande partie dû au fait que l'orchestre attendait que les contrebasses commencent pour attaquer. D'où cette impression que le son prend racine dans les basses avant de se propulser vers le haut. Rien de plus fascinant que de voir le pupitre de contrebasses du Philharmonique de Berlin à l'œuvre : les musiciens y jouent avec une énergie dévastatrice, grondant et frottant à qui mieux mieux. Pour certains, c'est exagéré : Sergiu Celibidache ironisait en comparant un concert du Philharmonique de Berlin à un « concerto pour contrebasses ».

C'est tout naturellement dans le répertoire allemand que les basses sont le plus à la fête. Et notamment dans la musique symphonique germanique du postromantisme : difficile d'imaginer les symphonies de Bruckner ou les opéras de Wagner sans une énorme assise grave. L'avantage ? La densité du tissu sonore de ces musiques essentiellement harmoniques. Le risque ? La lourdeur. Lorsque Marek Janowski dirige Wagner ou Strauss, il insiste certes sur la richesse du tissu orchestral, mais il demande aussi à l'orchestre de faire sonner cela comme du Mendelssohn, en n'oubliant pas la transparence. En revanche, lorsqu'il faisait travailler les Symphonies de Bruckner à son Orchestre symphonique du NDR de Hambourg, Günter Wand faisait le bonheur des contrebassistes en demandant : « Plus de basses ! » (ce qui ne signifie pas une augmentation de l'effectif, mais une densification du son). À Berlin, où les goûts du directeur musical Simon Rattle vont vers plus de clarté que d'opacité, le chef Christian Thielemann a passé les répétitions de la *8e Symphonie* de Bruckner à réclamer : « Plus sombre ! plus sombre ! », ce qui passait par un élargissement du jeu des basses.

Les solos de contrebasse

Rien d'étonnant à ce que les contrebassistes d'orchestre soient plus portés vers le collectif que vers l'individualisme. De fait, il existe extrêmement peu de solos de contrebasse. Le plus connu est celui du troisième mouvement de la *1re Symphonie « Titan »* de Gustav Mahler. Lorsque le timbalier a installé, *piano*, le rythme à deux temps d'une marche funèbre, la contrebasse s'élève timidement pour jouer dans l'aigu une adaptation volontairement déformée de la chanson *Frère Jacques*. Deux difficultés principales attendent le contrebassiste dans cette page à découvert. D'abord le fait que, si le violon ou le violoncelle solo trouvent naturel de jouer en soliste, le contrebassiste n'est absolument pas habitué à se retrouver ainsi à nu. Nouvel accès de schizophrénie : le premier contrebassiste se plaint toute l'année de ne jamais avoir de solo à jouer, et quand arrive la *1re* de Mahler, il a tellement le trac qu'il aimerait disparaître sous terre. Autre problème : Mahler a volontairement réservé à la contrebasse un solo plein d'ironie et de causticité, qui devrait normalement évoquer un violoneux dont l'instrument grince. Autrement dit, il faudrait jouer ce solo avec un côté délibérément maladroit. Nouveau dilemme : on n'a jamais de solo, et pour une fois qu'il y en a un, il faudrait renoncer au beau son ! Dans son livre d'entretiens sur les symphonies de Mahler (*Mahler in Gespräch*, Metzler), le chef Michacl Gielen explique combien il est difficile de convaincre le contrebassiste solo de faire une telle concession. Les auditeurs non informés ne vont-ils pas croire qu'il n'est pas capable de jouer juste ?

Les autres solos sont en nombre limité. La *14e Symphonie* de Chostakovitch, écrite pour soprano, baryton et cordes seules, offre à la contrebasse l'occasion de souligner toute la noirceur de l'œuvre, tout en montrant un éventail de sa virtuosité. Prokofiev n'a pas oublié la contrebasse solo dans *Lieutenant Kijé* et *Ivan le Terrible.* À l'acte I du *Rigoletto* de Verdi, lorsque le bouffon bossu rencontre le tueur à gages Sparafucile en pleine nuit, dans une rue déserte, l'atmosphère inquiétante et glauque de leur dialogue est campée par la cantilène insolite d'une contrebasse et d'un violoncelle solos avec sourdine. Dans l'*Otello* du même Verdi, c'est tout le pupitre de contrebasses qui est mis à découvert *a cappella*, lorsque le Maure pénètre dans la chambre de Desdémone avant de l'étrangler : effet aussi génial qu'inusité. Entre musique de chambre et musique d'orchestre, *Le Carnaval des animaux* de Saint-Saëns et *Pulcinella* de Stravinsky figurent parfois au programme de la saison d'un orchestre : « L'Éléphant » du premier, l'épisode *Vivo* du second sont de véritables pièces de concours faisant appel à l'agilité et à la dextérité du contrebassiste, qualités qui ne sont pas celles auxquelles on associe spontanément l'instrument.

La contrebasse solo

En la quasi-absence de solos, le rôle du premier contrebassiste est donc plutôt celui d'un chef de pupitre que d'un soliste. Il donne des impulsions, insuffle une énergie, fédère derrière lui. C'est particulièrement visible lors des pizzicati, l'une des techniques les plus abondamment utilisées par l'instrument. Un pizzicato de contrebasses vous résonne dans le ventre et peut facilement en remontrer à un coup de timbales, qu'il double souvent (c'est le cas, par exemple, des trois accords qui évoquent la présence du démon Samiel dans l'Ouverture du *Freischütz* de Weber). Mais placer le pizzicato est une tâche délicate pour le pupitre : légèrement en avance ou en retard, il peut facilement ruiner l'effet et faire s'écrouler l'édifice.

Quand on pense aux grands contrebasses solos d'orchestre, c'est le nom de Reiner Zepperitz qui s'impose en priorité. Membre du Philharmonique de Berlin dès 1951 (il avait vingt et un ans), il devint chef de pupitre en 1957 et le resta jusqu'en 1995. Avec sa forte carrure et son inamovible moustache, il fut le général en chef infatigable de cette armée en marche. Le regarder était un spectacle en soi, tant il dégageait une énergie tout à la fois compacte et mobile, n'hésitant pas à faire danser son énorme instrument au gré des mouvements de son propre corps. Pendant toutes ces années, Zepperitz cohabita avec son alter ego Friedrich Witt, l'autre contrebasse solo : ils avaient d'excellentes relations musicales et humaines, mais il était évident qu'il n'y avait qu'un seul leader. Le départ en retraite de Witt permit à une autre grande figure du pupitre de contrebasses, Klaus Stoll, de devenir enfin contrebasse solo aux côtés de Zepperitz en 1992, alors qu'il était membre de l'orchestre depuis 1965. Un homme tout en rondeur et en jovialité, collectionneur d'art et pédagogue recherché dans le monde entier. Son successeur actuel, le Finlandais Janne Saksala, fut son élève. La bonhommie de Stoll contrastait avec le caractère bien trempé de Zepperitz, qui se manifesta lorsque ce dernier prit l'initiative de fonder en 1977 un ensemble de chambre composé de douze cordes issues des Berliner Philharmoniker : les Virtuoses du Philharmonique de Berlin. Profitant du prestige du nom de l'orchestre, le groupe obtint des contrats de plus en plus nombreux, si bien que Karajan soi-même s'en inquiéta, estimant que ces activités lésaient l'orchestre et qu'il y avait concurrence déloyale et exploitation illicite du nom de l'orchestre. L'affrontement entre Karajan et Zepperitz fut frontal, et accentua gravement la tension qui culmina en 1983 sur la brouille entre les musiciens et leur directeur musical. Bien des années après, le contrebassiste nous avouera regretter le radicalisme dont il fit preuve au cours de ce conflit. La présence de Zepperitz bloqua si longtemps les possibilités de promotion interne que certains préférèrent quitter les Berliner pour devenir contrebasse solo ailleurs : ce fut le cas de Wolfgang Güttler, pantagruélique premier pupitre de l'Orchestre symphonique du Südwestfunk (aujourd'hui SWR) de Baden-Baden, aussi à l'aise dans ce rôle que dans le free-jazz ou la musique de chambre, qu'il pratique au Festival de Prades.

Pendant de Zepperitz au Philharmonique de Vienne de 1945 à 1973, Ludwig Streicher maîtrisant aussi bien le violoncelle que la contrebasse : cela explique peut-être son attachement à défendre le répertoire soliste de son instrument, et la souplesse avec laquelle il jouait, dans une optique plus chantante que massive. Il est l'auteur d'une méthode encore enseignée aujourd'hui. Parmi ses successeurs, celui qui marqua le plus l'école viennoise de contrebasse fut Alois Posch. Devenu contrebasse solo des Wiener Philharmoniker en 1977 à l'âge de dix-huit ans, il conserva cette fonction pendant trente ans. Depuis qu'il s'est retiré pour se consacrer uniquement à l'enseignement, il renoue avec l'activité d'orchestre une fois par an, guidant le pupitre de basses de l'Orchestre du Festival de Lucerne sous la direction de Claudio Abbado. Cet homme maigre aux pommettes taillées en lame de couteau est un musicien de tout premier ordre, d'une réactivité et d'une inventivité toujours en éveil, faisant de lui un chambriste recherché, partenaire fidèle du violoniste Gidon Kremer comme du pianiste Andras Schiff et du Quatuor Alban Berg : difficile d'imaginer une *Truite* ou un *Octuor* de Schubert sans lui !

Plus proche de Streicher par son parcours, Niek de Groot étudia aussi le violoncelle, ce qui fit de lui un soliste virtuose à la contrebasse, et explique peut-être qu'il ne demeura que dix ans contrebasse solo du Concertgebouw d'Amsterdam. L'un des meilleurs élèves de Streicher fut son compatriote viennois Josef Niederhammer, qui fut successivement tuttiste au Symphonique de Vienne, deuxième soliste au Symphonique de Bamberg, puis contrebasse solo au Philharmonique de Munich sous la direction de Sergiu Celibidache, avant de suivre le même parcours qu'Alois Posch après dix-huit ans d'expérience orchestrale. Aux États-Unis, Gary Karr fut l'un des rares à développer une carrière de concertiste suffisante pour quitter son poste au New York Philharmonic, contrairement à Walter Botti qui y resta cinquante ans, tandis qu'Anton Torello puis son élève Roger Scott marquèrent durablement le son de l'Orchestre de Philadelphie, pendant quarante-sept ans.

L'école française de contrebasse fut marquée par Boussagol, pseudonyme d'Alphonse-Joseph Delmas (1891-1958) : contrebasse solo de l'Orchestre de l'Opéra de Paris, mais aussi de l'Orchestre national et des Concerts Lamoureux, il est l'auteur d'une méthode qu'il enseigna longtemps au Conservatoire de Paris, formant des générations d'instrumentistes voués à la clarté française. Jacques Cazauran incarna la perfection de cette école, qu'il sut adapter aux nouvelles attentes des chefs en matière de sonorité et de solidité technique : dernier contrebasse solo de la Société des concerts à sa dissolution en 1967, il fut aussi le premier de l'Orchestre de Paris à sa fondation, la même année. Il fut alors rejoint au pupitre par son fils Bernard, qui ne tarda pas à en devenir à son tour un leader incontesté. Autant le père avait l'air sérieux et imperturbable, autant le fils est un mélange explosif de rockeur et de titi parisien qui fait de lui une des figures les plus pittoresques de l'orchestre. Mais il est surtout un musicien extraverti et passionné, qui vit chaque concert avec la même intensité, qu'il transmet à tout son pupitre. Il faut le voir sourire, grimacer, accompagner la moindre inflexion musicale, toujours à l'écoute des autres pupitres. Il faut surtout le voir chercher le contact visuel avec ses voisins, se tournant vers eux pour en appeler à leur complicité, comme le ferait un musicien de jazz ou de tango, disciplines qu'il pratique aussi. Il est dans ce cas-là savoureux de guetter la réaction de ses collègues, entre ceux qui lui répondent d'un clin d'œil ou d'un hochement de tête, et ceux qui regardent droit devant eux, comme s'ils ne voulaient pas se laisser déconcentrer par ce farfadet qui ne tient pas en place.

Comme pour rétablir l'équilibre, au départ de Cazauran père, c'est Vincent Pasquier qui fut recruté pour occuper l'autre poste de contrebasse solo aux côtés de Cazauran fils : excellent instrumentiste et chef de pupitre plein d'autorité, mais dont la présence presque immobile évoque la glace à côté du feu. D'ailleurs, le contact ne fut apparemment pas toujours facile entre les deux hommes, et l'on se souvient de concerts où, lorsque l'un occupait la premier pupitre, l'autre préférait s'installer au fond… La famille Cazauran est surpassée par une autre dynastie de contrebassistes d'orchestre : les Logerot, avec le grand-père Gaston qui fut première contrebasse solo de la Société des concerts et de l'Opéra de Paris, orchestre où son fils Jean-Pierre fut deuxième contrebasse tout en étant soliste chez Lamoureux puis Pasdeloup, le fils de ce dernier, Stéphane, étant aujourd'hui contrebassiste tuttiste à l'Orchestre national.

III
Les bois

Derrière le groupe compact des cordes, voici les instruments à vent, autrement dit l'harmonie, qui se subdivise en deux sections : les bois et les cuivres. Les bois, que l'on appelle parfois la « petite harmonie », ou moins élégamment « la volaille », se composent de quatre pupitres : flûtes, hautbois, clarinettes et bassons.

Chacun de ces pupitres possède une structure similaire : un ou deux solistes, un ou deux seconds, et un titulaire de ce que l'on nomme les « instruments auxiliaires ». Chaque instrument du groupe des bois forme en effet à son tour une famille, dont certains membres ont une personnalité bien à part. Leur technique de jeu est suffisamment spécifique, et les compositeurs des XIXe et XXe siècle y ont suffisamment recours pour que l'on estime nécessaire d'en faire une spécialité. C'est pourquoi le pupitre de flûtes comportera aussi une place de piccolo (ou petite flûte) solo, le pupitre de hautbois un poste de cor anglais solo, le pupitre de clarinettes se verra doté d'une clarinette basse solo, parfois même d'une petite clarinette solo, et le pupitre de bassons d'un contrebasson solo.

Ces musiciens ne sont pas forcément cantonnés à leur spécialité : le piccolo solo sera régulièrement amené à jouer la deuxième flûte, le cor anglais solo le deuxième hautbois, et ainsi de suite. Mais l'inverse n'est pas vrai : sauf en cas d'absence du titulaire, un solo de piccolo ne sera pas confié à une simple deuxième flûte, un solo de cor anglais à un simple deuxième hautbois, sauf si c'est spécifié dans son contrat (« on recrute un deuxième hautbois pouvant aussi jouer le cor anglais »…). Dans la nomenclature des partitions d'orchestre, les compositeurs vont parfois jusqu'à préciser la répartition des tâches, d'une phrase qui n'est pas sans rappeler les messages codés de la France libre sur Radio Londres : « La troisième flûte prend aussi le piccolo. » Ces impératifs musicaux se heurtent parfois à certaines spécificités sociales, relevant plus du droit du travail que de l'écriture musicale…

Dans la norme de la plupart des grands orchestres internationaux, chaque pupitre de bois emploie cinq personnes. Cas de figure le plus fréquent : deux flûtes solos, deux deuxièmes flûtes et un piccolo. C'est le cas au Philharmonique de Berlin ou à l'Orchestre de Paris. Les orchestres américains se limitent à quatre : une première flûte solo, une deuxième flûte solo, une deuxième flûte et un piccolo. Les orchestres londoniens, toujours soucieux d'économies, se contentent souvent de trois titulaires. Ce sont les orchestres des grands théâtres d'opéra qui ont les pupitres les plus fournis : à Vienne ils sont six (trois flûtes solos et trois deuxièmes flûtes pouvant aussi jouer le piccolo), à l'Opéra de Paris sept (deux flûtes solos, trois deuxièmes flûtes, deux piccolos), au Gewandhaus de Leipzig huit (trois premières flûtes solos, une deuxième flûte solo, deux deuxièmes flûtes, deux piccolos). Quant au Mariinski de Saint-Pétersbourg qui, à l'heure des restrictions de personnel, reste une exception digne de l'Armée rouge, il compte pas moins de onze flûtistes et douze clarinettistes !

Dans la musique classique et romantique, de Haydn à Brahms, les bois vont en général par deux. À partir de la deuxième moitié du XIXe siècle, on les voit passer à trois, voire à quatre : c'est le cas chez Wagner, Bruckner ou Mahler. Voire plus dans les grandes machines orchestrales des années 1900 comme l'*Elektra* de Richard Strauss ou les *Gurrelieder* de Schoenberg. Ils sont par cinq dans *Le Sacre du printemps* de Stravinsky. Face à l'augmentation constante du nombre de cordes et du volume sonore des instruments au cours du XIXe siècle, certains chefs du XXe ont pris l'habitude de doubler les bois dans les tutti des symphonies de Beethoven ou Brahms : c'était courant à l'époque de Furtwängler et Mengelberg, Karajan s'y livrait encore régulièrement. Aujourd'hui, c'est de moins en moins fréquent : on revient à des effectifs plus conformes à l'original, cultivant une sonorité plus transparente et légère. Mais on a encore vu Simon Rattle doubler les bois dans la *9e* de Beethoven en 2004. Les instruments auxiliaires sont quasi absents du répertoire classique, à part le piccolo dans la *5e* et la *Pastorale* de Beethoven. On les voit apparaître à partir de Berlioz, qui élargit considérablement la palette orchestrale à partir des années 1830, date de la *Symphonie fantastique*.

Il est salutaire que l'entente règne au sein d'un pupitre de bois. Entente à tous les points de vue : sur le plan humain, mais aussi sur le plan musical. Avec des instruments à l'intonation aussi délicate, il est essentiel que le deuxième hautbois écoute à tout moment ce que fait le premier, tout comme il est indispensable que les flûtes écoutent les clarinettes et réciproquement. Le soliste de chaque instrument a certes une fonction de chef de pupitre, et il est parfois important qu'il n'abdique pas son autorité, quand il s'agit de donner des instructions à ses voisins. Mais c'est aussi entre eux un dialogue musical permanent : il est essentiel que le deuxième hautbois adapte son intonation à celle du premier, et qu'il sente exactement quand celui-ci va prendre sa respiration ou placer son entrée. Une section de bois qui n'attaque pas ensemble ou un accord de bois dont la justesse ne soit pas impeccable, cela s'entend immédiatement.

Cela passe non seulement par l'écoute mutuelle et par un fonctionnement collégial, mais aussi par une attitude d'humilité et la capacité à corriger la sonorité et le diapason en fonction des autres. Un jour, répétant *Mort et Transfiguration* de Richard Strauss avec l'Orchestre de Paris, Christoph von Dohnanyi s'adressa aux bois par ces mots : « Écoutez, ce n'est vraiment pas juste, arrangez-vous entre vous car il y a quelque chose qui ne va pas avec l'intonation. » On vit alors le grand flûtiste Andras Adorjan, soliste de l'Orchestre symphonique de la Radio bavaroise, qui effectuait alors un remplacement à Paris, se retourner vers le clarinettiste Pascal Moraguès et lui dire : « Excuse-moi, c'est ma faute, mon *la* était un peu trop haut. » Dans ce contexte, une personnalité difficile peut suffire à détériorer l'ambiance de travail, ce qui peut avoir des conséquences sur la qualité musicale. Flûte solo du Philharmonique de Vienne, Wolfgang Schulz nous avoua que le climat au sein de son pupitre était beaucoup plus respirable depuis le départ de la deuxième flûte Rudolf Nekvasil, homme au caractère difficile. Dans un groupe de quarante violons, on peut s'en accommoder. Dans un pupitre de cinq personnes, c'est nettement plus délicat…

Les flûtes

La flûte joue facilement la diva. Comme les violons dans les cordes, elle est l'instrument chantant de la petite harmonie. Sa justesse est capricieuse, ce dont Mozart se plaignait déjà, et elle se prête mieux à la cantilène qu'à la mise en place rythmique : c'est donc un défi pour elle de se fondre dans la masse. Ce n'est pas un hasard si elle joue souvent un rôle de soliste, sa tessiture aiguë (une octave plus haut que le hautbois) lui permettant de s'extraire facilement du tutti. C'est d'ailleurs, parmi les bois, le seul instrument qui ait produit des stars internationales dont la carrière de concertiste se suffise à elle-même, sans occuper une place dans un orchestre. Le premier à franchir ce pas fut Jean-Pierre Rampal, qui ne resta deuxième flûte de l'Opéra de Paris que de 1955 à 1962 avant de courir le monde de Tokyo à New York, d'accumuler les disques d'or et d'être l'invité du *Muppet Show*. Après lui, Alain Marion et Patrick Gallois ne s'éternisèrent pas au pupitre de flûte solo de l'Orchestre national de France, pas plus que James Galway au Philharmonique de Berlin, Andras Adorjan et Irena Grafenauer à la Radio bavaroise, Philippe Bernold à l'Opéra de Lyon ou Shigenori Kudo à l'Orchestre national de Lille : tous devinrent des concertistes et professeurs suffisamment reconnus pour se passer d'un poste fixe.

Si la flûte se détache ainsi, c'est aussi parce qu'il s'agit du seul instrument en métal de la famille des bois. Certes, de plus en plus de flûtistes d'orchestre ont tendance à adopter la flûte en bois : c'est le cas de Jacques Zoon, ex-flûte solo de l'Orchestre du Concertgebouw d'Amsterdam et du Boston Symphony, actuellement titulaire de l'Orchestre du Festival de Lucerne, ou de Chrystel Delaval à l'Orchestre national de Lille. Mais ils restent encore minoritaires : le bois a la réputation d'être moins sonore et d'intonation plus irrégulière. Ironie de l'histoire : on considère aujourd'hui qu'il est impossible de jouer Wagner avec une flûte en bois en raison de son faible volume, or le compositeur lui-même était hostile à la flûte en métal… Il est vrai que, de son temps, les cuivres étaient moins sonores. Globalement, c'est l'or qui est majoritaire. Pour certains, la préférence pour ce métal noble est plus psychologique qu'autre chose : les flûtistes aimeraient-ils ce qui brille ? Mais pour beaucoup, ce n'est pas seulement un effet placebo : outre le fait que l'or est inaltérable, contrairement à l'argent qui s'abîme, il donne une sonorité homogène et brillante. L'argent, cependant, produit un son plus chaud et souple, moins clinquant. Lorsque le Français Vincent Lucas fut recruté comme deuxième flûte au Philharmonique de Berlin, on lui demanda d'adopter l'argent pour s'intégrer à la sonorité du pupitre. Il le conserva lorsqu'il revint en France pour devenir flûte solo de l'Orchestre de Paris. Certains optent pour des compromis. Flûte en bois dans Haydn, Mozart et le premier romantisme, flûte en métal à partir de Brahms, par exemple. Ou bien mélange des matériaux : l'instrument de Benoît Fromanger, ex-flûte solo de l'Orchestre du Capitole de Toulouse, puis de l'Opéra de Paris et de la Radio bavaroise, est fait d'un alliage d'or, argent et cuivre !

Si la flûte solo est une vedette de l'orchestre, c'est aussi parce que les compositeurs lui réservent nombre de pages fascinantes, où toute l'attention se fixe sur elle. C'est en particulier le cas dans la musique française : dans le *Prélude à l'après-midi d'un faune* de Debussy ou *Daphnis et Chloé* de Ravel, l'orchestre se tait pour laisser s'élever la mélopée envoûtante de la flûte, qui emplit l'espace et suspend le temps pour un moment d'intense magie. Dans le finale de sa *4e Symphonie*, Brahms enchaîne les variations qui composent sa passacaille sur un choral de Bach, jusqu'à ce que l'orchestre ralentisse pour laisser la place à un solo de flûte poignant et méditatif, moment d'éternité. À l'opéra, sa proximité avec la voix humaine n'a pas échappé aux compositeurs : c'est la flûte qui introduit l'air « Casta Diva » dans la *Norma* de Bellini, anticipant sur l'immense cantilène de la chanteuse, c'est elle encore qui dialogue avec la soprano dans l'air de la folie de *Lucia di Lammermoor*, évoquant ce monde onirique où la jeune femme s'est réfugiée. C'est elle qui prend la parole avec une infinie poésie à l'interlude précédant le troisième acte de la *Carmen* de Bizet, tout comme elle évoquait les ombres heureuses des champs Élysées dans l'*Orphée et Eurydice* de Gluck (version parisienne), dans une des plus belles mélodies jamais composées. Inutile d'évoquer *La Flûte enchantée* où elle est omniprésente par définition. Essentiellement lyrique ou contemplative, elle est aussi virtuose dans le scherzo du *Songe d'une nuit d'été* de Mendelssohn, *Pétrouchka* et *Le Chant du Rossignol* de Stravinsky, passionnée dans l'ouverture *Léonore III* de Beethoven, elle confère toute sa lumière irradiante à la *8e* de Dvořák, et pose des casse-tête de respiration pour qui veut garder la ligne de chant dans la *Messe en si* de Bach.

Flûtes solos d'hier

Faire un relevé des grands flûtistes d'orchestre reviendrait à écrire une histoire de l'école française de flûte. Depuis le XIXe siècle, la France a en effet fixé des standards d'interprétation durables en matière de clarté, de charme et de virtuosité. Respectivement flûte solo et troisième flûte de l'Opéra de Paris entre la fin du XIXe et le début du XXe siècle, Paul Taffanel et Philippe Gaubert furent aussi des compositeurs, qui firent évoluer l'écriture pour l'instrument, tandis qu'à l'Opéra-Comique l'immense Marcel Moyse et Gaston Crunelle furent des pédagogues reconnus, ce dernier formant notamment Jean-Pierre Rampal et James Galway au Conservatoire de Paris. Après guerre, l'incomparable Fernand Dufrêne illumina l'Orchestre national de France pendant plusieurs décennies : personne ne rayonnait comme lui dans le *Prélude à l'après-midi d'un faune* ou *Daphnis et Chloé*. Au même moment, Lucien Lavaillotte fut d'une solidité à toute épreuve au premier pupitre de l'Opéra de Paris et de la Société des concerts du Conservatoire, tandis que l'excellent Jean-Pierre Eustache lui succédait au Palais Garnier au début des années 1960. Musicien élégant et sensible, Eustache faisait équipe avec une autre grande pointure : Raymond Guiot. Élève de Marcel Moyse, ce musicien éclectique, pédagogue et compositeur, n'était certes que deuxième par le statut, mais son aura égalait celle d'un premier. Maxence Larrieu les rejoignit, lorsque les orchestres de l'Opéra et de l'Opéra-Comique fusionnèrent : malgré une carrière internationale de concertiste, il ne fit pas le choix de Rampal et resta à l'orchestre.

À la création de l'Orchestre de Paris, en 1967, Michel Debost en fut la première flûte solo, tout comme il avait été le dernier titulaire de la Société des concerts du Conservatoire à sa dissolution : il y resta jusqu'au début des années 1990. Cet homme de forte stature et personnalité attirait immédiatement l'œil et l'oreille. Lauréat des concours de Prague, Genève et Munich, il succéda à Jean-Pierre Rampal comme professeur au Conservatoire de Paris. De mère californienne et de père bourguignon, il s'installa aux États-Unis pour y enseigner après avoir quitté l'orchestre. Sa sonorité incroyablement chaude et profonde était un démenti au cliché selon lequel l'école française se caractériserait avant tout par son côté cristallin. Ce qui explique qu'il était aussi à l'aise dans les scintillements de *L'Oiseau de feu* de Stravinsky que dans la densité des Symphonies de Brahms ou la puissance de celles de Mahler. Les conditions conflictuelles de son départ de l'Orchestre de Paris ne permirent pas de rendre justice à toutes ces années où il fut le flûtiste d'orchestre par excellence.

Éclipsée par l'école française, l'école allemande fut longtemps en retrait. Au point que, au Philharmonique de Berlin, Furtwängler recruta dans les années 1950 le Suisse Aurèle Nicolet, qu'il préférait à Albert Harzer pour son bon compromis entre rigueur germanique et soleil latin. Hans-Peter Schmitz fut le premier flûtiste allemand à accéder à une certaine notoriété, mais lorsque Karlheinz Zoeller, grand musicien d'orchestre plus que concertiste virtuose, eut un accident à la fin des années 1960, Karajan le remplaça par James Galway, soliste étincelant. Fausse bonne idée : l'individualisme extraverti du jeu de l'Irlandais s'accommoda mal du fondu orchestral berlinois et de la personnalité de son directeur musical, il fallut bientôt se séparer… pas très bons amis, à en juger d'après les flèches que Galway décoche à Karajan dans son autobiographie. Remis de ses blessures, Zoeller put alors reprendre sa place à l'orchestre : tout rentrait dans l'ordre. Avec Josef Niedermayr, Hans Reznicek et Werner Tripp au Philharmonique, et Camillo Wanausek au Symphonique de Vienne, l'école viennoise se distingue avant tout par le jeu sans vibrato.

Parmi les grands flûtes solos du XXe siècle, certains ont marqué durablement leur instrument, au point de devenir légendaires. André Pépin fut l'indispensable partenaire d'Ernest Ansermet dans les grands enregistrements de musique française de l'Orchestre de la Suisse romande. Arthur Gleghorn et Garreth Morris contribuèrent à faire des bois du Philharmonia des années 1950 les meilleurs du monde, avec des chefs comme Karajan ou Klemperer : Morris défendait l'idée selon laquelle la flûte était un instrument viril et non féminin ou éthéré. Julius Baker succéda à John Wummer pour régner sur le New York Philharmonic de sa sonorité ample et glorieuse, qui fit dire à Marcel Moyse que personne en France ne jouait comme lui. Virtuose ébouriffant, il donna la première américaine du *Concerto* de Jacques Ibert, mais n'était pas réputé pour sa rigueur solfégique, ce qui lui aurait sans doute fermé les portes d'un orchestre allemand ! Quant à Doriot Anthony Dwyer, elle passera à l'histoire pour avoir été la première femme à occuper un poste de soliste dans un grand orchestre : de 1952 à 1990, elle fut flûte solo du Boston Symphony.

Flûtes solos d'aujourd'hui

Le rayonnement international de l'école française de flûte ne s'est jamais démenti. À l'heure de la mondialisation, il est même plus intense que jamais. Emmanuel Pahud au Philharmonique de Berlin, Mathieu Dufour au Symphonique de Chicago, Benoît Fromanger et Philippe Boucly à la Radio bavaroise, Olivier Tardy à l'Opéra de Munich, Sabine Poyé-Morel à la Tonhalle de Zurich, Juliette Hurel au Philharmonique de Rotterdam, etc. : ce qui était encore l'exception dans les années 1970 et 1980 lorsque Jean-Claude Gérard avait quitté l'Opéra-Comique pour devenir flûte solo de l'Opéra de Hambourg, est presque devenu une règle ! Ce qui ne diminue en rien les mérites de ceux qui sont restés au pays : Catherine Cantin à l'Opéra de Paris, François Laurent et Sandrine Tilly au Capitole de Toulouse, Chrystel Delaval à Lille sont de grandes personnalités de leur instrument, et le recrutement au Philharmonique de Radio France de Magali Mosnier, brillante lauréate du Concours de Munich, témoigne de la bonne santé de la relève.

Soliste du Philharmonique de Berlin depuis 1993, Emmanuel Pahud est l'un des rares exemples de carrière complète : il n'a jamais eu à choisir entre le métier de musicien d'orchestre et la carrière de soliste. Sa position de flûte solo du Philharmonique de Berlin ne l'a jamais empêché de mener parallèlement une brillantissime carrière de concertiste : les 150 (!) concerts qu'il donne chaque année se partagent entre 70 au sein de l'orchestre et 80 en solo, dans le monde entier. Malgré cette réussite individuelle, l'orchestre reste sa maison : après l'avoir quitté brièvement à une époque de crise personnelle, il le réintégra. Cet artiste complet n'est pas seulement flûte solo des Berliner Philharmoniker : il y est aussi responsable media. C'est par lui que passent tous les contrats en matière de droits télévisés, d'enregistrements discographiques, de présence sur internet et dans les nouvelles technologies. « J'ai deux contrats avec EMI : un pour moi, un en tant que représentant de l'orchestre, c'est un peu Dr Jekyll et Mr. Hyde. » Son jeu très expressif et mobile semble s'inventer au fur et à mesure, et l'entendre commencer le *Prélude à l'après-midi d'un faune* est une expérience unique. Il est d'autant plus intéressant de le voir partager le pupitre de flûte solo avec Andreas Blau, membre de l'orchestre depuis 1969. Un homme sérieux et rigoureux, à l'opposé de l'imagination débridée de Pahud : il est le musicien d'orchestre par excellence, qui met son ego au vestiaire pour se fondre dans la sonorité de l'ensemble, conformément à l'esthétique développée par Karajan, et dont il fut un des artisans patients et pleins d'abnégation. Pahud et Blau, ou l'union des contraires.

La grande figure des flûtes solos de la fin du XXe et du début du XXIe siècle restera Wolfgang Schulz au Philharmonique de Vienne. On a peine à croire que cet homme au physique peu élégant ait produit un son aussi époustouflant, non seulement puissant et large, mais aussi agile et raffiné. C'est de famille, puisque l'un de ses frères fut le second violon du Quatuor Alban Berg, et l'autre violoncelle solo du Symphonique de Vienne. Si l'on a coutume de considérer le hautbois solo comme le leader des bois, il suffit que Schulz soit au pupitre pour que ce soit la flûte qui endosse ce rôle. Ce n'est pas un hasard si les plus grands chefs ne juraient que par lui. Lorsque l'on interrogeait Claudio Abbado sur son amour du Philharmonique de Vienne, il citait d'abord la sonorité de Schulz, comme si elle était représentative de la lumière et du chant qui émanent de cet orchestre voluptueux. Quant à Karajan, il réclamait la présence de Schulz chaque fois qu'il dirigeait les Wiener Philharmoniker: « Eh bien ce Schulz a un "truc" : quand il est là, non seulement les flûtes jouent mieux, mais aussi tous les vents », déclarait le maestro dans ses entretiens avec Richard Osborne. La fantaisie et la personnalité du jeu de Schulz se retrouvent dans son comportement imprévisible. Comme ce jour de fête des mères où il avait invité la sienne à une représentation du *Lac des cygnes* à l'Opéra de Vienne : lorsque arriva son solo, au lieu de le jouer *piano* comme le prévoit la partition, il l'entonna à tue-tête pour que sa mère l'entende bien ! Le chef et ses collègues s'interrogèrent sur sa santé mentale. Grand farceur devant l'éternel, il joua un bien vilain tour à l'un de ses collègues en tournée au Japon : sachant que ce musicien jouait à la loterie, il mit au point un canular avec la femme de ce dernier, restée à Vienne, afin de lui faire croire qu'il avait gagné le gros lot. Difficile d'exister à côté d'une telle nature : on connaît beaucoup moins les autres solistes qui l'ont côtoyé, comme Meinhart Niedermayr ou Dieter Flury, alors que ce sont incontestablement des musiciens d'excellence ! Difficile aussi pour certains chefs peu aguerris, de résister aux remarques ironiques de cette « grande gueule »…

Aujourd'hui, Emily Beynon au Concertgebouw d'Amsterdam, les Canadiens Timothy Hutchins à l'Orchestre symphonique de Montréal et Robert Langevin au New York Philharmonic, Jeffrey Khaner à Philadelphie, Joshua Smith à Cleveland, Kenneth Smith au Philharmonia, Michael Faust au WDR de Cologne, Chiara Tonelli au Mahler Chamber Orchestra, Jaime Martin au London Philharmonic font partie des personnalités qui comptent au premier pupitre de flûte. Ce qui n'exclut pas d'être parfois cueilli à froid par un soliste dont on ignore tout. On n'oubliera jamais ce soir du 30 juin 1988 à la chapelle du lycée Corneille de Rouen, où Sergiu Celibidache dirigeait la *4e Symphonie* de Brahms avec son Philharmonique de Munich. Dans le finale, pris dans un tempo déjà retenu, bien dans la dernière manière du chef roumain, il se mit à ralentir de plus en plus à l'approche du solo de flûte, au point que l'on commença à avoir peur pour le souffle du soliste. Et là, un certain Michael Martin Kofler réalisa un véritable miracle de suspension du temps et de l'espace, jouant comme s'il ne respirait pas mais était respiré.

Piccolo, alto et compagnie

Sonnant une octave plus haut que la flûte, le piccolo (ou petite flûte) fait aussi la moitié de sa taille. Instrument le plus aigu de l'orchestre, il réussit le tour de force d'en être à la fois le plus petit et le plus sonore ! Avec ses sonorités stridentes, il n'a en effet aucune peine à percer le tutti le plus compact : Beethoven le savait bien, qui lui demande de faire tomber la foudre sur l'orage de la *Symphonie pastorale*, ou de précipiter la coda de la 5e. Malgré la similitude des doigtés avec la flûte, ses spécificités de son et de taille en font une véritable spécialité au sein des orchestres. Ses interventions ont beau être en général assez brèves, elles n'en sont pas moins délicates, et pas seulement parce que l'instrument exige la plus grande dextérité : un solo court est toujours beaucoup plus difficile, car n'ayant pas le temps de se chauffer et de trouver ses sensations, il faut être immédiatement en situation, comme un acteur qui n'a qu'une réplique. Espiègle et insolent, le piccolo solo doit donc être prêt à tout moment à lancer ses flèches, comme dans la partie centrale du scherzo de la *4e Symphonie* et la Danse chinoise du *Casse-Noisette* de Tchaïkovski, les Ouvertures de *Sémiramis* et de *La Pie voleuse* de Rossini, les *6e* et *9e* de Chostakovitch, le *Concerto en sol* de Ravel, tout en étant capable de cesser de vibrionner pour faire naître toute la poésie de la fin de l'élégie du *Concerto pour orchestre* de Bartók, ou de *Ma mère l'Oye* de Ravel.

Hans-Wolfgang Dünnschede au Philharmonique de Berlin, Louis Rivière au Philharmonique de Vienne, Maurice Pruvot à l'Orchestre de Paris, Christian Chéret à l'Opéra de Paris, furent des spécialistes reconnus de ce lilliputien qui n'a pas froid aux yeux, auquel Jean-Louis Beaumadier donna ses lettres de noblesse au sein de l'Orchestre national de France, remettant à l'honneur tout un répertoire soliste où sa virtuosité est renversante. De nos jours, Pierre Dumail, piccolo solo de l'Opéra de Paris, est un maître si incontesté de cette discipline, que le Conservatoire de Paris a créé spécialement pour lui une classe de petite flûte. Au Concertgebouw d'Amsterdam, le Belge Vincent Cortvrint incarne une sorte d'idéal, tant son jeu n'oublie jamais qu'avant d'être un sifflet strident, le piccolo est un instrument de musique.

À l'autre extrême de la famille, la flûte en *sol*, ou flûte alto, accordée une quarte en dessous de la flûte, en est la version grave. Son timbre légèrement voilé est d'une grande chaleur et d'une sensualité entêtante, qui ont fasciné Ravel dans *Daphnis et Chloé* ou Stravinsky dans *Le Sacre du printemps*. Si le piccolo est employé dès l'époque classique, la flûte alto est un instrument beaucoup plus tardif, qui n'apparaît que dans la musique du XXe siècle. Le répertoire moins étendu ne justifie donc pas la création d'un poste de soliste : c'est l'un des titulaires de la deuxième flûte qui prend donc la flûte en *sol* quand la nécessité se présente. Florence Souchard à l'Orchestre de Paris, Michel Rousseau au Philharmonique de Radio France y sont particulièrement à l'aise. Il existe aussi une flûte basse, plus grave d'une octave, mais on l'utilise surtout dans la musique contemporaine.

Les hautbois

Si la flûte est une vedette individuelle, le hautbois est un instrument pivot de tout l'orchestre. Considéré comme le Konzertmeister des vents, le hautbois solo est aussi important que le premier violon. Une position clé qui ne peut échapper à personne, puisque c'est lui qui, au signal donné par le premier violon, donne le *la*, à partir duquel l'ensemble de l'orchestre va s'accorder. « C'est le moment où l'on quitte le monde profane et vulgaire pour entrer dans la musique », déclarait René Guillamot, de l'Orchestre de Paris à Olivier Bellamy dans *Le Monde de la musique*. Dans certains orchestres, le hautboïste se lève pour l'accord : il se tourne d'abord vers les cuivres, puis vers les bois, vers les contrebasses et enfin vers l'ensemble des cordes. Il arrive qu'il donne un *la* aux cordes et un *si* bémol aux cuivres. De lui dépend en grande partie la justesse de l'ensemble : même si chacun s'est accordé individuellement avant d'entrer en scène, il est indispensable de parvenir à une justesse commune. C'est donc le hautbois qui fixe le diapason, fluctuant selon les souhaits des chefs et les habitudes locales, en dépit de la norme à 440 Hz. Les musiciens doivent s'y plier, que cela soit ou non conforme à leur sensibilité : comme nous l'avouait un violoniste de l'Opéra de Paris, « quand j'entends le *la* du hautbois, je sais déjà que nous allons jouer trop haut »... L'écriture orchestrale justifie cette suprématie :

avec sa sonorité nette et claire, le hautbois, placé au centre de l'orchestre, est, des bois, celui qui amène et conduit le plus souvent le thème principal. C'est sur lui qu'il faut se caler si l'on ne veut pas manquer son départ, c'est lui aussi qui dessine la ligne de chant. Lourde responsabilité, qui fait du hautboïste à la fois un leader et un grand angoissé. Une anxiété qui n'est en rien atténuée par les difficultés spécifiques de l'instrument, comme le souffle considérable qu'il exige, et surtout le casse-tête des anches.

Les obsédés du grattage

Le hautbois est un instrument à anche double. L'anche, qui met la colonne d'air en vibration, se compose de deux morceaux de roseaux que l'instrumentiste taille et assemble lui-même. L'anche est primordiale pour obtenir le son souhaité : une mauvaise anche peut ruiner la sonorité du meilleur instrument, une anche fendue faire ressembler la mélodie à une mare aux canards. On a vu Zubin Mehta contraint d'arrêter le Philharmonique de Vienne au bout de quelques mesures de la *Sinfonia Domestica* de Richard Strauss : l'anche du hautbois solo avait lâché… Une anche qui ne laisse pas passer l'air risque de contraindre la sonorité, de bloquer le chant. Telle anche sera plus appropriée à la musique allemande, si elle donne un son ample et sombre, telle autre à la musique latine si elle favorise un son détaché et brillant. Pour compliquer encore la tâche du musicien, une anche a une durée de vie très brève : si elle tient pendant trois ou quatre concerts, c'est déjà un succès ! Autrement dit, il faut imaginer notre hautboïste à sa table de travail, passant le plus clair de son temps à gratter ses roseaux, véritable Sisyphe moderne, et priant le reste du temps pour que l'anche conquise de haute lutte ne lui claque pas entre les doigts le soir du concert. Il en aura de toute façon une ou deux de rechange dans son étui, qu'il aura précautionneusement humectées avec les lèvres avant de jouer. Quand vous entendez un couinement aigu avant un concert, pendant que les musiciens prennent place sur scène, c'est le hautboïste qui teste son anche avant de la placer sur l'instrument.

Le rapport à l'anche dépend beaucoup de la personnalité de chacun. Tel perfectionniste obstiné grattera et grattera encore jusqu'à ce qu'il ait vaincu le roseau. Tel autre jettera l'anche récalcitrante au bout de deux minutes s'il ne trouve pas tout de suite l'équilibre et la sonorité souhaités. Star du hautbois, François Leleux a tendance à dédramatiser, et à mettre en garde ses élèves contre l'obsession de l'anche : elle n'est pour lui qu'un auxiliaire, elle ne fait pas le son. Mais qu'à cela ne tienne : le hautboïste est un anxieux. Nous avons passé une semaine à Vienne, assistant tous les soirs à une représentation à l'Opéra, puis à un concert du Philharmonique de Vienne au Musikverein le dimanche matin. Au programme du concert : *Ma mère l'Oye*, de Maurice Ravel. Chaque soir, le hautbois solo Gottfried Boisits était dans la fosse vingt minutes avant le début du spectacle : mais au lieu de jouer des passages de *La Walkyrie* ou de *La Veuve joyeuse* du soir pour s'échauffer, il répétait sempiternellement le même trait de *Ma mère l'Oye*, sur lequel il accrochait avec une belle régularité, visiblement tétanisé par la perspective du dimanche matin qui se profilait. Inutile de préciser qu'il n'accrocha pas au concert.

En tout cas, Manuel Rosenthal ne se trompait pas lorsqu'il déclarait que, si « l'on peut tout dire à un clarinettiste, généralement un homme affable qui prend bien les choses, il faut en revanche user de beaucoup de diplomatie avec un hautboïste ». Lorin Maazel aurait dû y réfléchir à deux fois avant de se faire saisir au collet par Stefan Schilli, hautbois solo de la Radio bavaroise, à qui il avait manqué d'égard ! Il put apparemment se venger par la suite au New York Philharmonic. Alors qu'on lui signalait la qualité de son nouveau hautbois solo, un jeune Chinois du nom de Liang Wang, il nous répondit laconiquement : « Je suis très dur avec lui. » Sans commentaire…

Le hautbois solo

Qu'il soit champêtre ou lyrique, lumineux ou nostalgique, l'instrument est l'un des plus chantants de l'orchestre. Sa sonorité perçante sait se faire merveilleusement mélodieuse : ce n'est pas un hasard si certains des plus beaux solos de la littérature orchestrale lui incombent. Véritable charmeur de serpents dans la mélopée de la *Symphonie en ut* de Bizet, il passe par tous ses registres d'expression dans *Le Tombeau de Couperin* de Ravel, dont il domine chaque mouvement. Brahms lui donne la parole en premier dans le mouvement lent de son *Concerto pour violon* : c'est le hautbois qui en énonce le thème avant le violoniste, qui s'inspirera de son legato infini. Brahms ne l'oublie pas non plus dans l'andante de sa *1re Symphonie* et dans le scherzo de la *2e*, réminiscences de Beethoven, qui avait fait de la Marche funèbre de la *Symphonie héroïque* un véritable concerto pour hautbois, et de Schubert, qui lui attribue le délicieux thème de marche du deuxième mouvement de sa *Grande Symphonie en ut*. Le hautbois évoque la tristesse de Roméo seul avant la grande fête chez les Capulets, dans le *Roméo et Juliette* de Berlioz, la mélancolie infinie de la Comtesse dans l'air *« Dove sono »* des *Noces de Figaro* de Mozart, la nostalgie d'Aida évoquant sa patrie perdue au bord du Nil. Mais si Rossini s'est ingénié à lui tendre des pièges de virtuosité dans les traits véloces de l'Ouverture de *L'Échelle de soie*, si Strauss fait de lui l'incarnation de la féminité dans son poème symphonique *Don Juan,* c'est Mahler qui puise dans ses ressources ultimes en lui confiant le thème déchirant de l'Adieu du *Chant de la terre.*

L'école française

Comme pour la flûte, passer en revue les grands hautboïstes d'orchestre équivaudrait à écrire une histoire de l'école française de hautbois. Il suffit d'écouter les enregistrements d'il y a plus de cinquante ans, pour se rendre compte que le hautbois français d'alors avait un son extrêmement clair et typé, d'un charme fou. Hautbois solo de l'Orchestre national de sa création en 1933 au début des années 1970, Jules Goetgheluck en fut l'inimitable fer de lance : il suffit de l'écouter dans la Symphonie de Bizet sous la direction de Charles Munch, pour être frappé par sa sonorité pointue et nasale, mais incroyablement chantante. Parmi ses contemporains, Louis Bleuzet à l'Opéra, Myrtil Morel à la Société des concerts du Conservatoire, Roland Lamorlette à l'Opéra-Comique, furent d'éminents représentants de ce style aujourd'hui abandonné, voire moqué : les hautboïstes de notre époque cherchent un son plus rond, moins clair, qui permet de se fondre plus facilement et de mieux contrôler la justesse.

Si Goetgheluck limita son activité à l'orchestre, le premier en France à donner à l'instrument ses lettres de noblesse en soliste fut Pierre Pierlot. Fondateur avec Jean-Pierre Rampal du Quintette à vents français, il entra à l'Opéra-Comique en 1947 et ne le quitta qu'en 1972, lors de la fusion avec l'Orchestre de l'Opéra dont il devint de fait hautbois solo, rejoignant Lucien Debray avec son collègue Claude Maisonneuve, autre immense musicien. Mais Pierlot fut surtout professeur au Conservatoire de Paris, où il forma des générations de hautboïstes, commençant à orienter le son français vers plus de rondeur. Au même moment, Robert Casier, à la Société des concerts du Conservatoire, maintenait l'attachement au son nasillard qui allait pour ainsi dire disparaître à la création en 1967 de l'Orchestre de Paris, dont le premier hautbois solo fut Maurice Bourgue, successeur de Pierlot comme chef de file d'une école française modernisée. C'est lui qui tient le solo de la Symphonie de Bizet dans la version de Daniel Barenboim : l'écouter après Goetgheluck est révélateur d'une évolution stylistique à laquelle contribua aussi Michel Croquenoy à l'Orchestre national, au tournant des années 1970 et 1980.

Depuis, l'école française de hautbois n'a jamais cessé de produire des instrumentistes de tout premier ordre. Les années 1980 virent éclore les élèves de Pierre Pierlot. Michel Benet, recruté à l'Orchestre de Paris à l'âge de vingt ans par Daniel Barenboim, qui ne voulait pas le titulariser car il le trouvait trop fragile : les musiciens eurent raison de prendre fait et cause pour son maintien, car il est aujourd'hui encore, trente-deux ans après, le plus musicien des hautbois solo, jouant avec une douceur et un legato qui font oublier la mécanique de l'instrument. Jean-Louis Capezzali fut un fabuleux hautbois solo du Philharmonique de Radio France avant d'opter pour l'enseignement, Pascal Saumon fut, au départ de Michel Croquenoy, le remarquable soliste de l'Orchestre national dans les années 1990, Jacques Tys illumine la fosse de l'Opéra de Paris de sa sonorité radieuse. Sans parler des régions : Jean-Michel Picard au Capitole de Toulouse, Guy Laroche à l'Orchestre national de Lyon, Dominique Descamps à l'Orchestre national Bordeaux-Aquitaine, François Meyer à Nice, sont tous des maîtres.

Une nouvelle génération est née avec François Leleux au tournant des années 1990 : enfant prodige, il entra à l'Opéra de Paris à dix-huit ans, plébiscité par Myung-Whun Chung, puis rejoignit l'Orchestre symphonique de la Radio bavaroise avec Lorin Maazel. Sa carrière internationale de concertiste étant difficilement compatible avec un poste permanent, il joue désormais au sein du Chamber Orchestra of Europe, qui ne se réunit que pour des tournées. D'une virtuosité surnaturelle, il est le chef de file d'une génération qui a vu éclore d'autres étoiles comme Frédéric Tardy à l'Opéra de Lyon, Hélène Devilleneuve au Philharmonique de Radio France, Olivier Doise à l'Opéra de Paris, Alexandre Gattet à l'Orchestre de Paris, puis l'étonnante Nora Cismondi, actuel hautbois solo de l'Orchestre national. Jeune femme moderne et pleine de vie, elle est dotée d'une personnalité musicale hors du commun et d'un son qui a su emprunter sa clarté à l'école française et sa rondeur au son international. L'école française s'exporte d'ailleurs remarquablement, avec Céline Moinet à la Staatskapelle de Dresde, Fabien Thouand à la Scala de Milan, Jérôme Capeille et Sylvain Lombard à l'Orchestre de la Suisse romande, Philippe Tondre à Radio Stuttgart, Nicolas Kock-Vassiliou à Radio Francfort, Emmanuel Laville au Scottish National Orchestra, Victor Aviat à l'Opéra de Zurich, Pierre-Antoine Escoffier à Valence, Nicolas Thiébaud à l'Opéra de Hambourg, Samuel Retaillaud à Bâle, Eric Speller à l'Orchestre philharmonique des Flandres.

Cette suprématie française se traduit jusque dans la facture instrumentale. Les meilleurs facteurs sont français, et ils s'exportent. Beaucoup d'orchestres allemands, à commencer par le Philharmonique de Berlin, jouent des instruments Marigaux, la marque Lorée étant traditionnellement préférée aux États-Unis.

L'école Tabuteau

Les pupitres de hautbois des orchestres américains furent longtemps considérés comme une annexe de l'école française. Une raison essentielle à cela : l'influence de Marcel Tabuteau. Ce fils d'un horloger de Compiègne, né en 1887, a suivi l'appel du nouveau monde, en ce début de xxe siècle où les États-Unis avaient besoin de bons instrumentistes venus d'Europe pour créer leurs orchestres symphoniques. Après avoir joué sous la direction de Mahler et Toscanini au Metropolitan Opera de New York, il fut recruté en 1915 par Stokowski à l'Orchestre de Philadelphie, où il resta jusqu'à sa retraite en 1954. On le disait l'un des musiciens les mieux payés de tous les États-Unis. Professeur au Curtis Institute, il y forma l'élite des hautboïstes américains, qu'il modela et forgea selon une esthétique très française par le grain du son, pointu et clair. John Mack à Cleveland, les frères Gomberg (Ralph à Boston, Harold à New York) furent les fers de lance de l'école Tabuteau aux États-Unis. Quant à John De Lancie, propre successeur de Tabuteau à Philadelphie, il fut l'homme qui commanda à Richard Strauss son Concerto pour hautbois, lorsque, officier américain d'occupation en Allemagne, il rendit visite au vieux compositeur dans sa villa de Garmisch, après la chute du nazisme. Professeur au Curtis Insitute à son tour, De Lancie forma notamment Richard Woodhams, actuel hautbois solo à Philadelphie et donc héritier en ligne indirecte de Tabuteau.

Le plus célèbre représentant de cette école fut Robert Bloom. Hautbois solo de l'Orchestre de la NBC, il le quitta lorsque Toscanini lui refusa une augmentation, malgré l'admiration paternelle que lui portait le vieux chef italien. Bloom devint un musicien free-lance recherché par les plus grands chefs, qui admiraient son jeu extraverti et vocal, digne des plus grands chanteurs de belcanto. Personne n'a oublié le fameux enregistrement d'une répétition de la 36e Symphonie « Linz » de Mozart par l'Orchestre Columbia dirigé par Bruno Walter. Alors que Walter se tourne vers les différents pupitres en les nommant par l'instrument (« flûte », « basson »), il s'adresse toujours au hautboïste par un très respectueux « Mister Bloom ». Quitte à lui rappeler courtoisement à un moment précis que sa partie n'est pas un solo mais juste un accompagnement…

Le hautbois viennois

Autre école très particulière, et qui s'est maintenue contre vents et marées : l'école viennoise. À ceci près que celle-ci passe par une spécificité de facture : le hautbois viennois n'est joué que dans cette ville. On le reconnaît par le bulbe qui surmonte son bocal. À l'écoute, il se distingue par sa sonorité étonnamment douce et pointue, presque couinante. L'un des meilleurs exemples au disque est le dernier mouvement du *Chant de la terre* dans la version dirigée par Bruno Walter, avec Kathleen Ferrier. Alexander Wunderer, Hans Hadamowski, Hans Kamesch (qui joue probablement le *Chant de la terre* avec Walter et Ferrier), en furent les grands maîtres, précédant celui qui allait marquer le Philharmonique de Vienne pendant les trente années d'après guerre : Karl Mayrhofer.

Enfant, Karl Mayrhofer jouait de la cithare. Visiteuse d'hôpital, sa mère l'emmenait pour distraire les malades en leur jouant des morceaux. L'un des patients, Karl Swoboda, était hautboïste au Philharmonique de Vienne : il repéra la musicalité du bambin et l'initia au hautbois. Mayrhofer entra à l'Orchestre de l'Opéra de Vienne à quinze ans, en 1943, participant à son premier Festival de Salzbourg en 1946 ! Son collègue Gerhard Turetschek, qui joua à ses côtés avant de devenir lui-même hautbois solo, l'appela jusqu'au bout « Herr Professor », jamais « Karl ». Cela n'empêchait pas Mayrhofer d'être un bon collègue : un jour où le cor anglais solo n'était pas arrivé à l'heure, dans une œuvre où il intervenait dès le début, Mayrhofer joua la partie de son voisin absent, en transposant sur son hautbois. Peu après, le cor anglais se vit convoquer par le directeur musical : certain de recevoir la réprimande de sa vie, il fut en fait félicité pour son magnifique solo. Le chef ne s'était aperçu de rien ! Il est vrai que, alors qu'il n'avait que dix-huit ans, Mayrhofer avait obtenu une lettre de recommandation du chef Carl Schuricht, signalant qu'il n'avait rencontré chez aucun hautboïste une telle qualité technique et musicale. Lorsque Karl Böhm renoua avec le Philharmonique de Vienne après les difficiles années d'après guerre, il salua l'orchestre et déclara : « Le premier violon est là, le deuxième violon est là, M. Mayrhofer est là, tout est à sa place. » Quant à Herbert von Karajan, il reconnaissait le son de Karl Mayrhofer de manière infaillible, à l'aveugle. Un jour, arrivant dans sa chambre d'hôtel au Japon, le maestro fit allumer la télévision, qui diffusait sur la chaîne musicale un concert de l'Orchestre symphonique de la NHK de Tokyo. Il se trouvait dans la pièce d'à côté, rangeant ses affaires, écoutant donc la retransmission sans l'image, lorsqu'il se figea et déclara : « Tiens, Mayrhofer joue au Japon, maintenant ? » De fait, le hautboïste était exceptionnellement l'invité de la formation nipponne… Karajan et Mayrhofer se retrouvèrent dans des circonstances moins heureuses, dans la même clinique où le chef faisait soigner son dos cruellement douloureux tandis que l'instrumentiste combattait la maladie qui devait finalement l'emporter prématurément.

Gerhard Turetschek, Walter Lehmayer, Gottfried Boisits, Martin Gabriel allaient représenter la relève, incarnée aujourd'hui par le facétieux Clemens Horak, musicien qui a su faire évoluer cette école en se rapprochant quelque peu du hautbois français sans renier la tradition viennoise.

Allemands et anglo-saxons

L'école allemande de hautbois fut longtemps en retard. Il a fallu l'arrivée après guerre de personnalités comme Karl Steins, et surtout l'exceptionnel Lothar Koch au Philharmonique de Berlin, pour remplacer le jeu très droit et raide, en cours à l'époque, par un vibrato expressif. Koch fut une idole de son instrument, un des hommes-clés du dispositif constitué par Karajan pour faire du Philharmonique de Berlin le meilleur du monde, avec le premier violon Michel Schwalbé, le clarinettiste Karl Leister ou le corniste Gerd Seifert. Sa sonorité magique, large et sombre, inspira des générations de hautboïstes allemands, son vibrato parfois excessif leur donna cependant quelques mauvaises habitudes. Son successeur Hansjörg Schellenberger avait atteint sur son instrument un idéal de douceur fruitée et de séduction pure. Manfred Clement à la Staatskapelle de Dresde puis à la Radio bavaroise, Günter Passin à la Radio de Berlin, Burkhard Glaetzner au Gewandhaus de Leipzig, furent d'autres représentants éminents du hautbois allemand.

Ce qui n'a pas empêché ce pays d'être accueillant à des hautbois solos étrangers, parfois plus à même d'apporter du panache individuel à une école surtout axée sur le jeu collectif. Si le Hongrois Lajos Lencses, l'un des plus grands maîtres de son instrument, arriva à l'Orchestre symphonique de la Radio de Stuttgart au début des années 1970, c'est d'après lui par hasard, ou plutôt par un incident survenu dans le ciel : d'après ce Français d'adoption, qui parle merveilleusement notre langue, Dieu le tirait par une jambe vers la France, le diable par une autre vers la Hongrie, ils ont cédé tous les deux et il est tombé en Allemagne. Cet artiste flamboyant, apprécié de Sergiu Celibidache et de Carlos Kleiber, put mener à loisir une enviable carrière de soliste, qui lui permit d'enregistrer tous les grands concertos du répertoire et d'en explorer des sentiers moins battus, devenant par exemple un spécialiste de la musique de Charles Koechlin. Mais l'incroyable lumière de sa sonorité et la fantaisie sensible de son jeu faisaient aussi de lui un partenaire stimulant pour ses coéquipiers de l'orchestre. Aujourd'hui à la retraite, jouer Brahms, Bruckner, Debussy et Ravel lui manque énormément. Au même moment, à l'Orchestre symphonique de la Radio de Francfort, le Roumain Liviu Varcol apportait lui aussi au collectif sa forte personnalité, synthèse peu commune de rigueur germanique et de liberté latine, avec une musicalité aussi adaptée aux Cantates de Bach qu'à la *Sonate* de Poulenc. Adoptés par l'Allemagne, les deux reconnaissaient leur dette envers l'école française. Une dette également contractée par l'extraordinaire Alexei Ogrindtchouk, un Russe qui étudia avec Maurice Bourgue avant d'atterrir au Concertgebouw d'Amsterdam où sa virtuosité et sa sonorité ouverte et généreuse font merveille.

Le pape du hautbois anglais fut sans conteste Leon Goossens, dont le clarinettiste Jack Brymer déclara qu'il avait fait plus que quiconque pour le développement du jeu des instruments à vent. Hautbois solo à Covent Garden et au London Philharmonic de Sir Thomas Beecham après la Première Guerre mondiale, il se consacra par la suite à une carrière de soliste qui vit Benjamin Britten ou Francis Poulenc composer pour lui. Il fut le premier à tenter une synthèse entre l'école française, réputée souple et chantante mais courte de son, et l'école allemande, réputée large et sonore, mais raide : son modèle musical était le violoniste

Fritz Kreisler. Après guerre, le grand hautboïste britannique fut Sydney « Jock » Sutcliffe, pivot de la « quinte flush » réunie par Walter Legge pour fonder le Philharmonia. C'est lui qui prépare l'entrée de Hans Hotter dans son immortelle version de la Cantate *Ich habe genug* de Bach. La charge de travail au Philharmonia était telle que, croisant un jour sa fille dans l'escalier de leur maison, vers minuit, il s'aperçut qu'il ne l'avait pas vue depuis deux mois… Il rejoignit alors le BBC Symphony Orchestra, où deux hautboïstes se partageaient le poste, ce qui lui permit de réduire sa cadence infernale. Après la mort de sa femme et son départ en retraite, il se reconvertit en professeur de… violoncelle ! Alec Whittaker au Philharmonia, Terence McDonagh au Royal Philharmonic puis à la BBC, Roger Lord puis Anthony Camden au London Symphony, furent quelques autres grands hautbois solos du Royaume-Uni, mais on n'oubliera surtout pas l'exceptionnel Neil Black, qui quitta le London Philharmonic pour l'Academy of St. Martin in the Fields et l'English Chamber Orchestra où son élégance et son cantabile firent des merveilles pendant plusieurs décennies dans un nombre incalculable d'enregistrements mozartiens : Black nous a toujours paru être une exception au sein de l'école britannique, au son parfois anonyme et un peu froid. En poste au Philharmonia après avoir été au London Philharmonic, Gordon Hunt est aujourd'hui le hautboïste anglais le plus fameux, tandis que Douglas Boyd se consacre désormais à la direction d'orchestre après avoir flamboyé au sein du Chamber Orchestra of Europe.

Le cor anglais

Accordé une quinte en dessous du hautbois, le cor anglais n'est pas plus un cor qu'il n'est anglais : il s'agit d'une confusion phonétique avec le terme « anglé », car contrairement au hautbois, son anche est coudée, et non droite. L'erreur a contaminé les autres langues, puisqu'on l'appelle « English Horn » en anglais et en allemand ! Ce hautbois grave, au pavillon en forme de poire, est d'une sonorité incroyablement profonde, expressive et nostalgique, qui a inspiré aux compositeurs certains des plus beaux solos de tout le répertoire. Le cor anglais solo, qui est aussi amené à jouer les parties de deuxième hautbois, est donc un rouage essentiel de l'orchestre : un des rares à intervenir presque exclusivement en soliste. C'est une véritable spécialité, et tous les hautboïstes ne s'y montrent pas forcément à l'aise : il faut apprivoiser l'instrument.

L'envoûtant solo de cor anglais au troisième acte de *Tristan et Isolde* est l'une des trouvailles les plus géniales de Wagner : une de ces pages où il réalise en musique son utopie d'abolition du temps et de l'espace. Dans *Le Cygne de Tuonela*, Sibelius fait naître tout un monde de solitude mélancolique. Dvořák lui confie le bouleversant thème nègre du mouvement lent de la *Symphonie Du Nouveau Monde*, grand moment de chant pur tout comme dans l'adagio du *Concerto en sol* de Ravel, où il reprend le merveilleux thème du piano en un legato infini. Solitude encore dans le lied « Ich bin der Welt abhanden gekommen » des *Rückert Lieder* de Mahler, l'une des pages les plus émouvantes du compositeur. La couleur du cor anglais domine le mouvement central de la *Symphonie en ré mineur* de César Franck tout comme l'air « D'amour l'ardente flamme » chanté par Marguerite dans *La Damnation de Faust* de Berlioz, la Chanson du Saule entonnée par Desdémone dans l'*Otello* de Verdi et l'air d'Amélia dans *Un bal masqué* du même. Il évoque le berger dans la Scène aux champs de la *Symphonie fantastique* de Berlioz, qui lui fait aussi la part belle dans l'Ouverture du *Carnaval romain*. Il confère enfin toute son atmosphère onirique et évocatrice à « Nuages », le premier des *Nocturnes* de Debussy, et aux *Steppes de l'Asie centrale* de Borodine, et toute la tristesse de la Russie déchirée par les guerres, dans les *8*e et *11*e de Chostakovitch.

Pour rendre justice à ces pages immortelles, il faut un musicien de grande classe. Le plus fascinant cor anglais solo fut sans aucun doute Gerhard Stempnik au Philharmonique de Berlin. Après avoir reçu une balle dans la tête pendant la Seconde Guerre mondiale, il crut qu'il ne pourrait jamais plus rejouer du hautbois : l'apprentissage de la respiration abdominale lui permit de jouer en respirant, et donc de diminuer la pression sanguine. C'est Furtwängler qui lui conseilla de s'intéresser au cor anglais, alors qu'il n'était jusque-là que deuxième hautbois. Il devint alors l'artisan des plus grandes réussites de Karajan, avec sa sonorité d'une profondeur inouïe et son souffle sans fin : personne n'a tiré comme lui la quintessence du *Cygne de Tuonela* ou du lied de Mahler.

Jean-Claude Malgoire fut le génial cor anglais solo de l'Orchestre de Paris avant de devenir le chef que l'on sait, pionnier de la musique baroque en France : musicien instinctif et réactif, il tirait des larmes dans le *Concerto en sol* de Ravel. Son successeur Alain Denis se hissa à son niveau par la pure beauté du son, tandis que Gaston Maugras, à l'Opéra de Paris, savait nous transporter dans un autre monde au troisième acte de *Tristan*. Pilier de l'Orchestre national avant et après guerre, Paul Taillefer avait une personnalité affirmée : conscient de ce qu'il apportait à l'orchestre, il pouvait quitter la scène en faisant tomber bruyamment sa chaise si un chef d'orchestre oubliait de le faire saluer après la *Symphonie Du Nouveau Monde*.

Aujourd'hui, Dominik Wollenweber au Philharmonique de Berlin, Marie-Lise Schüppbach à la Radio bavaroise,

Ruth Visser au Concertgebouw d'Amsterdam, Christine Pendrill au London Symphony Orchestra, Emma Schied au Mahler Chamber Orchestra, Christophe Grindel à l'Opéra de Paris, sont les grands cors anglais solos en activité.

Si le Heckelphon, hautbois baryton, est un instrument expérimental qui n'apparaît que dans certaines grosses machines de Richard Strauss, n'oublions pas pour autant le hautbois d'amour. Accordé une tierce en dessous du hautbois, il est issu de l'époque de Bach, qui lui réserve de merveilleux solos dans la *Messe en si* ou ses *Passions*. Certains compositeurs l'ont remis à l'honneur, comme Ravel dans son *Boléro* ou Richard Strauss dans sa *Sinfonia Domestica*, où sa sonorité douce est censée évoquer l'enfance de son fils. Certains seconds hautbois s'en sont fait une spécialité, à l'image de Benoît Leclerc à l'Orchestre de Paris.

Les clarinettes

À l'opposé du grand angoissé qu'est le hautboïste, le clarinettiste est en général sociable et jovial, voire charmeur. Sans tomber dans la psychologie de groupe ou la théorie des climats, on peut avancer plusieurs explications à ce phénomène. D'abord le fait que, objectivement, il s'agit d'un des instruments les plus « faciles » : à l'inverse du violon ou du cor, et contrairement au hautbois et à son anche double (celle de la clarinette est simple), elle s'apprend aisément, et l'élève peut très vite se faire plaisir avec des résultats fort corrects. Évidemment, cette facilité est trompeuse : s'il est facile d'en jouer, il est difficile d'en jouer au plus haut niveau ! Autre explication possible : nombre de clarinettistes ont appris leur instrument non en solitaire, mais en groupe, notamment dans les harmonies municipales. Ils sont donc plutôt moins individualistes que d'autres. Ils sont aussi d'une grande ouverture d'esprit, car leur instrument est loin d'être cantonné au classique : la clarinette est très présente dans le jazz et le folklore, elle est aussi un pilier de la musique juive klezmer. Et puis le timbre même de l'instrument possède quelque chose de sensuel, enveloppant et séduisant que n'a pas immédiatement le hautbois, avec sa sonorité plus perçante. Ce qui n'empêche pas la clarinette d'être exposée au canard, qui peut s'entendre jusqu'au dernier rang !

Il y a quelque chose de félin dans la clarinette : ce n'est pas un hasard si Prokofiev lui fait jouer le rôle du chat dans *Pierre et le Loup*. La chaleur voluptueuse de son timbre, dans le registre du « chalumeau » (le plus grave), peut se faire strident et criard dans le registre du « clairon » (le plus aigu). Elle est capable d'avancer en silence et en souplesse, comme de sortir ses griffes, elle est à l'aise dans le legato le plus recueilli comme dans l'agilité la plus véloce, dans le lyrisme comme dans l'espièglerie. Ce sens des contrastes se traduit à la fois par l'une des tessitures les plus étendues parmi les instruments à vent (trois octaves et une sixte mineure), ainsi que par une palette dynamique très large, du *pianissimo* impalpable au *fortissimo* assourdissant. Autre atout, enfin, qu'elle est le seul instrument à vent à posséder à ce degré-là : la possibilité d'enfler le son et de le diminuer jusqu'aux confins du silence.

Au sein des bois, la clarinette est en quelque sorte au milieu, entre la flûte et le hautbois d'une part, le basson d'autre part. Parfois soliste, elle peut faire jeu égal avec la flûte et le hautbois, parfois accompagnatrice, elle soutient l'harmonie en épaulant le basson. Très explorée pour ses capacités solistiques au XVIIIe siècle, elle devient un instrument d'orchestre à part entière du XIXe siècle (elle est encore loin d'être présente dans toutes les Symphonies et Concertos de Mozart).

Affaires de famille

Le clarinettiste est, dans l'orchestre, celui qui jongle avec le plus d'instruments. Il n'est pas rare de le voir arriver au concert avec une véritable collection. Rien que l'instrument standard existe en trois versions différentes : en *ut*, en *si* bémol, en *la* ! La clarinette en *ut* est surtout un instrument d'étude, mais les musiciens d'orchestre alternent constamment entre clarinette en *si* bémol et clarinette en *la*. Pour simplifier le tout, il s'agit d'instruments transpositeurs : la clarinette en *si* bémol sonne une seconde majeure plus bas que ce qui est écrit, la clarinette en *la* une tierce mineure plus bas. Dans certaines partitions classiques et romantiques, chez Brahms ou Mahler, par exemple, il faudrait disposer des deux clarinettes et en changer parfois pour quelques mesures seulement : beaucoup de musiciens préfèrent s'épargner cette contrainte et jouent toute la partition sur le même instrument, en transposant à vue les parties qui ne sont pas écrites pour sa tonalité. Ce qui ne va pas, parfois, sans poser un problème de timbre : la clarinette en *la* sonne nettement plus chaud que la plus brillante clarinette en *si* bémol, et elle descend plus facilement jusqu'au *mi* grave. L'un des grands jeux du clarinettiste est alors de duper le chef. Certains maestros s'aperçoivent tout de suite de la supercherie et demandent au soliste : « Pourriez-vous jouer ce passage sur la clarinette en *la* comme Schubert l'a écrit, s'il vous plaît ? » Le petit malin fera alors mine de changer d'instrument tout en gardant la clarinette en *si* bémol et en transposant : et de sourire intérieurement lorsque le chef le prend à témoin en disant : « Ah, vous voyez, ça sonne beaucoup mieux avec la clarinette en *la*… »

La famille est encore plus grande. On y trouve des sous-familles comme celle des petites clarinettes et des clarinettes basses. L'orchestre symphonique a conservé la petite clarinette en *mi* bémol (celles en *la* bémol et en *ré* sont tombées en désuétude) et la clarinette basse en *si* bémol, voire le cor de basset dans les opéras et le *Requiem* de Mozart (la clarinette contrebasse est surtout utilisée en musique contemporaine, les clarinettes alto et contralto en orchestre d'harmonie).

À ces histoires de famille se superpose une querelle de nationalités. Deux factures différentes cohabitent en effet aujourd'hui. Le système français, le plus répandu, et le système allemand, à perce plus étroite et à anche plus courte, essentiellement joué en Allemagne. Aujourd'hui encore, lorsqu'un poste est ouvert au recrutement dans un orchestre d'outre-Rhin, l'annonce précise : « système allemand ». La clarinette française se distingue par une sonorité plus ouverte et claire, tournée vers le chant soliste, la clarinette allemande par un son plus pénétrant et velouté, pensé pour se fondre dans l'orchestre. Encore faut-il tenir compte, au sein de chaque école, de la guerre des marques : en France, Buffet-Crampon est considéré comme la Rolls, mais Selmer et Leblanc ont toujours gardé leurs partisans, tout comme entre Steinway et Bösendorfer ou entre Stradivarius et Guarnerius. Toutes écoles confondues, on constate certaines évolutions communes : le volume et le brillant des orchestres n'allant qu'en augmentant, le jeu de clarinette a évolué vers plus de puissance et moins de souplesse. Ce qui se traduit par un changement de technique : autrefois, on tenait l'instrument avec les deux lèvres, aujourd'hui la plupart des instrumentistes bloquent le bec avec les dents du haut, seules les lèvres inférieures faisant vibrer le son.

Morceaux de bravoure

Le premier, dans le répertoire symphonique, à avoir donné son autonomie à la clarinette est Beethoven, dans la *Symphonie pastorale*. Dans la « Scène au bord du ruisseau », titre du superbe andante, elle ne se contente pas de singer le coucou, elle se lance dans une aria toute délicatesse et en *cantabile*. En digne successeur de Beethoven, Berlioz, dans sa *Symphonie fantastique*, fait appel à la clarinette solo dans l'épisode le plus amoureusement rêveur de la « Scène aux champs ». Autre grande admiration de Berlioz : Weber, qui réserva à la clarinette non seulement des œuvres solistes inspirées par son ami Baermann, mais aussi des interventions fortement évocatrices, comme le solo de l'Ouverture du *Freischütz* où l'on entend les échos de Max pensant avec angoisse à sa fiancée en danger. Deux célèbres concertos pour piano lui réservent le moment le plus lyrique et contemplatif de leur mouvement lent : le *1er* de Beethoven et le *2e* de Rachmaninov. Ce dernier récidive dans sa *2e Symphonie*, avec la capiteuse mélodie de l'Adagio, rêverie éveillée. Elle se fait nettement plus lascive dans *Le Mandarin merveilleux* de Bartók (et dire que Berlioz la trouvait « virginale ! »), résolument extravertie dans les *Danses de Galanta* de Kodály, et personne n'échappe à la sensation de vertige du glissando qui ouvre la *Rhapsody in blue* de Gershwin. En revanche, elle ancre le début de la *10e Symphonie* de Chostakovitch dans une angoisse sourde et lointaine mais non moins étreignante.

Les clarinettistes d'orchestres d'opéra ne sont pas en reste. Le solo qui précède l'air de Mario « E lucevan le stelle », au troisième acte de la *Tosca* de Puccini, celui qui introduit l'air d'Alvaro « Tu che in seno agli angeli » dans *La Force du destin* de Verdi, celui qui ouvre l'acte III du *Faust* de Gounod, l'accompagnement de l'air de Sextus « Parto, parto » dans *La Clémence de Titus* de Mozart, sont des moments privilégiés où le soliste de l'orchestre se transforme en diva du belcanto, dont le nom devrait figurer sur l'affiche en aussi grandes lettres que celui des chanteurs.

La clarinette basse est plus souvent un soutien et une touche de couleur grave et sombre qu'un soliste à part entière, mais les musiciens russes aiment particulièrement la mettre en valeur : Tchaïkovski dans *Manfred* et *La Dame de Pique*, Chostakovitch dans ses *7*[e], *11*[e] et *13*[e] *Symphonies*, font d'elle un messager des profondeurs tragiques. Là encore, c'est à l'opéra qu'elle rencontre ses plus belles pages : dans le trio de l'acte V des *Huguenots* de Meyerbeer, où elle monologue superbement, dans la scène du conseil de *Simon Boccanegra* de Verdi, où elle trahit la panique intérieure de Paolo, obligé de se maudire lui-même. Mais c'est surtout Wagner qui lui a donné ses lettres de noblesse dans le grand monologue du roi Marke, au deuxième acte de *Tristan et Isolde,* où elle anticipe et commente la déchirante déploration de la basse. Passage crucial, où le chef Carlos Kleiber ne manquait pas de coller un petit mot sur la partition de l'instrumentiste avant la représentation, avec les mots : « Ne me laissez pas tomber. » Jacques di Donato au Philharmonique de Radio France, Jacques Millon puis Jean-Noël Crocq à l'Opéra de Paris, Philippe-Olivier Devaux à l'Orchestre de Paris, Jean-Marc Volta à l'Orchestre national de France, Manfred Preis au Philharmonique de Berlin, font partie des spécialistes reconnus de l'instrument. Ce sont eux, en général, qui prennent le cor de basset, son ancêtre, dans les œuvres de Mozart, en particulier le rondo de Vitellia dans *La Clémence de Titus* et le *Requiem*. Deux Français ont su exporter leur savoir-faire à la clarinette basse : Laurent Ben Slimane au Philharmonia et Mathieu Lescure à Oslo.

N'oublions pas la petite clarinette : sans elle, comment Strauss aurait-il exprimé l'insolence farceuse de *Till l'Espiègle*, comment Berlioz aurait évoqué les sarcasmes diaboliques de la nuit de sabbat dans la *Symphonie fantastique* (Charles Munch recommandait à l'instrumentiste de s'imaginer en vieille sorcière ricanant sur son balai). Ravel lui a même confié l'une des apparitions du thème du *Boléro*. Willy Krause au Philharmonique de Vienne, Claude Charles à l'Orchestre de Paris, Gilbert Monier à l'Orchestre national, Walter Seyfarth au Philharmonique de Berlin, se sont spécialisés dans ses couinements stridents.

Grands clarinettes solo d'hier

Parmi les pères fondateurs de l'école française de clarinette dans la première moitié du XXe siècle, Ulysse Delécluse et Louis Cahuzac, solistes des Concerts Colonne, défendaient la sonorité claire et facile, presque nasale mais souple et douce, que l'on retrouvera chez un Jacques Lancelot aux Concerts Lamoureux. Pendant tout ce temps, le poste le plus envié, celui de l'Opéra de Paris, était la propriété de François Étienne, qui y entra en 1926 à l'âge de vingt-cinq ans et y demeura quarante ans. Ce chambriste éminent n'avait pas sa langue dans sa poche, et il le montra encore peu de temps avant sa retraite, lorsqu'il participa à la création au Palais Garnier du *Wozzeck* d'Alban Berg, en 1963. Alors que le chef, Pierre Boulez, qui trouvait qu'il jouait faux, finit par lui faire remarquer qu'il était systématiquement un quart de ton trop bas, il répliqua, avec son plus bel accent de Toulon : « Quand je suis entré dans cet orchestre en 1926, j'étais parfaitement juste, ce n'est pas ma faute si entretemps le diapason de l'orchestre a monté ! » Au Conservatoire, Étienne était condisciple d'Augustin Duquès, qui s'expatria aux États-Unis pour devenir le soliste de Toscanini à la NBC. Clarinette solo de la Société des concerts du Conservatoire, André Boutard fut l'héritier de cette école, et il ne dut qu'à la fusion entre l'Orchestre de l'Opéra-Comique de Paris, auquel il appartenait, et celui de l'Opéra, de jouer à partir de 1973 au Palais Garnier, où le successeur d'Étienne était Maurice Gabai, dont la sonorité était un enchantement. Le passage à l'Opéra de Guy Deplus, très féru de musique contemporaine, et de Michel Arrignon, extraordinaire musicien et professeur respecté au Conservatoire de Paris, marquèrent la transition vers un son plus international, moins typé. La tradition française se perpétua en revanche très longtemps à l'Orchestre national de France, où Gaston Hamelin, puis Maurice Cliquennois et Guy Dangain se succédèrent en maintenant vivante une identité sonore tout en la faisant évoluer.

Outre-Rhin, si les noms de Heinrich Geuser à la Staatskapelle puis à l'Orchestre du RIAS de Berlin, ou de Gerd Starke à la Radio bavaroise, évoquent les années d'après guerre, un homme bouleversa de fond en comble le paysage de la clarinette allemande : Karl Leister. Élève de Geuser, il devient clarinette solo du Philharmonique de Berlin à vingt-deux ans. Il y restera trente-cinq ans, de 1959 à 1993, marquant l'orchestre de son empreinte indélébile. Sa carrière est indissociablement liée aux années Karajan, dont il incarne l'idéal sonore. Un idéal qu'il applique à Mozart comme à Brahms, s'imposant comme le plus grand clarinettiste allemand de son époque. Une sonorité lunaire, ronde et fondue, homogène sur toute la tessiture, sans la moindre stridence ou aspérité, au service du legato. Cet homme peu chaleureux semblait trouver normal d'être considéré comme une légende vivante. L'orchestre fut toute sa vie, ce qui ne l'empêcha pas de multiplier les concerts en soliste et les masterclasses dans le monde entier, en particulier au Japon où il était divinisé. Il continua d'ailleurs, après avoir quitté les Berliner Philharmoniker, à jouer chaque été au sein de l'Orchestre Saito Kinen, dans le cadre du Festival de Matsumoto fondé par Seiji Ozawa. Lorsqu'il enregistra avec Karajan le *Concerto pour clarinette* de Mozart dans une église, le chef lui demanda de monter en chaire. « Pourquoi ? », lui demanda le soliste. « Pour que vous soyez plus près du ciel. »

La présence au sein d'un orchestre d'une personnalité comme Karl Leister est à la fois une bénédiction et une malédiction. Elle décourage en effet toute concurrence. Pendant toutes les années où Herbert Stähr était l'autre clarinette solo du Philharmonique de Berlin, il n'y en avait que pour Leister. Et lorsque Stähr quitta l'orchestre, il ne fut pas aisé de lui trouver un successeur : le jeune Ulf Rodenhäuser, merveilleux musicien, ne resta pas longtemps, préférant rejoindre la Radio bavaroise, sans doute pour ne pas avoir à subir les incessantes comparaisons. « L'autre poste » fut donc une fois de plus vacant : c'est le moment que choisit Sabine Meyer pour se présenter, en 1983. La suite est connue… Quant à la succession de Leister, elle n'alla pas de soi non plus, et ce n'est qu'au bout de huit ans qu'on lui trouva en la personne de l'exceptionnel Karlheinz Steffens un successeur à sa mesure, qui opta malheureusement bientôt pour la direction d'orchestre. Le seul à pouvoir supporter la comparaison avec Leister fut le Suisse Eduard Brunner, soliste de la Radio bavaroise, d'autant qu'il ne défendait pas du tout la même esthétique puisque, élève de Louis Cahuzac, il privilégiait un son beaucoup plus clair, parfois même perçant, mais formidablement inventif.

Au sein de l'école germanique, on fera une place particulière à la branche viennoise. L'instrument est de perce plus large et de sonorité plus douce et typée, directement issue de la musique populaire (le Schrammeln, quatuor de musique traditionnelle autrichienne, comporte toujours une clarinette). Après son fondateur le Tchèque Franz Bartolomey, Victor Polatschek et Johann Löw, qui participèrent à la création de la *Symphonie de chambre* de Schönberg, furent les premiers représentants de cette école, dont le maître avant guerre fut Leopold Wlach. Devenu clarinette solo du Philharmonique de Vienne en 1928, à vingt-six ans, il forma ses successeurs Alfred Boskovsky (le frère de Willy, premier violon de l'orchestre) et Alfred Prinz (qui enregistrera le *Concerto* de Mozart avec Karl Böhm). Prinz n'avait que quinze ans lorsqu'il intégra le Philharmonique de Vienne. Avec ses cheveux longs, le chef Igor Markevitch prit l'adolescent pour une fille, se plaignant auprès du délégué de l'orchestre : « La grande blonde n'a aucune discipline. » C'était oublier un peu vite qu'à l'époque, les femmes étaient exclues du Philharmonique de Vienne ! Dans le dernier quart du XXe siècle, leur successeur fut Peter Schmidl, que son père Victor et son grand-père Alois Schmidl avaient précédé au pupitre…

Longtemps, l'école anglaise de clarinette préconisa un son parfaitement droit, jusqu'à ce qu'elle fasse place au vibrato, pour se rapprocher de la voix humaine. Le premier à mener cette révolution fut l'immense Reginald Kell. Clarinette solo à Covent Garden et au London Philharmonic sous la houlette de Sir Thomas Beecham, il occupe les mêmes fonctions au London Symphony avant guerre et à Liverpool pendant la guerre, après avoir été le soliste de Toscanini au Festival de Lucerne. Lorsqu'il fonde l'Orchestre Philharmonia en 1945, Walter Legge fait appel à lui comme première clarinette, mais Kell s'installe aux États-Unis en 1948 : il continue à y enseigner, aidant notamment le jazzman Benny Goodman à revoir sa technique. Il a renouvelé la facture et le jeu de l'instrument, ouvrant la voie à de grands successeurs, au premier rang desquels Gervase de Peyer et Jack Brymer. On a pu parfois s'étonner du son particulièrement clair de la clarinette de Gervase de Peyer : sans doute une réminiscence de ses études au Conservatoire de Paris avec Cahuzac, preuve que les écoles ne sont pas forcément cloisonnées. Il fut clarinette solo du London Symphony Orchestra de 1956 à 1973. Celui qui lui succéda, Jack Brymer, était déjà reconnu comme un maître. Successivement clarinette solo du Royal Philharmonic Orchestra (1947-1963), de l'Orchestre symphonique de la BBC (1963-1972) et du London Symphony Orchestra (1972-1986), il est le leader incontesté de l'école anglaise de clarinette, qu'il enseigne à la Royal Academy of Music puis à la Guildhall School of Music. Bon compromis entre la sonorité couverte de l'école allemande et celle, ouverte, de l'école française, son jeu élégant, au phrasé sans aspérités, convenait idéalement à Mozart, dont il enregistra trois fois le *Concerto pour clarinette*, avec Sir Thomas Beecham, Sir Colin Davis et Neville Marriner, trois versions qui ont marqué la discographie.

Au firmament de la clarinette américaine brillèrent des solistes d'orchestre au son éclatant, tenant à la fois d'une intégration de l'héritage français et de l'influence du jazz. Mais il serait injuste de réduire l'école d'outre-Atlantique à cette esthétique clinquante. Les grands orchestres américains produisirent nombre de clarinettistes de premier plan. La grande classe d'Anthony Gigliotti contribua à l'élégance du jeu de l'Orchestre de Philadelphie sous Eugene Ormandy pendant quarante-sept ans, la sensibilité de Robert Marcellus était l'un des fers de lance de l'Orchestre de Cleveland de George Szell (leur enregistrement du *Concerto* de Mozart est un baume), l'art avec lequel Harold Wright faisait naître le son à partir du silence fut l'une des fiertés du Boston Symphony Orchestra. Mais la véritable légende demeure Stanley Drucker, qui resta pendant soixante ans clarinette solo du New York Philharmonic. Né en 1929, il entra au Curtis Institute de Philadelphie à quinze ans, mais le quitta au bout d'un an pour intégrer l'Orchestre symphonique d'Indianapolis, puis le Philharmonique de Buffalo. Se présentant à l'âge de dix-huit ans au New York Philharmonic, il y fut recruté en 1948 par Bruno Walter, qu'il entendit seulement dire, à l'issue de l'audition : « Il sera un membre tout à fait valable de l'orchestre. » Une semaine après, il recevait la lettre-contrat au courrier : cela lui prit cinq secondes pour la signer, il ne devait faire ses adieux à l'orchestre que le 27 juin 2009 ! Pour ses adieux, il joua une fois de plus le *Concerto* d'Aaron Copland, certes créé par Benny Goodman, mais dont Drucker fit sa propriété, l'interprétant pas moins de cinquante-neuf fois avec le seul New York Philharmonic. Il joua sous la direction de quatre cents chefs d'orchestre et connut huit directeurs musicaux successifs, de Bruno Walter à Alan Gilbert en passant par Dimitri Mitropoulos, Pierre Boulez, Zubin Mehta, Kurt Masur, même si c'est à Leonard Bernstein que le lia la plus grande complicité. Outre la qualité du son et la fiabilité, c'est l'incroyable fraîcheur de son jeu qui frappe : pendant soixante ans, il joua chaque concert comme si c'était le premier, avec un enthousiasme et une ardeur qui n'ont jamais ouvert la porte à la routine.

Grands clarinettes solo d'aujourd'hui

Sans chauvinisme excessif, il est indéniable que la clarinette française se porte mieux que jamais. Heureux Orchestre de Paris, par exemple, qui voit alterner d'une semaine sur l'autre deux musiciens géniaux : Pascal Moraguès et Philippe Berrod. Le premier, recruté par Daniel Barenboim en 1981 (il avait dix-huit ans !), possède une séduction sonore absolue et confère à tout ce qu'il joue une chaleur et une aisance aussi confondantes qu'au premier jour. Le second apporte à l'orchestre une fantaisie débridée au point que deux interprétations ne se ressemblent jamais : jeu sensible et ludique, qui aime se mettre constamment en danger. Ils se complètent parfaitement. À l'Opéra de Paris, Philippe Cuper dut faire preuve de patience avant d'obtenir enfin le poste de super-soliste qui lui revenait à l'évidence : longtemps cantonné à un rôle hybride de deuxième clarinette solo dont on était bien content qu'il joue la première en cas de besoin, il eut raison d'attendre la fin de ce purgatoire, et s'impose aujourd'hui comme l'un des leaders de son instrument, restant l'un des plus fidèles à une esthétique héritée de l'école française (il étudia avec un disciple de Cahuzac, mais aussi avec Stanley Drucker). À ses côtés, son cadet Jean-François Verdier est lui aussi un musicien hors norme, puisqu'il est non seulement un clarinettiste au son formidablement chantant, mais aussi un chef talentueux, qui a pris la direction musicale de l'Orchestre de Besançon tout en conservant son poste à l'Opéra. Pourtant, il manqua longtemps de confiance en soi : provincial monté à Paris, il avait l'impression que son professeur Guy Deplus le méprisait. Jusqu'à ce que, une fois son prix obtenu, le maître qui ne lui avait pas fait un seul compliment lui dise, comme en passant : « Je n'ai eu que deux élèves comme toi, Pascal Moraguès et Paul Meyer ».

Patrick Messina est une des stars de l'Orchestre national de France : ce n'est pas un hasard si Riccardo Muti choisit pour jouer le *Concerto* de Mozart ce fils d'immigré sicilien, qui étudia un temps au Cours Florent, envisageant le métier de comédien. Longtemps frustré d'être son second, Nicolas Baldeyrou a mené une intense carrière internationale de soliste, chambriste et créateur d'œuvres contemporaines avant de retrouver une place d'orchestre, cette fois à sa mesure : celle de supersoliste au Philharmonique de Radio France, où il rejoint Jérôme Voisin, que l'on n'a jamais entendu autrement qu'excellent. Si l'on ajoute les expatriés, comme le merveilleux Romain Guyot au Chamber Orchestra of Europe, Olivier Patey au Mahler Chamber Orchestra ou le très prometteur Julien Hervé au Philharmonique de Rotterdam, la continuité est assurée avec l'ancienne génération. D'autant que celle-ci est encore ardemment représentée par des musiciens aussi accomplis que Claude Faucomprez à l'Orchestre national de Lille, dont les masterclasses sont courues jusqu'au Japon, et Jean-Michel Bertelli, qui illumine l'Orchestre de l'Opéra de Lyon de ses fulgurances quasi improvisées.

Les orchestres allemands ont perdu plusieurs de leurs meilleurs éléments, qui ont préféré opter pour des postes de professeur plus lucratifs et laissant plus de temps pour les activités individuelles : c'est ainsi que la Radio bavaroise laissa partir Sabine Meyer et Ulf Rodenhäuser, le Philharmonique de Munich Martin Spangenberg ou le Symphonique de Bamberg Johannes Peitz. Mais avec Wolfhard Pencz au SWR de Baden-Baden, Nothart Müller au NDR de Hambourg, Matthias Glander à la Staatskapelle de Berlin, le niveau est assuré. Cependant, c'est l'école autrichienne qui s'impose aujourd'hui dans les pays de langue allemande. Avec Alois Brandhofer puis Wenzel Fuchs, le Philharmonique de Berlin ne recrute plus que des Viennois à la clarinette, avec ce que cela suppose de finesse chambriste préférée à la puissance. Sans parler de l'exceptionnel Matthias Schorn, qui venait d'être engagé par le Philharmonique de Munich à vingt-cinq ans lorsqu'il fut débauché par le Philharmonique de Vienne. Le cas le plus frappant de nos jours est néanmoins le tir groupé de la famille Ottensamer. Ernst, incontestable clarinette solo des Wiener Philharmoniker depuis 1983, vient en effet de « caser » ses deux fils comme aucun père n'aurait osé en rêver : Daniel à ses côtés au troisième poste de clarinette solo du Philharmonique de Vienne, et Andreas aux côtés de Wenzel Fuchs au Philharmonique de Berlin. Qui dit mieux ?

Côté anglais, le plus charismatique des clarinettes solos d'orchestre est sans conteste Andrew Marriner au London Symphony Orchestra : fils du chef d'orchestre Neville Marriner, qui fut chef d'attaques des seconds violons au sein du même LSO, il perpétue lui aussi une tradition familiale très forte, et rayonne aussi bien par sa personnalité que par sa sonorité. Richard Hosford à la BBC, Mark van de Wiel au Philharmonia sont les héritiers d'une école anglaise qui manque de figures charismatiques dignes de Kell, Brymer ou de Peyer. Aux États-Unis, Franklin Cohen est le très sensible et élégant soliste de l'Orchestre de Cleveland, au son parfois un peu faible. Ni lui ni William Hudgins à Boston n'ont la personnalité hors norme d'un Stanley Drucker, voire d'un Larry Combs, qui vient de prendre sa retraite du Symphonique de Chicago. L'avenir viendra peut-être du Porto-Ricain Ricardo Moralès, actuel clarinette solo de l'Orchestre de Philadelphie après l'avoir été au Met, recruté par James Levine à vingt et un ans.

Les bassons

Le basson est l'un des instruments les plus graves de l'orchestre. Doté d'une anche double comme le hautbois, quoique nettement moins obsédé par le grattage, il se remarque de très loin par son long tuyau en bois précieux (érable ou palissandre), et par son bonnet orienté vers le haut, qui dépasse de l'orchestre comme la cime d'un arbre. Sa tessiture de trois octaves et une quinte le rapproche de celle du violoncelle : un baryton-basse capable d'atteindre les notes du ténor. Quand ils sont employés par paire, le premier joue dans le registre aigu et le second dans le grave : le second basson possède une fonction plus harmonique que mélodique. Si, à l'époque classique, il se contente de doubler le violoncelle dans un rôle de continuo, il s'émancipe jusqu'à disposer, dans les dernières symphonies de Haydn et les opéras de Mozart, d'une partie propre, souvent proche des violons. Si Beethoven le fait souvent jouer à l'unisson avec la flûte ou la clarinette, Wagner lui fait volontiers réaliser la jonction avec les cors. Basson solo de l'Opéra de Paris, Gilbert Audin le compare au milieu de terrain dans une équipe de football : « Il ne marque pas de but, mais on a toujours besoin de lui pour faire une passe. »

Les compositeurs ont souvent mis en avant son côté goguenard, bougon ou espiègle, avec son agilité rythmique toujours un peu claudiquante : il n'est pas pour rien le grand-père dans *Pierre et le Loup*. Mais il est loin de se réduire à ce rôle de clown, à moins qu'il s'agisse d'un clown triste : il est aussi capable d'un lyrisme poignant et nostalgique. Souvent cantonné au staccato, il n'est jamais aussi heureux que lorsqu'on lui permet de chanter legato.

Chevaux de bataille

Le solo le plus envié et redouté est celui, à découvert, du *Sacre du printemps* de Stravinsky. Coup de génie de Stravinsky, que de commencer son chef-d'œuvre par ce solo non accompagné, où le son naît du silence. C'est la page la plus étrange de la littérature symphonique : inconfortablement écrit dans l'aigu de l'instrument, il plonge d'emblée l'auditeur dans quelque monde primitif et incantatoire. Tout en posant à l'instrumentiste un dilemme. Si Stravinsky l'a conçu dans cette tessiture inconfortable, mettant le soliste à rude épreuve, c'est pour créer un effet insolite, faire grincer des dents : Saint-Saëns ne s'y est pas trompé, qui, furieux de ce qu'il entendit, composa sa *Sonate pour basson* afin de montrer comment on doit écrire pour l'instrument. Or, la technique de jeu et la facture ont fait de tels progrès que le solo du *Sacre* pose beaucoup moins de problèmes qu'autrefois aux musiciens, pour qui jouer un *ré* aigu est devenu courant. La question est donc : doit-on le jouer le mieux possible, quitte à en lisser les angles et à en atténuer la bizarrerie, ou chercher à retrouver une sonorité troublante et à se mettre en danger, quitte à sonner « laid » ?

Stravinsky a exploré d'autres ressources du basson, tendre dans la « Berceuse » de *L'Oiseau de feu*, fluide dans *Pulcinella*. Comme Stravinsky, Ravel le perche volontiers dans l'aigu de sa tessiture, lui donnant un petit côté exotique dans les solos de l'*Alborada del Gracioso,* du *Boléro* et du *Concerto pour piano en sol*. Beethoven lui joue un bien vilain tour dans le finale de la *4e Symphonie*, en lui faisant prendre par surprise le relais des cordes, dont le trait virtuose est déjà injouable pour les archets : il n'a alors que quelques secondes pour se prendre les pieds dans le tapis, tant le tempo est rapide, jusqu'à ce que Beethoven, à la fin du mouvement, le raille à nouveau en lui faisant rejouer son trait deux fois plus lentement. Le basson n'est jamais loin quand il s'agit de créer un effet comique ! Il est moqueur dans l'ouverture des *Noces de Figaro*, grotesque et maladroit dans *L'Apprenti sorcier* de Paul Dukas, dont il est le personnage principal. Ce sont les Russes qui ont le mieux exploité son potentiel lyrique et émotionnel : Rimski-Korsakov fait de lui une diva doublée d'une séductrice dans *Shéhérazade*, Tchaïkovski lui demande de commencer la *6e Symphonie « Pathétique »,* lui donnant d'emblée tout son caractère lugubre et angoissant, tandis qu'il lui confie le retour du merveilleux thème lyrique du mouvement lent de sa *4e Symphonie*. Chostakovitch a résumé le caractère schizophrénique de l'instrument, tantôt pathétique, tantôt cocasse : dans la transition vers le finale de sa *9e Symphonie*, il commence par un récitatif désespéré, qui change d'humeur pour se transformer en une farce burlesque. À l'opéra, Bizet ne l'a pas oublié dans le premier « Entracte » de *Carmen*, où il évoque les dragons d'Alcala en picorant ses notes staccato. Mais c'est Donizetti qui a osé faire de lui un belcantiste accompli, lui confiant l'introduction de l'air de Nemorino « Una furtiva lagrima » dans *L'Élixir d'amour*, où il montre au ténor la voie du cantabile le plus sensuel et de la plus élégante des lignes de chant. N'oublions pas certains passages où il n'a certes pas le chant principal, mais où son contre-chant est indispensable pour donner son caractère au morceau, par exemple quand il se superpose à la première apparition du thème de l'hymne à la joie dans le finale de la 9e de Beethoven, ou lorsqu'il entonne un chant populaire plein de nostalgie à la fin de la *Symphonie Du Nouveau Monde* de Dvořák.

Basson français vs basson allemand

Plus qu'aucun autre instrument, le basson a vu se cristalliser une véritable guerre picrocholine autour de la facture. Elle peut faire sourire le profane, on peut lui prêter des enjeux financiers ou de pouvoir, mais la querelle entre basson français et basson allemand (le « Fagott ») pose des questions d'ordre esthétique. Deux systèmes se sont développés parallèlement : le système français et le système allemand (dit Heckel). Le premier possède un son extrêmement typé, centré et timbré, plutôt nasal, pour ne pas dire nasillard, résolument clair, qui le rend très repérable. Le second, avec sa perce plus large, possède un son plus rond et ample, il est plus souple d'utilisation et se fond plus facilement dans la masse sonore. Le Fagott est donc plus à même de répondre à la surenchère sonore des orchestres modernes, dont les cuivres sont plus puissants et les cordes plus nombreuses qu'autrefois. Il tient aussi plus facilement l'accord, et le *pianissimo* y est moins risqué. Du fait de ce plus grand confort d'utilisation, le basson allemand s'est progressivement imposé presque partout dans le monde, la France finissant par être la seule à cultiver son modèle. Le principal facteur de basson français est Buffet-Crampon, suivi par Selmer. Le Stradivarius des bassons allemand est la marque Heckel, suivie de Püchner et Moossmann. Pour les identifier, si vous ne les reconnaissez pas au son, un truc presque infaillible : le haut du basson allemand est entouré d'une bague blanche.

Cette exception culturelle française dura jusqu'au début des années 1970 où, sous l'impulsion de Karajan, l'Orchestre de Paris passa « à l'ennemi ». Son basson solo de l'époque, André Sennedat, formé à la grande école du basson français, franchit le pas et opta pour le Fagott, bientôt suivi par le second basson Amaury Wallez et par l'ensemble du pupitre. Cette démarche leur imposa de revoir leur technique, car les doigtés sont différents sur le modèle allemand. Cette évolution coïncida avec l'internationalisation du son et l'élargissement considérable du répertoire et de la palette d'un orchestre qui se mit à jouer de plus en plus Bruckner, Mahler et Wagner. Il y avait donc une logique musicale à cette démarche. Mais Sennedat, homme intègre et musicien de classe, fut considéré comme un véritable renégat par ses collègues français. Réunis autour de leur maître Maurice Allard, ils fondèrent une association de défense du basson français. Beaucoup des arguments avancés étaient fort légitimes, mais la manière de les défendre fut souvent excessive, ressemblant à un combat nationaliste et non esthétique. D'autant que Sennedat n'avait rien d'un traître, mais était un musicien moderne et sincère, qui n'eut que le tort d'être en avance sur son temps.

Longtemps, la situation se stabilisa ainsi : à l'Orchestre de Paris, l'Ensemble orchestral de Paris et l'Ensemble Intercontemporain le Fagott, à l'Opéra de Paris, à l'Orchestre national de France et au Philharmonique de Radio France le basson français. En province, le Capitole de Toulouse, les Orchestres de Bordeaux, Strasbourg, Monte-Carlo, Montpellier et des Pays de la Loire restaient fidèles au basson français tandis que l'Orchestre national de Lyon, l'Orchestre de l'Opéra de Lyon, ceux de Lille, Nice et Cannes passaient au système allemand. Les camps étaient bien délimités et se regardaient en chien de faïence. Certains orchestres se mirent bien à accepter un panachage, comme à Montpellier sans nuire à l'homogénéité du pupitre. Mais lorsque l'excellent Laurent Lefèvre remporta le concours de basson solo de l'Orchestre de Paris avec son instrument français, il ne prit pas la place car on exigeait de lui qu'il passe au Fagott. Pendant longtemps, l'enseignement dans les conservatoires ne refléta pas cette situation, puisque n'y était officiellement enseigné que le basson français. Ce n'est que dans les années 1990 que s'ouvrirent les premières classes de basson allemand, notamment dans les établissements supérieurs : au CNSM de Lyon d'abord, ensuite à celui de Paris. Juste reflet des débouchés professionnels.

Ces dernières années, il est indéniable que le Fagott gagne du terrain, y compris dans les bastions réputés les plus imprenables. Ainsi, à l'Opéra de Paris, si Gilbert Audin, successeur de Maurice Allard à l'Orchestre comme à la classe du Conservatoire, reste fidèle à l'instrument français, l'autre basson solo, Laurent Lefèvre, celui-là même qui avait démissionné de l'Orchestre de Paris pour ne pas avoir à changer d'instrument, passa à son tour « à l'ennemi », entraînant avec lui une partie du pupitre, aujourd'hui coupé en deux. Quant au Philharmonique de Radio France, au départ en retraite de Chantal Carry-Colas, spécialiste et partisan du basson français tout comme son mari François Carry, remarquable basson solo des Concerts Pasdeloup, voici que son jeune collègue Jean-François Duquesnoy, élève de Gilbert Audin et partenaire de musique de chambre de Laurent Lefèvre, annonçait lui aussi sa volonté de passer au modèle allemand, son collègue Julien Hardy conservant le basson français.

Car si certains prêtent à cette guerre du basson des préoccupations bassement économiques ou des querelles de pouvoir, l'enjeu reste bel et bien musical. La plupart des musiques françaises ont été spécifiquement écrites pour le timbre clair du basson Buffet : force est de reconnaître que l'entracte de *Carmen* ou le solo de l'*Alborada del Gracioso* ont beaucoup plus de caractère avec cet instrument, alors qu'il sonne lourd et anonyme au Fagott. En revanche, on sursaute parfois dans une Symphonie de Bruckner en entendant des intonations nasales au beau milieu d'un majestueux choral de cors. Sur un plan plus pratique, les tenants du basson français sont les premiers à reconnaître qu'ils s'époumonent jusqu'à l'épuisement dans un opéra de Wagner. L'idéal serait donc de disposer d'instrumentistes capables et désireux de passer d'un instrument à l'autre selon les répertoires joués : pour l'instant, c'est considéré comme mission impossible à cause de la différence de technique, qui nécessite une période d'adaptation. En dernier ressort, la responsabilité incombe à l'instrumentiste lui-même : à lui d'avoir suffisamment de sens stylistique pour respecter le caractère propre à chaque musique, loin de toute standardisation et de tout formatage. En outre, la facture du basson français a su évoluer, et les instruments d'aujourd'hui n'ont plus ce que l'on ressentait comme des inconvénients sur ceux d'autrefois. Enfin, on ne répétera jamais assez que le musicien est plus important que l'instrument : certains bassonistes ont sur leur Fagott un son clair et pointu, d'autres obtiennent un son chaud et rond de leur basson français ! Et si le basson français a tendance à reculer, il peut devoir son salut aux orchestres d'instruments d'époque, qui ont le vent en poupe aujourd'hui et nous invitent à redécouvrir de plus en plus de répertoires dans l'instrumentarium d'origine.

Grands bassonistes d'hier

Les fleurons du basson français furent Fernand Oubradous et Gustave Dhérin. Fils du basson solo de la Société des concerts du Conservatoire, Oubradous (1903-1986) manifeste d'étonnantes aptitudes pour le même instrument. Fondateur en 1927 du Trio d'anches de Paris, qui créera des œuvres de Roussel, Milhaud et Ibert, il occupe brièvement les places de basson solo aux Concerts Straram, puis à la création de l'Orchestre national en 1934, avant d'intégrer l'Orchestre de l'Opéra (1935-1953) et de succéder à son père à la Société des concerts en 1936. Timbrée et typée, sa sonorité compensait le côté nasal de l'instrument par un cantabile particulièrement mélodieux, qui convenait idéalement à Mozart : enregistrée en 1936, sa version du *Concerto* n'est pas démodée. Organisateur hors pair, il fonda de nombreuses institutions comme l'Association des concerts de chambre de Paris ou les Concerts Oubradous, réunissant ses passions pour la musique de chambre et la direction d'orchestre (il fut directeur de la musique à l'Opéra de Lille).

Son aîné, Gustave Dhérin (1887-1964), était basson solo de l'Opéra et professeur au Conservatoire de Paris. Soliste de nombreux orchestres free-lance comme les Concerts Straram pendant l'entre-deux-guerres, il est inséparable de la modernité française de son temps, de Fauré au jeune Dutilleux en passant par Poulenc, sans parler de Stravinsky, avec qui il enregistra toute une série d'œuvres lors du séjour parisien du compositeur. Il vit lui succéder au Conservatoire et à l'Opéra une autre figure majeure, celui qui allait modeler le paysage du basson français pendant toute la deuxième moitié du XXe siècle : son élève Maurice Allard. Ce dernier forma plusieurs générations de bassonistes au son clair et chantant, mais s'il milita avec ardeur pour la sauvegarde du basson français contre ce qu'il considérait comme l'hégémonie du Fagott allemand, il contribua aussi à le faire évoluer, en même temps que ses amis Jean-Pierre Rampal et Pierre Pierlot pour la flûte et le hautbois, vers un son plus doux et homogène, opérant un début de rapprochement entre les écoles.

Son contemporain Paul Hongne, troisième basson de l'Opéra et soliste recherché, resta quant à lui fidèle à un son plus nasal, typique de l'école française d'autrefois. Mais c'est René Plessier à l'Orchestre national qui porta haut l'étendard du son français, suscitant l'admiration étonnée des auditeurs étrangers lors des tournées. Avec la flûte de Fernand Dufrêne, le hautbois de Jules Goetgheluck, la clarinette de Maurice Cliquennois et le cor de Louis Courtinat, le National des années 1950 disposait d'un quintette à vents à la saveur inimitable, que l'on entend par exemple dans la célèbre *Carmen* dirigée par Sir Thomas Beecham, où Victoria de Los Angeles n'est pas la seule prima donna…

Il y a peu à dire de l'école allemande à la même époque. Essentiellement axée sur le jeu d'orchestre et le fondu, elle produisait de solides gaillards au son plein et rond, capables de lier leur sonorité à celle des cors ou des violoncelles sans se singulariser. Oskar Rothensteiner au Philharmonique de Berlin et Willy Fugmann à la Staatskapelle puis au RIAS de cette même ville, Karl Kolbinger à la Radio bavaroise en furent les leaders. Élève de Fugmann et successeur de Rothensteiner, Günter Piesk fut le débonnaire basson solo de Karajan pendant l'essentiel de ses trente années au Philharmonique de Berlin : sa sonorité était aussi rebondie que sa silhouette de bibendum. Mais s'il pouvait se fondre dans un orchestre entier, il était un piètre interprète du *Concerto* de Mozart. Le premier Allemand à sortir le basson de l'anonymat fut Klaus Thunemann, né en 1937. Soliste de l'Orchestre symphonique du NDR de Hambourg, il devint un concertiste actif et bâtit une considérable discographie, avec notamment une intégrale des Concertos de Vivaldi. Au moment où Maurice Allard tentait d'infléchir le basson français vers un son plus fondu et plus homogène, Thunemann donnait au basson allemand ses lettres de noblesse comme instrument chantant. L'une de ses principales contributions : un rapport décomplexé au vibrato. Jusque-là, dans les enregistrements d'orchestres allemands, on constate que les bassonistes cultivaient un son absolument droit, qui était un frein au cantabile. Thunemann fit beaucoup progresser le caractère mélodieux et l'autonomie de l'instrument, et forma quantité d'élèves qui jouent aujourd'hui dans des orchestres de premier plan, et pas seulement outre-Rhin.

Un autre grand bassoniste a largement contribué à cet essor de l'instrument : Milan Turkovic. À ceci près qu'il n'est pas allemand, mais autrichien : ce Croate né en 1939 grandit à Vienne, où les habitudes avaient aussi besoin d'être bousculées. L'école viennoise de basson est inextricablement liée à un homme : Karl Öhlberger, soliste du Philharmonique de Vienne de 1936 à 1974, qui forma tous les membres de son pupitre jusqu'à la fin des années 1970, à commencer par son frère Camillo et son neveu Reinhard, mais aussi Dietmar Zeman, qui le rejoignit aux Philharmoniker en 1955. Or, tous ces instrumentistes émérites avaient beaucoup plus le profil de musiciens d'orchestre que de solistes, eux aussi avaient un son droit et peu de panache dans les solos. Turkovic prit une autre voie : longtemps méprisé par les puristes du Philharmonique de Vienne, il fut basson solo du Symphonique, « l'autre » orchestre de la ville, où son jeu particulièrement souple était apprécié de chefs comme Giulini ou Sawallisch. Mais sa curiosité insatiable le menait vers d'autres horizons. Membre du Concentus Musicus de Nikolaus Harnoncourt, il fut l'un des pionniers de la redécouverte du basson baroque, et contribua à rapprocher son instrument moderne de la voix humaine, avec un côté moins immédiatement brillant et puissant, mais plus raffiné que Thunemann. Sans être passé par la voie royale du Philharmonique de Vienne, il eut une double revanche : lorsqu'il fut nommé professeur à la Hochschule de la capitale autrichienne (après l'avoir été longtemps au Mozarteum de Salzbourg), et lorsqu'il fut choisi pour être le bassoniste de l'Ensemble Vienne-Berlin, quintette à vents supposé réunir des membres des deux Philharmonies. Aux côtés du flûtiste Wolfgang Schulz et du corniste Günter Högner, membres du Philharmonique de Vienne, et du hautboïste Hansjörg Schellenberger et du clarinettiste Karl Leister, issus du Philharmonique de Berlin, c'est lui que l'on est allé chercher pour la partie de basson et non un Philharmoniker, reconnaissance d'une personnalité musicale de plus haute pointure. Troisième revanche, enfin : ce sont ses élèves qui occupent les pupitres des meilleurs orchestres, et non ceux de ses confrères du Philharmonique.

L'inspirateur de l'école anglaise de basson fut Gwydion Brooke. Né en 1912, fils du compositeur Joseph Holbrooke, il fut élevé dans une esthétique française avant d'entendre pour la première fois en 1926 le Fagott d'Archie Camden, soliste de la BBC, et de prendre fait et cause pour lui. Brooke était connu pour sa sonorité crémeuse, proche du saxophone.

À son retour de la guerre, où il participa aux batailles de Tobrouk et d'El Alamein, il fut recruté par Sir Thomas Beecham au sein du Royal Philharmonic Orchestra tout juste fondé : il y forma la « Royal Family », avec Gerald Jackson à la flûte, Terence McDonagh au hautbois, Jack Brymer à la clarinette et Dennis Brain au cor. Il y resta jusqu'à la mort de Beecham en 1961, date à laquelle il succéda à Cecil James au Philharmonia de Walter Legge : ce sont ses solos que l'on entend dans les plus grands disques d'Otto Klemperer et Carlo Maria Giulini. De lui, Legge disait : « Il débarqua tel un martien et joua comme un émissaire des cieux. » Il fut un membre actif du comité de l'orchestre, où son humour pince-sans-rire faisait des merveilles. Ainsi lorsque le chef principal Lorin Maazel, dont on savait qu'il allait être nommé à l'Orchestre de Cleveland, eut une fois de plus un comportement déplaisant, Brooke lui dit avec flegme : « Monsieur Maazel, nous vous souhaitons le meilleur possible à Cleveland. » Un jour de 1978, Brookc appela l'administration du Philharmonia pour prévenir qu'il ne pourrait se présenter à la répétition, déplorant le vol de son basson, un Adler de 1930. Il ne revint jamais : la perte de son instrument fut une brisure telle qu'il cessa de jouer du jour au lendemain, se retirant pour restaurer des Renault 4L jusqu'à sa mort en 2005. Après Brooke, le paysage du basson britannique s'enrichit de personnalités comme celles de William Waterhouse, successeur de John Alexandra au London Symphony, et Michael Chapman au Royal Philharmonic. Sans oublier Martin Gatt, qui fut, outre son activité au LSO, le soliste apprécié de l'Academy of St. Martin in the Fields fondée par Neville Marriner, et Roger Birnstingl, qui quitta bientôt Londres pour rejoindre l'Orchestre de la Suisse romande. On ne peut s'empêcher de trouver le jeu de ces musiciens un peu lisse et monochrome, quoique toujours d'un goût parfait. Un reproche qui s'applique sans doute plus au jeu des orchestres qu'à la nationalité des instrumentistes, car tout Anglais qu'il était, Brian Pollard fut au Concertgebouw d'Amsterdam un basson solo d'une chaleur et d'une fantaisie fascinantes.

L'école américaine de basson hésita elle aussi un temps entre la France et l'Allemagne. Au Boston Symphony, dans les années 1920, Pierre Monteux créa un son français, avec au basson Abdon Laus (dont la légende dit qu'il créa *Le Sacre du printemps*, sans que cela ait jamais pu être confirmé) et Raymond Allard, l'oncle de Maurice. Quant à New York, il y avait encore au lendemain de la Première Guerre mondiale deux orchestres : le Symphonique et le Philharmonique. Avant la fusion des deux, qui allait donner l'actuel New York Philharmonic, le Symphonique avait pour soliste Louis Letelier, qui jouait un basson français, et le Philharmonique Benjamin Kohon, qui avait opté pour le Fagott allemand. Les deux enseignaient à la Juilliard School, Kohon confiant bientôt ses élèves à son second basson tout juste arrivé d'Europe : Simon Kovar, un Balte dont l'anglais était une sorte de mélange de russe, de yiddish, d'italien et d'une composante que personne n'est arrivé à identifier. Cet homme très dévoué initia toute une génération de bassonistes américains au système Heckel. Sur les deux grands maîtres du basson dans les orchestres américains des années 1940 et 1950, Sol Schoenbach et Leonard Sharrow, le premier commença directement par le Fagott avec Kovar, le second passa d'abord par le basson français avec Letelier. Schoenbach devint soliste de l'Orchestre de Philadelphie pendant la première moitié du mandat d'Eugene Ormandy, tandis que Sharrow était successivement le bassoniste de Toscanini à la NBC et celui de Fritz Reiner à Chicago. Toscanini qui, lorsqu'il retourna à la Scala après l'époque fasciste, fit acheter quatre Fagott à l'orchestre en lieu et place des bassons français dont il s'était déshabitué à New York : le basson solo milanais, Enzo Muccetti, écrivit à Schoenbach pour lui demander les doigtés du système allemand…

Pour se faire une idée de l'évolution du jeu des bassonistes, il suffira de dire que, lorsque Leonard Sharrow, à l'âge de vingt ans, occupa son premier poste au National Symphony Orchestra de Washington, il resta interdit lorsque le chef, Hans Kindler, lui demanda du vibrato dans l'introduction de la *Symphonie « Pathétique »* de Tchaïkovski : Sharrow n'avait pas la plus petite idée de la manière dont on produit un vibrato ! Kovar ne le lui avait pas enseigné, sans doute parce qu'il en était lui-même incapable… Courant sur le basson français, le vibrato était alors proscrit sur le basson allemand : les Américains furent donc pionniers en la matière, et l'on mesure d'autant plus l'apport d'un Klaus Thunemann ou d'un Milan Turkovic en Europe, des années plus tard. À la NBC, Sharrow commença au second basson avant d'être mobilisé en 1941, juste avant Pearl Harbour : il dut à une intervention personnelle de Toscanini d'être incorporé à la musique de l'Armée, et non dans une unité combattante. À son retour, le chef italien le promut basson solo. Toscanini lui témoigna une grande marque de confiance en lui confiant le *Concerto pour basson* de Mozart, d'abord pour un concert radiodiffusé, puis pour le disque, en une seule prise sans corrections, dans des tempi vifs qui tranchaient avec l'image plus sirupeuse que l'on se faisait à l'époque de Mozart. C'est Rafael Kubelik qui appela Sharrow à Chicago en 1951, mais le jeune chef tchèque n'y fit qu'un petit tour, littéralement assassiné par l'influente critique locale Claudia Cassidy. Arriva alors le terrifiant Fritz Reiner, avec qui Sharrow s'entendit pour le mieux. Le despote hongrois lui laissa même totale liberté pour le solo d'*Alborada del Gracioso* dans son disque Ravel. Le secret de Sharrow pour échapper à la colère de ces ogres du pupitre ? Sa fiabilité musicale et technique, bien sûr, mais aussi l'art avec lequel il n'afficha jamais la moindre nervosité. Si vous montrez à un fauve que vous n'avez pas peur, il ne vous mordra pas.

Si le jeu de Steven Maxym au Met de New York ne brillait pas par sa subtilité, de la génération suivante se détachent les figures de Bernard Garfield, successeur de Schoenbach à Philadelphie pendant la deuxième moitié du mandat d'Ormandy et professeur au Curtis Institute de la même ville, musicien raffiné, au son beaucoup plus séduisant que celui d'Harold Goltzer au New York Philharmonic, cependant que Wilard Eliott et Sherman Walt étaient les solistes respectifs des Orchestres de Chicago et Boston.

Reste l'électron libre Mordechai Rechtman, qui quitta l'Allemagne en 1933 avec ses parents à l'âge de sept ans, pour fuir le nazisme. Installé à Jérusalem en 1934, il commença le basson à douze ans, intégra à quinze ans ce qui s'appelait encore l'Orchestre symphonique de Palestine, puis fut le basson solo de l'Orchestre philharmonique d'Israël de 1946 à 1991. Professeur, chef d'orchestre et arrangeur, ce musicien boulimique avait une personnalité excessive et un jeu très personnel, reposant sur une méthode qu'il mit lui-même au point.

Grands bassonistes d'aujourd'hui

L'école française de basson se porte mieux que jamais, même si la rigueur oblige à la scinder en deux. Sous la houlette du grand musicien qu'est Gilbert Audin, certains sont restés fidèles au basson Buffet : c'est le cas de Philippe Hanon, successeur de Régis Poulain à l'Orchestre national, ou du virtuose et versatile Jean-François Duquesnoy, rejoint au Philharmonique de Radio France par l'excellent Julien Hardy. Ludovic Tissus représente une brillante relève au second basson de l'Opéra de Paris, tandis que la génération plus ancienne est encore vaillante, avec des solistes aussi accomplis que Lionel Belhacène, dont le raffinement sonore a contribué à l'identité forgée par Michel Plasson au Capitole de Toulouse. Côté basson allemand, nos nationaux n'ont plus à rougir de la concurrence internationale. Si les pionniers comme André Sennedat ou Amaury Wallez ont toujours gardé une esthétique ambiguë, encore tributaire de leur origine française, Marc Trénel, exceptionnel basson solo de l'Orchestre de Paris, est aujourd'hui un maître incontesté du Fagott, au point qu'il joua au sein de l'Orchestre de la Tonhalle de Zurich. Lorsqu'il reçut le premier prix au Concours de Munich, cela faisait cinquante-sept ans que celui-ci n'avait pas été attribué à un bassoniste. Il avait vingt ans lorsqu'il fut nommé coup sur coup basson solo de l'Orchestre de Paris et professeur au Conservatoire de Paris : sa sonorité est merveilleusement riche et pleine, sa musicalité souveraine. Passé au Fagott, Laurent Lefèvre, basson solo de l'Opéra de Paris, est un virtuose étincelant et passionné, au jeu plus extraverti que le très sobre Trénel. Si Pascal Gallois s'est fait depuis trente ans l'ambassadeur de la création à l'Ensemble Intercontemporain, son partenaire Jean-Marie Lamothe quitta l'EIC au début des années 1990 pour intégrer l'Orchestre national Bordeaux-Aquitaine, où il initia les vents au son allemand, à la demande d'Alain Lombard. Quant à la jeune génération, elle s'internationalise, puisque Guilhaume Santana compléta son cursus toulousain et parisien par des études en Allemagne, notamment à l'Académie Karajan de Berlin : aujourd'hui basson solo de l'Orchestre de la Radio de Sarrebruck, il est régulièrement appelé par Claudio Abbado au pupitre du Festival de Lucerne.

L'école allemande est dominée aujourd'hui par Stefan Schweigert : lorsque cet élève de Klaus Thunemann devint basson solo du Philharmonique de Berlin en 1985, à vingt-trois ans, succédant au peu gracieux Günter Piesk, les musiciens n'en revinrent pas d'entendre un basson qui pouvait ainsi chanter et vibrer. Partenaire de musique de chambre de Gidon Kremer, il est lui aussi l'un des bassonistes attitrés d'Abbado à Lucerne. Avec lui rivalise aujourd'hui le Danois Dag Jensen, soliste du WDR de Cologne et professeur de plusieurs surdoués comme Matthias Racz, soliste virtuose de la Tonhalle de Zurich.

Aujourd'hui, l'école viennoise est dominée par Michael Werba, musicien d'orchestre discipliné mais dont le jeu soliste manque d'imagination. Comme du temps de son maître Milan Turkovic, à qui il a succédé comme professeur en titre à l'Université de Vienne, c'est le basson solo du Symphonique de Vienne, Richard Galler, qui possède la plus grande personnalité musicale dans la capitale autrichienne.

Côté britannique, on manque aujourd'hui de figures charismatiques, quel que soit le talent de Graham Sheen au BBC Symphony, de Meyrick Alexander et Robin O'Neill au Philharmonia, de Rachel Gough au London Symphony. Aux États-Unis aussi, les Schoenbach, Sharrow et Garfield n'ont pas toujours trouvé de successeurs, même si le standard technique s'est élevé : si David McGill est une merveille de musicalité au Chicago Symphony, John Clouser à Cleveland, Daniel Matsukawa à Philadelphie, Richard Svoboda à Boston ont des sonorités plus impersonnelles. Il faut aller en Californie pour trouver des figures plus marquantes, comme Stephen Paulson à San Francisco, et surtout Whitney Crockett, recruté par Gustavo Dudamel au Los Angeles Philharmonic après avoir été l'excellent basson solo du Met. Les États-Unis ont eu en revanche le mérite d'être pionniers en matière de féminisation d'un instrument jusqu'alors très masculin : Judith Le Clair est basson solo du New York Philharmonic depuis trente ans, mais c'est en Europe que Clélia Goldings préféra se perfectionner après ses brillantes études à Yale et à la Juilliard School. Élève de Milan Turkovic au Mozarteum de Salzbourg, cette Bostonienne raffinée et cultivée s'installa dans le Nord de la France lorsqu'elle devint basson solo de l'Orchestre national de Lille, ce qui ne l'empêcha pas de jouer régulièrement en musique de chambre avec la crème des musiciens autrichiens.

Effet d'entraînement ou loi des séries ? Toujours est-il que les véritables stars du basson contemporain sont des Italiens. La plupart de ces quadra- ou quinquagénaires ont été formés à Turin par Marco Constantini, déjà professeur d'Evelino Pido, qui fut basson solo de la Scala avant de mener la grande carrière de chef que l'on sait. Puis ils se sont perfectionnés auprès de Milan Turkovic ou Klaus Thunemann. C'est de Turkovic, par exemple, que Daniele Damiano fut l'élève avant d'intégrer en 1987 le Philharmonique de Berlin. Magnifique chambriste, il phrase avec le galbe vocal d'un grand chanteur d'opéra. Damiano donna des conseils à son jeune collègue Giorgio Mandolesi, qui passa lui aussi entre les mains de Constantini et Turkovic avant de devenir en 2003 le génial basson solo de l'Orchestre de Paris, aussi extraverti que son alter ego Marc Trénel est introverti : aussi étonnant à voir jouer qu'à entendre, il donne de la personnalité à la plus petite intervention de son instrument. Eux aussi Italiens, eux aussi élèves de Turkovic, Patrick de Ritis est le magnifique soliste du Symphonique de Vienne, et Fany Maselli apporte sa fraîcheur à l'Ensemble orchestral de Paris. Premier basson de l'Orchestre de l'Opéra de Lyon depuis 1983, Carlo Colombo est l'un des artisans de l'acclimatation des orchestres français à l'école internationale. Mais le plus connu est l'étonnant Marco Postinghel. Fils d'un contrebassiste de la Scala de Milan, il intégra l'Orchestre symphonique de la Radio bavaroise en 1994, après quatre ans passés à l'Orchestre de Paris. Doté d'une personnalité débordante, cultivé et curieux de tout, il joua des concertos sous la direction de Giulini, Haitink, Sawallisch ou Maazel et est le partenaire de musique de chambre attitré de Victoria Mullova (qu'il convainquit de passer au violon baroque), Gidon Kremer, Andras Schiff ou Natalia Gutman. Un statut de star qui ne l'empêcha pas de conserver son poste à l'orchestre, où les chefs le considèrent avec le respect dû à un collègue à part entière. Voire avec crainte, car il ne se prive pas de faire savoir s'il partage ou non leurs options musicales…

Le contrebasson

Reste à faire un sort à la basse de la famille : si les hautbois ont le cor anglais et les clarinettes la clarinette basse, le pupitre de bassons est complété d'un contrebasson. Il s'agit là encore d'un poste à part entière, le contrebasson solo jouant en général aussi le troisième, voire le deuxième basson : Yves d'Hau à l'Orchestre de Paris, Jean-Claude Montac à l'Opéra, Gérard Tantôt à l'Orchestre national, furent des spécialistes reconnus de cet instrument, dont les plus brillants titulaires aujourd'hui sont Gordon Laing au Philharmonia et Arlen Fast au New York Philharmonic. La relève étant assurée par Lola Descours, entrée à vingt ans à l'Orchestre de Paris, en 2007. Accordé une octave plus bas que le basson, voici un instrument mastodonte, dont le tuyau fait quatre coudes au lieu d'un seul, pour une colonne d'air de cinq mètres, soit le double du basson. Il joue souvent le rôle de l'éléphant dans un magasin de porcelaine, par exemple dans les « Entretiens de la belle et de la bête » dans *Ma mère l'Oye* de Ravel (devinez qui il incarne…), et il rend encore plus gauche *L'Apprenti sorcier* de Dukas. Mais il donne aussi sa couleur sinistre au début du *Concerto pour la main gauche* de Ravel avec ses grincements lugubres, et accompagne le bourreau descendu dans la citerne exécuter Jokanaan dans la *Salomé* de Richard Strauss. Beethoven, déjà, était sensible à la touche de couleur qu'il pouvait apporter, lui faisant doubler les cordes graves dans le Mélodrame au cachot, à l'acte II de son *Fidelio*, et Brahms l'utilise en lieu et place du tuba pour jouer la basse dans ses *1re* et *4e Symphonies*. Pas de dilemme national ici, puisque même les orchestres fidèles au système Buffet utilisent un contrebasson allemand, la justesse étant trop aléatoire sur l'instrument français. On raconte que Charles Munch s'adresse au contrebasson : « Joue-moi un *do* », on entend un grognement indéterminé ; « Joue-moi un *mi* » : même grommellement ; « Joue-moi un *sol* » : encore un bourdonnement non identifiable. De guerre lasse, Munch lâche : « Bon, joue-moi ce que tu veux »…

IV
Les cuivres

Après la douceur et le legato du tapis des cordes, l'élégante et piaillante volière des bois, voici les cuivres et leur puissante fanfare. La section la plus tonitruante de l'orchestre aime briller, voire rouler des mécaniques. « Si vous les regardez, ils jouent déjà trop fort », soulignait Richard Strauss dans ses conseils aux chefs d'orchestre. L'ambiance y est en général détendue, voire dissipée : les cuivres sont de bons vivants, volontiers noceurs. Chez certains, cette propension à la fête relève d'un côté jouisseur et jovial tôt entretenu dans les harmonies municipales à la française et les brass bands à l'anglo-saxonne. Chez d'autres, cela peut conduire à des abus qui s'assimilent parfois à de l'autodestruction, par exemple lorsque l'alcoolisme guette ceux qui n'ont pas la résistance nerveuse suffisante pour supporter la pression de pupitres très exposés. Globalement, si une répétition tourne à la bataille de polochons ou est interrompue par des plaisanteries de plus ou moins bon goût qui fusent entre deux remarques du chef, cela vient souvent des cuivres, les plus prompts à se dissiper : ils sont souvent les « grandes gueules » de l'orchestre, ce qui peut exaspérer les cordes issues de l'élégance des salons bourgeois, mais ne fait pas moins d'eux les plus « sympas » de l'orchestre. On leur fait la réputation de ne pas être des cérébraux, euphémisme pour les faire passer pour des idiots, lot également réservé aux ténors à l'opéra. Il s'agit évidemment d'un stéréotype doublé d'un cliché : ce n'est peut-être pas chez eux que l'on compte le plus grand nombre d'intellectuels, mais faire d'eux des « gros bœufs » serait désespérément réducteur. Nombre d'entre eux sont des musiciens sensibles et intelligents, ainsi que de merveilleux équipiers, et il suffit d'entendre parler le corniste Michel Garcin-Marrou ou le trompettiste Roger Delmotte pour apprécier l'étendue de leur culture, de leur curiosité et de leur acuité d'esprit. Quant à Roland Horvath, quatrième cor du Philharmonique de Vienne, il possède un doctorat en mathématiques. Il n'en reste pas moins qu'il s'agit d'instruments très physiques, dans tous les sens du terme : par la force et la santé qu'ils réclament, et aussi par leur dimension à la fois mécanique (avec leur attirail de pistons, coulisses, palettes, barillets et tubes) et physique (puisqu'ils reposent sur le jeu acoustique entre résonance naturelle et harmoniques).

La section des cuivres comprend quatre pupitres : cors, trompettes, trombones et tuba. Les cors ne sont pas tout à fait de la famille : ils le sont par le matériau, mais leur son doux et moelleux et leur fonction de charnière font d'eux un relais entre bois et cuivres, voire entre cordes et vents. Les trompettes sont les vedettes, avec leur son brillant et claquant au vent : elles sont capables de couvrir tout l'orchestre à elles seules. Les trombones ont une fonction plus harmonique que mélodique, avec un son profond et majestueux, et le tuba est seul de son espèce, quoiqu'il prolonge le pupitre de trombones. Contrairement aux bois, la structure des différents pupitres de cuivres est constrastée. Un orchestre symphonique compte en général sept à huit cors titulaires, avec souvent deux solos afin qu'ils puissent se relayer. La répartition des rôles au sein du pupitre est strictement fixée entre deuxième, troisième et quatrième cor. Ils sont même dix à l'Opéra de Vienne ou à celui de Paris. Le pupitre de trompettes se compose de quatre ou cinq titulaires (six à l'Opéra de Vienne, sept à celui de Paris) : une ou deux trompettes solos, une ou deux deuxièmes trompettes, une troisième trompette qui fait souvent office de cornet solo. Même configuration pour les trombones, le troisième étant titulaire du trombone basse. Le tubiste est seul, mais règne sur une famille nombreuse d'instruments de taille et tonalité différentes.

Contrairement à un pupitre de violons ou d'altos où les musiciens du rang sont noyés dans la masse, chaque joueur de cuivre est pour ainsi dire soliste. Mais comme l'écriture pour leurs pupitres recourt souvent aux accords, il est impératif que chacun sache exactement comment se situer dans le groupe : en volume, en intonation, en phrasé. Le quatrième cor, le deuxième trompettiste, le trombone basse, doivent être constamment à l'écoute de ce que joue le reste de l'orchestre, et surtout de ce que jouent ses voisins immédiats, pour être capable de réagir très vite et d'adapter son intonation. L'oreille est donc leur meilleur compagnon. D'où une impression fréquente de solidarité et d'attention mutuelle chez les cuivres, au-delà de leurs fanfaronnades et blagues douteuses. Sur le forum du site internet Trumpetherald figure un échange assez touchant. Un jeune trompettiste signale aux internautes qu'il vient d'être recruté par un orchestre au poste de deuxième trompette et n'en a aucune expérience : il demande des conseils. Un collègue familier du pupitre de première trompette lui répond en lui conseillant d'abord de demander à son trompette solo ce qu'il attend de lui : qu'il joue moins fort pour lui laisser la vedette, plus fort pour lui permettre de se reposer, de le soutenir ou de le suivre. Il lui conseille ensuite d'écouter constamment ce que jouent les autres et de réagir en fonction. Et enfin de savourer chaque minute passée dans l'orchestre…

En termes de répertoire, il est patent que, sur l'estrade de concert comme dans la fosse d'opéra, les cuivres gagnent en importance et en volume à mesure qu'on avance dans le XIXe siècle. Jusqu'à devenir l'égal des cordes et des bois chez Wagner, Bruckner, Mahler et Strauss. Ce qui ne doit pas nous faire oublier que la facture instrumentale a progressivement évolué vers des instruments de plus en plus sonores, l'une des explications (avec l'agrandissement des salles) de l'augmentation constante du nombre de cordes.

Les cors

Avec les cors, voici un pivot, une clé de voûte de l'orchestre. S'ils appartiennent logiquement à la famille des cuivres, ils demeurent inclassables car ils jouent sans cesse le rôle de charnière entre cordes, bois et cuivres. D'un orchestre à l'autre, ils ne sont d'ailleurs jamais à la même place : à droite ou à gauche, à côté des bois ou sur le même rang que les cuivres. Capables aussi bien de doubler la mélodie des violoncelles que de tenir un accord avec les bassons ou de renforcer la fanfare, ils apportent leur couleur chaude et la modulent pour lui donner une texture boisée ou cuivrée selon les besoins. Avant d'être un instrument soliste, c'est un rassembleur, ce qui renforce son côté foncièrement humain.

Un instrument névrotique

À cette dimension rassurante s'ajoute cependant un aspect résolument inhumain : le cor est d'une difficulté épuisante, tant physiquement que nerveusement. Si sa petite embouchure et sa perce conique lui confèrent un son doux et chaud, et non brillant comme la trompette, elles en rendent l'intonation particulièrement délicate. Quant à la longueur du tube, elle ne facilite guère la tâche de l'instrumentiste. Autrement dit : le cor traîne encore aujourd'hui la réputation de « boîte à canards »... Ajoutons que c'est le seul instrument dont le pavillon est tourné vers l'arrière, si bien que le son ne vous en parvient pas directement. Ce qui explique qu'il soit toujours un peu « en retard », sensation à laquelle l'instrumentiste doit remédier en anticipant.

Sur le cor naturel, présent dans la musique baroque et le cor de chasse, l'instrument ne dispose pas de pistons : la note se fait uniquement avec la pression des lèvres et la technique du bouchage, qui consiste à mettre la main dans le pavillon pour modifier la note d'un demi-ton. Couacs et fausses notes y sont donc impossibles à éviter, prix à payer pour une couleur infiniment séduisante. Lorsque le facteur Heinrich Stölzl dépose en 1818 le brevet d'un cor chromatique à pistons, c'est une révolution qui mettra cependant du temps à s'imposer. À la création de la *9e Symphonie* de Beethoven en 1824, sur quatre cors, seul le quatrième disposait d'un instrument à pistons : ce qui explique que le solo de l'adagio lui soit confié à lui, et non au premier. Ce n'est que vers 1850 que le cor chromatique gagne du terrain jusqu'à effacer le cor naturel, même si certains compositeurs font de la résistance : n'aimant pas le timbre agressif du cor moderne, Brahms composa toujours expressément pour le cor naturel, tout comme Bizet. Cela n'empêcha pas le cor chromatique de s'imposer, ne serait-ce que pour son plus grand confort : il permet de mieux contrôler la note et de jouer dans plusieurs tonalités sans avoir à manipuler l'instrument en ajoutant des « tons » (autrement dit, de la tuyauterie...) : presque tout le monde joue aujourd'hui sur un cor « double », pouvant se muer de cor en *fa* en cor en *si* bémol grâce à une palette.

Mais ce confort est tout relatif : le cor chromatique reste excessivement difficile. N'importe qui sursaute au moindre canard, or le corniste n'est jamais tout à fait sûr de ce qui va sortir de son instrument. Sans parler de la salive et de la condensation, ses pires ennemis : il faut voir les cornistes de l'orchestre, dès qu'ils ont quelques mesures à compter, retirer pompes et coulisses, souffler et secouer à qui mieux mieux pour vider l'eau. À la fin d'un concert, il n'y a plus qu'à passer la serpillère ! Malgré toutes ces précautions, le couac est une menace permanente, ce qui nécessite des nerfs d'acier. Sur le site internet de l'Orchestre symphonique de Baltimore, chaque musicien répond à un questionnaire. À la question : « Quelle est la chose la plus folle que vous ayez faite ? », la réponse la plus éloquente est celle du cor solo, Philip Munds : « Choisir le cor »…

Ajoutez à cela que le cor est un instrument transpositeur. Autrement dit, lorsque sa partie est écrite en *ut* et qu'il joue un cor en *fa*, on entendra un *fa* s'il joue un *do*. S'il joue le même *do* sur un cor en *si* bémol, on entendra un *si* bémol. Ce qui se complique encore si, comme c'est souvent le cas, sa partie est écrite en *ut* pour simplifier la notation, mais relève d'une autre tonalité. Nombre de cornistes prennent un malin plaisir à embrouiller les chefs : « Maître, ma partie est écrite en *ut*, or elle est en *mi* majeur et je joue un cor en *fa*, quelle note doit-on entendre ici ? » Si le chef n'est pas sûr de ses capacités solfégiques, il a tout intérêt à lui répondre : « C'est votre problème » pour ne pas se faire humilier en public… Combien de chefs, en répétition, ne se sont-ils pas retrouvés face à la situation de demander au corniste : « Pouvez-vous me rejouer votre *la* ? », pour se voir répondre sèchement : « C'est un *mi*. » Pour le corniste, transposer est devenu une seconde nature, ce qui fait dire à André Cazalet, cor solo de l'Orchestre de Paris : « Nous passons la moitié du temps à calculer dans quelle tonalité nous jouons, et l'autre à espérer que la note qui sortira de l'instrument sera la bonne. »

Une communauté organisée

Plus qu'aucun pupitre de vents, les cors sont liés par un esprit de corps et une logique de groupe. Souvent, lorsque le chef d'orchestre fait saluer le cor solo à la fin d'un concert, on voit celui-ci faire signe à ses collègues de se lever avec lui. Depuis l'époque classique, la division du travail règne au sein des pupitres de cors. Car si la tessiture de l'instrument couvre quatre octaves, les compositeurs ont très tôt réparti les tâches entre le grave et l'aigu. Dès l'époque de Haydn, Mozart et Beethoven, lorsque les cors allaient par deux, le premier jouait dans l'aigu et le deuxième dans le grave. À partir de l'époque romantique, lorsque l'effectif standard d'un pupitre de cors passa à quatre, on retrouva la même répartition : aux cors 1 et 3 l'aigu, aux cors 2 et 4 le grave. Cette répartition entre cors pairs et impairs a donné lieu à une véritable spécialisation, au point que, dans les orchestres allemands, les annonces de recrutement précisent si l'on cherche un cor aigu ou grave. Cela explique que, en cas d'impossibilité du cor solo, ce ne soit pas le deuxième qui le remplace, mais le troisième. Lorsqu'un poste vacant est mis au concours, son profil est donc souvent précisé comme suit : « troisième cor pouvant jouer le premier », ou « quatrième cor pouvant jouer le deuxième ».

Brahms est l'un des compositeurs qui ont le plus exploité cette organisation dans son écriture symphonique, au point que, lorsqu'il écrit pour quatre cors, il compose de fait pour deux paires de deux. C'est pourquoi, dans ses Concertos pour piano, il n'est pas rare que le troisième cor soit gratifié de solos aussi importants que le premier. Certains cornistes ont fait toute leur carrière au cor grave : leur solidité dans l'édifice harmonique est indispensable, ne serait-ce qu'à travers la « soufflante », cette note tenue sur laquelle repose l'accord. Manfred Klier au Philharmonique de Berlin, Volker Altmann au Philharmonique de Vienne autrefois, Philippe Bréas ou Pierre Turpin à l'Opéra de Paris, furent des modèles de fiabilité au deuxième ou quatrième cor, sans lesquels un pupitre n'est pas homogène : or, bien avant la virtuosité du soliste, c'est la cohésion du groupe qui est la qualité première d'un pupitre de cors. Si un seul des membres n'est pas du niveau des autres, c'est tout l'équilibre orchestral qui en souffre. Autant dire que chacun est constamment sous pression. Ce que confirme le ténor allemand Klaus Florian Vogt. Avant de devenir l'un des plus grands chanteurs wagnériens de notre temps, et de triompher sur les plus grandes scènes, il était corniste à l'Orchestre de l'Opéra de Hambourg. À un journaliste qui lui signalait qu'il avait fait un choix courageux en quittant l'anonymat de l'orchestre pour s'exposer dans les premiers rôles de ténor, il répondit : « Détrompez-vous, aucune pression n'est plus forte que celle qui règne au sein d'un pupitre de cors. » Même celle de chanter *Lohengrin* à Bayreuth !

Pour soulager les épaules du cor solo, il n'est pas rare d'avoir recours à une doublure. Ce qui explique, lors de certains concerts, la présence d'un cinquième cor alors que la partition n'en requiert que quatre, voire d'un neuvième si l'œuvre est écrite pour huit cors. Pour toutes ces raisons, il n'est pas rare que le cor solo, contraint d'être constamment au sommet de ses moyens nerveux, physiques et musicaux, recule en fin de carrière au troisième ou au quatrième cor. Au Philharmonique de Vienne, c'est une règle non écrite qui a presque force de loi : tout cor solo rétrograde à l'âge de cinquante ans, même s'il est en pleine possession de son art. Il est trop douloureux d'entendre un corniste défaillant, pour lui comme pour les auditeurs. Certains le vivent bien. André Gantiez avait été troisième cor de l'Orchestre national de France avant d'en être cor solo, puis il retourna tout naturellement au troisième pupitre quelques années avant la retraite, comme l'avait fait Georges Barboteu à l'Orchestre de Paris. Aujourd'hui, François Cagnon, qui fut le remarquable cor solo de l'Opéra de Paris, semble tout à fait épanoui au deuxième ou au quatrième pupitre. Il y a cependant des exceptions : Michel Garcin-Marrou à l'Orchestre de Paris, Pierre Del Vescovo au Capitole de Toulouse terminèrent leur carrière sans avoir quitté leur poste de soliste.

Cette organisation serrée se doit d'intégrer le critère de la fatigue. Quand un orchestre d'opéra allemand joue les plus longs des opéras de Wagner, comme *Le Crépuscule des dieux* ou *Les Maîtres Chanteurs,* on convoque deux équipes : la première joue le premier acte, la seconde les deux suivants. Parfois, il s'agit de petits arrangements entre amis. Ainsi, au concert du nouvel an du Philharmonique de Vienne, deux cors solos sont systématiquement présents. La raison ? Comme il est éprouvant de jouer sans cesse les contretemps des valses, le fameux « pom-pom » tombant sur le deuxième et le troisième temps, ils peuvent se relayer. Ainsi, dans une grande valse symphonique de Johann Strauss, où le thème est toujours repris dans un da capo, un corniste en joue la première apparition et son voisin la reprise.

Écoles nationales

Même si la tendance est aujourd'hui à une relative standardisation, il exista longtemps des différences esthétiques considérables dans l'approche de l'instrument. Là où les cornistes allemands cultivent un son ample, rond et chaud, essentiellement fondu, l'école française a longtemps préféré une sonorité plus claire et fine, une couleur plus raffinée. Le cor français privilégiait le chant, ce qui se traduisit longtemps par le vibrato. Au point que, lorsque Wilhelm Furtwängler dirigea pour la première fois un orchestre français, il s'arrêta en entendant le cor et déclara, bouche bée : « Comme c'est joli, on dirait du saxophone ! » Lucien Thévet fut longtemps le plus éminent représentant de cette école française, dont le vibrato faisait délicieusement chanter la *Pavane pour une infante défunte* de Ravel. Il défendit jusqu'au bout cette esthétique, ce qui lui valut de ne pas être retenu à la création de l'Orchestre de Paris en 1967. Prenant acte de l'évolution des orchestres, les fondateurs Marcel Landowski et Charles Munch décidèrent en effet de se mettre à l'heure moderne et de recruter des cornistes sans vibrato. Lorsque Georg Solti enregistra son célèbre *Ring* wagnérien chez Decca dans les années 1960, avec le Philharmonique de Vienne, on fit une farce au cor solo de ce dernier, Roland Berger : prétendant lui faire écouter les prises de son appel de *Siegfried*, on lui passa l'enregistrement de Lucien Thévet ! Avant d'identifier la supercherie, Berger fut catastrophé à l'idée de sonner aussi peu germanique ! Lorsque André Cazalet et Michel Garcin-Marrou alternaient au poste de cor solo de l'Orchestre de Paris, il était passionnant de comparer leur style, révélateur de deux générations différentes : le premier, représentatif de la nouvelle école, qui cherche à se rapprocher du son international large et puissant, le second, héritier du son français, plus fragile mais tout en finesse.

Le cor viennois est encore aujourd'hui un cas à part. Tout comme pour le hautbois, il s'agit d'un instrument de facture spécifique, qui n'est joué que dans la capitale autrichienne.

C'est un cor simple en *fa*, et non un cor double. Doté d'un tube particulièrement long, il est le plus proche de ce qu'était l'ancien cor naturel. Avantage : l'incroyable douceur de sa sonorité. Inconvénient : il canarde plus facilement. Les chefs ont eu des réactions très contrastées face à ce cas d'école. Furtwängler aimait plus que tout cette sonorité, et n'en souhaitait aucune autre dans les Symphonies de Bruckner, prêt à accepter les couacs comme un moindre mal : on s'en rend compte dans son *live* de 1951 de la *4*^e^ de Bruckner, où le corniste viennois se prend les pieds dans le tapis. Karajan, en revanche, ne supportait pas ces défaillances. Il tenta plusieurs fois de convaincre les Viennois de passer au cor allemand : en vain. Le particularisme fut plus fort. Aujourd'hui encore, ils jouent des cors viennois, mais fabriqués par… Yamaha !

Les écoles anglo-saxonnes ont une sonorité beaucoup plus cuivrée : autant, dans un orchestre allemand, le pupitre de cor est un prolongement de celui de violoncelle, autant, dans une phalange américaine, il est partie prenante de la fanfare, pouvant rivaliser avec trompettes et trombones. Les cornistes anglais sont moins clinquants que les Américains, mais plus agiles que les Allemands. On se gardera d'oublier les écoles slaves, moins connues pendant toute l'époque du rideau de fer. Les cornistes tchèques ont pourtant une tradition glorieuse, avec un son rustique mais raffiné, extrêmement typé, et un style très dansant dont la Philharmonie tchèque de Karel Ancerl témoigne, avec le grand Zdenek Tylsar au cor. Quant à l'école russe, dont le fer de lance fut Vitaly Bujanowski au Philharmonique de Léningrad de Mravinsky, elle se distingue par un vibrato aussi marqué que celui de l'école française de la même époque, mais avec une sonorité plus cuivrée pour faire pendant à des trompettes qui claquent. Le vibrato des cors se maintint très longtemps en Russie : idéal dans Tchaïkovski, il paraissait exotique dans

Bruckner. Mais aujourd'hui, quand on demande à Valery Gergiev si c'est un problème, il répond fièrement : « Nos cornistes savent aussi jouer à l'allemande. »

Morceaux de bravoure

Le pupitre de cors est particulièrement bien servi par les compositeurs. Depuis la *31e Symphonie « Appel de cor »* de Haydn, ils évoquent spontanément la chasse, comme dans le trio du scherzo de la *Symphonie héroïque* de Beethoven, le Chœur des chasseurs du *Freischütz* de Weber, le scherzo de la *4e Symphonie « Romantique »* de Bruckner ou celui de la Reine Mab dans le *Roméo et Juliette* de Berlioz. La musique romantique allemande leur fait une place privilégiée bien au-delà de cette couleur locale : ils ouvrent la *Grande Symphonie en ut* de Schubert avec une solennité nostalgique irrésistible, et évoquent tout le mystère de la forêt germanique dans le Notturno du *Songe d'une nuit d'été* de Mendelssohn ou l'Ouverture du *Freischütz*. Wagner leur réserve quelques-unes de ses pages les plus inspirées : ce sont les huit cors qui stabilisent l'un après l'autre l'accord de *mi* bémol dans le Prélude de *L'Or du Rhin,* c'est un canon des cors qui amène le lever du jour au deuxième acte du *Crépuscule des dieux*, c'est le pupitre entier qui fait retentir le si beau choral de Sachs, dans le prélude de l'acte III des *Maîtres Chanteurs*. Quant aux Symphonies de Bruckner, ils y sont tout simplement omniprésents, et ce sont huit cors majestueux qui ouvrent la *3e* de Mahler, qui leur demande même de se lever pendant la coda de sa *Symphonie « Titan »*. Cette proximité de l'instrument avec la culture germanique fut soulignée non sans humour par le compositeur Peter Eötvös. Dans son opéra *Trois Sœurs*, il attribue à chaque personnage un instrument : le hautbois pour Irina, la flûte alto pour Olga… et pour le Baron Touzenbach le cor… « parce qu'il est allemand ».

Au sommet des grands solos du répertoire symphonique trône la 5e Symphonie de Mahler, dont le scherzo prescrit la présence d'un « corno obbligato » à découvert. Certains chefs comme Claudio Abbado font jouer le soliste debout afin qu'il se détache mieux, Simon Rattle le fait même venir sur le devant de la scène, comme un concertiste. Mais ce n'est pas son seul morceau de bravoure. C'est lui qui déploie l'immense et étreignante mélodie du mouvement lent de la 5e de Tchaïkovski, c'est lui qui ouvre, pianissimo, comme un appel du lointain, la 4e de Bruckner, sur un mystérieux tremolo de cordes. Dans le finale de sa 1re Symphonie, Brahms exige de lui des prodiges de puissance pour évoquer le cor des Alpes. Fils de Franz Strauss, le corniste émérite de l'Orchestre de la Cour de Munich, admiré et détesté de Wagner, Richard Strauss ne manque jamais une occasion de servir les successeurs de son père : avec les traits virtuoses du début de Till Eulenspiegel, mais aussi le lyrisme crépusculaire du clair de lune, à la fin de son opéra Capriccio, ou du lied September, extrait des Quatre derniers lieder. Le rondo « Per pietà » que chante Fiordiligi au deuxième acte du Così fan tutte de Mozart finit en un mini-concerto pour cor, la Pavane pour une infante défunte lui confie le thème si doux et mélancolique que Ravel avait d'abord destiné au piano. Le cor solo prépare aussi la voie à l'allégresse finale de L'Oiseau de feu, et reprend avec lenteur et gravité le thème clamé au début du finale de la 5e de Chostakovitch.

Pour les cornistes appartenant à un orchestre d'opéra, le cheval de bataille est évidemment l'appel de Siegfried. Ce solo est de ces pages espérées et redoutées, rêve et cauchemar. Seul dans la coulisse pendant que le héros, au deuxième acte de Siegfried, souffle dans sa trompe en direction de l'oiseau et ne parvient qu'à réveiller le dragon, le cor solo est à nu pour jouer l'une des pages les plus virtuoses jamais écrites pour son instrument. La moindre défaillance faisant sursauter le public comme la chute du patineur après un double axel. Le plus grand spécialiste de cette page périlleuse fut Gerd Seifert, qui la joua 151 fois au Festival de Bayreuth, de 1961 à 1996, sans un canard. Mais son homologue Hans Pizka, de l'Opéra de Munich, lui conteste ce record, avec 153 exécutions publiques. Chiffre discuté, car il y ajoute les exécutions en bis de concerts, alors que Seifert ne compte que les interprétations dans le cadre d'une représentation de l'opéra… Pizka soumet ses élèves à une méthode particulière : ne présenter le solo de cor de Siegfried que si on l'a réussi dix fois d'affilée sans une faute.

Grands cors solos d'hier

Lucien Thévet fut le plus éminent représentant de l'école française de cor. Soliste de l'Opéra de Paris de 1941 à la dissolution de la Réunion des théâtres lyriques nationaux en 1973, et de la Société des concerts du Conservatoire de 1938 à son remplacement par l'Orchestre de Paris en 1967, il avait un jeu élégant et raffiné, qui lui valut des triomphes particuliers, comme lorsqu'il fut appelé à venir saluer sur la scène du Palais Garnier après la sonnerie de Siegfried. Il appartient à la dernière génération qui jouait l'instrument français Selmer, avec son troisième piston ascendant (et non descendant comme sur le système allemand). Il recevait des élèves du monde entier, mais c'est au Conservatoire de Versailles qu'il enseignait : la classe au Conservatoire de Paris était tenue par son homologue… et ennemi de l'Opéra-Comique, Jean Devémy, qui ne le saluait pas. Au même moment, à l'Orchestre national de France, Louis

Courtinat était un véritable poète de son instrument, tout comme Edmond Leloir à l'Orchestre de la Suisse romande d'Ernest Ansermet. Les entendre dans Debussy et Ravel est comme contempler des meubles anciens dont on ne retrouvera jamais les secrets d'ébénisterie.

L'évolution vers un style plus moderne et moins typé fut favorisée par leur cadet Georges Barboteu (1924-2006). Cet homme exceptionnel, qui commença sa carrière à Alger, avait fait partie de l'Orchestre de l'Opéra-Comique et des Concerts Lamoureux avant de rejoindre l'Orchestre de Paris en 1969. Professeur au Conservatoire de Paris de 1969 à 1989, il y forma des générations de cornistes d'élite, à commencer par André Cazalet, son successeur au Conservatoire et à l'Orchestre de Paris. Barboteu avait une curiosité insatiable : créateur d'œuvres de Messiaen et Stockhausen, il fit évoluer la technique de l'instrument et fut un des premiers à renoncer au vibrato typique de l'école française. Mais il avait aussi une personnalité haute en couleur : pantagruélique, il ne manquait jamais une occasion de se faire remarquer en répétition. L'un de ses sports favoris ? Insécuriser le chef d'orchestre… et railler ses collègues, comme ce pauvre violoniste Jean Gitton qu'il avait pris pour tête de turc. Ainsi, lorsque le chef arrêtait l'orchestre en répétition, il n'était pas rare que le silence soit troué par un retentissant : « Dieu que Gitton est laid… »

Le plus célèbre représentant de l'école allemande fut Gerd Seifert. Cor solo du Philharmonique de Berlin de 1964 à 1996, il avait un son parfaitement homogène et une technique infaillible. Le prix à payer ? Une personnalité impossible, qui lui valut l'hostilité des musiciens comme des chefs. Karajan le mit plusieurs fois à pied en le menaçant d'exclusion, mais le réintégra à chaque fois au grand dam de ses collègues, car il avait besoin de lui. Les musiciens n'étaient pas les seuls à faire les frais de ses sautes d'humeur. Un jour où il devait jouer une fois de plus à Bayreuth le solo de cor de Siegfried, il trouva une femme élégante assise sur la chaise où il avait l'habitude de lancer sa fanfare depuis la coulisse. Il lui fit signe de dégager, sans ménagement : « C'est ma chaise. » La dame bien mise commença à lui expliquer très poliment que Wolfgang Wagner, le directeur du Festival, l'avait autorisée à s'asseoir là pour suivre la représentation. Seifert durcit le ton en revendiquant sa chaise. Elle céda, mais à la fin du spectacle, le corniste fut convoqué par le petit-fils de Richard Wagner. La meilleure défense étant l'attaque, il commença par clamer que l'on ne l'y reprendrait plus et que si c'était comme ça, c'était la dernière fois qu'il jouait Siegfried. Ce à quoi Wolfgang Wagner répliqua : « Je crois en effet que c'était la dernière fois, car cette dame à qui vous avez manqué de respect, c'était la reine de Suède. » Pendant toutes ses années berlinoises, Seifert avait un alter ego en la personne de l'autre cor solo, Norbert Hauptmann : moins connu, ce Munichois était un homme doux et charmant, l'extrême opposé de Seifert. Il n'avait peut-être pas sa virtuosité, mais son jeu nous a toujours paru plus sensible et habité.

De l'autre côté du rideau de fer s'était maintenue au même moment une tradition saxonne remontant à Weber. D'une finesse élégante et d'un phrasé svelte, cette école romantique est cultivée à la Staatskapelle de Dresde, dont le plus grand cor solo fut l'exceptionnel Peter Damm. En Allemagne du Sud régnait un jeu plus chaleureux et spontané, illustré par le pittoresque Hans Pizka à l'Opéra de Munich, tandis que l'immense Wolfgang Gaag, avec ses cheveux roux, était un pilier des interprétations brucknériennes de Sergiu Celibidache au Philharmonique de la même ville. Dans les années 1980, les orchestres allemands accueillirent plusieurs virtuoses qui finirent par quitter leur emploi pour se lancer dans une carrière de soliste : on se souvient encore du passage d'Ab Koster au NDR de Hambourg, de Radovan Vlatkovic à l'Orchestre symphonique de la Radio de Berlin ou de Marie-Luise Neunecker à celui de la Radio de Francfort.

Côté britannique, l'astre qui luit encore dans le ciel des cornistes est l'irremplaçable Dennis Brain. Fils d'Aubrey Brain, le cor solo à la BBC, il opte pour l'instrument de son père, à qui il ne tarde pas à succéder comme leader de l'école de cor britannique. D'un talent précoce, il débute avec Adolf Busch dans le 1er Concerto brandebourgeois de Bach à dix-sept ans, passe la Seconde Guerre mondiale dans la Royal Air Force et mène une carrière de concertiste avant d'être appelé par Sir Thomas Beecham au Royal Philharmonic Orchestra, puis par Walter Legge au Philharmonia, dont le pupitre de cors devient sous son impulsion le meilleur du monde. Britten écrit pour lui la Sérénade pour ténor, cor et orchestre et Hindemith sa Sonate pour cor. Synthèse entre l'opulence de l'école allemande et la clarté de l'école française, sa sonorité ronde mais svelte, brillante mais chaude, et son legato parfait, faisaient merveille dans Mozart. Amateur de vitesse, il meurt dans un accident de voiture à trente-six ans. Alan Civil lui succéda au Philharmonia : c'est lui que l'on entend dans la scène finale du Capriccio de Strauss, dans la version de référence dirigée par Wolfgang Sawallisch avec Elisabeth Schwarzkopf, enregistrée le lendemain de la mort de Brain. Civil rejoignit ensuite l'Orchestre de la BBC. Bon vivant, assez porté sur la bouteille, il se faisait volontiers remarquer. Ainsi lorsque, dans un train, il demanda à la jeune fille assise en face de lui de baisser le volume de ses écouteurs. Lorsqu'elle refusa, prétextant que l'Angleterre était un pays libre, il sortit son cor et se mit à jouer, faisant fuir la gêneuse pour la plus grande joie des passagers. Civil fut un musicien de très grande classe, mais le véritable successeur de Brain en tant que virtuose fut Barry Tuckwell. Ce dernier finit d'ailleurs par quitter le London Symphony Orchestra, dont il fut cor solo de 1955 à 1968, pour mener une brillante carrière de concertiste international.

Aux États-Unis, si l'on ne peut oublier les figures de Philip Farkas à Chicago, Mason Jones et Nolan Miller à Philadelphie, Charles Kavalovski et James Stagliano à Boston, le roi des cornistes reste Myron Bloom. Cor solo de l'Orchestre de Cleveland de 1954 à 1977, il fut ensuite appelé par Daniel Barenboim à l'Orchestre de Paris, aux côtés du jeune André Cazalet. Il était censé discipliner l'esprit français, fort de ses années d'expériences du professionnalisme américain, mais on finit par le surprendre à se laisser aller à quelques plaisanteries bien gauloises (« on l'a eu à l'usure », se félicitaient alors ses collègues). Recruté par George Szell, il fut formé à la plus dure école : leur enregistrement du 1er Concerto pour cor de Strauss est l'un des meilleurs de la discographie. Szell veillait cependant à ce que son soliste ne prenne pas la grosse tête. Ainsi, lorsque, après ce concert triomphal à Carnegie Hall où le critique du New York Times louait les solos de Bloom en mentionnant son nom, Szell se retrouva avec lui dans l'ascenseur et lui dit avec un ton pince-sans-rire : « Je peux vous toucher ? »

Il y aurait un livre entier à écrire sur l'histoire du pupitre de cors du Philharmonique de Vienne, probablement le plus beau du monde. Y règne plus que partout ailleurs la notion de perpétuation et de succession, au sens familial du terme. Joseph Schantl tint la partie de cor solo lors des créations de la *3e* de Brahms et de la *8e* de Bruckner, et joua l'appel de Siegfried sous la direction de Wagner en 1875, lors d'un concert d'extraits précédant la première audition complète du *Ring*. Son successeur Karl Stiegler fut le cor solo des créations de *La Femme sans ombre* et *Ariane à Naxos* !

Le neveu de ce dernier, Gottfried von Freiberg, lui succéda, créant quant à lui le *2e Concerto pour cor* de Strauss en 1943 : directement apparenté à Schubert par sa mère, il avait une sonorité plus sombre, et la musicalité d'un chanteur de lieder. Il mourut d'un infarctus à cinquante-quatre ans. De ses deux alter ego, Josef Veleba était un chambriste émérite, et Hans Berger avait un son beaucoup plus brillant. Expatrié au Staatsoper de Berlin dans les années 1930, ce dernier revint à Vienne après guerre et fut le seul corniste autorisé à utiliser un instrument allemand double, pendant que ses collègues restaient fidèles au cor viennois simple en *fa*. C'est son fils Roland Berger qui lui succéda en 1958 au pupitre : musicien accompli, il avait une beauté sonore extrêmement séduisante et un art consommé du *pianissimo*. Il était le corniste favori de Leonard Bernstein, avec qui il joua l'intégrale des Symphonies de Mahler avec une grâce infinie. Grand collectionneur, il possédait des dizaines de cors, choisissant spécifiquement celui qu'il allait utiliser pour *Fidelio* ou pour *Tristan*. Il se rétrograda assez tôt, ce que fit aussi son collègue de pupitre Wolfgang Tomböck, celui-ci au profit de son fils Wolfgang Tomböck jr, tandis qu'au même moment Günter Högner était un cor solo sobre, au son clair, idéal dans la musique de chambre, comme en témoignent ses merveilleuses prestations au sein de l'Ensemble Vienne-Berlin.

Grands cors solos d'aujourd'hui

La légende vivante du cor aujourd'hui est sans conteste Dale Clevenger. Cor solo de l'Orchestre symphonique de Chicago depuis février 1966, il est un démenti à l'idée selon laquelle il est impossible de rester à ce pupitre exposé après l'âge de cinquante ans. D'une solidité à toute épreuve, cet homme rigoureux, à l'élégante barbe blanche et au brushing impeccable, est le fer de lance de la section de cuivres la plus puissante au monde. Sa sonorité n'en est pas moins ronde et pleine, typique du « golden sound » des orchestres américains. Le cor de Clevenger évoque un Boeing au décollage. Très soucieux d'homogénéité du son, il a développé une technique personnelle, reposant sur la théorie du « verre brisé ». Il invite ses élèves à l'écouter à un mètre de lui : on entend alors un son agressif et tonitruant comme un verre qui se brise. Il leur demande alors de s'éloigner de plusieurs pas et de s'installer au premier rang de la salle : le son que l'on entend alors est souple et chaud. Que l'auditeur se dirige vers le fond de la salle, l'impression sera la même. Il joue donc en calculant ses effets pour porter jusqu'au dernier rang du balcon. Dans l'école américaine, le seul à lui faire pendant aujourd'hui est l'indestructible cor solo du New York Philharmonic, Philip Myers, dont la sonorité est aussi considérable que la stature et l'embonpoint. Lui non plus n'est pas exposé aux défaillances techniques, mais le chef Kurt Masur passa les dix années de son mandat de directeur musical à lui demander de jouer moins fort : sans succès. James Sommerville à Boston, Richard King à Cleveland, le très charismatique William VerMeulen à Houston, complètent le paysage du cor américain, qui fut l'un des premiers à donner leur chance aux femmes : Julie Landsman est l'inébranlable cor solo du Metropolitan Opera de New York depuis vingt-cinq ans. Dès l'âge de treize ans elle avait rêvé d'occuper cette place, depuis qu'elle assistait aux spectacles en dirigeant ses jumelles de théâtre vers la fosse. Sa principale préoccupation : inspirer confiance aux chefs d'orchestre, leur montrer qu'ils peuvent compter sur elle. Elle semble avoir fait des émules, puisque c'est une de ses élèves, Jennifer Montone, qui a été recrutée au poste de cor solo de l'Orchestre de Philadelphie.

En France, le leader charismatique de l'école de cor est André Cazalet, digne successeur de Georges Barboteu à l'Orchestre de Paris comme au Conservatoire où il forme tout ce que les orchestres de l'hexagone comptent de cornistes. Mais il ne faudrait pour autant oublier l'incroyable solidité de Jean-Jacques Justafré au Philharmonique de Radio France, le panache virtuose d'Hervé Joulain, qui fut le brillant soliste de l'Orchestre national de France avant de se consacrer à sa carrière de concertiste puis de revenir au bercail, et le don d'ubiquité de Thierry Lentz, qui se partage entre l'Orchestre de l'Opéra de Lyon et celui du SWR de Baden-Baden. Formée par Cazalet, la génération montante est pour le moins brillante, avec Vladimir Dubois à l'Opéra de Paris, Benoît de Barsony à l'Orchestre de Paris, Antoine Dreyfuss à Radio France, Vincent Léonard au National. Mais le phénomène le plus époustouflant de ces dernières années reste David Guerrier. Vainqueur du Concours de trompette Maurice André à l'âge de seize ans, qualifié de « génie » par le maître lui-même, il avait commencé la plus brillante des carrières de trompettiste lorsqu'il devient à vingt ans cor solo de l'Orchestre national de France. Il s'était mis à l'instrument un an avant sans l'ébruiter. Au Conservatoire de Lyon on lui proposa la classe de cor alors qu'il y était encore élève : il dut démissionner comme élève car il est impossible d'être à la fois professeur et étudiant dans la même classe ! Passionné d'instruments historiques, il convainquit ses collègues de l'Orchestre national de revenir aux instruments français d'origine (ceux que pratiquait Lucien Thévet) pour jouer Debussy et Ravel. Mais il se passionne aussi pour le cor viennois, qu'il alla expressément étudier à Vienne. C'est le trompettiste solo des Wiener Philharmoniker, Hans Gansch, qui le recommanda à son collègue Wolfgang Tomböck jr, cor solo. Ce dernier, qui avait déjà trop d'élèves, consentit à contrecœur à l'auditionner chez lui, persuadé qu'il n'allait pas donner suite à la demande de ce petit Français. Il l'écouta jouer et le congédia effectivement, mais pour lui donner rendez-vous le lendemain car dans l'intervalle c'est lui qui allait devoir s'entraîner pour être à la hauteur de l'élève !

Le fleuron actuel de l'école allemande est Stefan Dohr, cor solo du Philharmonique de Berlin depuis 1993, après avoir occupé la même place à Francfort et à Nice. Avec son visage poupin, il semble n'avoir peur de rien, pas même lorsque Simon Rattle le place à côté de lui pour le solo de la 5e de Mahler. Sa sonorité est considérable et aussi ronde que lui, presque trop puissante. Tout le contraire de celle de son alter ego, le tchèque Radek Baborak, soliste d'une musicalité instinctive et formidablement chantante. Baborak est un phénomène à la Guerrier, puisque le principal orchestre de son pays, la Philharmonie tchèque, lui offrit le poste de cor solo sans avoir à passer de concours, à l'âge de dix-huit ans. Les orchestres allemands sont ouverts aux cornistes étrangers, comme le Hongrois Barnabas Kubina et l'Irlandais Markus Maskunitty au Deutsches Symphonie Orchester Berlin, l'Espagnol Ignacio Garcia à la Staatskapelle de Berlin ou l'Américain Eric Terwilliger, qui fut le cor solo de Celibidache au Philharmonique de Munich avant de devenir celui de Mariss Jansons à l'Orchestre symphonique de la Radio bavaroise. Mais avec Ivo Gass à la Tonhalle de Zurich, Johannes Dengler à l'Opéra de Munich où Jörg Brückner au Philharmonique de Munich, l'école allemande ne se porte pas mal pour autant. Sans parler du tout jeune Carsten Duffin, devenu en 2010 cor solo de la Radio bavaroise à vingt-trois ans.

À l'heure où le grand Wolfgang Tomböck Jr passe la main à son tour, le cor viennois s'interroge sur la relève. Cor solo du Philharmonique de Vienne, Ronald Janezic en est un formidable spécialiste, après toutes ces années passées à côté de son père Willibald, deuxième cor des Philharmoniker. Ce qui ne l'empêche pas d'être à la fois président, directeur sportif et entraîneur de l'équipe de football du Philharmonique de Vienne… Lars Michael Stransky a la particularité d'être allemand, ce qui ne va pas de soi dans cette communauté autrichienne.

Autres grands cors solos contemporains : le Britannique David Pyatt, qui fut élu « Musicien de l'année » par la BBC à quatorze ans et est l'impeccable soliste du London Symphony depuis 1998, et l'Italien Alessio Allegrini, successivement cor solo de la Scala de Milan et de l'Académie Sainte-Cécile de Rome, et dont le son chaud et ambré a séduit Claudio Abbado au point de faire de lui chaque été le cor solo de son Orchestre du Festival de Lucerne.

Les marques les plus jouées sont Alexander (Philharmonique de Berlin, Gewandhaus de Leipzig, Radio bavaroise, Vladimir Dubois), Paxman (London Symphony, Alessio Allegrini, Benoît de Barsony), Hoyer (André Cazalet), Yamaha (James Sommerville, Antoine Dreyfuss et Jean-Jacques Justafré), Schmid (New York Philharmonic).

Les tuben

Dans la famille des cors, on se gardera bien d'oublier les « Wagner Tuben » ou « tubas wagnériens ». Cet instrument bizarroïde, que les instrumentistes français ont pris l'habitude d'appeler les tuben en prononçant à la française (« tubènes »), sont une invention de Richard Wagner. Dotés de trois ou quatre pistons et d'une embouchure de cor, ils ont le pavillon vers le haut et non vers l'arrière, ce qui les fait ressembler à des tubas. Accordés en *fa* et en *si* bémol comme les cors, ils ont un son particulièrement grave et doux, presque une sonorité d'orgue. Wagner les utilise dans le *Ring*, en particulier dans *La Walkyrie* et *Le Crépuscule des dieux* : sur les huit cornistes requis, quatre ne jouent que du cor, les quatre autres alternent cor et tuben. Si les orchestres d'opéra allemands, habitués à programmer les opéras de Wagner, en disposent tout naturellement, la plupart des autres phalanges sont obligées de les louer selon les besoins. Mais ils sont aussi requis dans certaines symphonies de Bruckner, en particulier dans les passages les plus méditatifs et contemplatifs des mouvements lents de la *7*e et de la *8*e, auxquels ils confèrent une profondeur captivante.

Les trompettes

Le trompettiste est la « grande gueule » de l'orchestre. Instrument martial dès l'origine, il est celui qui appelle les guerriers au combat. Star des cuivres comme le flûtiste l'est pour les bois, il est capable de couvrir tout l'orchestre de sa sonorité claquante et brillante : ce ne sont pas soixante cordes qui vont lui faire peur. Les trompettistes sont bons vivants, voire fêtards : peut-être une réminiscence de l'ambiance populaire des harmonies-fanfares où beaucoup d'entre eux ont commencé. Ils ont d'ailleurs une grande versatilité stylistique, qui passe par le jazz, la variété, le music-hall, la musique militaire et l'harmonie, et non pas seulement par le classique, comme pour le violoniste ou le hautboïste. Ils sont facilement bravaches et dissipés, voire insolents : conséquence à la fois de leur côté gavroche, de la puissance un peu hâbleuse de leur instrument, et aussi du fait qu'ils ont de nombreuses mesures à compter, pendant lesquelles il est tentant de s'occuper autrement… Mais le trompettiste n'est pas vantard pour autant : il est trop exposé pour cela, et sait très bien qu'un « pain » fera sursauter une salle entière et ruinera la symphonie. Son côté vedette ne fait pas de lui un individualiste forcené : il règne en général au sein d'un pupitre de trompettes une bonne entente, nécessaire ne serait-ce que pour des raisons musicales, car il est indispensable que chacun de ses trois ou quatre titulaires règle sa sonorité, son intonation et sa dynamique sur celle des autres, et veille à s'intégrer au collectif. S'il semble faire le fanfaron et rouler des mécaniques, son métier est une invitation permanente à l'humilité.

Difficultés spécifiques

Avec sa colonne d'air qui fait se propager les ondes dans un tube cylindrique, la trompette exige de l'instrumentiste une santé parfaite. Ses lèvres doivent être robustes et les muscles labiaux solides pour faire rayonner le son, articuler et contrôler la justesse. Sans parler du coup de langue, essentiel pour le staccato ! Que les lèvres viennent à se fatiguer, et le jeu sera plus relâché : les chefs doivent le savoir, qui commettraient une lourde erreur en exigeant trop des trompettistes en répétition. Même phénomène pour les cornistes. Troisième cor du Philharmonique de Vienne, Franz Söllner fit une chute chez lui, tombant en avant et se sectionnant le nerf de la lèvre inférieure avec les dents : sa carrière de musicien était terminée. La dentition est essentielle aussi : la pression est si forte que l'occlusion doit impérativement être solide ! Retrouver son niveau de jeu après avoir eu les dents cassées dans une bagarre, comme le jazzman Chet Baker, reste une exception de taille.

On pense souvent au souffle comme étant la première des qualités requises pour un trompettiste : comme pour un chanteur, cela ne passe pas par une capacité thoracique surhumaine, mais par une respiration bien dosée, et par l'usage des muscles de la ceinture. C'est pourquoi nombre de professeurs encouragent les élèves à s'habituer à jouer avec peu d'air, utilisant au maximum les ressources de leur colonne d'air interne et maintenant le larynx ouvert : cela facilite l'émission des notes aiguës, alors que prendre une grande inspiration, avec ce que cela a de tentant, n'a pour effet que de refermer le larynx pour garder l'air dans les poumons ! On mentionnera enfin la circulation sanguine, grande alliée du trompettiste : cela se comprend aisément quand on sait qu'un contre-*ut* à la trompette représente environ vingt-cinq kilos de pression dans la tête…

Autre difficulté spécifique : si le son de la trompette paraît souvent agressif, c'est aussi parce que le *pianissimo* y est très difficile à obtenir. Le trompettiste d'orchestre est donc habitué dès son plus jeune âge à entendre à longueur d'année le fameux « trop fort » lancé par le chef d'orchestre, parfois même avant qu'il ait joué une seule note ! Jouer *piano* oblige à un contrôle physique beaucoup plus éprouvant, ce qui se remarque parfois au fait que, dans un long opéra de Wagner, les cuivres jouent beaucoup plus fort à la fin : c'est la fatigue qui est à l'origine de ce relâchement. Sans parler de la crainte du danger : lorsqu'un trompettiste tente d'émettre une note *pianissimo*, il n'est pas rare que celle-ci ne sorte pas du tout. Il n'en reste pas moins que certains préfèrent se faire plaisir. On pense notamment à cette réponse désarmante faite par un trompette solo de l'Opéra de Paris que ses collègues des cordes étaient allés trouver en délégation pour le prier d'épargner leurs oreilles agressées : « Si c'est pour jouer *piano*, ce n'est pas la peine. »

Question de matériel

Comme le cor, la trompette actuelle fut précédée historiquement par la grande famille des trompettes naturelles.

Point commun : ce sont des instruments simples, où la note est obtenue par la pression des lèvres. Vers 1770, on imagine des corps de rechange pour changer de tonalité, ce qui exige une manipulation telle que le compositeur doit prévoir suffisamment de mesures de silence pour changer de tuyaux. Comme le cor, la trompette bénéficie de l'invention par Stölzl du piston, vers 1815. Au XIXe, la trompette chromatique s'impose progressivement, d'abord avec deux, puis trois pistons. Leur présence a considérablement facilité la tâche des trompettistes, mais n'a pas rendu la justesse infaillible : l'intonation reste aléatoire, et le trompettiste ne doit compter que sur son oreille pour améliorer sans cesse sa justesse en réagissant à ce que jouent ses voisins. La vague du retour aux instruments anciens favorisée par le mouvement « baroqueux », a encouragé de plus en plus d'orchestres modernes à jouer Haydn, Mozart et Beethoven sur des trompettes naturelles, ce qui nécessite des instrumentistes polyvalents, à l'image de la nouvelle génération de cornistes, aussi versés dans le cor naturel que dans le cor chromatique. C'est ce qui se produit quand Nikolaus Harnoncourt dirige Beethoven avec le Chamber Orchestra of Europe, ou David Zinman avec la Tonhalle de Zurich.

Avant que l'amélioration de la facture permette de jouer facilement dans toutes les tonalités, il existait toutes sortes de trompettes. Hummel écrit pour la trompette en *mi* bémol, Debussy pour la trompette en *fa*, Tchaïkovski pour une trompette en *la*, la trompette en *ré* est utile pour le répertoire classique car plus précise, moins « baveuse ». Si l'on suivait les indications de Mahler, il faudrait changer d'instrument plusieurs fois par symphonie : or, on peut jouer aujourd'hui toutes ces parties avec le même instrument, quitte à y perdre en variété des couleurs. Deux instruments se sont imposés comme standards : la trompette en *si* bémol, enseignée dans le monde entier, et la trompette en *ut*, préférée en France à partir du niveau moyen, et la plus répandue dans le répertoire symphonique. Bien que la trompette moderne permette de jouer la totalité de la gamme chromatique sur deux octaves et une sixte, bien des partitions obligent l'instrumentiste à s'habituer à la gymnastique intellectuelle de la transposition, moins toutefois que son collègue corniste… On mentionnera encore la trompette piccolo, très prisée dans le répertoire baroque, et particulièrement utile pour atteindre le suraigu du *2e Concerto Brandebourgeois* ou du *Magnificat* de Bach. Elle aide parfois le trompettiste symphonique, par exemple à la fin de *Pétrouchka* : lorsqu'une sonnerie stridente évoque le fantôme du pantin, l'instrument piccolo est plus facile à jouer que la grande trompette, bien qu'il ne soit pas expressément requis par Stravinsky. Tout trompettiste qui se respecte a donc une âme de collectionneur ! Les marques de trompette les plus répandues dans les orchestres sont Bach, King, Yamaha, Courtois, Besson, Schilke, Lechner et Scherzer. Dans sa boîte à outils, il faudra tout un jeu de sourdines, dont les compositeurs font usage pour altérer le son : la sourdine sèche, qui donne la « trompette bouchée » au son nasillard, la sourdine bol, qui au contraire adoucit le timbre, la fameuse « pédale wa-wa », qui permet de faire dégueuler le son, etc.

À cela s'ajoute l'importance capitale de l'embouchure : elle a une influence déterminante sur le son, si bien que son choix est une priorité. C'est tellement vrai que, à l'aveugle, un auditeur averti remarquera moins la différence entre deux trompettes de marques différentes qu'entre la même trompette jouée avec deux embouchures différentes. William Vacchiano, trompette solo du New York Philharmonic, possédait deux cents embouchures !

Pistons ou palettes ?

Une fois choisie la tonalité de la trompette, reste à s'entendre sur un système. Car si la trompette à pistons est la plus fréquente dans les pays anglo-saxons et latins, l'Allemagne et l'Europe de l'Est ont opté depuis longtemps pour la trompette « à palettes », terme courant pour désigner les « valves rotatives ». Si sa tenue à plat est moins confortable et si les palettes sont plus dures à actionner que les pistons, elle a beaucoup d'avantages : une réponse plus rapide, l'absence d'usure, sa justesse plus fiable, et surtout un son moins clinquant, plus rond. Ce n'est pas un hasard si elle s'est généralisée dans les orchestres allemands : pour jouer le répertoire romantique germanique, ce son chaud et fondu est parfaitement approprié. On s'en rend compte a contrario, en entendant les trompettes à pistons françaises ou américaines claironner à l'excès dans Brahms ou Wagner. C'est pourquoi, de nos jours, dans les orchestres français, la plupart des chefs demandent aux trompettistes de prendre la trompette à palettes pour Bruckner ou Mahler, où ils gagnent en rondeur. Avantage non seulement musical, mais financier, puisque l'instrumentiste touche à chaque fois une prime… La réciproque n'est pas toujours vraie, car les trompettistes allemands ont le tort de ne pas prendre la trompette à pistons pour jouer Ravel ou Debussy, préférant le confort de leur instrument à valves rotatives au détriment du caractère de la musique : ce qui explique que les orchestres d'outre-Rhin ne sont pas toujours très typés dans la musique française.

Chevaux de bataille

La capacité de la trompette à dominer sans peine la masse sonore a encouragé les compositeurs à lui réserver de nombreux solos. L'une des pages les plus exigeantes reste le *Poème de l'extase* de Scriabine, où le premier trompettiste surfe pendant toute l'œuvre au-dessus de la vague orchestrale, constamment dans l'aigu. De quoi y laisser sa santé. On n'oubliera jamais la souveraineté du soliste de l'Orchestre d'État de Russie sous la direction d'Evgueni Svetlanov, au Châtelet : d'une puissance indestructible, cet homme aux cheveux blancs avait les joues moins rouges que le chef, et continuait imperturbablement à planer au-dessus du tutti alors que Svetlanov poussait l'orchestre à encore plus de décibels. Pendant les applaudissements, le chef le fit descendre jusqu'à lui et le fit saluer sur l'estrade en l'embrassant. Les *Tableaux d'une exposition* de Moussorgski orchestrés par Ravel sont un autre cheval de bataille de la trompette solo, qui ouvre l'œuvre avec le célèbre thème de « Promenade » clamé à découvert. Il revient un peu plus tard, pour l'impossible épisode de « Samuel Goldenberg et Schmuyle », cette dispute imaginaire entre deux juifs acariâtres, où la virtuosité est aussi sollicitée que le caractère, grinçant et ironique. La *5e Symphonie* de Mahler est un moment redouté de tous les trompettes solos d'orchestre : à lui, là encore, d'ouvrir l'œuvre, avec cet appel funèbre au rythme pointé, ou le trac et le manque d'échauffement rendent l'accident possible. Sans parler de l'expression juste, si difficile à saisir : en faire un morceau de pure dextérité serait une trahison à l'esprit de la symphonie. Debussy l'expose dans *La Mer*, Ravel la met face à un défi d'agilité canaille au début du *Concerto pour piano en sol*, Chausson lui confie le retour cyclique du beau thème de sa *Symphonie en si bémol*. Elle prend des accents jazzy dans le mouvement central du *Concerto pour piano en fa* et dans *Un Américain à Paris* de Gershwin, et elle annonce la libération des prisonniers dans *Fidelio* et l'ouverture *Léonore III* de Beethoven, dans un solo en coulisse que le philosophe Ernst Bloch interprétait comme le symbole de l'espérance. C'est aussi en coulisse que Verdi la convoque pour le jugement dernier, dans son *Requiem*. Verdi qui fit fabriquer des instruments spécifiques pour la scène du triomphe d'*Aida*, où c'est tout le pupitre qui brille de mille feux, comme dans l'ouverture de *Guillaume Tell* de Rossini, où il doit faire preuve de la plus grande cohésion dans le fameux rythme de chevauchée qui servit d'illustration à tant de dessins animés. C'est, enfin, le trompettiste de l'orchestre qui joue depuis la coulisse le fameux solo de cor de postillon du troisième mouvement de la *3e Symphonie* de Mahler : instrument naturel à forme de cor mais à embouchure de trompette, qui évoque comme en rêve tout un monde passé, avec une poésie facilement rompue par un excès de canards… On n'évoquera ici qu'en passant la trompette basse, requise par Wagner dans le *Ring* ou par Stravinsky dans *Le Sacre du printemps* : elle est jouée par un tromboniste…

Le cornet

Reste un avatar particulier de la trompette, qui n'est pas négligeable dans l'orchestre symphonique : le cornet à pistons. De silhouette plus replète et compacte que la trompette, cette invention du XIXe siècle permet un jeu plus souple et doux. Il reste indispensable dans certains répertoires, à commencer par la musique française. Berlioz, Bizet, Gounod ont expressément écrit pour le cornet : c'est trahir la couleur de leur musique que de les jouer à la trompette. Cela explique que les pupitres de trompette des orchestres français soient pour ainsi dire les seuls à maintenir des postes de cornet : c'est en général le deuxième ou troisième trompette qui est aussi crédité du titre de « cornet solo ». Il y a par exemple deux cornets solos à l'Opéra de Paris : certains des plus grands trompettistes français comme Pierre Thibaud, Éric Aubier ou Thierry Caens, ne furent jamais trompettes solos du Palais Garnier, se « contentant » de la place de cornet solo, que Louis Ménardi cumulait avec celle de trompette solo de la Société des concerts du Conservatoire. Jusqu'en 1943, il y eut deux classes séparées au Conservatoire de Paris. Depuis cette date, la classe est mixte, avec des prix séparés : Maurice André obtint son premier prix de cornet à pistons un an avant son prix de trompette. Prokofiev réserve au cornet les très évocateurs solos de *Lieutenant Kijé* et c'est à lui que Stravinsky destine la partie de trompette de *L'Histoire du soldat*.

Grands trompettes solos d'hier

Quand on pense aux légendes de la trompette orchestrale, un nom vient immédiatement à l'esprit : Adolph « Bud » Herseth. Cet homme fut une véritable anomalie de la nature. Né en 1921, il fut recruté en 1948 comme trompette solo de l'Orchestre symphonique de Chicago et ne quitta son poste qu'en 2001, peu avant ses quatre-vingts ans. En restant cinquante-deux ans trompette solo, il pulvérisa le record de William Vacchiano, qui le fut durant trente-huit ans au New York Philharmonic. Et la légende dit que Herseth ne fit jamais un « pain ». Juste une fois, pendant le mandat de Daniel Barenboim, son dernier directeur musical. Lorsque Barenboim le regarda, surpris de cette mini-défaillance, Herseth répliqua, pince-sans-rire : « Excuse me, it's my first job. » C'était vrai : entré à vingt-sept ans à l'Orchestre de Chicago, il était encore, cinquante ans après, dans son premier emploi ! Même l'impitoyable Fritz Reiner ne parvint pas à le mettre à la faute. Le chef hongrois essaya bien, un jour : lors d'une répétition, il faisait visiblement exprès de faire reprendre inlassablement le même passage comportant une partie de trompette très exposée, prenant à chaque fois un autre prétexte. Comprenant le manège, Herseth lui dit : « Écoutez, la répétition est prévue jusqu'à midi et demi, je jouerai jusqu'à midi et demi, cela ne me dérange pas. » Reiner renonça, comprenant que Herseth ne lui ferait pas cadeau de la moindre fausse note. Outre Reiner, Bud Herseth joua sous la direction de Walter, Stokowski, Szell ou Stravinsky, mais son préféré reste Pierre Monteux. Sa longévité est d'autant plus stupéfiante qu'il eut six dents cassées et treize points de suture à la lèvre à la suite d'un accident, mais retrouva malgré tout sa sonorité intacte. À soixante-quatorze ans, il déclarait ne plus être qu'à 80 % de ses capacités, mais c'était encore assez pour être le plus grand trompettiste solo d'orchestre, à la tête de la section de cuivres la plus réputée au monde. Barenboim disait de lui qu'il était la « conscience artistique de l'orchestre ». De fait, cet homme intègre n'acceptait pas n'importe quoi. Lorsque le chef lui demanda de jouer le finale de la *4*e de Brahms une octave plus haut pour que cela sonne plus brillant, il refusa tout net : « Ce concert est enregistré, je ne veux pas entrer dans l'histoire comme celui qui aura cautionné cela. » Il était un soutien solide pour le chef, à qui il avait coutume de dire : « Si vous vous perdez, je jouerai plus fort, suivez-moi. » Mais si l'on souligne ordinairement la puissance de feu des cuivres de Chicago, Herseth n'avait rien d'une brute : beaucoup plus que sur l'aspect physique, il insistait sur la respiration et le chant, la trompette étant pour lui une extension de la voix humaine. Ses modèles, Jussi Björling et Frank Sinatra, n'étaient pas trompettistes mais chanteurs.

Les trompettistes américains ont une place privilégiée dans le panthéon de l'instrument : que l'on aime ou pas la sonorité puissante et étincelante qu'ils confèrent aux cuivres, ce sont des surhommes ! William Vacchiano fut l'un d'entre eux. En 1935 il passa le même jour une audition pour le New York Philharmonic et le Metropolitan Opera, et reçut un contrat pour les deux. L'administrateur du Met lui conseilla le Philharmonique : « C'est une meilleure place, Dieu vous bénisse. » Lors du concours, Toscanini lui avait demandé de jouer trois fois de suite un passage *piano* de *La Mer* de Debussy, ce dont il s'acquitta sans difficulté. Il mettait encore un point d'honneur à utiliser des trompettes de tonalité différente selon les musiques. Professeur à la Juilliard School pendant soixante-sept ans, on estime qu'il eut environ deux mille élèves, auxquels il était tout dévoué, comme à son métier (il ne manqua jamais un concert). Parmi ses disciples, rien moins que Wynton Marsalis. L'un de ses prédécesseurs à New York, Harry Glantz, fut le trompettiste de Toscanini à la NBC, tandis que Bernie Adelstein était celui de George Szell à Cleveland : les enregistrements parlent d'eux-mêmes, tout comme pour le magnifique Gilbert Johnson, qui apportait à l'Orchestre de Philadelphie d'Eugene Ormandy un son riche et crémeux, tout à fait en phase avec le moelleux des cordes. Son solo du *Concerto en fa* de Gershwin avec Philippe Entremont est un baume pour l'oreille.

L'autre légende de la trompette américaine, avec Herseth, est un Français. Né en 1918, Roger Voisin avait onze ans lorsque sa famille s'installa à Boston où son père René avait obtenu un poste au Boston Symphony. Avec Georges Mager et Marcel Lafosse, tout le pupitre de trompettes de l'orchestre était français, ce qui lui donnait sa couleur inimitable. Voisin rejoignit ses maîtres en 1935 : René était opposé à ce que son fils entre si jeune, alors qu'il ignorait tout du métier. Il fallut une intervention des musiciens de Boston pour convaincre le père récalcitrant que personne ne jouait de la trompette comme son fils. Il resta quinze ans à la deuxième trompette, puis devint trompette solo en 1950. Les Américains adoraient sa sonorité suave, qui tranchait sur le clinquant habituel outre-Atlantique, et son léger vibrato hérité de l'école française : on le savoure particulièrement dans les nombreux enregistrements de Charles Munch, auquel le liait une grande complicité. Interrogé par le *Boston Globe* en 2003, cinq ans avant sa mort à quatre-vingt-neuf ans, Voisin déclara que ce qui lui manquait le plus était l'époque où, en écoutant un orchestre, on reconnaissait immédiatement qui jouait : aujourd'hui, les solistes sont plus anonymes et interchangeables.

Au même titre que les Américains, les Anglais sont des spécialistes des cuivres. Célèbres pour leurs fanfares, civiles et militaires, leurs trompettes sont brillantes et cuivrées sans être tonitruantes. Ils gardent toujours une forme d'élégance dans le brio. Philip Jones fut longtemps leur maître à penser. Fidèle à l'esprit free-lance des musiciens britanniques, il fut trompette solo de tous les orchestres londoniens à l'exception du London Symphony : Royal Philharmonic (1956-1960), Philharmonia (1960-1964 et 1965-1967), London Philharmonic (1964-1965) et BBC Symphony (1960-1971). Mais il se fit surtout connaître comme le formidable animateur du Philip Jones Brass Ensemble, l'un des meilleurs ensembles de cuivres au monde. Il y recruta la crème des trompettistes britanniques : John Wilbraham, son successeur à la BBC, pionnier de la trompette piccolo dans Bach au Royaume-Uni et accompagnateur de Shirley Bassey dans la musique de plusieurs *James Bond*, Elgar Howarth, brillant trompette solo du Royal Philharmonic avant de devenir un excellent chef d'orchestre. Le jour où, par mégarde, Jones roula en voiture sur sa propre trompette, il le prit comme un signe et arrêta de jouer. Il eut un successeur en la personne de John Wallace, étincelant trompette solo pendant vingt ans du Philharmonia, avec lequel il enregistra nombre de concertos en soliste, et fondateur de la Wallace Collection, groupe destiné à explorer le répertoire de cuivres. Mais le plus charismatique des trompettes solos d'orchestre reste Maurice Murphy, premier pupitre du London Symphony de 1977 à 2007, jusqu'à l'âge de soixante-douze ans. Formé au cornet, qu'il joua d'abord dans des fanfares et des big bands, avant d'opter pour l'orchestre symphonique, il était d'une sûreté à toute épreuve. Murphy est probablement le trompettiste entendu par le plus grand nombre d'auditeurs dans le monde entier, tout en restant anonyme : les bandes originales de *La Guerre des étoiles, Superman* et *Les Aventuriers de l'arche perdue,* c'est lui !

Comme pour les autres cuivres, l'école allemande de trompette est surtout axée sur le jeu d'orchestre, privilégiant le fondu à l'individualité. Les trompettistes allemands ont toujours cultivé un son large, misant sur la rondeur plus que sur l'acuité, s'interdisant de couvrir les cordes. Pendant ses années au Philharmonique de Berlin, Karajan compta d'abord sur la paire Fritz Wesenigk/Horst Eichler, puis, à partir des années 1970, sur le couple Konradin Groth/Martin Kretzer : des musiciens fiables et puissants, peu imaginatifs mais sans clinquant ni dureté, l'idéal pour ne pas faire tomber Bruckner, Wagner et Strauss dans la démonstration de force. En revanche, lorsque le même Karajan donnait la *Messe en si* de Bach, il recrutait spécialement des trompettistes français comme Pierre Thibaud ou Jean-Jacques Gaudon, car leurs homologues d'outre-Rhin n'étaient à l'aise ni dans le suraigu, ni dans les cascades de notes *staccato*. Rolf Quinque et Karlheinz Georgi au Gewandhaus de Leipzig, Willi Bauer à la Radio bavaroise, furent d'éminents représentants de l'école allemande. Le seul à avoir quitté cette voie balisée du jeu collectif fut Adolf Scherbaum : brièvement trompette solo des Berliner sous Furtwängler pendant la Seconde Guerre mondiale, il rejoignit ensuite l'Orchestre symphonique du NDR de Hambourg, tout en étant le premier à mener une carrière de soliste, notamment dans la musique baroque à la trompette piccolo : il fut le modèle de Maurice André. Plus près de nous, Ludwig Güttler, trompette solo de la Philharmonie de Dresde, prit son envol dans les années 1980 pour bâtir une discographie considérable avec son ensemble Virtuosi Saxoniae, devenant notamment un spécialiste du « corno da caccia », avatar moderne de la trompette baroque qu'il fit construire lui-même par un facteur de Leipzig. Après la chute du mur de Berlin, il lui fut reproché d'avoir été un collaborateur officieux de la Stasi, la police politique de RDA.

La question du style viennois à la trompette est un sujet d'âpre débat entre spécialistes. L'instrument n'est pas spécifique comme peut l'être le cor ou le hautbois dans la capitale autrichienne. Franz Dengler, trompette solo du Philharmonique de Vienne de 1918 à 1955, avait été formé à Dresde et jouait un instrument de facture saxonne. En revanche, la tradition qu'il transmit à ses nombreux élèves était clairement viennoise sur le plan du style, ce qui passe notamment par une grande attention au phrasé et au rythme. Il forma ses principaux successeurs au pupitre : Joseph Levora, Adolf Holler, et surtout Helmut Wobisch, qui se distingua par son attachement à la tradition viennoise, mais aussi par le fait que, déjà membre du parti nazi avant l'Anschluss, il fut l'un des thuriféraires de la politique hitlérienne au sein des Philharmoniker. Ce qui ne l'empêcha pas d'en être le gérant de 1954 à 1968 et de recevoir les plus hautes distinctions de la République autrichienne dans les années 1960. Walter Singer et Josef Pomberger occupèrent le pupitre à sa suite dans les années 1970 et 1980 avec fiabilité, sans jamais prétendre être autre chose que d'excellents musiciens d'orchestre.

Le père de l'école française de trompette est Eugène Foveau, trompette solo à l'Opéra de Paris pendant plus de quarante ans, mais aussi professeur au Conservatoire de Paris de 1925 à 1957. Un professeur extrêmement exigeant, que ses élèves n'ont jamais appelé autrement que « Maître ». Toujours inquiet, il avait avant un concert un trac tel qu'il buvait des litres de tilleul et grillait cigarette sur cigarette. Sa conception de la trompette était vocale : il s'inspirait des chanteurs d'opéra comme Georges Thill et faisait travailler la beauté du son et la pureté du legato, tout en exigeant aussi un jeu « propre ». Parmi ses plus brillants élèves figurent l'exceptionnel Roger Delmotte, qui fut trompette solo de l'Opéra de Paris, et Pierre Pollin, soliste de l'Orchestre national. Lorsque Delmotte débuta dans la fosse du Palais Garnier, il était assis à côté du Maître, qui lui donna une tape amicale sur la cuisse une fois la représentation terminée. Quant à Pollin, son vibrato très musical faisant le bonheur de Charles Munch. Foveau avait un rival en la personne de Raymond Sabarich, trompette solo de l'Opéra-Comique et de la Société des concerts du Conservatoire, professeur au Conservatoire de Paris de 1947 à 1966. Sabarich avait une personnalité bien différente de Foveau, qui n'aimait pas être comparé à lui (l'inverse n'étant pas vrai), et cultivait un jeu beaucoup plus physique, que l'on retrouve chez son meilleur élève Maurice André. Un autre de ses disciples, Albert Calvayrac, fut l'admirable trompette solo de Michel Plasson à Toulouse. Homme d'affaires avisé, Sabarich multipliait les expériences loin du classique, jouant aussi bien au Cirque Médrano que dans les orchestres de Raymond Legrand, Aimé Barelli ou Xavier Cugat. Le successeur de Foveau au Conservatoire fut le grand Ludovic Vaillant, soliste de l'Orchestre national où il défendait encore l'esthétique française claire et vibrée.

Mais le premier à s'affranchir de l'orchestre pour donner à la trompette ses lettres de noblesse d'instrument soliste fut Maurice André, né en 1933 : après être passé aux Concerts Lamoureux (1953-1960), au Philharmonique de l'ORTF (1953-1963) et à l'Opéra-Comique (1962-1967, succédant à son maître Sabarich tout comme il le fit au Conservatoire), il fut happé par la carrière de concertiste international que l'on sait. Premier en France à généraliser la trompette piccolo pour le répertoire baroque, invité du Grand Échiquier de Jacques Chancel, il est à la tête d'une discographie de deux cent cinquante-cinq titres et enregistra avec Karajan, qui disait de lui : « Il n'est pas de notre monde. » Son ambition de faire de la trompette l'égal du violon ou du piano s'accommodait mal des contraintes de l'activité d'orchestre, même s'il ne renia jamais cette période de sa vie. Ses élèves Guy Touvron, Bernard Soustrot, Éric Aubier ou Thierry Caens firent tous de brillantes carrières, influencés par son style qui tenta d'allier le rayonnement du son à la musicalité. On rappellera cependant que c'est son collègue Marcel Lagorce, formidable trompette solo de l'Orchestre de Paris, qui l'encouragea à se diriger vers la carrière de soliste : « Si quelqu'un peut le faire, c'est toi », lui dit-il en substance. Pendant ce temps, Lagorce assurait la transition de l'école française vers un jeu plus international.

Inclassables dans une école, les musiciens néerlandais ont cet avantage insigne d'être aussi à l'aise dans la civilisation germanique que dans la culture française. Ce serait injuste de passer sous silence les magnifiques trompettes solos du Concertgebouw d'Amsterdam, Peter Masseurs et son cadet Frits Damrow, des musiciens de très grande classe, avec qui la trompette devient un instrument racé.

Grands trompettes solos d'aujourd'hui

Difficile de succéder à ces dieux de l'Olympe. Il aura fallu quatre ans au Chicago Symphony pour trouver un successeur à Bud Herseth. On imagine aisément le poids qui pèse sur les épaules de Christopher « Chris » Martin, recruté en 2005 à vingt-neuf ans, alors qu'il était trompette solo de l'Orchestre symphonique d'Atlanta. Ce brillant musicien, qui participe régulièrement aux sessions de l'Orchestre Saito Kinen fondé par Seiji Ozawa à Matsumoto, est à la fois conscient de la difficulté d'être comparé à une légende vivante. Mais il se souvient aussi que son premier professeur lui enregistrait des cassettes avec « les plus grands tubes de Bud », et qu'il écoutait Herseth dans son walkman en se rendant à chaque leçon, puis en conduisant sa voiture. Il a donc grandi avec le son et le style Herseth en point de mire, comme s'il était programmé. Quant à ses collègues de la section de cuivres la plus réputée au monde, s'ils l'ont à l'œil, ils l'ont accepté parmi eux et s'efforcent de l'intégrer tout en lui laissant se faire sa place. Martin concède qu'il a dû hausser son niveau de jeu en arrivant à Chicago, et pas seulement en termes de volume. Autre succession délicate : celle de Maurice Murphy au London Symphony. Le choix de la jeunesse s'y est imposé avec le recrutement en 2009 de Philip Cobb, vingt et un ans, lauréat du Concours Maurice André et phénomène hors norme. Gageons que le fidèle Rod Franks, longtemps second de Murphy qu'il avait fait venir au LSO, assurera la continuité et prendra le jeune homme sous son aile pour garantir la meilleure transition possible.

Outre-Atlantique, les solistes des grands orchestres sont d'un niveau unique, mais beaucoup donnent raison à Roger Voisin, qui trouvait leur style interchangeable : si Michael Sachs, à Cleveland, est d'une souveraineté absolue, Charles

Schlueter à Boston ou David Bilger à Philadelphie sont un peu anonymes, plus que Manny Laureano à Minneapolis ou Glenn Fischtal à San Francisco, de vraies personnalités. Le plus charismatique des trompettes solos en activité reste Phil Smith au New York Philharmonic. Ce grand croyant, qui apprit le cornet pour en jouer dans la rue avec l'Armée du salut et considère son talent musical comme un don de Dieu, est d'une humilité qui tranche avec sa sonorité glorieuse. C'est aussi un perfectionniste : lorsqu'il vit programmée la *3e* de Mahler, il se souvint qu'il avait laissé échapper des canards dans le solo de cor de postillon la dernière fois qu'il l'avait joué, et décida de s'y préparer plusieurs mois à l'avance pour ne pas recommencer. En tant que chef de pupitre, il cherche à créer une atmosphère de confiance bien plus que de contrainte.

L'école allemande a beaucoup évolué depuis l'époque où Karajan était obligé de recruter des trompettistes français pour jouer les parties virtuoses dans l'aigu. Toujours axée sur le jeu en orchestre, elle a fini par intégrer la dimension solistique. Le plus impressionnant d'entre eux est Hannes Läubin, dont les deux frères Wolfgang et Bernhard sont aussi trompettistes professionnels. Pendant seize ans première trompette de l'Orchestre symphonique du NDR de Hambourg, il obtint en 1996 une chaire de professeur à la Musikhochschule de Munich. Depuis lors, il est de fait trompette solo de l'Orchestre symphonique de la Radio bavaroise sans en occuper le poste : préférant sa liberté pour pouvoir continuer à enseigner et à jouer en soliste et en musique de chambre dans quantité de festivals du monde entier, il ne passa jamais le concours et n'est pas salarié de l'orchestre. Il figure néanmoins sur la liste des musiciens permanents, avec la mention : « trompette solo invité ». Un invité permanent… Comme lui, l'étonnant Reinhold Friedrich, longtemps trompette solo de l'Orchestre symphonique de la Radio de Francfort, n'occupe plus de poste permanent, mais il revient régulièrement à l'activité d'orchestre au plus haut niveau, puisqu'il est le trompettiste attitré de Claudio Abbado au Festival de Lucerne où il illumine les symphonies de Mahler, avec un jeu dont les racines allemandes ont été métissées par ses études avec l'Anglais Edward Tarr et le Français Pierre Thibaud.

En dehors de Vienne, plusieurs Autrichiens jouent aujourd'hui dans les orchestres allemands (Florian Pichler au Philarmonique de Berlin, Florian Klingler au Philharmonique de Munich, Martin Angerer à la Staatskapelle de Berlin). On trouve aussi dans l'aire nordique un grand virtuose belge (Jeroen Berwaerts au NDR de Hambourg), et même des Français (Philippe Litzler à la Tonhalle de Zurich, Franck Pulcini au SWR de Baden-Baden, Guillaume Couloumy au NDR de Hambourg, et Guillaume Jehl, deuxième trompette au Philharmonique de Berlin, autant d'enfants de la trompette à pistons passés sans difficulté à la trompette à palettes). On constate surtout une véritable filière hongroise, puisque les deux trompettes solos du Philharmonique de Berlin, Gabor Tarkövi et Tamas Velenczei, sont magyars, l'élève de ce dernier Gabor Richter ayant quant à lui intégré le Gewandhaus de Leipzig. Car s'il existe encore des trompettistes allemands au profil de solide musicien d'orchestre, chefs et orchestres d'outre-Rhin semblent de plus en plus à la recherche de trompettistes brillants et agiles, plus que du son fondu d'autrefois. Ce qui explique par exemple le recrutement par Riccardo Chailly au Gewandhaus de Leipzig du virtuose suisse Giuliano Sommerhalder.

En France, les piliers de la trompette orchestrale sont Bruno Nouvion, indestructible soliste du Philharmonique de Radio France depuis 1986, et Marc Bauer, qui occupe avec brio le premier pupitre de l'Orchestre national depuis 1984 après avoir précédé Nouvion au « Philhar ». Si Bauer a le profil du musicien classique, dévoué au répertoire, Nouvion illustre l'éclectisme de l'instrument, puisqu'il est passé aussi bien par le jazz et les variétés que par l'ensemble de cuivres ou la musique contemporaine. Ils sont d'une solidité nerveuse qui fit défaut à l'excellent André Chpelitch, qui succéda à son maître Marcel Lagorce au premier pupitre de l'Orchestre de Paris avant de craquer face à la pression psychologique. Aujourd'hui, Frédéric Mellardi et Bruno Tomba se complètent à ce pupitre, le premier plus en finesse quitte à être parfois hésitant, le second avec un aplomb inébranlable. À l'Opéra de Paris, la succession du grand Roger Delmotte fut longtemps bloquée par le gel des recrutements dans les années 1980. Finalement, c'est Clément Garrec qui fut débauché de Strasbourg par Myung-Whun Chung au début des années 1990, prenant aussi la succession de Pierre Thibaud au Conservatoire de Paris. Tout comme son alter ego Pascal Clarhaut, il rétrograda au bout de quelques années, permettant l'arrivée de nouvelles générations avec Laurent Malet et Benoît Mathy, tandis que Pierre Gillet et son élève Alexis Demailly assuraient la pérennité du pupitre de cornet.

En province, André Henry, lauréat de nombreux concours internationaux, à l'Orchestre national des Pays de la Loire (puis en Chine !), Sylvain Ketels et Christian Léger à l'Orchestre national de Lyon, le très théâtral Jean-François Dion à Bordeaux sont les représentants d'une école où les influences étrangères sont encore peu nombreuses, si l'on excepte le Russe Vladimir Kafelnikov, débauché du Philharmonique de Saint-Pétersbourg par Alain Lombard à Bordeaux, ou le Suédois Matthias Persson, soliste éprouvé de l'Orchestre philharmonique de Monte-Carlo.

Les trombones

Héritier de la sacqueboute médiévale, le trombone, terme qui évoque étymologiquement une grande trompette, a vu son immense tuyau se courber en forme de « S » au Moyen Âge pour prendre moins de place, sa partie postérieure se trouvant reléguée derrière l'épaule de l'instrumentiste. L'invention de la coulisse, dès le XVe siècle, en fait le premier instrument en cuivre à disposer de l'échelle chromatique complète, quatre siècles avant l'invention du cor et de la trompette à pistons ! Longtemps réservé aux sonneries de fanfare des grandes cérémonies religieuses et aux polyphonies de Gabrieli et Scheidt, il est convoqué par Monteverdi dans l'*Orfeo* dès 1607, mais ne rejoint l'orchestre symphonique naissant qu'à petits pas : Gluck y a recours dans *Alceste*, Mozart fait appel à lui dans *Don Giovanni* et le *Requiem*, Beethoven ne le fait intervenir qu'à partir de la *5e Symphonie*. Il ne se généralise qu'avec la génération romantique.

Assis à la gauche des trompettes, le pupitre de trombone a une sonorité capable d'être tout aussi puissante, mais fondamentalement plus moelleuse et grave. Autrement dit, il peut tonner, mais le fait avec une sorte de grandeur imposante et calme. Moins véloce que la trompette, il est habitué à prendre son temps. Moins fin que le cor, il se sent parfois un peu lourdaud, ce qu'il compense par sa noblesse. L'embouchure plus large donne à l'instrumentiste un plus grand sentiment de confort qu'au trompettiste. Il a un rôle d'accompagnement et de soutien, plus que de soliste, ce qui ne fait pas de lui un anxieux comme le corniste ou le trompettiste : il rappellerait plutôt la bonhommie tranquille des contrebassistes, avec ce sens du collectif que donne la fréquentation, pour la plupart d'entre eux, des harmonies municipales et brass bands où ils ont souvent fait leurs armes avant d'opter pour le symphonique. Il règne en général au sein d'un pupitre de trombones une bonne ambiance, qui doit beaucoup à la personnalité du trombone solo, dont la fonction essentielle consiste à veiller à la balance sonore et à l'unité musicale, qui passe par les qualités humaines. Les marques les plus jouées sont Bach, Yamaha et Courtois.

L'organisation du pupitre

Si le pupitre de cors comprend entre six et huit titulaires, celui de trombones, comme les trompettes, en accueille trois ou quatre. Le trombone solo et le deuxième trombone jouent du trombone ténor en *si* bémol, dont l'étendue est de trois octaves et une quinte. Aujourd'hui, un barillet lui permet de combler une lacune dans sa tessiture, puisque le trombone ténor a des notes manquantes entre le *si* bémol et le *mi* graves. Le troisième trombone est, quant à lui, titulaire du trombone basse, un poste à part entière comme les hautboïstes ont le cor anglais solo, les clarinettistes la clarinette basse et les bassonistes le contrebasson. Jusqu'en 1982, au Conservatoire de Paris, le trombone basse était rattaché à la classe de tuba et saxhorn. Depuis cette date, il existe une classe spécifique de trombone basse, distincte de celle de trombone, ce qui légitime la reconnaissance de cet instrument comme une spécialité. Assis à l'orchestre entre le deuxième trombone et le tuba, il se reconnaît à son pavillon plus large. Jouant la basse, comme son nom l'indique, il se retrouve couramment doté de très courts solos, d'autant plus difficiles à jouer qu'il faut sortir de la masse pour quelques mesures avant d'y entrer à nouveau. Parmi les plus beaux, la *Symphonie « Rhénane »* de Schumann et le *Concerto pour violon « À la mémoire d'un ange »* d'Alban Berg. Depuis la mort de Claude Chevaillier, trombone basse solo de l'Opéra de Paris et professeur au Conservatoire de Paris, les spécialistes de l'instrument sont Olivier Devaure à l'Orchestre national, qui est son successeur au Conservatoire, Charles Verstraete à l'Orchestre de Paris, Frédéric Potier (aussi professeur au CNSM de Lyon) et Guillaume Varupenne à l'Opéra, Franz Masson à Radio France, Yves Bauer à l'Orchestre national de Lille ou Marc Salmon à l'Orchestre national des Pays de la Loire. À l'étranger, Johann Ströcker, du Philharmonique de Vienne, est sans conteste l'un des plus impressionnants, sans oublier Charles Vernon à Chicago, Blair Bollinger à Philadelphie, Paul Milner au LSO ou Ben Van Dijk à Rotterdam.

Chevaux de bataille

Le trombone solo d'orchestre a beaucoup moins d'occasions de se singulariser que le hautboïste, le clarinettiste ou le corniste. Les grands solos du répertoire se comptent sur les doigts d'une main. Le plus long et émouvant est celui du premier mouvement de la *3e Symphonie* de Mahler, monologue profond et sculptural, d'une beauté sombre et grave. Celui du *Boléro* de Ravel est l'un des plus connus et redoutés, occasion non seulement de phraser mais aussi de swinguer. Mozart est le premier à le mettre en avant comme soliste, dans le « Tuba mirum » du *Requiem* où il dialogue avec la basse pour évoquer le jugement dernier. Dans *Pulcinella,* Stravinsky lui donne un côté narquois. C'est Berlioz qui a fait le tour de toutes les possibilités techniques expressives de l'instrument dans l'immense solo de sa *Symphonie funèbre et triomphale* : manque de chance pour les titulaires, elle n'est jamais programmée…

Les traits d'orchestre les plus exposés sont joués par l'ensemble du pupitre, en général pour un effectif de trois trombones. Pêle-mêle, on peut mentionner la « Chevauchée des Walkyries », au troisième acte de *La Walkyrie* de Richard Wagner, ou le thème des pèlerins dans l'ouverture de *Tannhäuser* du même. Mais aussi les traits virtuoses des ouvertures de *Guillaume Tell* ou de *La Pie voleuse* de Rossini, de *Till Eulenspiegel* de Richard Strauss ou de la « Marche hongroise » extraite de *La Damnation de Faust* de Berlioz. Sans oublier sa propension au glissando, rendue possible par la coulisse mais qui ne fut exploitée que très tard par les compositeurs : les premiers furent Ravel dans *Daphnis et Chloé,* Stravinsky dans *Le Sacre du printemps* et Bartók dans *Le Mandarin merveilleux*. Mais le pupitre de trombones est aussi une école de patience ! Dans la *5ᵉ* de Beethoven, il n'intervient qu'à l'extrême fin, pour renforcer le tutti. Dans la *4ᵉ* de Brahms, son si beau choral wagnérien n'arrive qu'au milieu du dernier mouvement.

Des écoles contrastées

À moins d'opter pour le jazz, la musique contemporaine, l'ensemble de cuivres ou la musique de chambre (quatuors de trombone), le tromboniste classique n'a guère d'autre débouché que l'orchestre. Rarissimes sont ceux qui, comme un Maurice André à la trompette ou un Barry Tuckwell au cor, se consacrent à une carrière de concertiste. Le premier à le faire fut le Slovène Branimir Slokar, vainqueur du Concours de Genève en 1973 et de celui de Munich en 1974 : d'abord trombone solo des orchestres de Ljubljana, Berne et de la Radio bavaroise, il finit par renoncer à cette activité pour se produire en soliste, enseigner et enregistrer le répertoire soliste, se faisant le défenseur des concertos de David, Wagenseil, Leopold Mozart ou Henri Tomasi dans les années 1980. L'ébouriffant Canadien Alain Trudel, lui, se spécialisa dans la musique contemporaine, tandis que le génial Suédois Christian Lindberg est depuis trente ans une sorte de « Paganini du trombone », à la tête d'une discographie aussi considérable qu'éclectique, créant nombre d'œuvres nouvelles écrites pour lui.

Ces trois-là restent des exceptions : la plupart des grands trombonistes classiques font partie d'un orchestre. Les écoles sont assez nettement différenciées. Les Américains cultivent un son puissant, volontiers aligné sur celui des trompettistes, ce qui donne aux cuivres des formations d'outre-Atlantique cette vigueur et cette fulgurance, parfois à la limite du clinquant. Glenn Dodson à Philadelphie, Ralph Sauer à Los Angeles, en occupent le panthéon, le vétéran Jay Friedman à Chicago en est la légende vivante, lui qui fut le compagnon de route de Bud Herseth à la trompette. Trombone solo du New York Philharmonic depuis 1985, Joseph Alessi est le leader actuel de l'école américaine, représentée notamment par Nitzan Haroz à Philadelphie ou Peter Sullivan à Pittsburgh. Un seul a vaincu le protectionnisme américain : l'Italien Massimo La Rosa, trombone solo de la Fenice de Venise recruté par l'Orchestre de Cleveland.

Nourrie à l'influence des harmonies et brass bands immortalisés par le film *Les Virtuoses*, l'école anglaise est glorieusement cuivrée comme l'école américaine, mais d'un son plus canalisé, moins herculéen, dû à une perce moins large. Les trombones anglais sont puissants mais pas agressifs. Sid Langston à la BBC, Alf Flaszynski puis Arthur Wilson au Philharmonia, Evan Watkin au Royal Philharmonic, en furent les ancêtres après guerre. Mais c'est Dennis Wick qui reste le fer de lance de l'école britannique au XXe siècle. Né en 1931, il fut trombone solo du London Symphony de 1957 à 1988, formant une charnière idéale avec le trompettiste Maurice Murphy. Professeur depuis 1967, à la Guildhall School puis à la Royal Academy of Music, il est le tuteur des cuivres à l'Orchestre des Jeunes Gustav Mahler, fondé par Claudio Abbado. Il est immortalisé au disque dans des versions de référence de la *3*[e] de Mahler par Jasha Horenstein et de la *Symphonie funèbre et triomphale* par Sir Colin Davis. Pourtant, ce fut un quasi-autodidacte, puisqu'il quitta la Royal Academy au bout d'un an à peine, déçu par l'enseignement et soucieux de la subsistance de sa famille, ses parents n'ayant pas les moyens de lui payer des études. Il n'en est pas moins devenu un homme d'affaires avisé, fondant sa propre entreprise, la Denis Wick Products Ltd, devenue aujourd'hui l'un des principaux fabricants d'embouchures et de sourdines pour cuivres. Eric Crees et Michael Hext à Covent Garden, Dudley Bright au LSO, Byron Fulcher au Philharmonia sont aujourd'hui ses enfants, Helen Vollam à la BBC veillant à féminiser quelque peu ce monde d'hommes : elle a eu plus de succès qu'Abbie Conant, dont nous vous avons raconté les déboires à Munich. Preuve de l'internationalisation croissante du monde musical, le leader actuel de l'école de trombone britannique, Ian Bousfield, joue… au Philharmonique de Vienne ! Né en 1964, voici un véritable phénomène, qui commença le trombone à l'âge de sept ans, puis fut soliste du National Youth Brass Band à treize, avant de succéder à Dennis Wick au LSO à vingt-quatre. Comme s'il se lançait constamment de nouveaux défis, il se fit admettre en 2000 au sein de cette communauté d'élite très fermée que sont les Wiener Philharmoniker, alors qu'il ne vient pas du tout de la même école. Il s'y produisit même en soliste du *Concerto pour trombone* de Nino Rota, sous la direction de Riccardo Muti. Il est vrai que, contrairement au cor, on ne peut tout à fait parler d'une école viennoise spécifique : précédemment, l'Autrichien Rudolf Josel y côtoyait le Tchèque Gabriel Madas.

Sans surprise, l'école allemande est orientée sur le travail orchestral et le fondu plus que sur le brio. Elle exige la plus grande rigueur, et ce depuis son fondateur Paul Weschke, qui fut le tromboniste attitré du Festival de Bayreuth avant guerre, occupant le premier pupitre de la Staatskapelle de Berlin. Professeur très exigeant à l'Académie de Berlin, il arrivait à 7 h 30 du matin quand le cours commençait à 8 h, pour s'échauffer, et commençait toujours par faire faire toutes les gammes à ses élèves : ascendantes et descendantes, diatoniques et chromatique, mélodiques et harmoniques, majeures et mineures, rapides et lentes, dans la nuance *piano* et *forte*. Il réclamait une totale égalité de son, sur toute la tessiture, sans faire entendre les changements de registres. Il travailla aussi, avec la marque Kruspe, au développement d'un instrument dont il influença la facture. Conçue pour fusionner avec l'orchestre dans les grands chorals de Brahms, Bruckner et Wagner, cette école peut parfois paraître un peu lourde, mais elle fait sonner l'instrument avec une magnifique majesté. Alfred Storz en fut le fer de lance au Philharmonique de Berlin de Furtwängler, avant que Johann Dohms et Karlheinz Duse-Utesch contribuent à forger le son Karajan. Jürgen Ramin au Philharmonique de Munich fut un autre inspirateur. Aujourd'hui, le trombone allemand est dominé par l'élégant et sobre Christhard Gössling au Philharmonique de Berlin, dont le collègue Wolfram Arndt, au son plus opulent, quitta les Philharmoniker pour enseigner, continuant à jouer l'été au Festival de Bayreuth, remplacé à Berlin par Olaf Ott. À leur poste s'était présenté Thomas Horch, que les Berliner ne titularisèrent pas car il fit un canard dans le solo du *Boléro* de Ravel pendant son année probatoire : qu'à cela ne tienne, ce virtuose très réactif fut aussitôt engagé à la Radio bavaroise où il brille de mille feux. Là encore, les frontières ne sont plus étanches, puisque la Staatskapelle de Dresde a recruté le Français Nicolas Naudot, et le Philharmonique de Munich l'Espagnol David Rejano Cantero, élève de Gilles Millière au Conservatoire de Paris.

L'école française de trombone est bien différente de l'école allemande. Axée sur la qualité et la pureté du son, elle vise un jeu virtuose et léger, et est plus à l'aise dans la clarté de l'articulation et du détaché que dans les grandes orgues à l'allemande ou l'éclat à l'américaine. Au XXe siècle, ses pères fondateurs furent Louis Allard, soliste de l'Opéra-Comique et professeur au Conservatoire de 1888 à 1925, Henri Couillaud, trombone solo de l'Opéra de Paris, de la Société des concerts du Conservatoire et professeur au Conservatoire de 1925 à 1948, André Lafosse, son successeur à l'Opéra et au Conservatoire où il enseigna de 1948 à 1960, Gabriel Masson, successeur de ce dernier à l'Opéra (c'est lui que l'on entend dans l'enregistrement du *Boléro* de Ravel par Manuel Rosenthal). Leur jeu vibré, comme celui des cors et trompettes de la même époque, est très chantant, sans rien d'appuyé. Marcel Galiègue, dernier trombone solo de la Société des concerts et premier de l'Orchestre de Paris à sa fondation en 1967, avait encore cet esprit très vocal, avec une sonorité idéale pour la musique française, mais un peu légère pour le grand répertoire germanique. Son successeur, Yves Demarle, fit passer le trombone français à l'époque moderne, avec une densité et une ampleur qui donnaient toute sa puissance au solo de la *3e* de Mahler, tandis que Raymond Katarzynski à l'Opéra et Jean Douay à l'Orchestre national demeuraient plus proches de la tradition française.

Les années 1970 virent émerger une nouvelle génération de trombonistes français qui furent les premiers à avoir un rayonnement international : Gilles Millière, trombone solo de l'Opéra de Paris, est l'incontournable professeur au Conservatoire de Paris depuis 1982, tandis que son second trombone de l'époque, Michel Becquet, un virtuose accompli au jeu très imaginatif, créait la classe de trombone au CNSM de Lyon en 1980. Les trombonistes du monde entier viennent se perfectionner avec l'un ou l'autre. Les fleurons de l'école actuelle sont sans conteste possible Jacques Mauger, qui quitta l'Opéra de Paris en 1996 pour tenter une carrière de concertiste (il joue *Le Vol du bourdon* sur son énorme instrument avec la vélocité d'une flûte), le surdoué Jean Raffard, qui remporta la place de trombone solo de l'Orchestre du Concertgebouw d'Amsterdam mais préféra finalement revenir en France pour partager avec Daniel Breszynski le premier pupitre de l'Opéra de Paris et être l'assistant de Millière au Conservatoire, et l'étonnant Joël Vaïsse, un Marseillais haut en couleur qui mit du temps à se stabiliser : comme s'il voulait se persuader qu'il était meilleur que les autres, il tenta tous les concours d'orchestres et les remporta tous, devenant successivement trombone solo du Capitole de Toulouse, de l'Orchestre national de Lyon, du Philharmonique de Radio France et de l'Orchestre de Paris, avant de se sédentariser enfin à l'Orchestre national de France, dont il est le charismatique soliste depuis 1999. Aux pupitres de trombones français, on peut toutefois reprocher, malgré (ou à cause de ?) ces étincelantes individualités, une difficulté à se fondre réellement dans le son collectif.

Reste, une fois de plus, le cas spécifique des Pays-Bas, avec leur magnifique synthèse du germanique et du latin. Le plus grand trombone solo d'orchestre aujourd'hui est peut-être Jörgen van Rijen, soliste du Concertgebouw d'Amsterdam depuis 1997 (il avait alors vingt-deux ans). Parfait dans le jeu d'ensemble autant que soliste éprouvé, il possède à la fois la chaleur et la rondeur du son allemand, et la clarté française, qu'il est venue perfectionner à

Lyon avec Michel Becquet. C'est sans doute ce qui le rend indispensable à Claudio Abbado, dont il est chaque été le trombone solo au Festival de Lucerne.

Le tuba

Nous avons jusqu'ici évoqué « les » violoncelles, « les » hautbois, « les » cors ; voici « le » tuba : alors que tous les autres instruments mentionnés fonctionnent par pupitres, le tubiste est seul de son espèce. Il a donc bien le statut d'un soliste, mais on aura du mal à voir en lui un chef de pupitre ! Il n'est pas isolé du continent pour autant : assis à la gauche du trombone basse, il est le prolongement de la section des cuivres, dont il incarne la basse. Cet instrument énorme, tout en rondeur, avec son pavillon orienté vers le haut, semble susciter un mimétisme physique avec son titulaire, rarement mince comme un fil. Il est assez cocasse de mettre côte à côte le piccolo, instrument le plus petit et aigu de l'orchestre, et le tuba, le plus grand et grave. Un peu comme si vous rencontriez un yorkshire et un saint-bernard. Le tuba a la patience de ce dernier : conséquence directe de l'émission du son, puisqu'il existe un temps de réponse assez long entre le moment où il commence à souffler et celui où le son se forme. Ce qui l'oblige à être toujours un peu en avance pour jouer avec les autres, et impose au chef d'orchestre d'anticiper son geste : s'il donne l'attaque sur le temps, il n'obtiendra pas un départ immédiat ! Les tubistes ont parfois tendance à privilégier le volume, au détriment de la précision rythmique et de l'intonation. Rappelons enfin que, contrairement à la trompette, le tuba n'est pas un instrument claquant et clinquant, mais sa grosse voix cache une grande douceur.

Les ancêtres du tuba sont le serpent de l'époque baroque, qui se maintint peu ou prou jusqu'au milieu du XIXe siècle (il figure encore dans la nomenclature de la *Symphonie fantastique* de Berlioz ou de l'oratorio *Paulus* de Mendelssohn), et l'ophicléide (étymologiquement « serpent à clés »), son prédécesseur direct, que Berlioz prévoit encore dans la *Fantastique* et Mendelssohn dans l'ouverture du *Songe d'une nuit d'été*. Conçu en Allemagne vers 1835 par le facteur Moritz, le tuba bénéficia de l'invention des pistons et supplanta serpent et ophicléide. Berlioz, par exemple, n'avait guère de prédilection pour ce dernier, et accueillit comme une bénédiction l'invention du tuba, avec son égalité entre les registres et son accord plus juste.

Une famille d'instruments

Le tubiste est seul, mais il règne sur une famille d'instruments à donner le vertige. Rien que le tuba proprement dit se décline en tailles différentes : tuba basse en *fa* (préféré des Français, le plus répandu, souple et compact, le soliste de la famille), tuba basse en *mi* bémol (préféré des Anglais, la basse de l'orchestre d'harmonie, avec sa taille d'1, 10 mètre), tuba contrebasse en *ut* (le gros tuba de l'orchestre symphonique, qui réalise la « soufflante » dans les opéras de Wagner et les symphonies de Bruckner et Mahler), tuba contrebasse en *si* bémol (au son plus rond et doux). Mais comme si ce n'était pas déjà assez compliqué, le facteur Adolph Sax, inventeur du saxophone, développa à partir des années 1840 sa propre gamme d'instruments, les saxhorns, extension de la famille des tubas : lorsqu'il monta *Les Troyens* de Berlioz avec l'Orchestre révolutionnaire et romantique, John Eliot Gardiner en reconstitua toute la collection. Voici donc le saxhorn alto en *mi* bémol, tout petit tuba utilisé dans les brass bands et les bandas espagnoles, le saxhorn baryton en *si* bémol, utilisé dans les orchestres d'harmonie, le saxhorn basse en *si* bémol, appelé aussi « petit tuba », le saxhorn contrebasse en *si* bémol, réplique du tuba contrebasse. Sans oublier l'euphonium, instrument soliste qui est un clone du « petit tuba ». Et sans passer sous silence ces monstres que sont l'hélicon et le soubassophone, enroulé autour du buste afin d'être joué en marchant lors des défilés et parades : une star des fanfares militaires, qui n'a pas sa place dans l'orchestre symphonique. Notons qu'au Conservatoire de Paris, il existe deux classes distinctes : l'une de tuba, l'autre de saxhorn et euphonium.

Reste le cas particulier du cimbasso. Cet hybride est une sorte de trombone contrebasse à pistons. C'est avec en tête la sonorité de cet instrument spécifiquement italien que Verdi composait : aussi, lorsque l'on joue *La Traviata* ou *Don Carlo*, non seulement à Milan ou Florence, mais aussi à Paris, Londres ou New York, il importe de demander au tubiste de l'orchestre de troquer son instrument contre le cimbasso, plus timbré et léger. Il devrait s'y prêter de bonne grâce, à moins qu'il ne le demande lui-même, car outre le gain musical, la démarche lui rapportera un bénéfice financier sous forme de prime.

Chevaux de bataille

À part le *Concerto* de Vaughan Williams, le tuba classique n'est guère un instrument soliste. Mais il est davantage qu'un simple pourvoyeur de contretemps (« ploum-ploum ») dans les marches. Brahms ne lui attribue pas d'identité sonore particulière autre que sa fonction de basse : il était pour lui interchangeable avec le contrebasson, et s'il prévoit un contrebasson dans les *1re* et *4e Symphonies* et un tuba dans la *2e*, c'est uniquement en fonction de l'instrumentarium dont disposait l'orchestre pour lequel il composait (il n'y avait pas de tuba à Karlsruhe et Meiningen, alors que le Philharmonique de Vienne en comportait un).

Le tubiste de l'orchestre n'intervient que dans les œuvres composées à partir des années 1830 : il se retrouve au chômage technique les semaines où l'on programme Haydn, Mozart, Beethoven, Schubert ou Schumann. Mais ce sont deux tubas qui jouent le célèbre « Dies irae » du « Songe d'une nuit de sabbat » dans la *Symphonie fantastique* de Berlioz, partie d'abord écrite pour ophicléide. Le compositeur avait beau détester cet instrument, il est indéniablement intéressant d'entendre aujourd'hui sa sonorité plus rauque et inquiétante que celle du tuba, parfois trop beau dans cette atmosphère de cauchemar : des chefs comme John Eliot Gardiner ont mis au goût du jour ce retour aux instruments d'époque, grâce aussi à des musiciens comme le tubiste Marc Girardot, devenu le spécialiste mondial de l'ophicléide !

Les occasions de sortir de la masse ne sont pas si fréquentes pour le tubiste, qui est plus un soutien qu'un virtuose. Mais ce n'est pas un hasard si Wagner lui confie l'évocation du dragon Fafner dans *Siegfried*, dont on entend une réminiscence dans la *6ᵉ Symphonie* de Mahler. Mahler qui lui destinait déjà l'une des entrées en canon du thème de « Frère Jacques », dans le troisième mouvement de sa *1ʳᵉ Symphonie « Titan »*, accentuant le côté populaire de cette page pleine d'ironie. Massif comme un ours dans *Pétrouchka* de Stravinsky, il chante d'une seule voix avec le trombone basse dans le *Concerto pour violon « À la mémoire d'un ange »* d'Alban Berg. Wagner n'hésite pas à lui confier une partie purement mélodique dans l'ouverture des *Maîtres Chanteurs*, avec même un trille ! Wagner qui lui faisait déjà commencer la rare *Faust Ouvertüre* avec les violoncelles, en un ensemble délicat qui faillit provoquer un malentendu à l'Orchestre de la NBC : Toscanini fit reprendre ce passage trois, quatre fois au tubiste William Bell, qui finit par être insécurisé, se demandant ce qui n'allait pas. Ce que voyant, le chef lui dit : « Excusez-moi, tout va bien, c'était tellement beau que je voulais juste réentendre ce passage. »

Ses deux solos symphoniques les plus repérables sont celui des *Métamorphoses symphoniques sur des thèmes de Weber*, de Hindemith, et évidemment l'immortel « Bydlo » des *Tableaux d'une exposition* de Moussorgski dans l'orchestration de Ravel. C'est en effet au tuba que Ravel confie l'évocation du passage d'un lourd chariot qui s'approche et s'éloigne, tiré par des bêtes de somme à la peine. Et voilà que se repose la question de l'instrument ! Sur quel tuba jouer « Bydlo » ? Il est particulièrement inconfortable au gros tuba, véritable éléphant dans un magasin de porcelaine, sauf que son effet est vraiment caractéristique. Certains chefs préfèrent donc l'utiliser pour cette raison. Mais dans bien des cas, le solo est joué sur un petit tuba, autrement dit un saxhorn basse, à ceci près que dans ces cas-là, celui-ci n'est pas joué par le tubiste de l'orchestre, mais par un tromboniste !!! Vous suivez toujours ?

Le 14 décembre 2003, nous étions à Vienne pour assister à un concert du Philharmonique de cette ville dirigé par Mariss Jansons. Au programme : les *Tableaux d'une exposition*. Et voilà que le tubiste Paul Halwax embouche son gros instrument pour « Bydlo ». Résultat ? Le pauvre homme fit plusieurs canards. Quatre jours après, l'orchestre et le chef partis en tournée passent par le Théâtre des Champs-Élysées avec le même programme. Nous avions prévenu tout le monde : « Vous allez voir, il joue "Bydlo" sur le gros tuba ! » Arrivé au passage en question, on a la surprise de voir le tubiste rester immobile, tandis que Ian Bousfield, trombone solo, porte à ses lèvres un petit tuba. Le solo fut parfaitement chanté. Interrogé après le concert, le chef nous a confirmé avoir convaincu le tubiste, avec des trésors de diplomatie, que la prise de risque était excessive. Ce qui nous rappelle la réaction élégante du tubiste du Philharmonique de Radio France : à l'issue d'un concert où il avait été défaillant pendant son solo des *Tableaux d'une exposition,* le chef Myung-Whun Chung voulut le faire saluer mais il refusa de se lever, estimant ne pas mériter les applaudissements… Longtemps tuba solo de l'Orchestre philharmonique de Strasbourg, Joseph Vaillant nous expliqua qu'il avait essayé toutes les formules, le jouant sur le gros instrument (avec ou sans canard…), ou le confiant à un musicien supplémentaire spécialiste du saxhorn, engagé pour l'occasion. Quant à Hervé Brisse, à l'Orchestre national de Lille, il préfère le jouer lui-même, mais sur un euphonium…

Grands tubistes

Chaque instrument a ses titans. Arnold Jacobs est la légende du tuba d'orchestre. Soliste du Chicago Symphony de 1944 à 1988 après l'avoir été à Pittsburgh (déjà avec Fritz Reiner !), il forma, avec Adolph « Bud » Herseth à la trompette et Jay Friedman au trombone, la section de cuivres la plus admirée au monde. Pédagogue dans l'âme, il fut un professeur insurpassable, réputé s'adapter au niveau et aux attentes de chaque élève pour lui faire donner le meilleur de lui-même. « Je m'adresse à eux comme à des êtres humains et non comme à des tubistes », soulignait-il. Pour lui, le tuba n'était qu'un moyen et non une fin : raconter une histoire et faire parler la musique demeurèrent toujours ses priorités de musicien. Les superlatifs de ses collègues de Chicago, quand ils parlent de lui, ont quelque chose de quasi religieux : le tromboniste Edward Kleinhammer « remercie Dieu d'avoir donné Arnold Jacobs », et le hautboïste Ray Still déclare que

Jacobs fut « un don de Dieu pour tous les instrumentistes à vent ». Son influence sur le jeu des cuivres fut décisive, ce que le cor solo Dale Clevenger résume ainsi : « Tout joueur de cuivres en Amérique a étudié avec Arnold Jacobs, qu'il le sache ou non... » S'il se retira à l'âge de soixante-treize ans, ce n'est pas pour des problèmes de souffle ou de lèvres, mais uniquement de vue : il ne pouvait plus lire les partitions. Roger Bobo fut un autre grand maître du tuba outre-Atlantique. Tubiste d'Erich Leinsdorf à Rochester à la fin des années 1950, il fut celui du Los Angeles Philharmonic de 1964 à 1989 avec Zubin Mehta, Carlo Maria Giulini et André Prévin. Le phénomène actuel du tuba américain est Carol Jantsch : non seulement parce que, lorsqu'elle fut recrutée par Christoph Eschenbach à l'Orchestre de Philadelphie à vingt et un ans, en 2006, elle était le plus jeune membre de l'orchestre, mais surtout parce qu'elle fut la première femme à occuper le poste de tubiste dans un grand orchestre. Elle l'emporta devant 194 autres candidats.

Plusieurs instrumentistes américains firent leur carrière en Europe, y faisant évoluer les méthodes de jeu. Natif de Pennsylvanie et élève de Jacobs, Robert Tucci occupa le pupitre de l'Opéra de Munich tout en enseignant au Conservatoire Richard Strauss de la même ville, où lui succéda son élève Robert Walsh, originaire de Philadelphie, et qui joua dans la fanfare du Cirque Barnum avant de devenir le tubiste de Celibidache au Philharmonique de Munich. C'est du Connecticut que Donald Blakeslee se rendit à Amsterdam pour être tuba solo du Concertgebouw de 1964 à 2004. Mais la figure charismatique des expatriés d'outre-Atlantique reste le pléthorique Mel Culbertson, qui fut le tuba solo de Marek Janowski au Philharmonique de Radio France avant d'être appelé par Alain Lombard à Bordeaux. Fils d'un mécanicien de Virginie, qui compte parmi ses ancêtres des Écossais, des Allemands et des Indiens Cherokee, il avait déjà obtenu toutes les distinctions possibles dans les concours de jeunes musiciens, lorsqu'il étudia avec les mythiques Arnold Jacobs et Roger Bobo. Appelé par Zubin Mehta au Philharmonique d'Israël, il déclina l'offre en raison de l'instabilité politique du pays, préférant jouer dans les studios de cinéma de Hollywood avant de s'installer en Europe. Sa sonorité était immédiatement reconnaissable, et il enseigna inlassablement la méthode qu'il a lui-même développée, notamment au Conservatoire de Lyon, où ses élèves se retrouvent régulièrement en tête des concours internationaux et des auditions d'orchestre. L'actuel tubiste du Festival de Bayreuth, David Glidden, soliste à l'Orchestre symphonique de la Radio de Francfort, est lui aussi américain.

Côté britannique, Walter Legge fit appel à Clem Lawton en fondant le Philharmonia après guerre, et ne tarissait pas d'éloges pour son trille de rossignol dans l'ouverture des *Maîtres Chanteurs*. Son cadet John Fletcher fut d'abord au BBC Symphony avant de rejoindre le London Symphony. Compagnon de route du Philip Jones Brass Ensemble, il forma la fine fleur de l'actuelle école britannique, à commencer par son successeur au LSO, Patrick Harrild, dont la virtuosité éclate au grand jour dans son enregistrement du *Concerto* de Vaughan Williams, où il dément l'idée reçue selon laquelle le tuba est incapable de vélocité.

Longtemps dévouée au fondu orchestral, avec le grand Heinz Forker à la Staatskapelle de Dresde dans les années 1930 et 1940, surnommé le « champion du monde », ou l'imperturbable Paul Hümpel au Philharmonique de Berlin de Karajan, l'école allemande dut attendre l'incroyable Walter Hilgers pour avoir sa star du tuba. Né en 1959, ce surdoué était déjà professeur à Düsseldorf à dix-neuf ans, membre de l'Orchestre du Festival de Bayreuth à vingt, et obtenait la place de tuba solo du Philharmonique de Vienne à vingt et un ans. Il dut toutefois renoncer à ce poste pour raisons familiales, et s'installa à Hambourg où il fut successivement tubiste à l'Opéra puis à l'Orchestre symphonique du NDR, tout en animant l'ensemble German Brass. En 2005, comme pour rattraper une frustration de jeunesse, il rejoignit les Wiener Philharmoniker pendant deux ans, avant de se consacrer pleinement à l'enseignement, au jeu en soliste et à la direction d'orchestre. Son plus talentueux élève, Alexander von Puttkamer, avait vingt et un ans lorsqu'il rejoignit la Radio bavaroise, et vingt-quatre lorsqu'il prit la succession de Paul Hümpel au Philharmonique de Berlin, tout en assurant le Festival de Bayreuth l'été. « Putti » pour les intimes, il est le descendant d'une des plus grandes familles aristocratiques de Poméranie : il compte parmi ses ancêtres des généraux du Reich, la propre épouse de Bismarck et un directeur de la NASA.

Tuba solo de l'Opéra et de la Société des concerts du Conservatoire, Jean-Baptiste Mari opta finalement pour la direction d'orchestre. C'est donc à Fernand Lelong qu'il revenait de marquer durablement le paysage du tuba français. Il le fit en occupant le pupitre de l'Orchestre de Paris sous Munch, Karajan, Solti, Barenboim et Bychkov avec une fiabilité et une musicalité à toute épreuve, mais aussi en enseignant au Conservatoire de Paris. Représentant typique des familles de mineurs du Nord où l'on apprend la musique à l'harmonie municipale, il fit évoluer la facture, le jeu et le répertoire. S'il n'avait pas eu ce parcours, il serait sans doute devenu footballeur, puisque le Racing Club de Lens lui avait offert une licence professionnelle à l'âge de seize ans, ce à quoi son père s'était fermement opposé.

Parmi ses successeurs, la figure charismatique du tuba français aujourd'hui est Hervé Brisse. Tuba solo de l'Orchestre national de Lille et professeur assistant au Conservatoire de Paris, ce passionné est un véritable touche-à-tout : producteur d'émissions sur France Musique, réalisateur de documentaires sur France 3, fondateur et directeur d'harmonies municipales, il aime se lancer dans des projets un peu fous comme de réunir mille tubistes sur la Grand-Place de Lille… Son homologue au Capitole de Toulouse, Marc Ursule, fut lui aussi une très forte personnalité. Sur le plan instrumental, si l'on apprécie le sérieux de Bernard Neuranter à l'Orchestre national ou la relève représentée par Laurent Pézière et Fabien Wallerand, successeurs d'André Ballarin et Bernard Stachowiak à l'Opéra, le plus grand virtuose français du tuba est aujourd'hui le stupéfiant Stéphane Labeyrie, soliste de l'Orchestre de Paris. Cet élève de Marc Ursule et Mel Culbertson est d'une imagination musicale et d'une dextérité qui font définitivement oublier la prétendue pesanteur de l'instrument.

V
Les timbales

Après le premier violon, le timbalier solo est la personne la plus importante de l'orchestre. Ce sont d'ailleurs les deux seuls postes pour lesquels le concours de recrutement prévoit une épreuve au cours de laquelle l'instrumentiste joue avec tout l'orchestre. On remarquera au passage que, si un membre du pupitre de percussions est supposé jouer de tous les instruments, du triangle à la caisse claire en passant par les cymbales et le xylophone, la timbale constitue quant à elle un pupitre et une spécialité à soi seule, dont le titulaire n'est affecté qu'à cet instrument. Il arrive cependant dans certains orchestres que le premier percussionniste soit aussi deuxième timbalier.

La timbale se compose d'un fût en cuivre recouvert d'une peau dont on peut changer la tension à l'aide d'une clé ou d'une pédale, afin de modifier la note jouée. Car les timbales font partie des percussions à hauteur déterminée, contrairement par exemple aux cymbales qui ne jouent pas de notes à proprement parler. Autrement dit, les timbales s'accordent, et c'est même une activité essentielle du timbalier. Il faut le voir, pendant le concert, penché sur son instrument, le tapotant avec le doigt pour vérifier si l'accord n'a pas changé. Certains anciens regrettent que, si le standard technique est aujourd'hui très élevé, les étudiants ne soient plus assez formés à l'écoute : avant l'invention du diapason électronique, on s'accordait à l'oreille. Dans les concours d'orchestre, certains préconisent une épreuve de ce type, afin de vérifier si le timbalier, outre sa virtuosité, sait accorder ses timbales sur *la* et *ré* pendant que le pianiste joue un *do*.

On dit souvent du timbalier qu'il est le deuxième chef d'orchestre. Timbalier, c'est avant tout un état d'esprit : de même que le violoniste le plus virtuose ne fera pas forcément le meilleur premier violon, certains percussionnistes doués ne seront jamais d'authentiques timbaliers. Sa position géographique, tout en haut, face au chef, lui confère recul et hauteur de vue : il domine la situation, ne perdant pas une miette du spectacle depuis son poste d'observation. Longtemps timbalier solo de la Société des concerts du Conservatoire, puis de l'Orchestre de Paris, Jacques Rémy le comparait volontiers à une bernique accrochée à son rocher, qui se nourrit de toutes les sensations apportées par la marée. En contact visuel permanent avec le chef, qu'il ne quitte pas des yeux, il est le soutien rythmique de tout l'édifice, qu'il peut à lui seul faire tanguer ou remettre dans le droit chemin. Collègue de Rémy à l'Orchestre de Paris, François Dupin racontait avoir pris, un jour où l'orchestre et le chef étaient complètement perdus, la décision de jouer un coup de timbales n'intervenant que plusieurs mesures plus tard, mais qui constituait un repère connu pour les musiciens : comprenant ce signal, tout l'orchestre s'est recalé sur la timbale et a pu poursuivre le concert sans s'arrêter. C'est pourquoi, un jour où, trouvant la voiture de Karl Böhm en panne sur le bas-côté, Dupin l'aida à redémarrer, il eut beau jeu de lancer au maestro : « Ce n'est pas la première fois qu'un timbalier sauve un chef d'orchestre ! »

Le timbalier est le prolongement du bras droit du maestro. Sa hantise ? « Casser le bras » du chef, autrement dit attaquer avant que la baguette se soit abaissée. Il est vrai que cela se remarque autant qu'un canard du cor ou de la trompette : « On a les armes nécessaires pour bousiller un orchestre », se plaisait à dire Jacques Rémy. Le statut du timbalier est donc paradoxal : il est à la fois soumis au chef, et doit disposer d'une bonne dose d'autorité et de confiance en soi pour prendre l'initiative quand il le faut. Il se fond dans le son de l'orchestre, mais il l'influence aussi, prenant parfois des décisions qui ont des conséquences directes sur le jeu de tout l'orchestre. Si sa partie est si importante, ce n'est pas par sa difficulté technique (la caisse claire réclame plus de dextérité), mais par son pouvoir rythmique irrésistible. Comme l'écrivait François Dupin : « Si le timbalier ne transmet pas exactement le tempo que bat le chef, les musiciens se trouvent partagés entre celui que leur regard leur dicte et celui que les timbales leur enfoncent dans l'oreille. »

Il ne peut toutefois réaliser de miracles : un jour où un chef peu tonique laissait s'endormir la *Symphonie « Pathétique »* de Tchaïkovski, l'orchestre sombrant dans une somnolence coupable, Dupin tenta de réveiller tout le monde en jouant avec plus de force et d'énergie, mais lorsqu'il constata qu'il était le seul, il renonça car cela déséquilibrait entièrement l'édifice. Les Américains font volontiers la distinction entre les timbaliers qui jouent *« over »* et ceux qui jouent *« under »*, autrement dit ceux qui se détachent volontiers de la masse et ceux qui s'y fondent. En fait, le plus important pour un timbalier est de savoir exactement quand il doit être *« over »* et quand il doit être *« under »* (ce que Jacques Rémy prononçait « ovaire » et « oundaire »). Timbalier solo du London

Symphony Orchestra, l'Allemand Kurt-Hans Goedicke passait des heures à répéter le trémolo de timbales *pianissimo* sur un *si* bémol de la 5e de Mahler : « On doit percevoir la présence d'un bruissement, mais si on l'entend, c'est qu'il est déjà trop fort. Qu'une baguette rebondisse trop haut, et l'effet est ruiné. Mais la moitié de mes fichus collègues n'a pas la moindre idée de tout cela ! »

UN INSTRUMENT DE MUSIQUE

En allemand, on a l'habitude d'employer pour chaque activité musicale le verbe désignant l'action physique engagée : « streichen » (frotter) pour les cordes, « blasen » (souffler) pour les vents, « schlagen » (frapper) pour les percussions. Mais Oswald Vogler, timbalier du Philharmonique de Berlin sous Karajan, ne prisait guère cette convention de langage. *« Ich schlage nicht die Pauke, ich spiele die Pauke »*, disait-il (« Je ne frappe pas la timbale, j'en joue »). Si la timbale bat comme le cœur de l'orchestre, elle ne doit pas cogner pour autant, ou alors seulement lorsque c'est un effet expressément requis par le compositeur. Les timbaliers parlent de phrasé et de toucher, comme les pianistes. Soliste de l'Orchestre de Cleveland sous la direction de George Szell, Cloyd Duff écrivit l'article « Timpanist : Musician or Technician », où il reproche aux jeunes timbaliers de son époque de trop axer leur jeu sur la technique et pas assez sur la musicalité, obtenant un son spectaculaire mais sec et bruyant. Regrettant ce jeu mécanique, il le résumait ainsi : « Trop souvent aujourd'hui, la timbale est jouée avec une technique de caisse claire. »

Avant Beethoven, le rôle de la timbale est limité : chez Bach, Haydn ou Mozart, elle marque la tonique et la dominante, le plus souvent à l'unisson avec les trompettes.

Ce partenariat avec les trompettes est resté l'une des constantes de la partie de timbales, au point que le timbalier doit être géographiquement le plus proche possible des trompettistes pour se coordonner le mieux possible avec eux. À partir de Beethoven, les timbales prennent une autonomie de plus en plus grande. D'un jeu de deux timbales (*sol do* ou *ré la*), on passe à quatre, voire plus dans la musique postromantique et moderne. Si Haydn lui réserve des surprises dans sa *Symphonie* du même nom, la *94*ᵉ, dont le titre original allemand n'est pas pour rien *« Mit dem Paukenschlag »* (« Symphonie au coup de timbale »), et dans la *103*ᵉ *« Roulement de timbales »*, c'est Beethoven qui est le père fondateur de l'écriture pour timbales : ses symphonies sont la bible des timbaliers. Dans l'*Héroïque*, le timbalier ponctue, interrompt, relance, dans la *5*ᵉ il mène l'immense crescendo qui conduit du scherzo au finale. Mais c'est dans la *9*ᵉ que les timbales deviennent instrument soliste à part entière, avec le virtuose scherzo, qui peut être considéré comme le premier solo de timbales. Réminiscence de l'orage de la *Pastorale* de Beethoven, Berlioz réclame quatre timbaliers pour évoquer le tonnerre au loin dans la « Scène aux champs » de sa *Symphonie fantastique* : non pour augmenter les décibels, mais pour jouer sur la palette de couleurs et les effets de rapprochement et d'éloignement. Il convoquait dix instrumentistes pour sa *Grande messe des morts*, avec pas moins de seize timbales !

Les parties de timbales des symphonies de Brahms sont essentielles, et ce dès la *1*ʳᵉ, qui s'ouvre avec leur scansion lancinante. Sans parler de la deuxième partie, « Denn alles Fleisch », du *Requiem allemand*, où le timbalier conduit la progression de l'orchestre et du chœur. Wagner fait d'elles un rouage essentiel de son dispositif, pour créer des atmosphères, jusqu'à l'exposer en soliste dans la « Marche funèbre» du *Crépuscule des dieux*, où François Dupin n'oubliait jamais qu'il incarnait les battements de cœur de Siegfried agonisant. Après un effet particulièrement réussi dans *La Walkyrie,* Daniel Barenboim arrêta l'Orchestre de Paris et dit à Jacques Rémy: «Ce coup de timbales vaut un an de salaire.» Bruckner emboîta naturellement le pas de son idole, soumettant le timbalier à d'interminables roulements *pianissimo*, nécessitant souplesse et endurance beaucoup plus que force pure, même si le public remarque davantage ses martèlements dans le scherzo et le finale de la *8ᵉ Symphonie.* Quant à Richard Strauss, il a gâté les timbaliers, notamment dans le célèbre début d'*Ainsi parlait Zarathoustra*, immortalisé par Stanley Kubrick dans *2001 l'Odyssée de l'espace.* Résolument soliste et virtuose dans *Le Sacre du printemps*, la timbale est à la fête dans les symphonies de Mahler, notamment la *3ᵉ* où deux timbaliers scandent la péroraison du finale avec une grandeur écrasante, et la *5ᵉ* où la timbale reprend le thème initial de la trompette au milieu du premier mouvement. Ces compositeurs ont fait de la timbale un instrument mélodique et non plus seulement rythmique.

Celui qui, après Berlioz, a le plus fait pour faire entrer l'instrument dans l'époque moderne est Bartók, qui a exploité toutes les ressources de la timbale mécanique où une pédale remplace les clés qu'il fallait tourner pour tendre la peau: parmi ces nouvelles ressources, le glissando, dont le compositeur hongrois fait un usage audacieux dans la *Musique pour cordes, percussion et célesta* et le *Concerto pour orchestre*, sans parler du *2ᵉ Concerto pour piano*, où le timbalier dialogue à parts égales avec le pianiste (tout comme dans la *Burlesque* pour piano et orchestre de Richard Strauss, que la timbale ouvre et referme). Et si la *1ʳᵉ Symphonie* de Chostakovitch, les *Variations Enigma* d'Elgar ou les *Métamorphoses symphoniques sur des thèmes de Weber* de Hindemith comportent de spectaculaires solos de timbales, l'effet le plus saisissant survient dans le dernier mouvement de la *4e Symphonie « Inextinguible »*, de Carl Nielsen, où deux timbaliers se livrent à une véritable joute.

Peau ou plastique ?

De l'époque baroque à la fin des années 1950, la membrane des timbales était en peau animale (veau presque partout, chèvre à Vienne), de même que les cordes des violons étaient en boyau. Après guerre se sont développées les peaux synthétiques, au point que le plastique a commencé à remplacer le veau. Avantages ? Il s'use beaucoup plus lentement, tient bien plus longtemps l'accord quelle que soit l'hygrométrie, et peut absorber des chocs plus violents, ce qui est appréciable quand on pense à l'augmentation constante du volume sonore des orchestres. Inconvénients ? Un son moins centré, moins beau, moins coloré. Si les orchestres baroques ont remis au goût du jour les timbales en peau, certains pays ne les ont pas attendus : si les États-Unis ou la France sont passés depuis plus de cinquante ans au plastique, nombre d'orchestres allemands sont restés fidèles à la peau animale sur les timbales modernes, à commencer par le Philharmonique de Berlin, mais aussi les orchestres de l'ex-RDA comme la Staatskapelle de Dresde ou le Gewandhaus de Leipzig.

En France, deux timbaliers ont fait de la résistance : Benoît Cambreling à l'Orchestre national de Lyon et Denis Riedinger au Philharmonique de Strasbourg, ont convaincu leurs orchestres respectifs d'opter pour la peau animale, malgré un coût bien plus élevé. Ils furent longtemps les seuls de leur espèce, jusqu'à ce qu'une tendance se dessine dans les orchestres parisiens. Alors que Frédéric Macarez reste fidèle au plastique, arguant du fait que les cuivres à large perce et les cordes en métal des orchestres modernes neutraliseraient les timbales naturelles, Adrien Perruchon et Jean-Claude Gengembre firent l'expérience de la peau à l'Orchestre philharmonique de Radio France, avec succès. Mais autant les timbaliers nés avant guerre ont tous connu la peau avant de passer au plastique, autant les générations plus récentes n'ont souvent fait leur apprentissage que sur synthétique. Aussi, lorsque Kurt Masur, élevé dans la grande tradition allemande, demanda à Didier Benetti, premier timbalier de l'Orchestre national de France, d'utiliser une peau animale, celui-ci eut d'abord des sueurs froides. Lors de sa première répétition, le diapason d'une timbale monta d'une tierce et il fut incapable de la réaccorder ! Masur fut compréhensif, le timbalier terriblement embarrassé. La fois suivante, il utilisa une éponge humide pour nettoyer sa timbale : la peau se gondola, devenant impraticable jusqu'à ce qu'elle ait séché !

Qu'elles soient en peau ou en plastique, tous les orchestres modernes utilisent aujourd'hui des timbales mécaniques à pédales, la marque la plus répandue étant la firme anglaise Premier, qui a une situation de quasi-monopole. Tous ? Non. Deux villages gaulois sont irréductibles : le Philharmonique de Vienne et le Concertgebouw d'Amsterdam, qui utilisent encore des timbales à clés, où l'on tend la peau en tournant des poignées disposées sur les côtés. Le Philharmonique de Vienne joue un modèle spécifiquement viennois : la timbale « Hochrainer », du nom de son concepteur, Richard Hochrainer, ancien timbalier solo des Wiener. Comme pour le cor ou le hautbois, les Viennois tiennent à leur exception culturelle. Le Symphonique de Vienne était passé aux timbales modernes à pédales, lorsque son actuel titulaire,

Michael Vladar, un élève de Hochrainer, fit acheter par l'orchestre des timbales Hochrainer à clés, spécialement pour lui. Il y pratique tout le répertoire, y compris Bartók, réputé injouable sur ce modèle. Il a juste besoin d'une bonne volonté lorsqu'il s'agit de jouer un glissando : il devra une bière au collègue serviable qui se sera dévoué pour tourner la manivelle pendant que lui joue… Ces instruments sont les héritiers des timbales Schnellar, baptisées d'après le nom du prédécesseur de Hochrainer au Philharmonique, Hans Schnellar. L'Orchestre du Concertgebouw d'Amsterdam joue encore aujourd'hui des timbales Schnellar. Une peau animale doit être changée environ deux fois par an, ce qui, à cinq cents euros la peau, représente un investissement non négligeable…

Les baguettes

Si le hautboïste gratte lui-même ses anches, le timbalier est responsable de la confection de ses baguettes. Il dispose de tout un attirail, une cinquantaine de paires environ, dont il utilise couramment une douzaine. Des petites baguettes en bois, au son très sec et dur, aux baguettes en feutre en forme de barbe-à-papa, la palette est considérable, en fonction de l'effet désiré. Si certains chefs se targuent de donner des conseils en la matière au timbalier, la plupart se contentent de lui indiquer leur intention musicale, à charge pour le timbalier de trouver les baguettes appropriées pour produire le son souhaité. Certains chefs, toutefois, ont des idées originales : ainsi lorsque, pour obtenir une couleur étrange dans *Le Sacre du printemps,* Leonard Bernstein demandait au timbalier de réaliser un roulement très fort en actionnant au maximum la sourdine. Mais les baguettes sont de plus en plus souvent préfabriquées, solution de facilité pour l'étudiant, si bien que dans certains pays, la confection des baguettes n'est plus enseignée dans les conservatoires. Les baguettes de timbales sont très révélatrices de l'évolution esthétique dans l'interprétation du répertoire classique : dans les enregistrements de Bruno Walter ou Karl Böhm, les timbaliers jouaient avec des baguettes en feutre qui donnent un son moelleux et rembourré, effacé et peu précis rythmiquement, tandis qu'aujourd'hui, notamment depuis la révolution baroque, même les orchestres modernes ont tendance à jouer Mozart avec de petites baguettes sèches, infiniment plus nettes et centrées. Reste un dernier accessoire du timbalier : le morceau de tissu qu'il pose parfois sur sa membrane pour étouffer le son.

Corriger les fausses notes ?

Un grand dilemme se pose au timbalier. À l'époque classique et romantique, en l'absence de pédales, la timbale pouvait difficilement moduler. Elle se retrouve donc par exemple avec un *ut* alors que l'orchestre est en *ré* majeur. Se pose alors la question : faut-il corriger sur les timbales modernes, ou laisser en l'état ? Timbalier du New York Philharmonic, Saul Goodman jouait *Le Songe d'une nuit d'été* de Mendelssohn sous la direction de Toscanini. Dans la section centrale de l'ouverture, l'orchestre passe en *fa* dièse majeur, tandis que les timbales jouent toujours un *si* naturel et un *mi* naturel, fausses notes dans cette tonalité. Goodman corrigea et Toscanini l'arrêta aussitôt : « Ne changez pas les notes. Je veux entendre ce que Mendelssohn entendait, avec la fausse note. » Aujourd'hui encore, certains timbaliers refusent de corriger, sauf à la rigueur dans la *Symphonie* de Bizet où les timbales jouent *ut* et *sol* alors que l'orchestre joue en *mi* bémol majeur. D'autres, en revanche, sont pour la correction : Jacques Rémy, par exemple, édita une révision des parties de timbales des symphonies de Beethoven où les « fausses » notes sont rectifiées… Son successeur Frédéric Macarez pratique volontiers un peu de « pondération », pour éviter des trous harmoniques. Mais renonce dans Schumann où il faudrait tout corriger…

Grands timbaliers d'hier

L'école allemande de timbales a fourni quelques-uns des grands maîtres de l'instrument. Elle n'est guère axée sur l'individualisme du soliste, mais sur le fondu orchestral : il est assez fascinant d'entendre l'art avec lequel les timbaliers allemands jouent « dans » l'orchestre. Leur son est large, noble et plein, la frappe n'est pas brutale. Dans Wagner ou Bruckner, leur roulement ne fera pas entendre une attaque mais une vibration qui avait déjà commencé. Le plus célèbre d'entre eux fut Werner Thärichen. Surnommé le « Kaiser », il fut timbalier du Philharmonique de Berlin de 1948 à 1984. Également compositeur (il est l'auteur d'un opéra et d'un Concerto pour son instrument), chef d'orchestre (il enseigna la direction à la Hochschule de Berlin), ce musicien universel attira l'attention sur la timbale comme instrument de musique et non seulement de percussion. Son grand front respirait l'intelligence, son jeu était délicat et racé, fondé sur la musicalité plus que sur la puissance. Timbalier solo de Furtwängler, puis de Karajan, il fut aussi admiratif du premier que méfiant envers le second, avec qui il joua au chat et à la souris, notamment lorsqu'il fut délégué de l'orchestre. Il écrivit en 1987 un livre subtil et impitoyable, *Furtwängler ou Karajan ?*, où il soupèse l'idéalisme mystique du premier et l'ambition despotique du second avec une acuité sans concession. Karajan lui rendait bien sa réticence, y compris sur le plan musical, puisqu'il préférait Oswald Vogler, l'autre timbalier des Berliner, que l'on voit sur toutes les vidéos tournées par le Maître. À l'exception du *Requiem allemand* de Brahms filmé à Salzbourg, où l'on peut admirer le magnétisme de Thärichen. Lorsque Karajan prétendit que Vogler était capable de jouer plus fort que Thärichen, cela inspira à ce dernier une œuvre musicale pleine d'humour : *Paukenkrieg* (La Guerre des timbales) ! Vogler était lui aussi un timbalier charismatique, mais dans un style bien différent. Cet homme solide et râblé, à l'allure de paysan buté, avait un son compact et charnu, d'une présence et d'une force de frappe qui en imposaient.

Celui qui, dans les années 1980 et 1990, donna une orientation nouvelle aux timbales allemandes, fut Peter Sadlo au Philharmonique de Munich. Plus qu'un timbalier d'orchestre, Sadlo est un percussionniste virtuose, capable de jongler d'un instrument à l'autre avec une dextérité hors-norme. Il suscita d'abord la méfiance de Sergiu Celibidache, chef attaché plus qu'aucun autre à percevoir l'orchestre comme un tout organique. Mais les deux hommes apprirent à se connaître, et Sadlo apporta le rayonnement individuel de son jeu tout en fusionnant avec les conceptions du chef : une vidéo de la *8e Symphonie* de Bruckner le montre dans ses œuvres, un spectacle en soi.

Les autres maîtres de la timbale allemande au XXe siècle furent les titulaires de la merveilleuse Staatskapelle de Dresde. Peter Sondermann, pour qui le compositeur Siegfried Matthus écrivit son *Concerto pour timbales « Der Wald »* (La Forêt), fut un timbalier suprêmement raffiné, tout en nuances, jamais massif : on peut s'en rendre compte dans les grands enregistrements de Böhm (la *Grande* de Schubert), Carlos Kleiber *(Le Freischütz)* ou Sawallisch (Symphonies de Schumann). Son prédécesseur, Heinrich

Knauer, avait été désigné par Toscanini comme « le meilleur timbalier du monde ». Mais si cette école de Dresde est si élégante, c'est que Knauer était viennois : Mahler ne lui avait permis qu'à contrecœur de quitter Vienne pour Dresde. Or, l'école viennoise de timbales a toujours recherché la frappe la moins brutale possible, à l'aide d'une facture spécifique mais aussi d'une tenue de baguette particulière, entre le majeur et le pouce. Après le départ de Knauer et la retraite de Hans Schnellar, inventeur du système viennois, le grand timbalier des Wiener Philharmoniker fut Richard Hochrainer, dont les instruments portent encore le nom. De 1940 à 1970, il joua sous la direction de Strauss, Walter, Knappertsbusch, Krauss, sans parler de Karajan, Bernstein ou Böhm, tout en transmettant son art à ses élèves, à la Musikhochschule de Vienne. Il insistait sur la qualité de la frappe, qui ne doit pas brider la résonance de la peau, et sur la position de la main (différente pour le *piano* et le *forte*). Comme entre Thärichen et Vogler, il était en tout point différent de son collègue Franz Broschek, buveur de bière robuste au visage taillé, qui donnait toute sa puissance à l'orage de *La Walkyrie* et devenait un vrai polichinelle lors des concerts du nouvel an dirigés par Willy Boskovsky : Broschek y était le spécialiste des gags et des déguisements, se présentant en uniforme de pompier ou en tablier de forgeron, quand il n'entrait pas sur scène avec un cochon vivant !

À côté de telles figures, leurs cadets Horst Berger et Roland Altmann, qui perpétuèrent la timbale viennoise jusqu'au seuil du XXIe siècle, ne pouvaient que paraître plus pâles… Ce que l'on ne pourra dire de Jan Labordus, une sorte de Marseillais hollandais, qui fut timbalier solo du Concertgebouw d'Amsterdam de 1953 à 1991 : quoique héritier de l'école viennoise par l'instrument, il développa une méthode bien particulière par sa prise de baguette horizontale et une plus grande recherche de souplesse et de rebond, d'où un son plus velouté. Une musicalité qu'il partageait avec l'inimitable Jim Bradshaw, timbalier de l'Orchestre Philharmonia dès sa fondation par Walter Legge : d'une justesse impeccable, il considérait les timbales comme un instrument mélodique avant d'être rythmique, et affirmait pouvoir prévoir la météo en fonction des réactions de ses peaux. Lorsque le Philharmonia acquit des timbales à pédales, Bradshaw désactiva celles-ci pour continuer à les accorder à la main ! Quant à David Corkhill, timbalier de l'English Chamber Orchestra, Benjamin Britten le consulta pour l'écriture des parties de timbales de *Mort à Venise* ou *Owen Wingrave*.

Si l'école allemande, avec sa branche viennoise, vise l'intégration dans l'orchestre, les timbaliers américains ont développé un jeu plus brillant et puissant, très articulé, d'une virtuosité qui s'affiche sans complexe. Leur empereur fut Everett « Vic » Firth au Boston Symphony. Il avait eu le privilège d'étudier avec deux professeurs complémentaires : Roman Szulc, du Boston Symphony Orchestra, et Saul Goodman, du New York Philharmonic. Le premier était le plus musicien, le second le plus technique : Firth hérita ces deux qualités. Szulc avait importé le style germanique aux États-Unis : il prit Firth pour élève car il le croyait allemand à cause de ses prénoms Victor et Fritz. Déçu d'apprendre qu'il n'en était rien, il le garda tout de même, tandis que Firth conserva toute sa vie le diminutif de son deuxième prénom, « Vic ». Lorsque le poste de Szulc à Boston se libéra en 1952, Firth fut en balance avec un autre candidat. Alors directeur musical de l'orchestre, Charles Munch ne parvenait pas à se décider. Firth y alla au culot : il dit à Munch qu'un autre orchestre lui avait fait une offre et qu'il avait besoin d'une réponse. C'était un mensonge, mais il fut engagé ! Des années plus tard, quand on demandait à Munch ce dont il était le plus fier durant ses années bostoniennes, il répondait : « Avoir recruté Vic Firth. » C'est pour lui que Henri Dutilleux imagina la partie de timbales virtuose de son œuvre *The Shadows of Time*. Référence de l'orchestre, ce bel homme longiligne aux allures de grand bourgeois était un interlocuteur obligé pour tous les chefs d'orchestre. Pendant les quelques années où il fut directeur musical à Boston, Erich Leinsdorf, confronté au souvenir trop récent de Munch, eut des difficultés à se faire accepter : un jour, il alla trouver Firth chez lui en pleurant pour lui demander d'intercéder en sa faveur auprès du comité de l'orchestre car il tenait à garder ce poste. Mais le plus grand partenariat de la vie de Firth fut celui qui le lia à Seiji Ozawa. Nommé à Boston en 1973, le chef japonais passa un pacte secret avec son timbalier, lui demandant de rester en poste aussi longtemps que lui. Firth tint parole, ne se retirant qu'en 2002, à soixante-douze ans, en même temps que le maestro. Il lui resta néanmoins fidèle, demeurant chaque été le timbalier de l'Orchestre Saito Kinen, fondé par Ozawa au Festival de Matsumoto, dans les Alpes japonaises. Il y resta le plus élégant et souverain des timbaliers. Mais il est aussi un businessman avisé : la Vic Firth Inc. contrôle 52 % du marché mondial des baguettes de tambours ! D'Eric Clapton aux Rolling Stones en passant par Jack Dejohnette et André « Dédé » Ceccarelli, les plus grands batteurs utilisent des baguettes Vic Firth, dont l'entreprise fabrique aussi des ustensiles de cuisine !

Au panthéon des légendes des timbales, Vic Firth avait succédé au grand Saul Goodman, timbalier solo du New York Philharmonic pendant quarante-six ans. Après avoir joué du tambour dans une fanfare de boy-scouts, Goodman fut mis pour la première fois en présence de la timbale par hasard, à quatorze ans. Rentrant de l'école, il passa devant le bâtiment de l'École de commerce, d'où il entendit retentir de la musique. Il entra et demanda à une caissière s'il pouvait entrer pour vingt-cinq cents : elle ne le fit pas payer. Il entra dans l'auditorium de la Commercial High School : le New York Philharmonic en était au milieu du finale de la *4e Symphonie* de Tchaïkovski. Saul fut fasciné par la timbale, tant et si bien que, une fois le concert terminé, il alla directement voir le timbalier et lui demanda s'il voulait bien le prendre comme élève. Il lui donna une leçon pour deux dollars et devint son professeur : il s'agissait d'Alfred Friese, un Allemand formé à Leipzig et installé en 1902 aux États-Unis, où il fut le tout premier timbalier de l'Orchestre de Philadelphie, avant d'être choisi par Mahler à New York. Sa méthode fit longtemps autorité. Il donnait ses cours à Goodman dans les sous-sols de Carnegie Hall, faisant toute son éducation musicale. Le jeune homme gagna d'abord sa vie en jouant de la batterie et du xylophone dans les cinémas, pour accompagner les films muets. Il avait dix-neuf ans lorsque son maître quitta le New York Philharmonic. Un candidat obtint le poste, un certain Roland Wagner, timbalier solo de l'Orchestre symphonique de San Francisco, à ceci près qu'il n'avait fait cette démarche que pour faire peur à son employeur de San Francisco et obtenir de lui l'augmentation qu'on lui refusait ! On essaya ensuite un autre timbalier, qui ne fit pas l'affaire. Si bien qu'un jour, Goodman, qui jouait alors au Casino de Newport, reçut un appel d'un percussionniste du New York Philharmonic : « Voulez-vous jouer les timbales avec nous ? » Il crut à une farce, mais l'orchestre le connaissait car son maître Friese l'avait plusieurs fois fait engager comme supplémentaire. Notamment une fois où, appelé au pied levé, il dut jouer la partie de caisse claire dans *Pétrouchka* sous la direction de Toscanini en déchiffrant à vue, sans une erreur. Il fut donc engagé et resta quarante-six ans, participant notamment à la création mondiale de la *Sonate pour deux pianos et percussions* de Bartók avec le compositeur au piano (ce dernier n'ayant pu envoyer la partition avant de faire le voyage, il manquait la moitié des instruments requis !). Mengelberg, Toscanini, Walter, Bernstein, tous voyaient en Goodman une référence. Il fut l'un des premiers à abandonner les peaux animales pour passer aux timbales en plastique : il prit cette décision lors d'une tournée en URSS où, pendant le transfert de Kiev à Moscou, ses timbales furent transportées dans un camion ouvert sous une pluie battante, rendant les peaux injouables. Il fut aussi l'un des premiers, avant son élève Vic Firth, à commercialiser ses baguettes, en concevant certaines spécialement pour l'ouverture de la *1re* de Brahms ou pour le scherzo du *Songe d'une nuit d'été* ! Mais il fut surtout un professeur respecté qui enseigna à la Juilliard School jusqu'à l'âge de soixante-quatorze ans. Parmi ses élèves, outre Vic Firth, l'élite des timbaliers américains : le magnifique Gerald Carlyss, qui succéda à Fred Hinger à Philadelphie, ou encore son propre successeur au New York Philharmonic, le spectaculaire Roland Kohloff, avec sa tenue corporelle très reconnaissable, penché sur ses timbales au point qu'on aurait dit qu'il regardait le chef par-dessous ses baguettes.

S'il ne faut pas oublier Charles Peschier, le grand timbalier d'Ernest Ansermet à l'Orchestre de la Suisse romande, le père fondateur de l'école française de timbales est Félix Passerone. Né en 1902 à Marseille, il fut le timbalier solo de la Société des concerts du Conservatoire, puis de l'Opéra de Paris, avant de mourir prématurément d'une crise cardiaque en 1958, pendant l'enregistrement du *Requiem* de Berlioz sous la direction de Hermann Scherchen. Mais c'est surtout par son enseignement qu'il marqua la postérité de l'instrument. Professeur au Conservatoire de Paris dès 1947, il forma la première génération de timbaliers français d'après guerre : Sylvio Gualda, Jacques Rémy, Jacques Delécluse, François Dupin, Jean-Claude Casadesus, Maurice Jarre… Homme de grande culture, il fascinait ses élèves, mais n'eut pas le temps d'immortaliser par écrit les préceptes de l'école française, dont la transmission fut dès lors essentiellement orale. À commencer par ses deux plus proches disciples devenus à leur tour pédagogues : Jacques Delécluse, qui enseigna au Conservatoire de Paris, tandis que François Dupin créait la classe de percussion de celui de Lyon. Cette école insiste sur le rebond. La frappe est comparée au lancer d'une petite balle : si on lance une balle sur la peau de la timbale, elle rebondira. Plus la baguette reste longtemps en contact avec la peau, plus elle l'empêche de vibrer. La frappe doit donc d'ores et déjà intégrer le rebond, comme si la timbale renvoyait la baguette vers l'instrumentiste : l'instrument joue de la baguette autant que la baguette joue de l'instrument, aimait rappeler François Dupin, qui mettait toujours en garde contre la brutalité de l'attaque, revendiquant souplesse du poignet et délicatesse du son. On se souvient d'avoir essayé de l'impressionner en lui faisant entendre un enregistrement de l'orage de la *Symphonie fantastique* par le pupitre de timbales du Philharmonique de Berlin, que l'on trouvait formidablement puissant. Sa seule réponse, outrée, fut : « Oh, les sauvages ! » La position française ne tient jamais la baguette serrée dans la main, mais relâchée, la main verticale, reposant sur l'index et tenue par le pouce, déplacée par une rotation de l'avant-bras. Ce qui la distingue de la position allemande où la main est beaucoup plus horizontale.

Les élèves de Passerone avaient en commun un mouvement de grande amplitude, levant très haut la baguette avant de l'abaisser sur l'instrument. Ce geste très voyant caractérisait notamment le jeu de celui que Pierre Boulez appelait « le tsar » : Jean Batigne, qui, pour être le fondateur des Percussions de Strasbourg, n'en était pas moins timbalier solo de l'Orchestre philharmonique de sa ville. Certains lui reprochaient le côté trop théâtral de son jeu, qu'il partageait avec Pierre Dervaux quand celui-ci tenait les timbales à l'Orchestre Colonne avant de devenir un grand chef d'orchestre : Batigne répliquait que cette mise en scène était au service de la musique, qu'elle exprimait l'ampleur, la présence et l'autorité des timbales et évitait une frappe brutale. Batigne avait une personnalité indomptable et un caractère pour le moins saumâtre, que l'on n'était jamais sûr d'avoir apprivoisé, mais il faisait le spectacle à soi seul. Une caractéristique qu'il partageait avec le stupéfiant Sylvio Gualda, même si ce dernier passera sans doute plus la postérité comme inventeur de la percussion contemporaine, créant nombre d'œuvres de Xenakis, que comme timbalier solo de l'Opéra de Paris. Impressionnant dans *Le Sacre du printemps*, il avait un style pour le moins personnel dans le répertoire classique…

Si Delécluse et Dupin furent les grands pédagogues de la timbale d'orchestre dans le dernier quart du XXe siècle, ces deux membres de l'Orchestre de Paris n'étaient paradoxalement pas titulaires du pupitre, ou du moins ne le furent-ils que par intérim. Ce qui n'empêcha pas François Dupin d'étinceler dans la création française du *Concerto pour timbales Der Wald* de Siegfried Matthus, ovationné par un public médusé en découvrant les possibilités de l'instrument. Mais le timbalier emblématique de l'Orchestre de Paris à leur époque était l'inimitable Jacques Rémy, sans doute le plus grand timbalier français. S'il ne transmit pas son art comme Delécluse et Dupin, c'est parce que son jeu était avant tout instinctif et non intellectualisé. Cet instinct faisait de lui un artiste fascinant, d'une présence immédiate et magnétique. Peu attiré par le jeu soliste, il avait le sens inné de l'orchestre, trouvant sa place dans la sonorité globale comme si cela allait de soi. Comme lui, son jeu avait du caractère et de la réactivité : au pupitre, il ne tenait pas en place, tandis que Dupin restait imperturbablement droit. Karajan ne tarissait pas d'éloges sur Jacques Rémy, tout comme Munch, qui le prenait par les épaules devant l'orchestre en disant : « C'est le plus grand timbalier du monde. »

Grands timbaliers d'aujourd'hui

Il semble exister aujourd'hui une filière néerlandaise apte à fournir les meilleurs timbaliers du moment. Au Concertgebouw d'Amsterdam, Marinus Komst est un musicien captivant. Cet élève de Jan Labordus se passionne pour les instruments anciens, dont il possède une importante collection (soixante-dix timbales !). Aussi à l'aise dans Bach que dans Mahler, il possède une sonorité soyeuse et chaude, et sa familiarité avec les timbales baroques et classiques le prédisposait à participer aux orchestres d'instruments d'époque comme Les Musiciens du Louvre de Marc Minkowski. Il est ainsi le modèle d'une nouvelle génération de timbaliers capables de jouer sur tous les instruments. Des troubles auditifs l'ont tenu éloigné de la scène pendant une période qui n'est heureusement plus qu'un mauvais souvenir. Son alter ego Nick Woud, autre élève de Labordus, est lui aussi un militant des timbales en peau, dont il joue de façon exemplaire. Mais le plus recherché des timbaliers hollandais est aujourd'hui Raymond Curfs. Ce musicien éclectique et passionné, qui considère toujours son métier comme un hobby, fut d'abord timbalier solo de l'Opéra de Munich, tout en étant membre du Mahler Chamber Orchestra : jouer *Tristan* et *Les Maîtres Chanteurs* dans le théâtre où ils furent créés, en alternant avec les symphonies de Beethoven en petit effectif, deux activités complémentaires. Depuis 2007, il est titulaire de l'Orchestre symphonique de la Radio bavaroise sous la direction de Mariss Jansons, mais il doit aussi à la confiance de Claudio Abbado de rejoindre chaque été l'élite internationale de l'Orchestre du Festival de Lucerne, où il colore les symphonies de Mahler avec sa palette infinie. Car Curfs insiste avant tout sur la couleur de son instrument et sa gamme de nuances : à ses timbales, il est comme un peintre à son atelier.

L'un des plus impressionnants de notre époque est Nigel Thomas au London Symphony. Contrairement aux aquarellistes néerlandais, lui est un sculpteur : il pratique le burin plus que le pinceau, et son jeu est d'une puissance compacte et râblée qui correspond bien à son physique. On sent qu'il est un moteur permanent pour l'orchestre. Toujours côté anglais, John Chimes est le soliste virtuose du BBC Symphony et Russell Jordan le magnifique timbalier de Covent Garden après avoir été celui de Klaus Tennstedt au London Philharmonic. Côté allemand, les deux timbaliers du Philharmonique de Berlin sont aussi différents que jadis Thärichen et Vogler : Wieland Welzel possède un jeu très artiste, précis, souple et rapide, tandis que Rainer Seegers semble toujours marmoréen, dans son attitude comme dans son jeu peu nuancé. Il est vrai qu'il se passionne davantage pour les papillons, dont il possède l'une des plus importantes collections au monde. Stephan Cürlis au NDR de Hambourg, Stefan Gagelmann au Philharmonique de Munich sont de grands continuateurs de l'école allemande, mais le plus doué d'entre eux est sans doute l'époustouflant Markus Rhoten, à qui Lorin Maazel fit traverser l'Atlantique pour devenir timbalier solo du New York Philharmonic. De leur côté, Bruno Hartl et Anton Mittermayr perpétuent la tradition viennoise au Philharmonique de Vienne, avec un jeu qui nous a toujours semblé manquer de netteté.

Outre-Atlantique, le vétéran Paul Yancich se porte bien à Cleveland, mais on n'envie pas Timothy Genis d'avoir à assumer la succession de Vic Firth à Boston. La timbale américaine a perdu l'un de ses grands représentants en la personne de Barry Jekowski, qui préféra quitter le Symphonique de San Francisco pour se consacrer à la direction d'orchestre, faisant de John Tafoya au National Symphony de Washington l'un des meilleurs timbaliers américains en activité.

En France, si Benoît Cambreling est depuis 1973 le très musical et très expressif timbalier de l'Orchestre national de Lyon, où il fut le premier à remettre au goût du jour les instruments en peaux, le plus influent est sans doute Frédéric Macarez à l'Orchestre de Paris. Après avoir été percussionniste à l'Orchestre de la Suisse romande auprès de l'excellent timbalier français Yves Brustaux, c'est comme spécialiste de la caisse claire qu'il entra à l'Orchestre de Paris en 1987, avant de passer aux timbales en 1993. Il s'y est vite imposé par sa forte présence et par son jeu souple et félin, tout en devenant un pédagogue recherché : à l'heure où le CNSM de Paris attribuait la classe de percussion à un brillant instrumentiste issu de la musique contemporaine et sans expérience de l'orchestre, il faisait de la classe du CNR de la capitale le haut lieu de l'apprentissage des timbales symphoniques, voyant ses élèves accéder aux meilleures places d'orchestre. Car si son congénère Didier Benetti tient le pupitre de l'Orchestre national depuis 1984, reconnaissable à ses immenses gestes qui désarçonnèrent d'abord Kurt Masur, habitué à la sobriété des timbaliers allemands, de nombreux postes se sont libérés ces dernières années, permettant par exemple à Jean-Claude Gengembre et Adrien Perruchon de doper le Philharmonique de Radio France. Élève de Macarez, Perruchon n'avait pas encore vingt ans lorsqu'il obtint ce pupitre exposé : ce surdoué y fait preuve d'un brio et d'une imagination qu'il faut bien qualifier d'hors norme, mais lui aussi se tourne désormais vers la direction d'orchestre...

VI
Les percussions

On a beau jeu de se moquer du joueur de triangle. La caricature est facile : à le voir frapper d'un air détaché une tige de métal avec une autre pour produire un son de clochette, pendant qu'une centaine de musiciens suent sang et eau avec leurs cascades de traits virtuoses, de coups d'archet épuisants et de fanfares énergiques, il passe pour celui qui se la coule douce. Avec toujours le soupçon que ce ne doit pas être bien compliqué. Et l'idée que, après tout, on en ferait autant ! C'est oublier que le percussionniste est sans doute le musicien le plus éclectique et universel de l'orchestre, celui qui maîtrise le plus grand nombre d'instruments, réclamant les savoir-faire les plus variés.

La division du travail dans l'orchestre symphonique a très tôt effectué la distinction entre le pupitre de timbales et le reste des percussions. Quand un orchestre compte un ou deux timbaliers solos, il comporte aussi trois ou quatre percussionnistes titulaires, dont le premier fait parfois office de second timbalier. Hiérarchiquement, les pratiques diffèrent d'une phalange à l'autre : dans certaines, le timbalier est aussi considéré comme chef du pupitre de percussions.

Il doit donc répartir les services, les affectations par instrument, et prévoir l'instrumentarium afin que le matériel soit disponible à temps pour les répétitions. Mais c'est de moins en moins souvent le cas : la timbale étant une spécialité à part entière, son titulaire n'est pas toujours au fait des besoins spécifiques des autres percussions. On a ainsi vu Jacques Rémy, alors timbalier solo de l'Orchestre de Paris et statutairement chef de l'ensemble du pupitre, aller demander conseil à François Dupin pour le type de cloches à prévoir dans *Noces* de Stravinsky. C'est pourquoi, dans un nombre grandissant d'orchestres, le timbalier n'est que son propre patron, le premier percussionniste exerçant logiquement les fonctions de chef du pupitre de percussions. Il doit notamment évaluer le nombre d'instrumentistes requis, ce que tous les compositeurs ne précisent pas. Ainsi, Ravel écrit une partie séparée pour chaque percussion, ce qui ne veut pas forcément dire qu'il faudra autant d'exécutants que de parties : si le tam-tam n'est requis que pour deux coups dans toute la partition, on visera l'efficacité en confiant aussi au même musicien la cymbale ou la grosse caisse… à condition bien sûr qu'ils n'aient pas à jouer en même temps ! Habitué à jongler d'un instrument à l'autre, le percussionniste doit donc avoir le sens de l'organisation. Celui du déménagement et du rangement aussi : préparer la disposition des instruments dans l'espace est une étape nécessaire, pour la meilleure ergonomie possible, ne serait-ce que pour ne pas avoir tout le plateau à traverser pour passer du xylophone au triangle.

Une profession récente

Le pupitre de percussions est une invention récente dans l'histoire de la musique. Si les timbales sont présentes dès l'époque baroque, elles sont longtemps les seules titulaires de l'orchestre. C'est seulement pour évoquer les janissaires de l'armée turque que Haydn dans sa *Symphonie « Militaire »*, Mozart dans l'ouverture de *L'Enlèvement au sérail* ou Beethoven dans le finale de la *9*^{e} recourent à la grosse caisse et au triangle. Dans la musique classico-romantique de l'aire germanique, noyau dur du répertoire symphonique, les timbales sont seules maîtres à bord. Ce n'est qu'à partir de Berlioz que l'orchestration fait la part belle à la percussion (que l'on appelle aussi en France la « batterie »), en nombre suffisant pour justifier la présence de musiciens spécialement affectés à cette tâche. Leur professionnalisation fut tardive : au XIXe siècle, les cymbales ou le triangle n'étaient pas considérés comme exigeant un savoir-faire particulier, et leurs parties étaient souvent confiées à des titulaires d'autres instruments. Berlioz se plaint amèrement du manque de professionnalisme des percussionnistes dans ses *Soirées de l'orchestre* ! Aussi incroyable que cela puisse paraître, ce n'est qu'en 1947 que le Conservatoire de Paris a ouvert la première classe de percussions, confiée à Félix Passerone. Quant à Klaus Tresselt, dont la classe de percussion au Conservatoire de Stuttgart est l'une des plus courues d'Allemagne, il se souvient qu'au début des années 1960, elle avait lieu dans un cagibi sombre au sous-sol, où s'entassaient quelques instruments en nombre bien insuffisant. Le fait de disposer d'un jeu suffisant d'instruments à percussion n'est qu'un acquis récent. Et qui ne va pas toujours de soi : récemment, si l'Orchestre symphonique de Detroit a vu partir en peu de temps tous ses percussionnistes vers d'autres phalanges, l'argument avancé par les démissionnaires fut la mauvaise qualité du parc instrumental…

C'est avec la musique du XXe siècle que la spécialisation devient une nécessité absolue : Debussy, Ravel, Stravinsky,

Bartók soumettent les percussions à des exigences de virtuosité nouvelles, tout en élargissant considérablement la palette d'instruments, et donc de couleurs. Quant à la musique contemporaine, elle exige du percussionniste une capacité d'invention sans limite, par exemple quand le compositeur réclame un bloc de glace, des cloches mexicaines trempées dans l'eau ou des bidons de tôle froissée. Percussionniste à l'Orchestre national de Lyon, Stéphane Pélégri déclare au *Monde de la musique* avoir dû s'adresser aux Ponts-et-Chaussées pour trouver un rail d'autoroute : on ne les débitait que par tronçons de vingt mètres alors qu'un mètre lui suffisait ! Il a aussi dû se rendre dans un magasin de bricolage avec ses mailloches pour essayer différentes plaques de métal afin de réaliser un effet de tonnerre. Edgard Varèse fut l'un des premiers compositeurs à faire preuve d'invention en la matière : on lui doit par exemple le « cri du lion », un tambour percé au milieu duquel est tendue une corde de chanvre, qui fait un rugissement quand on la tire... S'il fut longtemps possible d'être percussionniste d'orchestre en ayant essentiellement une formation axée sur le répertoire symphonique et lyrique, il est inenvisageable aujourd'hui de ne pas avoir aguerri sa technique et sa musicalité aux explorations incessantes de la musique contemporaine. Certains s'y spécialisent même, comme Michel Cerrutti, qui a préféré l'Ensemble Intercontemporain à la carrière d'orchestre, ou Emmanuel Séjourné, qui mène une carrière de soliste et de pédagogue sans faire partie d'un ensemble permanent. D'autres parviennent à mener les deux de front, comme Florent Jodelet, pilier de l'Orchestre national de France et malgré tout très actif dans la création. Certains, comme Stéphane Pélégri à l'Orchestre national de Lyon, ont en revanche clairement choisi l'activité d'orchestre par vocation, au point qu'il a complété sa formation française au Curtis Institute de Philadelphie. Mais quoi qu'il arrive, la plupart des percussionnistes classiques ont commencé par la batterie.

Adaptabilité et vitesse de réaction sont deux mamelles du jeu de percussion, avec bien entendu le sens du rythme, mais aussi celui de la couleur. Le métier de percussionniste symphonique revêt des visages extrêmement contrastés, notamment selon le répertoire de prédilection de l'orchestre. Si l'école de percussion française est beaucoup plus réputée que l'école allemande, par exemple, c'est à cause du rôle privilégié que lui attribuent un Berlioz, un Ravel ou un Debussy afin de colorer leurs partitions et d'en raffiner les nuances, alors que Brahms, Bruckner et même Wagner en font un usage nettement plus sommaire. Dans un orchestre d'opéra, le percussionniste rongera souvent son frein en assurant le « zim-boum » de la cymbale et de la grosse caisse chez Verdi, directement issu du jeu des fanfares. Dans *Così fan tutte*, on n'attendra de lui que deux roulements de caisse claire, pour le départ à la guerre des deux héros puis leur retour. En revanche, il se réjouira de voir à l'affiche le *Saint François d'Assise* de Messiaen, où l'orchestre est agrandi de plusieurs « gamelans » omniprésents : dix exécutants sont requis, chacun doté d'une partie aussi considérable que virtuose. Dans un orchestre symphonique, le percussionniste sera reconnaissant au chef qui programme *Le Sacre du printemps* de Stravinsky, *La Mer* de Debussy ou la *Musique pour cordes, percussion et célesta* de Bartók. Mais il sait qu'il lui faudra aussi tôt ou tard en passer par la 7e de Bruckner, qui dure environ une heure et quart et comporte en tout et pour tout un coup de cymbale, placé au point culminant du mouvement lent, exactement au milieu de la symphonie : on tire à la courte paille, à moins de tomber sur un percussionniste qui aime Bruckner ! Dans ce cas, il lui reste à se dire qu'après tout, il assiste au concert…

Une famille nombreuse

Le paysage de la percussion est une forêt vierge, même si l'orchestre n'en utilise pas systématiquement tout l'éventail. Plusieurs critères permettent d'y voir plus clair dans cette famille nombreuse. On peut faire la distinction entre instruments à hauteur déterminée, qui jouent des notes et peuvent donc exercer une fonction mélodique et harmonique (timbales, xylophone, glockenspiel, etc.), et instruments à hauteur indéterminée, qui ne jouent pas de notes proprement dites (cymbales, caisse claire, grosse caisse…). On peut aussi choisir de différencier les idiophones, dont le matériau lui-même produit le son lors d'un impact, soit par un ustensile extérieur (baguette, mailloche), soit par une autre partie de l'instrument : c'est le cas des castagnettes, des cloches, des cymbales ou du triangle. Et les membranophones, où le son est produit par la frappe d'une peau tendue sur un fût, avec les mains ou des baguettes, le son étant amplifié par une caisse de résonance : c'est le cas de la timbale, de la grosse caisse, de la caisse claire et de toute la famille des tambours. Mais dans le domaine de la percussion d'orchestre classique, la distinction la plus répandue s'opère entre claviers, peaux, métaux et instruments auxiliaires. Si chaque percussionniste se doit d'être polyvalent et de jouer tous les instruments, il existe le plus souvent une spécialisation au sein des pupitres, avec en général un spécialiste des claviers et un titulaire de la caisse claire.

Claviers

Les claviers sont les virtuoses, les divas du pupitre. Xylophone, glockenspiel, célesta, vibraphone, marimba, ont en commun d'être des instruments mélodiques couvrant plusieurs octaves, et d'exciter le goût des compositeurs et des instrumentistes pour le brio et la dextérité. Avec ses lamelles en bois frappées par des mailloches, le xylophone fut mis en valeur par Saint-Saëns, pour qui il évoque les squelettes qui s'entrechoquent dans la *Danse macabre*, mais aussi par Stravinsky dans *L'Oiseau de feu*, Mahler dans la *6ᵉ Symphonie* ou Aaron Copland dans *Billy the Kid.* Chostakovitch le fait aller au bout de ses possibilités sonores, notamment dans les *5ᵉ* et *14ᵉ*. Avec ses lames en métal, qui ont remplacé au XIXᵉ siècle les clochettes d'origine, le glockenspiel possède un son plus brillant et résonant que le sec xylophone : Mozart fait de ce carillon l'instrument magique de Papageno dans *La Flûte enchantée*, Ravel le fait étinceler dans *Ma mère l'Oye* tout comme Dukas dans *L'Apprenti sorcier*, Johann Strauss lui demande de répondre aux cordes dans la *Pizzicato Polka*. Son pendant à clavier, le célesta, qui se présente comme un petit piano droit, produit un son très pur et cristallin, qui confère toute sa féerie au *Casse-Noisette* de Tchaïkovski, son mystère à la *Musique pour cordes, percussion et célesta* de Bartók, et évoque l'atmosphère immatérielle de la présentation de la rose et du duo final du *Chevalier à la rose* de Richard Strauss. Frappées par deux ou quatre baguettes, les lames métalliques du vibraphone peuvent vibrer ou résonner grâce à l'actionnement d'une pédale : cet instrument prisé des jazzmen n'a été inventé qu'en 1916. Edgard Varèse fut l'un des premiers à l'utiliser en musique symphonique, Pierre Boulez ou Olivier Messiaen y ont abondamment recours, et Steve Reich ne saurait s'en passer. Son pendant en bois, le marimba, avec ses résonateurs en forme de tuyau qui permettent au son de se déployer (contrairement à l'attaque sèche du xylophone), possède une sonorité incroyablement chaude et séduisante : l'instrument a ses solistes virtuoses, à commencer par l'Américain Leigh Stevens, mais aussi la Japonaise Keiko Abe ou les Français Emmanuel Séjourné et Eric Sammut. François Dupin, qui reçut les conseils de Stevens, fut l'un des premiers à l'acclimater à l'orchestre symphonique en France.

Les peaux

Lorsque le jeune Emmanuel Séjourné est allé trouver le tsar des percussions, Jean Batigne, pour lui demander d'étudier les claviers avec lui, le maître bourru lui répondit : « Tu feras d'abord trois ans de tambour militaire. » Longtemps, on estima en effet que les peaux formaient la base des percussions. Aujourd'hui encore, si le spécialiste des claviers est la star de l'orchestre, le premier percussionniste est souvent le titulaire de la caisse claire. Le public remarque tout particulièrement sa présence lorsque le *Boléro* de Ravel est à l'affiche : d'un bout à l'autre du quart d'heure que dure cette œuvre extravagante, c'est la caisse claire qui joue sans relâche le rythme de boléro sur lequel va se déployer le thème, en le commençant *pianissimo* puis en l'enflant jusqu'à la déflagration finale. Épreuve de patience et d'endurance, véritable défi pour les nerfs et les muscles. Au Philharmonique de Berlin, Karajan avait l'habitude de faire descendre le percussionniste Gernot Schulz à sa hauteur, entre lui et le premier violon, montrant bien qui mène le jeu. À l'Orchestre national de France, Emmanuel Curt se positionne quant à lui face au chef, au niveau des bois. C'est alors à se demander qui, du chef et du percussionniste, a le plus besoin de l'autre. Encore étudiant au Conservatoire, François Dupin fut engagé pour un remplacement à l'Orchestre Lamoureux, sous la direction du grand André Cluytens. Quelle ne fut pas sa surprise lorsqu'il s'aperçut que le titulaire régulier lui avait attribué… la caisse claire dans le *Boléro* ! Remarquant sa jeunesse et son trac, Cluytens lui dit : « C'est la première fois que vous le faites ? Ne vous inquiétez pas : vous commencez, et je vous suis ! » Dans sa *7e Symphonie « Léningrad »*, Chostakovitch a refait le « coup du *Boléro* », la caisse claire accompagnant un immense crescendo d'orchestre, mais il lui demande aussi d'évoquer la répression sanglante des armées tsaristes en marche dans le scherzo de la *11e Symphonie*, où la vélocité du soliste est mise à aussi rude épreuve que dans la *Shéhérazade* de Rimski-Korsakov. Quant à la *5e Symphonie* de Carl Nielsen, son premier mouvement tourne au concerto pour caisse claire, formidablement menaçante. Mahler, enfin, se souvient régulièrement de l'origine militaire de l'instrument, en le faisant participer aux nombreuses marches qui parsèment ses symphonies, y compris depuis la coulisse. Enfin, quand on lui retire son « timbre », membrane de fer tenue par un ressort, qui lui donne sa sonorité claire et clinquante, le son s'assourdit, ce dont Bartók fait usage dans le *Concerto pour orchestre*.

L'autre instrument en peau le plus répandu avec la caisse claire est la grosse caisse, la basse de la batterie. Avec son énorme diamètre et ses deux peaux (de frappe et de résonance), elle est capable de tonner en faisant trembler tout l'édifice. Souvent utilisée pour les contretemps rythmiques (héritage de la fanfare), elle a facilement un côté « zim-boum » dont l'a émancipée Tchaïkovski, avant que Mahler, dans sa *3e Symphonie*, Strauss dans *Une vie de héros* et Stravinsky dans *Le Sacre du printemps* fassent d'elle un instrument soliste. Résonant comme un pizzicato de contrebasse dans le finale du *Concerto pour piano en sol* de Ravel, elle trouve son heure de gloire dans le « Dies irae » du *Requiem* de Verdi, où elle claque avec une violence digne du jugement dernier. L'occasion d'une superbe démonstration de malice de la part de Toscanini. En répétition, le chef italien encourage le joueur de grosse caisse en lui criant : « *Forte* ! » L'instrumentiste redouble d'intensité, frappant de toutes ses forces. Toscanini réitère son ordre : « Mais non, *forte* ! » Congestionné, essoufflé, le percussionniste cogne jusqu'à crever la peau de sa grosse caisse. Moment que choisit le chef italien pour prendre l'orchestre à témoin : « Je ne comprends pas, je lui demande *forte* et il joue *fortissimo* ! » La mauvaise foi n'a pas de limite !

Les métaux

La percussion métallique qui frappe le plus l'esprit du public est la cymbale. Il est vrai que ces grands disques dorés se voient de loin. Et s'entendent ! Deux cymbales qui s'entrechoquent peuvent facilement couvrir tout un orchestre : elles ont même une tendance à avaler le tutti, comme dans un trou noir. Dans la *Pathétique* ou la *4*e, Tchaïkovski ne se prive pas de cet effet saisissant, marquant le sommet d'une progression. Mais rien ne serait plus faux que de croire que les cymbales ne sont qu'affaire de bruit ! Entre des mains inexpertes, elles peuvent sonner avec une vulgarité insigne. Sans parler de la nécessité absolue d'être frappées exactement sur le temps : un coup de cymbales mal placé peut ruiner un concert. Quant à la frappe elle-même, elle passe par toute une palette de nuances, du frottement à l'entrechoc, en jouant plus ou moins sur la résonance, du coup immédiatement étouffé à celui qui laisse longtemps vibrer le son avant que l'instrumentiste l'interrompe en appuyant les cymbales contre sa poitrine. Le prélude de l'acte III du *Lohengrin* de Richard Wagner, le *2*e *Concerto pour piano* de Rachmaninov et surtout le *Roméo et Juliette* de Tchaïkovski sont des exemples d'écriture particulièrement variée pour cymbales.

Autre utilisation possible : la cymbale suspendue. Posée sur une pique, elle est frappée à l'aide d'une baguette (comme à la batterie). Elle permet des effets encore plus subtils que par le choc. Debussy a donné dans *La Mer* un aperçu magistral de toutes les possibilités expressives et coloristiques de la cymbale. Et il s'est aussi intéressé aux cymbales antiques, ou crotales, mini-disques disposés comme un clavier de carillon, qui jouent des hauteurs déterminées et produisent un son cristallin et délicat qui ne sont pas pour rien dans la poésie envoûtante du *Prélude à l'après-midi d'un faune*.

Les problèmes que posent les cymbales ne sont pas seulement d'ordre musical, mais aussi d'intendance. Où et comment les poser ? Et surtout éviter l'accident ! On imagine aisément le vacarme que provoquerait la chute d'une cymbale. Seulement voilà : parfois, le mieux est l'ennemi du bien. Il y avait à l'Orchestre de la Suisse romande un percussionniste surnommé « Fanfan », qui incommodait le chef car chaque fois qu'il reposait ses cymbales, cela faisait un bruit. Toujours de bonne volonté, Fanfan rassura le chef d'orchestre : « Comptez sur moi, cela ne se reproduira plus ! » Il passa la nuit à manier la scie, le marteau, les clous, et mit au point un superbe présentoir à cymbales de sa conception. Le lendemain, il l'étrenna à l'orchestre. Chef et percussionniste affichèrent un grand sourire de satisfaction lorsque les cymbales furent reposées sans le moindre bruit… C'est évidemment le moment précis que choisit le meuble mal assemblé pour s'effondrer dans un fracas épouvantable.

Autre métallophone qui plonge le public dans des abîmes de perplexité : le triangle. Tenue à la main au bout d'une sangle ou suspendue sur un stand, cette tige d'acier repliée en forme de triangle ouvert à l'un de ses angles, est frappée par une batte. Sa sonorité de clochette surprend dans la *Symphonie « Le Printemps »* de Schumann, le scherzo de la *4e Symphonie* de Brahms, et plus encore dans le finale du *1er Concerto pour piano* de Liszt, qui tourne au concerto pour triangle. Là encore, le dosage du son et de la résonance est capital : instrument le plus aigu de l'orchestre, il ne peine pas à sortir de la masse, mais doit rester à sa place et dans le style.

En métal aussi, la famille des gongs, avec au premier chef le tam-tam. Cet énorme gong à son indéterminé doté d'une membrane, immortalisé par les films historiques sur l'Empereur de Chine ou les moines bouddhistes, sans parler du pré-générique de la Metro Goldwyn Mayer, possède un son riche et profond, qui résonne longtemps, créant un effet dramatique que Bellini exploitera dans *Norma* pour annoncer l'arrivée de la grande prêtresse, ou Strauss dans *Mort et Transfiguration*. Il stimule les glissandi du trombone à la fin du *Boléro* de Ravel, et Stravinsky n'hésite pas à le faire frotter par une tige en métal pour provoquer un glissando. Quant aux gongs, à hauteur déterminée, ils sont au cœur du dispositif de Messiaen, notamment dans *Et expecto resurrectionem mortuorum*.

Instruments auxiliaires

Reste tout l'attirail dont un percussionniste peut être amené à faire usage à un moment ou l'autre de la saison symphonique. Le tambour de basque, véritable nom du tambourin à l'orchestre, est un accessoire essentiel. Bizet lui a réservé une partie virtuose dans *Carmen* : le cauchemar de François Dupin dès que Daniel Barenboim en programmait l'entracte n° 3 en bis, car le chef changeait sans cesse de tempo. Les castagnettes ne sont pas en reste, en particulier dès qu'il est question d'Espagne : Debussy et Ravel les traitent avec un raffinement inédit, mais leur apparition la plus surprenante reste dans la bacchanale du *Tannhäuser* de Wagner. Il faudra aussi apprendre à manier la machine à vent, et sa manivelle : *Daphnis et Chloé* de Ravel, la *Symphonie alpestre* de Richard Strauss ne se privent pas de ses capacités d'évocation. Et le fouet, ces deux lames de bois sèchement frappées qui ouvrent le *Concerto pour piano en sol* de Ravel. Darius Milhaud prévoit une planche à laver, instrument issu du jazz, dans son *Bœuf sur le toit*, Stravinsky ajoute un guiro, instrument latino-américain à râpe, dans *Le Sacre du printemps*, sans parler des wood-blocks, temple-blocks et autres claves… Mahler fait entendre des cloches à vache dans sa *6e Symphonie « Tragique »*, dans le finale de laquelle il écrit deux coups de marteau fatals : il faut alors construire tout exprès un marteau d'1,20 mètre de long, que l'on abat sur un bloc de bois d'un mètre de diamètre… Ce qui n'est rien face aux enclumes convoquées par Wagner dans *L'Or du Rhin* pour évoquer la forge des Nibelungen, sans parler de la sirène d'*Amériques* d'Edgard Varèse ou du pistolet de *Parade*, d'Erik Satie. Bricoleurs et inventeurs : tel est le lot des percussionnistes d'orchestre.

Les cloches sont un accessoire non négligeable de l'orchestre. Elles existent la plupart du temps sous forme de cloches tubulaires (ou « cloches tubes »), disposées sur un portique. La longueur en détermine la note, elles couvrent en général une octave et demie (rarement utilisée dans tout son ambitus). Frappées par un marteau, elles évoquent souvent l'église ou le temps qui passe. Il faut des régisseurs costauds pour disposer ces instruments très lourds : le plancher de la salle Pleyel s'en souvient, transpercé par la chute d'une cloche pendant une exécution de la *Turangalîla Symphonie* de Messiaen par Myung-Whun Chung et le Philharmonique de Radio France. On a vu alors l'instrumentiste sortir en courant et revenir avec une assistance technique pour remettre la cloche récalcitrante en place. Mais le souvenir le plus cuisant doit être celui qui taraude le percussionniste dont le portique de cloches tubes s'est écroulé dans un fracas épouvantable, pendant la fin *pianissimo* du *Prince de bois* de Bartók dirigé par Pierre Boulez… Dans le « Songe d'une nuit de Sabbat » de la *Symphonie fantastique*, Berlioz ne saurait se contenter de cloches tubulaires : il veut de vraies cloches d'église en fonte, ce qui place les orchestres face à de véritables défis pratiques Au Philharmonique de Berlin, le percussionniste Fredi Müller a conçu et supervisé lui-même la fabrication d'un modèle spécifique.

Reste tout l'éventail des instruments insolites qui peuvent faire du percussionniste un vrai boute-en-train. Les valses viennoises en regorgent : Johann Strauss n'était pas le dernier à inventer des gags musicaux, à base de chant du coucou, de fusil de chasse, d'enclumes, de sifflets de conducteur de train, de crécelles. Au Philharmonique de Vienne, c'est Kurt Prihoda qui s'était spécialisé dans ces extravagances, auxquelles il se livrait avec un flegme souriant qui fit de lui une vedette du concert du nouvel an, au point que, à force de l'étiqueter comme le plaisantin de service, on était tout surpris de le retrouver très sérieux à la caisse claire, ou d'apprendre qu'il formait les étudiants à l'art des timbales viennoises. Quant à Gustav Mahler, il a sensiblement élargi le spectre de la percussion : aux cloches de troupeau et au marteau déjà évoqués, il faudrait ajouter les grelots de traîneau qui ouvrent la *4e Symphonie*, ou les fagots de bois qui frappent le bord de la grosse caisse dans les scherzos de la *2e* et de la *5e*.

Enfin, ce serait une anomalie majeure si l'on passait sous silence le plus intrigant de tous : le chapeau chinois. Il n'y a pas que la légion étrangère qui utilise ce toit de pagode à clochettes et grelots surmontant une tige métallique. Marinus Komst, le génial timbalier solo du Concertgebouw d'Amsterdam, en possède un qui est un véritable ouvrage d'art, et qu'il utilise volontiers dans la *100e Symphonie « Militaire »* de Haydn (se payant le luxe de défiler dans la salle) ou dans l'ouverture de *L'Italienne à Alger* de Rossini. Villiers de l'Isle-Adam lui consacra une fascinante nouvelle, qui pourrait résumer à elle seule grandeur et misère du métier de musicien d'orchestre. L'Orchestre de l'Opéra y est à la recherche d'un spécialiste du chapeau chinois, la nouvelle partition qu'il va créer en comportant contre toute attente une partie. On déniche un professeur de chapeau chinois qui, conscient de la mission sacrée de son art, s'apprête à jouer sa partie lorsqu'il s'aperçoit qu'elle ne comporte que des mesures de silence, et s'écroule, mort, dans la grosse caisse…

Grands percussionnistes d'orchestre

À part la figure de Siegfried Fink, qui n'opta pas pour l'orchestre, la percussion allemande ne fut pas la plus en pointe au XXe siècle, au contraire des timbales. Question de répertoire, les orchestres d'outre-Rhin étant longtemps restés spécialisés dans les grands « B », Beethoven, Brahms, Bruckner, qui n'y ont presque pas recours. Au contraire, la France et les pays anglo-saxons s'y sont vite distingués. Fondée par Félix Passerone, l'école française a été modelée par l'écriture de Berlioz, Ravel et Debussy : une percussion souple, coloriste, élégante et raffinée. À la création de l'Orchestre de Paris en 1967, le pupitre s'imposa comme un modèle du genre : l'intelligence aiguë de François Dupin ressortait à chaque mesure qu'il jouait, Alain Jacquet se détachait immédiatement, non seulement par sa chevelure rousse, mais par ses incroyables facilités aux claviers, la moustache gauloise et l'air bourru de Francis Brana cachant un professionnel irréprochable, capable de faire de la grosse caisse un instrument de musique. Ce n'est pas pour rien qu'un jour, revenant de Berlin où il avait dirigé les Philharmoniker, Daniel Barenboim fit aux percussionnistes de l'Orchestre de Paris ce beau compliment : « C'était magnifique mais j'aurais préféré avoir notre pupitre de percussion. » Avant d'ajouter, malicieusement : « Ou plutôt non, c'est ici que j'aimerais bien avoir le Philharmonique de Berlin, avec notre pupitre de percussion. » Tandis qu'à l'Orchestre national, Bernard Balet, ancien des Percussions de Strasbourg, alliait le dosage des nuances à la beauté du geste. Tandis qu'à l'Opéra de Paris, Guy-Joël Cipriani avait la plus élégante des caisses claires, et ses collègues de pupitre Gérard Pérotin et Michel Gastaud défendaient eux aussi une percussion sans brutalité.

Influencés par le jazz, les percussionnistes américains ont développé une école brillante et virtuose, marquée par des figures incontournables qui sont parvenues à exister pleinement à côté des tout-puissants timbaliers. Ainsi de Michael « Mickey » Bookspan, premier percussionniste de l'Orchestre de Philadelphie de 1953 à 2002. Lorsqu'il rejoignit l'orchestre d'Eugene Ormandy à vingt-quatre ans, il avait déjà une longue expérience des fanfares militaires, des orchestres de music-hall et des jazz bands, où il s'était déjà distingué comme un virtuose du xylophone. Connu pour le soin particulier accordé à la sonorité, au sein d'une phalange qui possédait à l'époque l'un des plus beaux sons d'orchestre au monde, il était doté d'un rayonnent particulier qui n'échappait pas au public, en particulier lorsqu'il eut son heure de gloire en créant le *Concerto pour percussion et orchestre* de Robert Suderberg. Homme de grande taille et classe, il influença des générations d'élèves au Curtis Institute par son charisme généreux, et son jeu de caisse claire demeure un modèle. Sa disciple Carol Stumpf disait de lui : « Je ne peux imaginer quiconque tirer autant de musique d'une seule note de cymbale. »

Autre légende de la percussion américaine : Morris « Arnie » Lang, du New York Philharmonic. Élève du mythique Saul Goodman à la Juilliard School, il avait aussi étudié avec le batteur Billy Gladstone (ce qu'il n'osa jamais dire à Goodman…). D'abord batteur au Radio City Music Hall, il y développa une excellente technique de caisse claire, ce qui lui permit de se faire remarquer de Goodman, qui n'avait jusqu'alors jamais fait attention à lui dans sa classe. Arnie Lang conserva jusqu'au bout le pur plaisir de jouer, ne voyant jamais son métier comme une mission ou une quête de perfection : *« I have always been in music for the fun »*, disait-il volontiers, s'étonnant encore que trois mille personnes soient là à le regarder taper sur des objets en étant payé pour cela ! Avec d'autres pointures de la percussion américaine comme Vic Firth et Arthur Press, du Boston Symphony, Roland Kohloff, du New York Philharmonic ou Donald Miller, de l'Orchestre de Cleveland, il fonda le All Star Percussion Ensemble, jouant des transcriptions extravagantes comme le *Canon* de Pachelbel pour ensemble de percussions… La plupart de ces musiciens furent aussi des hommes d'affaires, développant leur propre marque d'instruments ou d'accessoires, ce qui fut aussi le cas de Jan Pustjen, remarquable virtuose du Concertgebouw d'Amsterdam… et bon vivant, qui eut l'imprudence de trop bien arroser un repas avant le *Boléro* de Ravel, dont il prit la partie de caisse claire à quatre temps alors qu'elle est écrite à trois… Dans le *Boléro* comme sur la route, boire ou conduire : il faut choisir.

Le pionnier de la percussion d'orchestre britannique fut James Holland, premier percussionniste du London Symphony de 1962 à 1971 avant d'occuper les mêmes fonctions à la BBC. Il aurait pu entrer au Philharmonia, mais il exigea pour cela d'être leader de la section de percussion, alors qu'il était encore d'usage dans cet orchestre que le timbalier soit le chef de pupitre : pour ne pas vexer Jim Bradshaw, Holland ne fut pas engagé. Au LSO, puis à la BBC, il accompagna le tournant vers le répertoire moderne, devenant le partenaire privilégié de Pierre Boulez, venu à Londres avec des exigences inédites en matière d'exactitude. En 1963, il fallut vingt répétitions pour monter son œuvre *Pli selon pli* : Boulez fit répéter chaque partie séparément, jusqu'au vibraphone… Avec Terry Emerey, David Johnson et Kevin Nutty, le pupitre de percussions de la BBC des années 1970 fut l'un des plus performants. Si Holland prit autant de plaisir à faire son métier de percussionniste d'orchestre, c'est grâce à la modernisation du répertoire : « Si le répertoire était resté ce qu'il était dans les années 1950, je serais mort d'ennui depuis longtemps… »

Des percussionnistes aujourd'hui en activité, l'un des plus connus est le vétéran David Corkhill, toujours chef de pupitre au Philharmonia : également très à l'aise aux timbales, qu'il tient à l'English Chamber Orchestra, cet homme-orchestre participa à un enregistrement de référence de la *Sonate pour deux pianos et percussions* de Bartók, avec rien moins que Murray Perahia et Georg Solti au piano. De son côté, Neil Percy, actuel chef de pupitre du London Symphony, est aussi brillant à la caisse claire qu'aux claviers : un musicien d'orchestre exemplaire et chaleureux. Jack van Geem au San Francisco Symphony est sans doute le plus en vue des percussionnistes américains aujourd'hui. En France, Emmanuel Curt et Florent Jodelet brillent de mille feux à l'Orchestre national de France, Nicolas Martincyow est l'excellent titulaire de la caisse claire à l'Orchestre de Paris, le pupitre de l'Opéra de Paris s'est féminisé pour le meilleur, avec l'exceptionnelle Tsuey-Yin Taï, que son petit gabarit n'empêche pas de faire de la grosse caisse une vraie machine de guerre dans *Une vie de héros*, ou Sylvie Dukaez, un modèle de grâce aux claviers dans *Saint François d'Assise*.

VII
La harpe

Comme avec le tuba, le singulier est de mise pour le pupitre de harpe, solitaire par excellence. Encore plus, même, que le timbalier ou le tubiste, car si l'on peut classer celui-là dans la famille des percussions, et celui-ci dans celle des cuivres, impossible de trouver une famille d'accueil à la harpe. À vrai dire, on ne sait que faire d'elle ! Immense, l'instrument se voit de loin, avec sa forme élégante et ses matériaux nobles. Mais son titulaire ne dispose pas de la même visibilité : son champ de vision est étroit, puisqu'il doit regarder ses mains à droite, la partition devant et le chef à gauche, d'où la difficulté de trouver le bon angle sans déranger l'ordonnancement des autres. Célèbre harpe solo du London Symphony Orchestra, Osian Ellis se plaignait d'être systématiquement relégué derrière les seconds violons alors qu'il préférait être à côté des flûtes : « Il faut se battre à chaque fois, tout dépend de l'autorité dont vous disposez au sein de l'orchestre. Comme je me bats toujours, c'est que je ne dois pas en avoir beaucoup. » Solitaire, le harpiste d'orchestre est aussi condamné à l'être car il doit impérativement être là avant tout le monde pour s'accorder dans le silence : si vous entrez dans une salle de concert une demi-heure avant le début du concert, vous avez toute chance de voir le harpiste en train de mettre son instrument au diapason. Ou du moins d'essayer : on ne connaît que trop le quolibet selon lequel un harpiste passe la moitié du temps à s'accorder, et l'autre moitié à jouer faux… Il est vrai que, sur les quarante-sept cordes que compte l'instrument pour une tessiture de six octaves, la plupart sont en boyau, à l'exception des plus graves qui sont en métal, et des plus aiguës qui sont en nylon. Elles sont donc particulièrement sensibles à la chaleur et à l'humidité. Ajoutez que, au cours du concert, les vents ont facilement tendance à monter, modifiant l'accord de l'orchestre : si les cordes s'adaptent assez facilement, la harpe ne peut se réaccorder, et se voit reprocher de jouer trop bas alors que c'est le reste de l'orchestre qui joue plus haut ! On imagine aisément le sentiment d'injustice : le harpiste doit être philosophe.

Un instrument solitaire

L'instrument est difficile : au jeu des mains, avec ce qu'il suppose de corne sur les doigts, s'ajoute celui des pieds, avec sept pédales (trois pour le pied gauche, quatre pour le pied droit, trois positions pour chaque pédale…) qui permettent de modifier chaque note de la gamme diatonique en fonction des dièses et bémols. Instrument soliste par essence, la harpe n'est pas habituée à se fondre dans la masse. Et à sa sortie du conservatoire, le harpiste n'est pas habitué à être dirigé : il y sera toujours rétif. Il y avait à la création de l'Orchestre de Paris un grand harpiste, Francis Pierre, élève de Lily Laskine, qui réunissait à lui seul toutes ces caractéristiques. Merveilleux musicien, il était si individualiste qu'il préférait faire les tournées en voiture pour ne pas se mêler au groupe. Et lorsque, un jour, le directeur musical Semyon Bychkov s'avisa de lui faire une réflexion, il lui répondit de manière cinglante : « Écoutez, je déteste les chefs d'orchestre, sauf un seul : Pierre Boulez. Et ce n'est pas vous qui allez me faire changer d'avis. » Il est vrai que Francis Pierre avait joué au Domaine musical fondé par Boulez après la guerre, et que l'auteur du *Marteau sans maître* a toujours eu un faible pour l'instrument, jusqu'à en prévoir trois en soliste dans son œuvre *Sur Incises*.

Difficultés principales pour la harpe dans l'orchestre ? Le rythme, d'abord. Avec son émission du son immédiate (plus rapide encore que celle des percussionnistes), elle ne peut guère anticiper sur le geste du chef : elle est sur le temps. Lors d'une attaque, elle ne peut donc tricher en se cachant derrière les autres : tout décalage s'entend immédiatement. Autre piège : le déchiffrage. Contrairement à beaucoup d'autres instrumentistes, le harpiste doit avoir réfléchi à l'avance sur ses doigtés et son jeu de pédale, il est donc pratiquement exclu pour lui d'arriver en répétition et de lire sa partition à vue, sans préparation préalable. Et même si une harpe, contrairement aux clichés, est fort sonore, elle s'associe plus facilement à la flûte qu'aux cuivres, dont la puissance peut la mettre à mal.

Le harpiste est devenu un peu plus seul à mesure que les orchestres qui disposaient de deux postes de titulaires en supprimaient un. Il est vrai que, au vu de sa fréquence dans le répertoire, disposer de deux harpistes permanents est un véritable luxe dans un orchestre symphonique. Aujourd'hui, quand une œuvre requiert deux harpes, on recrute un supplémentaire. Sauf au Concertgebouw d'Amsterdam et surtout dans les orchestres des grandes maisons d'opéra comme Vienne ou Munich, où l'on a besoin de deux harpistes pour faire face au nombre de services. Il y en a même trois à l'Opéra de Paris.

Le répertoire

L'entrée de la harpe dans l'orchestre symphonique est tardive. On la doit à Berlioz, qui lui réserve dans le « Bal » de la *Symphonie fantastique* l'un de ses premiers chevaux de bataille, sans parler de *L'Enfance du Christ* où elle est résolument soliste. Les solos ne sont pas si fréquents. Dans la musique allemande, la harpe est plus accompagnatrice que soliste, ce qui peut être frustrant : chez Bruckner, elle souligne le point culminant du mouvement lent de la *8*e d'un grand arpège, dans l'Adagietto de la *5*e de Mahler elle est une extension des pizzicati des cordes, chez Wagner ou Strauss elle joue sans cesse mais on l'entend rarement ! Sauf bien sûr quand Wagner lui confie la résolution en majeur annonçant la rédemption de Senta, à la fin du *Vaisseau fantôme*, ou lorsqu'il convoque six harpes dans *L'Or du Rhin*… Un casse-tête pour toutes les fosses d'orchestre : il n'est pas rare, dès lors qu'elles se retrouvent dans une loge, ou sur le côté de la scène. Dans la musique française, elle est une indispensable touche de couleur et de liquidité. Debussy et Ravel ne sauraient s'en passer : le premier lui donne ses lettres de noblesse dans *La Mer* et le *Prélude à l'après-midi d'un faune*, le second lui réserve des cadences extrêmement exposées dans *Tzigane*, le premier mouvement du *Concerto pour piano en sol* ou « Laideronnette impératrice des pagodes » dans *Ma mère l'Oye*. *Shéhérazade* de Rimski-Korsakov, *Le Festin de l'araignée* d'Albert Roussel, la *Tragédie de Salomé* de Florent Schmitt, le *Concerto pour orchestre* de Bartók, les *Variations sur un thème de Purcell* de Britten, sont d'autres passages obligés où le harpiste de l'orchestre sort de l'anonymat.

C'est dans les orchestres d'opéra que les morceaux de bravoure sont les plus nombreux. Ne serait-ce qu'à cause du ballet : les solos de *Casse-Noisette* et du *Lac des cygnes* de Tchaïkovski, ou de *Raymonda* de Glazounov, sont parmi les heures de gloire du harpiste, mis sur le même plan que la prima donna dans la cadence de *Lucia di Lammermoor* et indispensable dans la *Manon* de Massenet tout comme dans l'air « Vissi d'arte » de la *Tosca* de Puccini, sans parler de la « Danse des sept voiles » de *Salomé* de Richard Strauss ou de l'ouverture de *La Force du destin* de Verdi. Il n'en reste pas moins que le répertoire orchestral est limité, et que nombre de harpistes de talent ne souhaitent pas intégrer un orchestre, préférant se consacrer à l'enseignement, à la musique de chambre ou à la musique contemporaine : le choix que fit Frédérique Cambreling en quittant l'Orchestre national de France pour l'Ensemble Intercontemporain, préférant cultiver la création plutôt que de collectionner les *Casse-Noisette*.

Grands harpistes d'orchestre

La grande figure de la harpe au XXe siècle reste incontestablement l'exceptionnelle Lily Laskine. Née en 1893, cette Française d'origine russe fut celle qui sortit l'instrument de l'anonymat, comme le feront plus tard Jean-Pierre Rampal pour la flûte ou Maurice André pour la trompette. Mais sa considérable discographie en solo ne doit pas faire oublier qu'elle fut à seize ans la première femme à intégrer l'Orchestre de l'Opéra de Paris, avant d'être harpe solo de l'Orchestre national à sa fondation en 1934. « Mon instinct communautaire m'a conduite vers les autres », disait-elle. Il n'en reste pas moins que sans elle, une Marielle Nordmann ou une Isabelle Moretti, fleurons actuels de l'école française de harpe, n'auraient pas fait avec succès le choix périlleux d'une carrière de soliste, sans passer par la case orchestre.

Soliste des Concerts Lamoureux, elle participa à la création en concert du *Boléro* de Ravel, sous la direction du compositeur mort de trac, en 1930 ; le violon solo de l'orchestre, Roland Charmy, devait devenir son mari. Prédécesseur de Lily Laskine à la classe de harpe du Conservatoire de Paris, Marcel Tournier forma de nombreux élèves, parmi lesquels Bernard Zighera, harpe solo du Boston Symphony Orchestra sous Charles Munch.

Le grand harpiste solo d'orchestre dans la deuxième moitié du XXe siècle fut Osian Ellis au London Symphony Orchestra. Avec ses lunettes, ses cheveux gris coupés courts, ses costumes classiques, ce Gallois ressemblait plus à un agent d'assurance qu'à un artiste, mais l'habit ne fait pas le moine. C'est à lui, et pas à un autre que Britten pensait quand il écrivit les parties de harpe virtuoses et prenantes du *War Requiem* ou du *Songe d'une nuit d'été*, lui dédiant sa *Suite pour harpe*, et c'est lui qui accompagna Peter Pears pour la dernière tournée, lorsque Britten était trop épuisé pour voyager. Il eut une enviable carrière de soliste, qui l'éloigna un temps de l'orchestre, mais lorsqu'il fut las de courir le monde avec son encombrant instrument, il retourna au LSO à plein temps, considérant que c'est là qu'était sa place : question de loyauté, disait-il. Sa sonorité était incomparable, son secret résidant peut-être dans le fait qu'il ne se coupait pas les ongles, contrairement à la majorité des harpistes mais à l'image des guitaristes et luthistes. S'il est un modèle de harpiste d'orchestre, c'est parce qu'il se souciait moins de jouer juste et en place à titre individuel, mais de trouver sa place dans le tout, se considérant comme un moyen d'expression dans la texture globale. Il mettait un point d'honneur à étudier l'intégralité d'une œuvre symphonique et non sa seule partie.

Autre grande figure de la harpe d'orchestre, Catherine Michel, qui fut d'abord harpe solo de l'Orchestre national de France en 1970 avant d'entrer à l'Opéra de Paris en 1978, n'est pas seulement une musicienne éclectique, qui pratiqua la musique de film et la comédie musicale avec son mari Michel Legrand. Dans la fosse, elle s'est toujours souciée d'être en phase avec le plateau, sachant que, dans la prière de *Tosca*, elle ne peut compter sur le chef mais uniquement sur l'écoute de chaque respiration et du phrasé de la chanteuse. La mort prématurée de Martine Géliot à trente-neuf ans, en 1988, ne l'empêche pas d'être passée à la postérité comme une musicienne brillante et sensible, illuminant le pupitre de harpe de l'Orchestre national lorsque celui-ci fut libéré par Catherine Michel, passée à l'Opéra.

L'une des grandes figures de la harpe orchestrale d'aujourd'hui est Nancy Allen, du New York Philharmonic. Élève de Marcel Grandjany, un Français qui créa la classe de harpe à la Juilliard School de New York après avoir joué avec Ravel, elle reçut les conseils de Lily Laskine. Elle-même directrice du département harpe à la Juilliard, elle est un des rares exemples de soliste internationale à avoir intégré un orchestre, à quarante ans passés : en général, on assiste plutôt au mouvement inverse. Son pendant au Curtis Institute de Philadelphie, Elisabeth Hainen, soliste de l'Orchestre de la même ville, est réputée pour sa palette de couleurs, au point que Tan Dun compose pour elle un *Concerto pour harpe*. De l'actuelle génération de harpistes britanniques émergent Bryn Lewis au London Symphony Orchestra, qui enregistra deux fois le *Concerto pour flûte et harpe* de Mozart (avec Giuseppe Sinopoli et Neville Marriner), et surtout l'excellente Lucy Wakeford au Philharmonia, partenaire de musique de chambre de James Galway, John Mark Ainsley ou du Quatuor Belcea.

Depuis Lily Laskine, Marcel Grandjany, Marcel Tournier, Pierre Jamet et sa fille Marie-Claire, l'école française de harpe est l'une des plus réputées au monde. Cela se traduit naturellement au pupitre des meilleures formations internationales, avec un tir groupé rarissime, puisque dans les années 2000, les deux plus grands orchestres du monde, le Philharmonique de Berlin et le Philharmonique de Vienne, comptent chacun un Français à la harpe. Formée au Conservatoire de Nice, Marie-Pierre Langlamet avait dix-sept ans lorsque Pierre Médecin la recruta comme harpe solo de l'Orchestre philharmonique de Nice. Lorsqu'elle lui demanda un congé pour aller se perfectionner au Curtis Institute de Philadelphie, il le lui accorda volontiers. Elle ne revint jamais : Au moment de reprendre son poste à Nice, elle venait d'être recrutée par l'Orchestre du Metropolitan Opera de New York. Jusqu'à ce jour de 1993 où, de passage à Paris, elle entra dans le bureau de Pierre Médecin, alors directeur de l'Opéra-Comique, pour lui annoncer de vive voix qu'elle venait d'entrer au Philharmonique de Berlin. Cette cavalière et skieuse est l'un des fleurons des Philharmoniker, la subtilité et la variété de son jeu attirant l'attention sur son instrument comme jamais avant elle à Berlin, surtout pas avec le solide mais peu imaginatif Fritz Helmis, qui fut le harpiste des années Karajan. En rejoignant son compatriote Emmanuel Pahud, avec qui elle enregistra le *Concerto pour flûte et harpe* de Mozart sous la direction de Claudio Abbado, elle a contribué à l'internationalisation du son du Philharmonique de Berlin.

Un peu plus tard, c'est le Philharmonique de Vienne qui faisait entrer la harpe française en son sein, avec l'exceptionnel Xavier de Maistre. C'est à quelques kilomètres de Marie-Pierre Langlamet, à Toulon, qu'il découvrit l'instrument dont il tomba immédiatement amoureux. Devant l'inquiétude de ses parents à l'idée de le voir embrasser une carrière d'artiste, il passe son bac d'abord et se lance dans des études tout ce qu'il y a de plus sérieuses : Sciences Po et la London School of Economics, d'où il sort bardé de diplômes. Sans oublier de se perfectionner à Paris avec Catherine Michel et Jacqueline Borot, prédécesseur de celle-ci au pupitre de l'Opéra de Paris et professeur au Conservatoire. C'est l'immense harpiste espagnol Nicanor Zabaleta, l'un des premiers avec Lily Laskine à populariser la harpe comme instrument soliste, qui trouve les mots déterminants : « Il y a des milliers de bons avocats, mais un harpiste comme vous, il n'y en a qu'un seul. » Il opte dès lors pour la carrière musicale, se retrouvant vite au pupitre de l'Orchestre symphonique de la Radio bavaroise (il aura tout de même fallu une intervention de Catherine Michel car son dossier s'était « égaré »…), puis des Wiener Philharmoniker en 1998. Ce qui ne l'empêche pas de mener une carrière solistique et discographique considérable, au point qu'à l'heure où nous mettons un point final à ce livre, il vient de quitter l'orchestre pour se consacrer à ce parcours individuel et chambriste, qui lui permit notamment de jouer le *Concerto* de Ginastera au Théâtre des Champs-Élysées, sous la direction de Riccardo Muti. Avec une dextérité et une musicalité qui n'appartiennent qu'à quelques-uns.

Avant lui, une autre Française, Julie Palloc, avait brièvement intégré le Philharmonique de Vienne avant d'opter pour l'Orchestre de l'Opéra de Zurich : encore une Niçoise, élève de madame Fontan-Binoche tout comme Marie-Pierre Langlamet, et que l'on retrouve avec sa compatriote l'été à l'Orchestre du Festival de Lucerne réuni par Claudio Abbado. Et c'est de Toulon, comme Xavier de Maistre, que vient la harpiste solo de l'Orchestre de Paris, Marie-Pierre Chavaroche, qui alla se perfectionner aux États-Unis comme Marie-Pierre Langlamet, mais à New York avec Nancy Allen. Comme s'il existait une filière méditerranéenne et américaine pour la harpe française de niveau international : celle que suivit aussi Isabelle Perrin, harpe solo de l'Orchestre national, passée par Nice et la Juilliard School ! Gaëlle Thouvenin au Capitole de Toulouse, Laurence Cabel à l'Orchestre national, la jeune Lucie Marical à l'Orchestre national Bordeaux-Aquitaine complètent un paysage riche, où brille déjà une nouvelle étoile : Emmanuel Ceysson, élève d'Isabelle Moretti, né en 1984 et entré à vingt-deux ans à l'Opéra de Paris comme harpe solo. Nommé aux Victoires de la musique, vainqueur des trois plus prestigieux concours internationaux ouverts à son instrument (dont ceux de Munich et Bloomington), il est déjà professeur invité à Londres. Au ballet comme à l'opéra, la projection et la sensualité de son jeu confèrent à la harpe une présence immédiate, même dans la fosse. Avec son alter ego à l'Opéra, David Lootvoet, il fait aussi partie des nombreux contre-exemples venus rappeler que la harpe n'est en rien un instrument réservé aux femmes.

VIII
Les intrus

Il serait injuste de passer sous silence quelques instruments qui ne font pas partie de l'effectif symphonique traditionnel, et dont les rares interventions ne justifient pas l'existence d'un poste permanent dans un orchestre. Lorsque le cas se présente, on a alors recours à un supplémentaire. C'est par exemple le cas du saxophone. Invention tardive due à Adolphe Sax, cet hybride de cuivre et de bois a vite trouvé sa place dans les harmonies et les fanfares, puis est devenu un roi du jazz, mais pas un membre à part entière de l'orchestre symphonique. Un débouché en moins pour le saxophoniste classique sorti bardé de prix du conservatoire. On fera toutefois régulièrement appel à lui : dans *L'Arlésienne* de Bizet, l'un des plus beaux solos écrits pour l'instrument, dans le *Werther* de Massenet ou la *Lulu* de Berg, où sa couleur teinte l'orchestre d'une grande nostalgie, dans *Lieutenant Kijé* de Prokofiev, la suite *Hary Janos* de Kodály ou les *Tableaux d'une exposition* de Moussorgski orchestrés par Ravel, ses solos sont particulièrement expressifs. Quant au *Boléro* de Ravel, il y faut même deux saxophones, un ténor et un soprano. Pour les saxophonistes, ces interventions sont à double tranchant : s'ils se réjouissent de ces rares incursions dans le domaine symphonique, elles ne vont pas sans anxiété, car ils n'ont guère la pratique de la musique en grand ensemble, ni l'habitude d'être dirigés. Ils n'ont pas « la chaise », contrairement aux vieux routiers des orchestres.

Encore plus rares, les cordes pincées font parfois une apparition d'autant plus remarquée. Tout le monde a en tête la mandoline qui accompagne la sérénade de Don Juan dans le *Don Giovanni* de Mozart, sans toujours penser au lot de l'instrumentiste qui arrive après l'entracte, joue deux minutes et s'en retourne comme il était venu. Au moins a-t-il touché son cachet… La mandoline, Mahler s'en souviendra en lui offrant une partie tout à fait surprenante dans sa *7e Symphonie*, associée à une guitare : il est important que l'administration de l'orchestre ait dans son carnet d'adresses le nom de plusieurs spécialistes des cordes pincées !

Le piano

Le piano est un solitaire, en récital comme en concerto, sa seule expérience de la pratique collective étant la musique de chambre. Par son statut de roi des instruments, il n'est pas, de fait, un instrument de l'orchestre. Cela n'empêche pas certains compositeurs d'en faire un pupitre de plus. Il est un rouage essentiel de la *Musique pour cordes, percussion et célesta* de Bartók, Chostakovitch en prévoit un sans ses *1re* et *5e Symphonies*, Prokofiev dans plusieurs de ses symphonies, Rachmaninov dans ses *Danses symphoniques*, Stravinsky dans la *Symphonie en trois mouvements :* dans une fonction rythmique pour les uns, coloriste pour les autres. Saint-Saëns a besoin de quatre mains dans sa *Symphonie avec orgue*, le point culminant du piano d'orchestre étant les traits virtuoses de *Pétrouchka*. Malgré la relative rareté de ces interventions, il y eut longtemps dans les orchestres un pianiste titulaire. C'est encore le cas à l'Orchestre national de France avec Franz Michel, au Philharmonique de Radio France avec Catherine Cournot, et surtout à l'Orchestre de l'Opéra de Paris, qui en compte deux : Jean-Yves Sébillotte et Christine Lagniel, qui a succédé à Georges Pludermacher, longtemps pianiste de l'Opéra, même lorsque sa carrière de concertiste commençait à prendre son envol. À l'Opéra, le pianiste de l'orchestre est régulièrement amené à renforcer le pupitre de percussions. À l'inverse, l'Orchestre de Paris des premières années confiait les parties de piano au percussionniste Jacques Delécluse, qui tenait aussi l'orgue dans la *Symphonie avec orgue* de Saint-Saëns. Depuis, nombre d'orchestres préfèrent engager un supplémentaire quand se présente une partie de piano. Mais plusieurs orchestres américains ont encore un pianiste appointé : à Cleveland, Joela Jones bénéficie même d'un statut de soliste à part entière, étant régulièrement amenée à jouer des concertos ; on l'a ainsi vue dans la *Burlesque* de Strauss en tournée avec Christoph von Dohnanyi, belle marque de confiance là où un autre orchestre aurait préféré miser sur une star.

IX
La disposition

Une fois que tous ces pupitres sont constitués, reste à les placer sur scène. La question de la disposition est cruciale : elle influe énormément sur l'image acoustique d'un orchestre, tant pour les instrumentistes que pour les auditeurs. Il existe plusieurs variantes, dont chacune a ses partisans et détracteurs. Elles concernent essentiellement la disposition des pupitres de cordes au sein du demi-cercle qu'ils décrivent devant le chef. On distingue essentiellement :

La disposition américaine

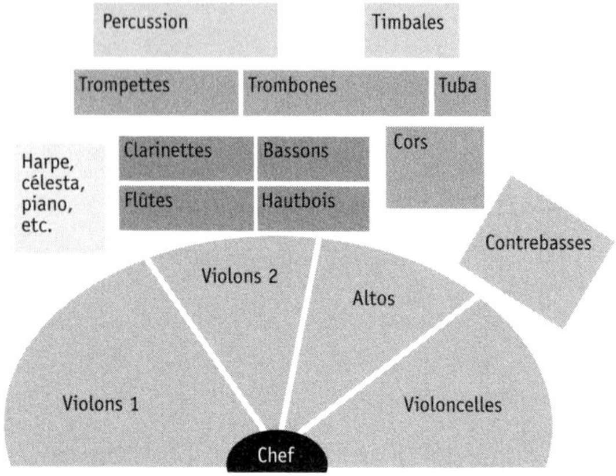

La disposition allemande

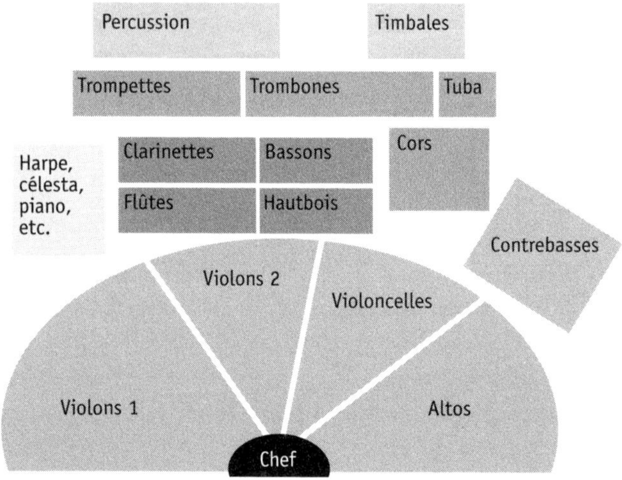

La disposition européenne
(que certains appellent aussi « allemande »,
d'autres « française » !)

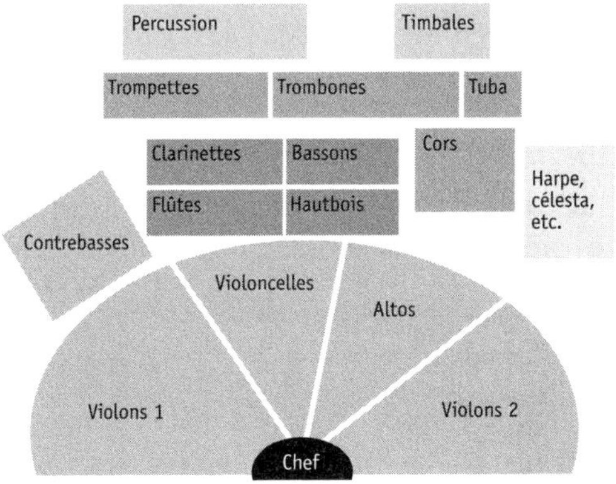

La disposition viennoise

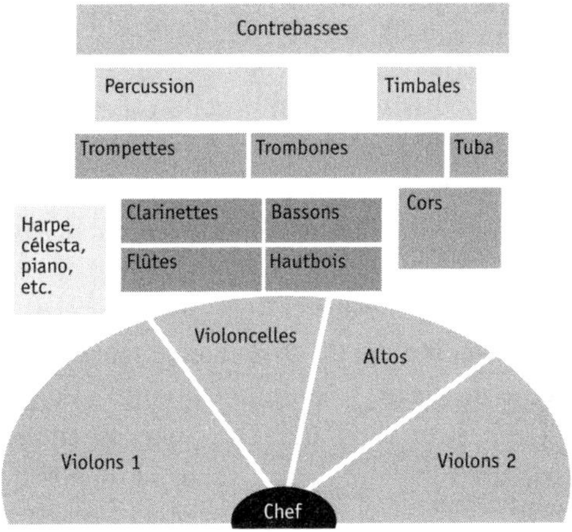

Au XIXe siècle, la disposition européenne était la norme, elle le resta jusque dans les années 1920. Elle repose sur le principe « antiphonique », séparant premiers et seconds violons, qui se font face de part et d'autre chef, les premiers à gauche, les seconds à droite. Elle permet donc de mieux percevoir les deux parties de violon et leurs jeux de réponses et d'échos. En 1920, le Britannique Leopold Stokowski invente à Philadelphie ce qui deviendra la disposition « américaine » : il réunit premiers et seconds violons en un groupe compact à sa gauche, les violoncelles prenant la place des seconds violons à la droite du chef. Serge Koussevitzky l'adoptera à Boston en 1925. Cette modification est essentiellement due à l'essor du disque. Les techniques d'enregistrement naissantes, avant la stéréo et les pistes multiples, s'accommodaient mieux d'une nette séparation des registres : les violons d'un côté, les violoncelles de l'autre, étaient plus faciles à capter par les micros. Cette disposition s'imposa bientôt : les photographies de la fondation de l'Orchestre national attestent encore la disposition européenne avec Inghelbrecht en 1934, mais celles de la première tournée aux États-Unis avec Charles Munch, en 1948, montrent les violoncelles à droite. Munch ne fut pas le seul à importer cette disposition américaine en Europe : Mengelberg l'imposa au Concertgebouw d'Amsterdam où elle est encore pratiquée, tout comme Sir Thomas Beecham au London Philharmonic, suivi par la plupart des formations londoniennes. Bernstein et Celibidache font partie des chefs qui préféraient avoir les violoncelles à leur droite. Aux États-Unis, Toscanini resta quant à lui fidèle à la disposition européenne, avec premiers et seconds violons de part et d'autre du chef et contrebasses à gauche.

Au même moment, une autre variante s'imposait dans plusieurs orchestres allemands : premiers et seconds violons y sont groupés à gauche comme dans la disposition américaine, mais ce sont les altos qui prennent place à droite et non les violoncelles. C'est la disposition du Philharmonique de Berlin depuis Furtwängler, Karajan y resta fidèle toute sa vie, l'imposant aussi à l'Orchestre de Paris où elle est toujours de mise. C'était la disposition favorite de Carlo Maria Giulini. Et lorsque Kurt Masur prit la direction de l'Orchestre national de France en 2002, il demanda à son tour aux altos et violoncelles de permuter pour avoir les altos à sa droite, comme il y était habitué au Gewandhaus de Leipzig. Avantage de cette disposition : faisant face au chef, les violoncelles projettent le son directement vers la salle et sont donc plus audibles. Inconvénient pour eux : coincés entre les seconds violons et les altos, ils disposent de moins d'espace pour déplacer leur archet.

La redécouverte de la disposition antiphonique

La disposition américaine et sa variante allemande se partageaient peu ou prou la faveur des orchestres, lorsque les orchestres d'instruments d'époque remirent au goût du jour l'ancienne disposition européenne antiphonique. Au début des années 1980, en élargissant le champ de leur recherche du répertoire baroque à l'époque classique et romantique, Nikolaus Harnoncourt, Frans Brüggen ou Roger Norrington préconisèrent en effet de placer les contrebasses à gauche et de revenir à la répartition des violons à gauche et à droite du chef, afin de mieux mettre en valeur la spécificité de chaque partie et l'effet de stéréo. Certains chefs symphoniques s'en inspirèrent et décidèrent d'y réhabituer les orchestres modernes. Ce fut notamment le cas de Christoph von Dohnanyi, mais aussi de Michael Gielen, David Zinman ou Herbert Blomstedt, qui l'imposa lorsqu'il fut nommé à la tête du Gewandhaus de Leipzig en 1996, regrettant de ne pas avoir osé le faire plus tôt dans sa carrière. Les orchestres qui ne sont pas habitués à cette disposition ont besoin d'un temps d'adaptation. Les seconds violons, notamment, se sentent nus lorsqu'ils se retrouvent sur le côté de la scène, exposés, loin de leur béquille que sont les premiers violons : Blomstedt les compare à une danseuse habituée à se faire conduire par son partenaire. Cela les oblige à une écoute et à une attention décuplées : rappelons que le dernier pupitre de seconds violons se retrouve ainsi à une vingtaine de mètres des premiers, sans contact oculaire, alors qu'ils sont accoutumés à être assis côte à côte. En outre, en étant placés à droite, comme les altos dans la disposition allemande, leur son part vers l'arrière au lieu d'être dirigé vers la salle. Sans parler du fait que, dans certains orchestres, le pupitre des seconds violons est loin d'avoir le niveau des premiers, et a pris l'habitude de se cacher…

Ce serait toutefois une erreur de croire que l'on n'a redécouvert cette disposition antiphonique que grâce aux « baroqueux ». Ce fut celle de Mravinsky à Léningrad pendant tout le XXe siècle, et son successeur Yuri Temirkanov y est resté fidèle lorsque la ville retrouva son nom de Saint-Pétersbourg. Otto Klemperer la réclamait partout, tout comme son cadet Rudolf Kempe, et Rafael Kubelik la pratiquait encore à la Radio bavaroise dans les années 1970. Et puis il reste une variante qui fut longtemps considérée comme une curiosité locale avant de faire des émules : la disposition viennoise. Comme la disposition européenne, elle sépare les violons de part et d'autre du chef, mais se distingue par le placement des contrebasses : ni à droite ni à gauche, mais à l'arrière, alignées contre le mur du fond. Elles ne forment donc pas un bloc, mais une ligne, ce qui oblige chaque contrebassiste à avoir son propre pupitre au lieu d'une partition pour deux. Cela explique en partie que les basses viennoises sonnent moins compact qu'à Berlin, avec une clarté rehaussée par le rôle de réflecteur que joue le mur auquel elles sont adossées. Comme on peut s'en rendre compte en visionnant diverses vidéos du Concert du nouvel an, les Wiener Philharmoniker ont conservé cette disposition. Il est vrai que c'était déjà celle de Gustav Mahler, et qu'elle est largement déterminée par la configuration de la salle. Aujourd'hui, l'Orchestre du Festival de Budapest s'en inspire avec Ivan Fischer, formé à Vienne, et l'on a vu Bernard Haitink attendre d'avoir quatre-vingts ans pour l'adopter dans Beethoven, à la tête du London Symphony Orchestra. Ce placement réclame aussi un temps d'adaptation de la part des orchestres qui n'y sont pas habitués : lorsque le Viennois Wolfgang Doerner résolut d'y convertir l'Orchestre Pasdeloup, il eut l'impression de faire la révolution ! Les musiciens les mieux préparés à cette disposition antiphonique sont ceux des orchestres d'opéra, ce qui est le cas du Philharmonique de Vienne. Dans une fosse d'orchestre, en effet, la configuration la plus courante est de placer premiers et seconds violons en vis-à-vis : c'est le cas le plus fréquent à l'Opéra de Paris et dans presque tous les grands théâtres lyriques internationaux.

La question de la disposition est inséparable de celle du répertoire. Car si la symphonie classique et la musique de Mahler, par exemple, reposent sur le dialogue entre premiers et seconds violons, justifiant leur position antiphonique, nombre de musiques postromantiques et modernes traitent les violons davantage comme une masse compacte, qu'il serait contre-productif de couper en deux. Or, il est difficile pour l'orchestre de changer de disposition au cours du même concert, à la fois pour des raisons pratiques (longueur des changements de plateau) et musicales (difficultés d'adaptation). Nommé directeur musical de l'Orchestre de Paris au début de la saison 2010/2011, Paavo Järvi nous a avoué hésiter encore : il affectionne la disposition antiphonique dans les symphonies de Beethoven, mais pas dans Sibelius, et ne veut pas brusquer l'orchestre. Il a donc prévu de faire des tentatives prudentes avant de se décider. De même, exprimant notre surprise de voir que Michael Tilson-Thomas, avec l'Orchestre symphonique de San Francisco, dirigeait la *6*ᵉ de Mahler avec premiers et seconds violons séparés, mais pas la *5*ᵉ de Beethoven, le chef nous répondit qu'au même programme que Beethoven figuraient des œuvres de Cowell et Berg qui interdisaient de pratiquer cette disposition, et qu'il était exclu de changer en cours de concert.

Les vents

Côté vents, il existe beaucoup moins de variantes. Placés derrière les cordes, face aux chefs, les bois respectent toujours le même ordre : flûtes et hautbois côte à côte, clarinettes et bassons derrière eux. Cette disposition prévaut partout dans le monde, sauf dans un orchestre : le Concertgebouw d'Amsterdam, où clarinettes et bassons sont inversés, si bien que les bassons se retrouvent derrière les flûtes et les clarinettes derrière les hautbois. Piccolo solo de l'orchestre néerlandais, Vincent Cortvrint nous a avoué apprécier cet ordonnancement original : il est en effet assis devant le second basson, qui joue traditionnellement la tonique dans les accords, ce qui lui donne un repère harmonique. Les cuivres sont placés en ligne derrière les bois, presque toujours dans le même ordre : trompettes, puis trombones, le tuba à l'extrême droite. En revanche, la position des cors varie énormément d'un orchestre à l'autre, et parfois même dans le même orchestre, selon les souhaits des chefs. À droite ou à gauche, derrière les bois ou à côté d'eux, alignés sur une même rangée ou sur deux plans (cors

1 et 2 côte à côte, 3 et 4 derrière eux) : les cornistes sont les nomades de l'orchestre. Les percussions prennent naturellement place tout au fond, la seule variable étant la position des timbales, certains chefs les voulant devant eux, d'autres sur le côté. Le timbalier, lui, est soumis à plusieurs impératifs : il doit bien voir le chef, mais aussi le premier violon et la contrebasse solo, sur lesquels il se cale sans toujours les entendre, et ne pas être trop loin des trompettes, avec qui il attaque souvent.

Reste la question du dénivelé ! Au Musikverein de Vienne, la scène est en escaliers tels que les musiciens placés au fond sont nettement plus haut que les cordes. Lorsque le New York Philharmonic est en tournée, tout l'orchestre est à plat. Nous avons interrogé à ce propos Mark Volpe, manager du Boston Symphony, constatant que son orchestre jouait à plat dans sa salle du Symphony Hall. Il nous répondit d'un air résigné : « Ne me posez pas cette question ! J'ai connu des chefs qui voulaient plusieurs niveaux, alors nous avons sorti nos estrades, puis des chefs qui préféraient jouer à plat, alors nous avons rangé les estrades, et ainsi de suite. J'ai renoncé à comprendre. » Ce qui est sûr, c'est que certains chefs ont une idée extrêmement précise de leurs intentions en la matière. Lorsque Sergiu Celibidache se produisit pour la première fois à la chapelle du lycée Corneille de Rouen avec le Philharmonique de Munich, le directeur technique local, Laurent Bondi, eut des sueurs froides. Arrivé sur place le jour du premier concert, le légendaire chef roumain demanda à voir la scène : il s'avança vers le podium des contrebasses muni… d'un mètre ! Le verdict tomba : « Il manque 17 cm. » Les régisseurs rouennais n'eurent plus qu'à foncer au magasin de bricolage le plus proche avant la fermeture, pour acheter des planches et bricoler une estrade à la hauteur voulue par le chef.

Bayreuth

Dans les fosses d'opéra, la disposition symphonique des vents, face au chef, n'est souvent pas de mise. Si l'Opéra de Paris la pratique traditionnellement, ce n'est pas le cas à Vienne, à Munich ou à la Scala où ils sont relégués sur les côtés, le chef étant entouré de cordes. À Vienne, bois et cors sont à l'extrême gauche de la fosse, cuivres et percussions à l'extrême droite. Mais la disposition la plus originale au monde reste sans aucun doute celle de la fosse du Festspielhaus de Bayreuth. Grâce à son expérience de chef d'orchestre, Wagner avait en tout état de cause une maîtrise hors du commun des éléments techniques, qui lui permettait d'appliquer ses idées musicales en matière de continuité des timbres instrumentaux. Ce souci ne concernait pas seulement l'écriture proprement dite, mais aussi la disposition spatiale de l'orchestre. Outre le coup de génie de la fosse couverte, rendant l'orchestre invisible, son innovation consista à modifier la disposition des groupes d'instruments. Premiers et seconds violons sont séparés, mais contrairement à l'habitude, les premiers sont placés à droite du chef et les seconds à gauche. Ainsi, les premiers ont les ouïes vers l'arrière de l'orchestre et les seconds vers le devant, rééquilibrant le dosage sonore traditionnellement défavorable aux seconds. Violoncelles, contrebasses et harpes sont placés plus bas, non pas en bloc homogène, mais en deux groupes égaux, à droite et à gauche, ce qui rend leurs interventions en tutti moins compactes. Placés au milieu, les bois aigus ressortent avec beaucoup de netteté car leur son monte directement dans la salle, franchissant l'espace qui sépare le proscenium de l'avant-scène. Cors, trompettes et bois graves sont répartis encore plus bas, et tout au fond, soit à 9,10 m du chef d'orchestre (et quatre mètres plus bas) se trouvent les cuivres graves (trombones, tubas) et les timbales, ainsi que les percussions, en sorte que les instruments au volume sonore le plus envahissant ne risquent pas de couvrir le reste de l'orchestre.

Expérimentations

Daniele Gatti semble s'être inspiré de cette disposition, lui qui dirigea *Parsifal* à Bayreuth : à l'Orchestre national de France, il sépare premiers et seconds violons, étale altos et violoncelles en ligne et non en profondeur, et divise les contrebasses en deux groupes, à cour et à jardin. Avant lui, Leopold Stokowski avait expérimenté toutes les dispositions possibles : une vidéo de la *5e Symphonie* de Beethoven filmée à Londres le montre entouré de violons et altos, la plupart massés à gauche pour avoir les ouïes dirigées vers la salle, les bois à sa droite, les cuivres devant lui et les violoncelles et contrebasses alignés derrière les cuivres, contre le mur du fond ! Lorsqu'il dirigea *Elektra* à Salzbourg en 1957, Dimitri Mitropoulos demanda au Philharmonique de Vienne d'expérimenter une nouvelle formule : au Manège des rochers, il sépara cordes et vents en deux blocs se faisant face, comme pour mieux opposer le chantant et le percussif, deux dimensions essentielles de la partition de Strauss. Quant à Karajan, si sa disposition de concert était assez constante, il ne commençait pas un enregistrement avant d'avoir trouvé l'ordonnancement idéal, en fonction des mixtures sonores qu'il visait. Cela prenait parfois plus de temps que l'enregistrement lui-même : ce fut le cas pour les *Variations op. 31* de Schönberg, dont il avait à cœur de restituer les alliages de timbres les plus subtils, comme on ne les entendrait jamais dans une salle de concert. Il estima avoir si bien réussi qu'il renonça d'ailleurs à diriger l'œuvre en concert par la suite, de crainte d'être déçu.

Ces expérimentations nous semblent parfois des extravagances. Mais elles sont toujours motivées par une recherche sonore. Et elles doivent nous rappeler que, au XIXe siècle, la disposition des musiciens était beaucoup moins figée et codifiée qu'au XXe. Lorsque John Eliot Gardiner donna la *Symphonie fantastique* dans la salle de l'ancien Conservatoire où elle fut créée, ou *Pelléas et Mélisande* dans la fosse de l'Opéra-Comique, il s'attacha à reconstituer le placement de l'époque : l'occasion de découvrir que les instruments étaient éparpillés et non regroupés par pupitres. Ce qui rend les équilibres fragiles mais permet des effets de stéréophonie surprenants. Quand François-Xavier Roth dirigea *Mignon* d'Ambroise Thomas, à l'Opéra-Comique, il fit face au public, entouré des cordes, comme cela se pratiquait à l'époque. Les changements ne sont donc pas des lubies, mais sont (ou devraient être) guidés par le respect de l'écriture du compositeur. Ainsi, lorsqu'il dirigeait l'Orchestre national de France, Kurt Masur avait coutume de rapprocher les cors des cordes dans les Symphonies de Bruckner, estimant à juste titre que, dans ce répertoire, ils sont un prolongement des violoncelles beaucoup plus qu'un pupitre de cuivres. Cette capacité d'expérimentation a inspiré les compositeurs contemporains : Karlheinz Stockhausen a éclaté l'orchestre en trois formations dans *Gruppen*, en quatre dans *Carré,* Xenakis a disséminé les instruments dans *Terretektorh*, Pierre Boulez les répartit aux quatre coins de la salle dans *Répons*. Le défi lancé aux musiens d'orchestre est alors de faire preuve d'adaptabilité sans perdre les automatismes dont dépend leur cohésion.

TROISIÈME PARTIE

Le rapport au chef

I
À quoi sert le chef d'orchestre ?

On ne va pas se lancer ici dans une histoire de la direction d'orchestre ou une étude de l'art de la direction, qui excéderaient le cadre de cet ouvrage. Mais puisque nous avons résolu d'explorer cette étrange communauté humaine et musicale qu'est un orchestre, il était inévitable que notre parcours culmine sur la rencontre entre musiciens et chef. Le chapitre aurait été marginal si nous avions choisi comme objet de notre étude zoologique l'orchestre de chambre. Mais la colonne vertébrale de ce livre étant la formation symphonique, avec sa variante qu'est l'orchestre d'opéra, nous devions rencontrer tôt ou tard la figure du chef. Nous l'examinerons uniquement dans les rapports qu'elle entretient avec la microsociété qu'est l'orchestre. S'agit-il d'une coopération artistique ? D'un rapport de pouvoir ? D'une relation hiérarchique ou d'un échange d'égal à égal ? Entre collègues ou entre patron et exécutants ?

Le choix du mot est déjà révélateur : chef en français, *Dirigent* en allemand, évoquent immédiatement un rapport de supérieur à subordonné, connotant sans ambiguïté l'idée de gouvernement d'un seul. Le terme *conductor* en anglais est plus ambivalent : il s'agit non pas tant de commander, mais de conduire, autrement dit de guider à travers les méandres de la partition et de faire en sorte que tout le monde arrive ensemble à bon port. C'est l'italien qui joue le plus sur cette double casquette. Sur une affiche d'opéra, le chef est crédité de deux titres distincts : *maestro concertatore e direttore d'orchestra*. D'une part le fédérateur qui unifie la diversité. D'autre part le leader qui a la haute main sur l'orchestre.

Rappelons que la fonction de chef d'orchestre est relativement récente dans l'histoire de la musique. Jusqu'à la fin du XVIIIe siècle, de l'époque baroque au point culminant du classicisme, la faiblesse des effectifs et le peu de complexité rythmique de la musique ne nécessitait pas la présence d'une personne extérieure : le premier violon (que l'on n'appelle pas pour rien Konzertmeister dans la terminologie allemande) suffisait à assurer la cohésion du tout, dans une pratique directement issue de la musique de chambre. Ce n'est qu'avec l'augmentation constante du nombre de musiciens (et, corollaire, leur éloignement dans l'espace), tandis que la symétrie de l'écriture musicale cédait la place à une complexité métrique grandissante, que l'on eut besoin d'un coordinateur extérieur, qui ne joue pas lui-même au sein de l'orchestre : pour la première fois ce n'était donc plus un *primus inter pares*. De simple batteur de mesure, il est devenu un interprète à part entière, conférant sa marque à la pièce jouée en effectuant seul les choix de caractère, couleur, tempo, dynamique, phrasé, articulation comme le fait un pianiste ou un violoniste qui « monte » une œuvre. À une différence près, et de taille : le chef d'orchestre est le seul interprète qui ne produit pas lui-même les sons. D'autres jouent pour lui. Avec cette impression tenace que c'est lui qui « fait jouer » les autres. Comme un marionnettiste tirant des ficelles invisibles. Ce mystère du geste qui déclenche la musique n'a pas tardé, dans la deuxième moitié du XIXe siècle, à faire du chef le *maestro assoluto*, un dieu vivant, encore plus adulé que les virtuoses du piano ou les divas du chant qui avaient été les premiers à bénéficier du statut de star. Hans von Bülow, Arthur Nikisch, Gustav Mahler dans la première génération, Wilhelm Furtwängler, Arturo Toscanini, Willem Mengelberg dans la deuxième, Herbert von Karajan, Leonard Bernstein, Sergiu Celibidache dans la troisième furent de ces légendes qui accédèrent de leur vivant au statut de mythe, déclenchant une adoration quasi religieuse.

Ce phénomène a fini par occulter presque complètement l'orchestre, et *a fortiori* ses musiciens, leur déniant le rôle d'interprètes. On dit : « J'ai vu Karajan dans la *2e* de Brahms. » On ne dit jamais : « J'ai vu l'Orchestre de Paris dans la *5e* de Mahler. » Au passage, on notera que l'on dit le plus souvent « vu » et non « entendu », ce qui en dit long sur l'importance de la dimension visuelle dans un concert, et notamment en matière de direction d'orchestre – nous y reviendrons. Cette inversion totale des priorités n'est pas pour rien dans le sentiment de déshumanisation et de déresponsabilisation que peut ressentir le musicien d'orchestre. Dans le rituel du concert, tout est fait pour atténuer cette impression : le chef fait saluer l'orchestre. Soit, mais c'est à son signal que les musiciens se lèvent. De nombreux instrumentistes d'orchestre ont intégré cette délégation de souveraineté au chef. Quand on les interroge sur leur parcours, un fait est révélateur : ils parlent avant tout des chefs sous la direction desquels ils ont joué. Pouvoir dire : « J'ai joué sous la direction de Bernstein » est visiblement la première source de fierté. Pour Franck Chevalier, ancien altiste à l'Orchestre national de France, ce réflexe est le signe d'une société manquant de maturité, car n'existant qu'à travers le leader. Dans les très grands orchestres comme le Philharmonique de Berlin, on est plus orgueilleux : « Les chefs passent, l'orchestre reste », telle est leur philosophie, qui fait passer la fierté d'appartenir à l'orchestre avant celle de jouer sous la baguette de tel ou tel. Au point d'inverser les rôles au Philharmonique de Vienne, où ce sont les musiciens qui font l'honneur à leur chef de le choisir. Car en dernier ressort, ce sont les musiciens qui jouent !

Le chef israélien Daniel Oren en a pris conscience grâce à un rabbin. Lorsqu'il remporta le Concours Karajan en 1975, ce juif observant fut en proie à un dilemme : les répétitions, voire les concerts, tombaient souvent jour de chabbat. Il alla consulter le grand rabbin de Berlin pour lui demander conseil. Celui-ci réfléchit un moment et lui dit à peu près : « Toi, tu diriges, mais ce sont bien les musiciens qui jouent ? Alors on va dire que ce sont les musiciens qui travaillent et pas toi. » Ou comment un rabbin peut se révéler plus jésuite que nature… L'humour est souvent la manière dont les musiciens d'orchestre minimisent la portée du chef. Pour un anniversaire de Serge Koussevitzky, les musiciens de l'Orchestre symphonique de Boston avaient organisé une fête au cours de laquelle ils montèrent des numéros. Parmi ceux-ci, un sketch entre un coiffeur et son client, musicien de l'orchestre. Le coiffeur : « Qui est le chef actuellement au Boston Symphony ? » Le client : « Je ne sais pas. – Comment cela ? Vous êtes au Boston Symphony et vous ne savez pas qui est le chef ? – Il y a bien quelqu'un qui s'agite devant nous avec une baguette, mais je ne sais pas qui c'est. » Koussevitzky rit de bon cœur sur le moment, mais l'humoriste d'un jour supporta ensuite les brimades du chef pendant plusieurs mois… Pour l'une de ses premières interventions à la radio, le journaliste Antoine Livio recevait en direct le violoncelle solo du Philharmonique de Vienne, afin de l'interviewer sur le concert que Karajan allait donner le soir même au Théâtre des Champs-Élysées. Il se tint à peu près ce dialogue : « Monsieur, pouvez-vous nous dire ce que Herbert von Karajan va diriger ce soir ? – Je ne sais pas. » Interloqué, le jeune journaliste bredouille : « Euh, mais vous devez pourtant bien savoir ce que vous allez jouer ce soir ? » Réponse du musicien malicieux : « Ah oui, je sais exactement ce que je vais jouer, mais je ne sais pas ce que lui va diriger. »

On comprend que les membres de l'orchestre puissent parfois avoir un sentiment d'injustice : le public peu averti ne parvenant pas toujours à faire la part des choses, la tentation est grande de rejeter la faute d'un concert raté sur l'orchestre, et d'attribuer les mérites d'un beau concert au chef. Or Furtwängler disait volontiers : « Il n'y a pas de mauvais orchestres, il n'y a que de mauvais chefs. »

Avant de jouer une seule note de musique, c'est bien un rapport de pouvoir qui s'instaure immédiatement entre cet homme seul et la centaine de musiciens qu'il a devant lui. D'ailleurs, la seule adresse est révélatrice en soi : on n'appellera pas un chef autrement que « maître » ou « maestro ». Mais ce rapport n'est pas à sens unique, tant s'en faut. Compositeur de génie mais aussi chef d'orchestre exceptionnel, Richard Strauss rappelait souvent ce que lui disait son père, Franz Strauss, cor solo admiré et redouté de l'Orchestre de la Cour de Munich : « Rappelez-vous ceci, vous autres chefs d'orchestre : nous vous regardons monter au pupitre, ouvrir votre partition. Avant que vous preniez la baguette, nous savons déjà si le maître, c'est vous ou nous. » Pour certains musiciens d'orchestre, cela va encore plus loin. Dans ses mémoires, le violoniste Harry Ellis Dickson raconte que, lorsqu'il intégra les rangs du Boston Symphony, un vieux flûtiste le prit à part le premier jour pour lui inculquer sa vision du monde : « Tout comme dans la nature chaque animal a son ennemi naturel, dans un orchestre l'ennemi naturel du musicien est le chef. » Jérémie Rhorer se souvient encore de cette répétition à l'Opéra de Lyon où, proposant de reprendre plus lentement un trait difficile, il avertit : « Ce passage est dangereux », et entendit une musicienne répliquer : « Le danger, c'est le chef. » D'un autre côté, le musicien d'orchestre racontant ses souvenirs n'a à la bouche que les noms des maestros sous la direction desquels il a joué. Quelles sont donc les attentes contradictoires que le musicien d'orchestre place en son chef ?

Les attentes des musiciens

On peut tenter un portrait-robot du chef conforme aux attentes des musiciens d'orchestre. Premier impératif : la connaissance de la partition. La crédibilité du chef en dépend. Si le musicien est lié à sa partie de violon du rang, de violoncelle solo, de deuxième hautbois ou de quatrième cor, le chef est le seul à avoir la vue d'ensemble. Cela suppose d'une part de savoir à tout moment ce que chacun joue. Grand chef d'opéra aujourd'hui méconnu, Giuseppe Patané pouvait se faire donner du papier à musique vierge et retranscrire de mémoire toute la partition de *La Bohème*, y compris la partie de second basson. Cela suppose d'autre part de savoir quelle fonction exacte chaque partie occupe dans le déroulement d'ensemble et dans la balance générale. Le chef est, géographiquement et musicalement, le mieux placé pour faire la synthèse de la diversité, ce que Sergiu Celibidache appelait « réduire ». Condition pour y parvenir : avoir parfaitement assimilé la partition dans toutes ses dimensions, horizontale et verticale. Le musicien d'orchestre est sans pitié pour un chef insuffisamment préparé : l'orchestre déteste particulièrement que le chef apprenne sur son dos.

Cette condition est nécessaire mais pas suffisante. Une fois ce pré-requis reconnu, le musicien d'orchestre attend du chef qu'il sache ce qu'il veut. Autrement dit, qu'il ait une conception à faire passer et ne tergiverse pas sur les moyens à mettre en œuvre pour y parvenir. Selon Pierre Boulez, « ce qui est rédhibitoire, c'est d'arriver sans aucun point de vue, et de se laisser ballotter par ce qu'on entend. Les musiciens le remarquent très vite ». Si le chef défend sa conception de manière convaincante, le musicien d'orchestre le suivra même s'il n'adhère pas à cette vision. « Je dois convaincre l'orchestre que ma conception est, non pas la seule valable, mais qu'elle est valable », nous expliquait Vladimir Jurowski. Croisant deux musiciens de l'Orchestre de l'Opéra dans le métro alors qu'ils sortaient d'une répétition avec le même Jurowski, ils ne tarissaient pas d'éloges sur le jeune chef russe. Parmi les compliments prononcés par Joanna Matkowska, troisième violon solo : « Celui-là, il sait ce qu'il veut. » Le musicien d'orchestre risque d'être spontanément plus réticent envers un chef qui semble tâtonner, ou préfère expérimenter plusieurs façons avant d'opter pour celle qui lui semble sonner le mieux. Cela tient en partie au fait que le temps étant souvent limité, il faut l'optimiser. Jurowski sait néanmoins qu'il n'est pas seul : « Je me considère un peu comme une sage-femme. Je dois transmettre aux autres le message du compositeur. Il faut cependant être suffisamment souple pour faire en sorte que l'interprétation soit le résultat d'une communauté. Diriger un orchestre, c'est donner et recevoir : comme entre un homme et une femme. »

Reste ensuite à faire passer cette conception. D'abord par le geste : un chef a « le bras » ou il ne l'a pas. Combien de merveilleux musiciens, fourmillant d'idées et d'intelligence musicale, se lancent dans la direction et doivent renoncer. Le jugement des musiciens est sans appel : « Il n'a pas le bras. » Du chef, le musicien d'orchestre attend la clarté suffisante du geste, non seulement pour transmettre ses intentions musicales, mais tout simplement pour permettre aux instrumentistes de suivre facilement la musique sans dépenser une concentration et une énergie inutiles à savoir où l'on en est. Un jour, répétant avec l'Orchestre national la *6e* de Mahler qui est très touffue, Bernard Haitink vit que les musiciens étaient un peu perdus. Il leur dit : « Oui, je sais, pour moi aussi cette musique est compliquée, mais regardez-moi car même quand c'est confus là [il montre sa tête], c'est clair là [il montre sa baguette]. » C'est en premier lieu une question de technique. Le musicien d'orchestre sera sensible à une bonne technique de baguette : la régularité et la visibilité de la battue, la façon de donner une levée (qui permet de prendre sa respiration avant d'attaquer), d'indiquer une entrée au bon moment, de réattaquer dans le bon tempo après un point d'orgue, tout cela fait partie de la grammaire gestuelle de base d'un chef d'orchestre. Loin d'être suffisante, elle est néanmoins nécessaire, et le musicien d'orchestre aura au premier abord une indulgence fort limitée pour un chef dont la gestuelle est floue, la métrique approximative (combien de fois n'entend-on pas dans les rangs de l'orchestre : « Avec lui on ne sait pas où est le premier temps »). Plus les musiques sont complexes, plus les instrumentistes ont besoin de ce socle de clarté qui permet à l'orchestre de rester sur les rails et aux musiciens de ne pas se réfugier dans le comptage des mesures. Avec un chef clair, on entendra souvent les instrumentistes dire : « Avec lui, c'est facile. » Le musicien d'orchestre peut être sévère face à un chef qui se trompe dans la battue : il repère très vite l'imposteur, celui qui ne maîtrise pas le « métier ». Cela l'irrite d'autant plus que, de lui, on attend une maîtrise absolue de son instrument. « La maladresse et l'ignorance dissolvent l'autorité du chef », écrit François Dupin. Cette fonction d'aide, qui fait presque du chef l'auxiliaire de l'instrumentiste, dans un joli renversement des rôles, était revendiquée par le grand chef André Cluytens, pour qui la première règle d'or du chef était de « ne pas déranger l'orchestre ». D'où cette blague appréciée des musiciens d'orchestre : « Quelle est la différence entre un chef d'orchestre et un préservatif ? C'est la même chose : c'est beaucoup plus agréable sans, mais c'est beaucoup plus sûr avec. »

Outre une technique suffisamment maîtrisée pour faire passer l'intention musicale par le geste, le musicien attend du chef une oreille très sûre. Afin de veiller à ce que l'intonation (la justesse) et la balance (l'équilibre entre les pupitres) soient au point, le chef est, là encore, le mieux placé pour régler chaque détail en fonction de l'ensemble. Il doit donc pouvoir immédiatement mettre le doigt sur les imperfections à régler. Pour cela, il doit pouvoir déceler les éventuelles fautes et identifier d'où elles viennent. Or, ce qui paraît facile dans un quatuor à cordes va moins de soi quand on fait face à cent musiciens. Pierre Boulez est de ces chefs à l'oreille (les musiciens parlent de la « feuille ») si développée que, dans un fracassant tutti de cent-vingt musiciens, il arrêtera l'orchestre et s'adressera précisément au troisième cor : « Vous avez fait un si bécarre au lieu d'un *si* bémol. » Avec Boulez comme avec Lorin Maazel, le musicien ne cherche même pas à se justifier car il sait que le chef a raison. Et il ne l'en respecte que plus, sentiment mêlé d'admiration et de confiance. Daniel Barenboim raconte que, lorsqu'il créa la version orchestrale des *Notations* de Boulez, qui culminent dans un maelström orchestral assourdissant, le compositeur s'approcha lui glissa à l'oreille : « Daniel, je crois que la troisième harpe n'a pas joué son *ré* bémol en harmonique.» Rien de tel, évidemment, pour impressionner un orchestre. Barenboim saura, lui, se moquer de lui-même lorsque, répétant les mêmes *Notations* en présence de Boulez avec la Staatskapelle de Berlin, il commença à prendre un air un peu dubitatif, alors que Boulez hochait déjà la tête négativement depuis un moment dans son dos. Se retournant vers le compositeur, il lui demanda: «C'était faux, non?», ce à quoi Boulez fit oui de la tête. Barenboim se retourna alors vers l'orchestre en disant: «Oui, c'était faux. Même moi je l'ai entendu!» Un peu d'autodérision est la meilleure arme quand on sait qu'on ne peut rivaliser avec l'oreille la plus radiographique du monde.

L'instrumentiste n'aura que peu de considération pour un chef à l'oreille insuffisante. Soit celui qui se contente de dire: «Ce n'est pas juste» mais ne précise pas qui ne joue pas juste et quelle note il faudrait jouer à la place. Soit celui qui n'entend tout simplement pas. «Il n'entend rien!» Combien de fois n'a-t-on pas entendu une telle réflexion dans la bouche de musiciens d'orchestre. Comme ce timbalier qui répétait le *Ring* de Wagner et à qui il manquait visiblement des notes dans sa partition: il vit les assistants du chef prendre des notes, puis aller le voir après la répétition pour vérifier que sa partie était bien incomplète, mais pendant ce temps-là le chef n'avait pas bougé d'un pouce, ne remarquant visiblement rien. Sa crédibilité en avait pris un coup. Lorin Maazel est impitoyable: «Il y a malheureusement des chefs d'orchestre qui ne remarquent pas, par exemple, que dans un accord de sept sons, la troisième trompette joue constamment trop bas. Pourquoi ces gens-là dirigent-ils? Je ne l'ai toujours pas compris.»

Cette mise en place de l'interprétation se construit au cours d'une étape essentielle du travail: la répétition. C'est peut-être là que les attentes du musicien sont les plus élevées. Du chef, l'instrumentiste attend qu'il sache parfaitement mener une répétition. Cela passe par plusieurs paramètres à réunir. Le facteur temps, d'abord. Le musicien doit sentir que les deux ou trois heures de répétition sont utilisées efficacement, et permettent de remarquer les résultats : la patience est vite mise à rude épreuve avec un chef qui se perd dans les détails ou gère mal son temps. La motivation joue un rôle essentiel : l'ennui est l'ennemi n° 1 du musicien d'orchestre, la répétition devrait être un enrichissement et une stimulation. La méthode, ensuite : un bon chef est celui qui sait dans quel ordre répéter, sur quelles difficultés mettre l'accent, son planning doit être au cordeau. Le facteur pédagogique, bien sûr : il s'agit pour le chef de transmettre une vision musicale. Et il s'agit de le faire avant tout par la musique, plus que par la parole. Le musicien d'orchestre n'aime pas qu'on lui fasse un cours d'histoire de la musique. Comme l'écrit Charles Munch : « Les musiciens ne sont pas des intellectuels. C'est à leur sensibilité qu'il faut s'adresser pour entrer avec eux dans l'esprit de l'œuvre. [...] Un chef ne fait jamais de grands discours. Ils viennent pour jouer, non pour écouter une conférence ou pour assister à une classe d'écoliers. Vous devez dire l'essentiel et l'indispensable, en très peu de mots. Les musiciens ont horreur qu'on leur fasse la leçon. »

Lorsque Leonard Bernstein dirigea pour la première fois le Philharmonique de Vienne, dans le *Falstaff* de Verdi, il était si intimidé à l'idée de se retrouver, chef américain, face au fleuron de la culture européenne, qu'il avait préparé un laïus sur Verdi et Shakespeare pour les impressionner. Au bout de cinq minutes, un musicien se contenta de lui désigner sa montre avec un regard interrogatif, qui voulait dire à peu près : « On commence quand ? » Bernstein comprit aussitôt qu'il s'y était mal pris, et qu'il était en train d'exaspérer les musiciens qu'il voulait séduire. Il leva alors la baguette, et c'est dès le premier accord que commença sa longue histoire d'amour avec les Wiener, uniquement par le rayonnement musical. En parlant de chefs avec les musiciens d'orchestre, le reproche « Il parle trop » est l'un des plus fréquents. Certains le formulent directement à l'intéressé. Légendaire hautbois solo du New York Philharmonic, Bruno Labate avait lancé au redoutable Otto Klemperer, avec son accent italien : « Klemp, vous parlez trop. » Labate avait l'habitude de raccourcir les noms, si bien qu'un jour il demanda à Sir John Barbirolli : « Qu'allons-nous jouer, maestro : Schub ? », ce à quoi le chef britannique se fit un plaisir de lui répondre : « Non, Moz. »

Au concert, enfin, l'attente du musicien n'est pas moins élevée. Une fois qu'il s'est montré prêt à se couler dans la conception du chef si celle-ci était convaincante, bien défendue, travaillée méthodiquement et reposant sur une connaissance intime de la partition, l'instrumentiste d'orchestre attend que le chef le conduise à donner le meilleur de lui-même, voire à se dépasser. Car si nous avons jusqu'ici beaucoup insisté sur la sécurité que représente le chef pour assurer l'homogénéité du groupe, il est évident que ce n'est qu'une première étape : en dernier ressort, le chef est un interprète, et même si l'orchestre était capable, grâce à sa cohésion, de jouer ensemble et en mesure sans chef, il y a fort à parier que l'exécution serait sans âme. Un chef qui exige beaucoup en répétition et donne peu au concert est sûr de perdre la confiance de l'orchestre : s'il les a fait trimer comme des diables pour que le résultat final n'apporte rien de plus, les musiciens sont au mieux déçus, au pire en colère. C'est ce que l'Orchestre de Paris reprocha souvent à Christoph von Dohnanyi.

On a failli oublier le critère relationnel. Du chef, le musicien d'orchestre attend, sinon qu'il soit aimable ou cordial, du moins qu'il le respecte. Nous y reviendrons au chapitre suivant, l'attitude des chefs a beaucoup évolué depuis l'époque des despotes. Il n'en reste pas moins que certains chefs semblent parfois oublier qu'ils ont affaire à des artistes, et surtout à des êtres humains. La manière de s'adresser au groupe est essentielle. Le secret ? Que chacun des cent musiciens ait l'impression que le chef s'adresse à lui. Quand on demande à Paavo Järvi si, quand il parle à l'orchestre, il s'adresse à une entité ou à des individus, il répond sans ambages : « Je m'adresse toujours à des personnes. D'ailleurs, je ne sais pas parler à une entité abstraite. Il est essentiel que chacun se sente important, et concerné. » Lorsque le Néerlandais Hubert Soudant était directeur musical de l'Orchestre national des Pays de la Loire, le percussionniste Yves Gérard nous avait dit : « Il nous dirait seulement bonjour au début d'une répétition, cela changerait déjà tout. » Ce que corrobore ce récit de François Dupin : « Lorin Maazel répète le ballet de *Daphnis et Chloé*, de Ravel. D'une humeur de crin, il conduit les répétitions d'un air blasé, donnant ses indications d'une voix dédaigneuse, appuyé négligemment du bras gauche sur le dossier d'une chaise de contrebasse, tout au long des services. Les musiciens n'avaient jamais subi un tel mépris de sa part. Muets de consternation, ils s'appliquent de leur mieux, mais ce mieux n'a pas l'heur de plaire au maestro, qui ricane de ce qui lui déplaît. Ils ont bien de la chance, ces grands chefs, que tout le monde s'aplatisse devant eux. Quelle mouche l'a donc piqué ? Sommes-nous si mauvais d'un seul coup ? La dernière fois il nous avait pourtant fait des compliments ! Le chef précédent, grâce à qui les concerts transportèrent le public, et qui nous fit aussi des compliments, est-ce donc un imbécile ? Non, il se passe autre chose. Maazel, aujourd'hui, a des contrariétés. Quand il se montre bien disposé, l'orchestre le suit, transporté, et se surpasse. Sinon, son masque taciturne l'indispose et le paralyse. Messieurs les chefs, de grâce, restez courtois, restez d'un commerce agréable, et tout marchera mieux. »

Parfois, l'incident provient d'une incompréhension. Répétant avec le Boston Symphony, le chef italien Guido Cantelli désigna un bavard en lui disant en italien : « Basta ! » Le musicien comprit *« bastard »* (« salaud ») et il fallut presque les séparer ! Cela se passa mieux en Grande-Bretagne lorsque le chef français Alain Guingal, s'adressant au bassoniste, dit « Fagott » (mot allemand pour le basson) au lieu de « bassoon », ignorant que « Faggot » est le terme familier en anglais pour désigner un homosexuel. Le premier violon mit fin à l'embarras en précisant au chef : « De toute façon, il n'en est pas. »

Le type de rapports qui s'établit entre le chef et les musiciens peut s'évaluer à certains indicateurs. Parmi ceux-ci, la manière dont le chef s'adresse à eux. La coutume veut que l'on désigne un instrumentiste ou un pupitre par le nom de l'instrument : « hautbois, plus legato », « trompette, trop fort ». Mais certains chefs appellent les musiciens par leur nom (le célèbre « Mister Bloom » de Bruno Walter au hautboïste Robert Bloom dans l'enregistrement de la répétition de la Symphonie *Linz* de Mozart avec le Columbia Symphony). D'autres, enfin, par le prénom, habitude fréquente dans les pays anglo-saxons. Il peut y avoir quelque chose de déshumanisant à se faire appeler sans cesse par le nom de son instrument, même si c'est une convention bien admise. Alors que John Pritchard fut le premier à appeler les musiciens par leur prénom à Londres, dans les années 1960, Sir Malcolm Sargent avait pour sa part conservé l'ancienne habitude. Ce qui avait le don d'exaspérer le trompettiste Dennis Clift. Chaque fois qu'un chef l'appelait « trompette », il regardait son instrument et faisait mine de lui parler : « Allez, réponds, il te parle ! » Il est évident que l'usage du nom n'est possible que si l'on connaît déjà bien l'orchestre, il est donc plutôt réservé au chef permanent ou directeur musical, voire à des chefs invités très réguliers depuis plusieurs années. Mais quand il dirigeait un orchestre pour la première fois comme invité, Dimitri Mitropoulos mettait un point d'honneur à apprendre tous les noms des musiciens. En revanche, l'habitude de Celibidache d'appeler « maître » un troisième trombone sonne faux et tombe à plat : il s'agit au mieux de démagogie, au pire de mépris, en tout cas le musicien peut avoir l'impression que le grand chef se moque de lui.

Enfin, l'orchestre répugne à sentir que le chef se sert de lui, par exemple pour construire sa propre carrière médiatique et discographique sans le faire bénéficier des retombées ou en pliant les obligations de l'orchestre à ses propres intérêts. « Il considère l'orchestre comme son jouet », nous dit un jour un instrumentiste du Philharmonique de Radio France à propos de son directeur musical Myung-Whun Chung. Ce qui ne veut pas dire qu'un orchestre ne soit pas corruptible. Le Philharmonique de Vienne, par exemple, choisit lui-même ses chefs, le plus souvent selon des critères d'excellence artistique, mais souvent aussi pour des raisons moins avouables : tournées luxueuses, enregistrements lucratifs... Lorsque Eliahu Inbal était à la tête de l'Orchestre symphonique de la Radio de Francfort dans les années 1980, il lança une politique discographique inédite dans l'histoire de cette formation. Demandant au hautbois solo Liviu Varcol pourquoi les musiciens de Francfort appréciaient leur chef, il nous répondit du tac au tac : « Parce qu'ils sont contents de voir les royalties tomber à la fin de chaque année. »

Mais ces petitesses s'effacent quand les musiciens d'orchestre communient dans le même but artistique. Le chef

Bernard Haitink a parfaitement résumé ces attentes, dans une interview de 1983 au *Monde de la musique* :

« Un musicien d'orchestre n'est pas seulement très réceptif, il est aussi très sensible.

– Veut-il être mené ?

– Disons plutôt qu'il demande à être inspiré. Il veut aussi qu'on le conduise. Conduire veut dire : être clair. Clair dans ses gestes, de telle sorte que les membres de l'orchestre aient le sentiment de calme : le chef connaît son affaire. Mais c'est une question de technique. Il y a encore autre chose qui joue : la tactique. La tactique nécessaire pour atteindre son idéal musical. Dans cette tactique, la prudence est de mise. Je ne veux pas dire que je n'oserais pas secouer ces dames et messieurs. Non, je crains de briser la musique. »

Le portrait du chef idéal se précise donc : il connaît la partition dans les moindres recoins, en a élaboré au préalable une conception cohérente, dispose d'une gestuelle claire, d'une oreille infaillible et d'une méthode de répétition au point, tire le meilleur des musiciens tout en les respectant et en servant l'orchestre plus qu'il ne s'en sert. Nous étions partis d'un rapport de pouvoir, il se dégage désormais surtout une relation de confiance. Mais les choses se compliquent dès que l'on creuse un peu, car ces attentes en apparence si bien définies que l'on pourrait à chaque fois faire une check-list et rayer au fur et à mesure, souffrent en réalité nombre d'exceptions et de contradictions.

Des attentes contradictoires

Il n'est pas rare de prendre les musiciens d'orchestre en flagrant délit de contradiction sur à peu près chacun des critères énumérés plus haut. La technique ? Prenez un instrumentiste qui se plaint amèrement que tel chef se trompe tout le temps, que l'on ne comprend rien à ses gestes, c'est une honte, de qui se moque-t-on, quand on pense à Boulez, Maazel, Ozawa, Mehta, Salonen… Parlez-lui de Charles Munch. Ah oui, quel chef merveilleux, entendrez-vous : il ne savait pas battre la mesure, on était complètement perdu, mais ses interprétations étaient inoubliables. Parlez-lui de Rafael Kubelik. Bien sûr, un immense chef : il n'avait pas une bonne baguette, il ne fallait pas compter sur sa battue, mais quelle émotion à fleur de peau, quelle hauteur de vue. Ce n'est une contradiction qu'en apparence. Ce genre de propos est là pour nous rappeler plusieurs vérités. D'abord qu'un chef est avant tout un musicien. Ensuite que la technique n'est pas tout. Enfin que, en direction d'orchestre, l'interprétation ne passe pas seulement par la baguette. Altiste à l'Orchestre de Paris, Marie-Christine Witterkoër se souvient d'avoir joué sous la direction d'un Karl Böhm très âgé : « Il était assis et pouvait à peine bouger. Mais tout passait par les yeux, c'était fascinant. » Klaus Tennstedt avait des mouvements de baguette tremblants, d'une clarté toute relative. Pourtant, une violoniste du London Philharmonic Orchestra disait de lui : « Tout musicien s'étonne de ce que fait tel ou tel chef. Avec Tennstedt, vous ne vous étonnez pas, vous savez. »

Des légendes se créent, souvent à l'instigation même des musiciens d'orchestre. Les Berliner Philharmoniker avaient une dévotion pour Wilhelm Furtwängler, mais étaient obligés de reconnaître qu'il était impossible, en suivant sa baguette, de savoir où attaquer. Certains disaient compter jusqu'à treize une fois qu'il avait mis le pied sur le podium, d'autres attendre que la baguette soit à la hauteur du bouton de son habit. Timbalier de l'Orchestre de Cleveland, Cloyd Duff disait de la battue de George Szell : « On avait le choix entre différentes façons de jouer. Mais par une sorte de miracle, il se trouvait que tout le monde choisissait la même et la meilleure. » Quant à Alfred Krips, deuxième violon solo du Boston Symphony Orchestra, quand on l'interrogeait sur la manière dont il s'y prenait pour attaquer sur le geste de Koussevitzky, il se plaisait à répondre : « Je ne sais pas exactement. Tout ce que je sais, c'est que quand la baguette s'abaisse, je ferme les yeux et quand je les rouvre, tout le monde joue alors je me joins au mouvement. »

De ces boutades, on peut tirer plusieurs conclusions. D'abord, pour Furtwängler comme pour Koussevitzky, ce flou dans la battue n'était pas, ou pas seulement une lacune technique, mais une volonté expressive : ils ne voulaient pas une attaque trop franche, mais un son enveloppé, qui aurait déjà commencé avant l'attaque. Un départ lancé et non un départ arrêté, pour emprunter une image à la course à pieds. Ce qui distinguait fondamentalement Furtwängler de son grand rival Toscanini, dont la gestuelle était absolument limpide. Un exemple suffit à comprendre leur approche de l'orchestre : écoutez les deux premiers accords de l'*Héroïque* de Beethoven dans leurs enregistrements respectifs. Chez le premier : « voum ». Chez le second : « tchak ». Chez Furtwängler, l'orchestre attaque par en-dessous, en ordre dispersé : les contrebasses d'abord, puis le coup de massue des timbales et des vents. Chez Toscanini, une attaque unique, nette et sans bavure, que Furtwängler entendait comme un bouchon de champagne qui saute. Ensuite, on peut en conclure que le musicien d'orchestre est capable de pardonner tous les défauts de battue possibles si le chef compense par une vision musicale d'une puissance qui emporte tout sur son passage, les yeux, le corps entier prenant le relais de la baguette.

Une fois, en plein concert, on entendit distinctement Leonard Bernstein dire au New York Philharmonic :

« Continuez, je ne sais plus où j'en suis. » L'orchestre ne lui en tint pas rigueur car il était électrisé par le rayonnement musical qui se dégageait de cet homme. En 1985, Bernstein supervisa un stage de jeunes chefs d'orchestre à Fontainebleau. Au programme, une symphonie de jeunesse de Schubert au finale très rapide. Avec la meilleure volonté du monde et une technique bien apprise, le jeune apprenti n'arrivait pas à faire jouer l'orchestre ensemble au tempo. Bernstein prit sa place, donna un départ et l'orchestre fila avec un élan et une virtuosité dont il ne s'imaginait même pas capable. À la fin, le jeune chef demanda à une violoncelliste ce qui s'était passé, elle lui répondit : « Je ne sais pas, je ne sentais pas mes doigts. » L'épisode se reproduisit quelques années plus tard, lorsque Bernstein fit travailler des stagiaires à l'Opéra Bastille. Très faible, le maître était affalé sur un fauteuil, épuisé. L'étudiant donne le départ à l'orchestre : on entend un tutti désespérant, laid et sans consistance ni couleur. Il se rend bien compte que cela ne devrait pas sonner ainsi. Il répète son geste avec le plus grand soin : une mesure à vide, une levée parfaitement claire et une attaque vigoureuse. On entend une cacophonie. Avec une voix d'outre-tombe, Bernstein, sans se lever, lui dit : « Non, petit, pas comme ça. » Il fait depuis son fauteuil de douleur un vague mouvement comme s'il chassait une mouche, et l'orchestre produit un tutti glorieux ! L'instrumentiste d'orchestre est prêt, dans ces cas-là, à passer sur toutes les imprécisions. Il suffit d'écouter Maurice Jarre évoquer son expérience de timbalier des Concerts Colonne, jouant la *5e* de Beethoven sous la direction de Furtwängler. Inquiet, il alla voir le maître avant la répétition pour lui demander où il voulait qu'il commence le crescendo de la transition vers le finale. Furtwängler lui répondit : « Contentez-vous de me regarder. » Jarre se sentait de moins en moins assuré en voyant que Furtwängler ne le gratifiait pas d'un seul regard. Mais lorsque arriva la fameuse transition, le chef allemand planta ses yeux dans ceux du timbalier et le fixa sans discontinuer jusqu'au sommet du crescendo. Hypnotisé, Maurice Jarre joua le plus faramineux roulement de timbales de toute sa carrière de percussionniste.

En revanche, l'orchestre n'aura aucune envie d'aider un chef victime de son incurie. Ainsi lorsque, en tournée au Japon, Maurice Le Roux se perdit complètement au cours d'un concert avec l'Orchestre national. Faisant de grands moulinets des bras pour donner le change, il se pencha vers l'alto solo et lui demanda en douce : « Où sommes-nous, mon cher ? », ce à quoi le musicien se fit un plaisir de répondre : « Au Japon, maître. » Enfin, on signalera que ces grands chefs avec lesquels les musiciens sont indulgents ont en général fait le choix de ne pas privilégier la mécanique de précision. Charles Munch disait à qui voulait l'entendre qu'il ne savait pas battre la mesure, mais c'est surtout que cela ne l'intéressait pas : lorsqu'il s'agissait de resserrer les boulons dans le périlleux 5/4 de la « Danse générale » de *Daphnis et Chloé*, il montrait qu'il savait battre une mesure à cinq temps aussi bien qu'un autre. On a ainsi des impressions trompeuses depuis la salle. Par exemple quand on regarde les tressaillements des doigts de Valeri Gergiev, qui semble monter des œufs imaginaires en neige, et que l'on se demande comment les musiciens le suivent. Or son disciple Teodor Currentzis est formel : « Gergiev est un chef très technique. Il sait exactement quand il doit battre et quand il peut laisser jouer. »

À l'inverse, les musiciens d'orchestre, toujours friands de belles aventures musicales avec des chefs charismatiques, ont aussi leurs préférences coupables. On s'étonne parfois de les voir apprécier des chefs dotés d'un métier très sûr, mais dont les interprétations ne font pas toujours passer le grand frisson. Pardi, c'est parce que ces chefs ne les dérangent pas ! Ils travaillent efficacement, mettent un programme difficile en place en peu de temps, ce qui leur permet de rentrer plus tôt à la maison, et de se montrer techniquement sous leur meilleur jour sans puiser au tréfonds de leurs réserves émotionnelles. On entend alors ce commentaire typique : « On aime bien ce chef parce qu'avec lui il ne peut rien arriver. » Ce à quoi on a parfois envie de répondre : « C'est gagné car il ne se passe rien ! » Ce goût de la sécurité est parfois le talon d'Achille du musicien d'orchestre, en particulier lorsqu'il a un planning très serré. C'est le cas par exemple dans les grandes maisons d'opéra, où l'on enchaîne les productions sans temps à perdre. Il est alors important de disposer de chefs capables de mener une représentation lyrique à bon port, ce qui est un métier à part entière. On ne s'explique pas autrement la fidélité du Philharmonique de Vienne à des chefs assez moyens comme Adam Fischer ou Peter Schneider, dont la baguette sûre mais peu imaginative leur permet de jouer à leur aise sans aller à l'encontre de leurs habitudes. Lorsque le chef se vante dès lors que l'orchestre l'« aime beaucoup », se rend-il compte que ce n'est pas pour de très bonnes raisons ?

De tel chef le musicien dira donc : « Il n'a aucune technique mais il est génial », de tel autre : « C'est un scandale, il n'a aucune technique. » De tel chef : « Quelle baguette fabuleuse ! », de tel autre : « Il a une bonne battue mais il ne fait rien passer. » Sortant d'une excellente *5e* de Tchaïkovski dirigée par le Finlandais Osmo Vänskä à Mogador, nous rencontrons, en rejoignant le métro par la rue Saint-Lazare, un musicien qui sort du Théâtre. Nous lui lançons : « Bravo, très beau concert ! – Ah bon. – Oui vraiment, c'était magnifique. » Sans desserrer les dents, la réponse tombe, taciturne :

« Tant mieux. » Sentant que quelque chose n'allait pas, nous lui demandons d'en dire plus, et s'ensuit une diatribe contre ce chef scolaire, ennuyeux, qui fait répéter mesure par mesure comme si l'on était au Conservatoire. Soit. Sauf que la semaine précédente, le même musicien se plaignait amèrement du directeur musical, qui prenait des poses inspirées mais n'effectuait aucun travail de détail et ne répétait pas assez. Cherchez l'erreur… On pense parfois à l'agriculteur, qui se plaint quand il pleut trop et quand il ne pleut pas assez.

Quant aux règles d'or qui pourraient constituer les dix commandements du chef d'orchestre, elles souffrent des exceptions de taille. Un orchestre n'aime pas un chef qui parle trop. C'est vrai. À ceci près que Carlos Kleiber abreuvait les musiciens d'une foule de récits et d'indications plus imagés les uns que les autres, et que personne n'y trouvait à redire. Pourquoi ? Car il était un génie, et ses déclarations d'intention étaient pour lui un complément indispensable à la réalisation de ses intentions musicales. Or, dès qu'il reprenait la baguette et la chorégraphie en apesanteur à laquelle pourrait s'assimiler sa gestuelle, il faisait planer les musiciens à plusieurs centimètres au-dessus du sol. De lui, on acceptait donc ce que l'on refuserait d'un artiste seulement correct. Pourtant, même les musiciens de l'Opéra de Munich ou du Philharmonique de Vienne qui le connaissaient par cœur avouent qu'il n'était pas toujours facile de traduire ses discours en notes de musique. Par exemple lorsqu'il leur disait : « Je voudrais que vous jouiez cela comme si vous étiez devant la vitrine d'une pâtisserie et que vous étiez en même temps tiré par la main par un enfant qui a vu un magnifique magasin de jouets. » Bien du plaisir ! De même, lorsque Nikolaus Harnoncourt explique à un orchestre sa conception d'une œuvre, il passe toujours par des parallèles historiques ou métaphoriques surprenants, comme lorsqu'il explique au Chamber Orchestra of Europe qu'il est désormais convaincu que dans la *5e* de Beethoven il est question d'oppression sous une dictature, puis de libération, ou lorsqu'il leur demande de jouer tel passage comme s'ils étaient enfermés dans une cabine téléphonique et se cognaient contre la vitre... Après avoir assisté ébloui à une répétition avec Harnoncourt, Claude Faucomprez, clarinette solo de l'Orchestre national de Lille, déclara : « On ne devrait jamais s'ennuyer en répétition. »

Pourtant, c'est parfois le cas et cela n'altère pas forcément le résultat final. Que ce soit à Milan, Londres, Vienne ou Berlin qui furent ses ports d'attache, Claudio Abbado a partout suscité la même impression : les répétitions avec lui sont profondément ennuyeuses, mais les concerts fabuleux. En répétition, il parle d'une voix faible et monocorde, ne semble pas savoir exactement où il veut en venir, travaille tel ou tel détail sans que la nécessité en apparaisse évidente : bref, tout ce qu'il ne faut pas faire, tout ce qui indispose assez vite un orchestre. Les musiciens se démobilisent, ne perçoivent pas la cohérence de l'œuvre dont ils n'ont étudié que des fragments, ne voient pas se dessiner une interprétation marquée d'un sceau personnel. Puis arrive le concert, et là tout s'éclaire : les bribes sélectionnées apparemment au hasard par le chef s'emboîtent miraculeusement dans la structure de l'œuvre, le jeu instrumental est fluide et le chef, qui fait confiance aux musiciens, est présent à 100 % pour les mettre sur les rails et leur insuffler l'envie de le suivre sur les sommets. Dans ces cas-là, on est plus facilement prêt à passer sur ce qui serait rédhibitoire avec n'importe quel chef.

Depuis tout à l'heure, nous parlons du musicien d'orchestre comme s'il était une entité homogène. On dit souvent : « Tel orchestre adore tel chef », ou : « Les musiciens n'aiment pas leur chef. » Il faut se méfier de ce genre de généralisations car, comme en politique, l'unanimité est rarissime. Au sein d'un orchestre, d'abord. Dire : « L'Orchestre de Paris adorait Barenboim » est risqué. D'abord parce que ce ne fut pas forcément le cas durant les quinze années de leur collaboration. Ensuite parce que, même aux heures idylliques, il y avait ceux qui l'adulaient effectivement, mais aussi ses détracteurs (par exemple ceux qui le surnommaient « Badaboum »). Ces lignes de fracture sont multiples. Elles peuvent parfois couper un orchestre en deux dans la profondeur, certains chefs étant appréciés des cordes et contestés par les vents, ou inversement : lorsque Christian Thielemann dirigea les Symphonies de Beethoven avec le Philharmonique de Vienne, l'harmonie souffrit d'être systématiquement négligée au profit du quatuor. La pyramide des âges a parfois son rôle à jouer : lorsque Myung-Whun Chung prit l'Orchestre de l'Opéra dans les premières années d'existence de l'Opéra Bastille, il eut de son côté tous les jeunes musiciens, dont il avait recruté la plupart, et contre lui beaucoup d'anciens, aux points de comparaison trop nombreux. Mais parfois, ce sont seulement des opinions personnelles qui s'expriment, au-delà des différences d'âge ou de pupitre. Plus mystérieux : le même chef peut vivre une histoire d'amour avec un orchestre et être complètement rejeté par un autre. Pourquoi le Philharmonique de Vienne n'a-t-il jamais aimé Christoph von Dohnanyi alors que l'Orchestre de Cleveland l'a conservé pendant dix-huit ans à sa tête sans un nuage ? Pourquoi les musiciens français sont-ils dubitatifs sur Kent Nagano quand les Allemands lui réservent un accueil chaleureux ? Pourquoi Simon Rattle a-t-il séduit l'Orchestre de Philadelphie sans coup férir et juré qu'on ne le reverrait plus au Concertgebouw d'Amsterdam ? Pourquoi l'orchestre est-il enthousiasmé par un chef au premier contact et refroidi la deuxième fois ? Et le chef, qu'attend-il des instrumentistes ?

Les attentes du chef

Le chef attend naturellement de l'orchestre qu'il réalise ce qui est écrit dans la partition conformément à ses intentions. Cela passe d'abord par la maîtrise technique. Il est *a priori* plus agréable pour un chef de faire travailler un orchestre d'un excellent niveau instrumental. Gustav Kuhn nous dit un jour à propos de l'Orchestre de l'Opéra de Paris : « Je peux tout leur demander sur le plan technique, ils le font. » Mais là encore, la condition nécessaire est loin d'être suffisante. La qualité instrumentale n'est rien sans l'attitude au travail. De l'orchestre, le chef attend donc un engagement sans réserve et une concentration sans faille. Un chef préférera parfois un orchestre de moindre qualité mais qui fait preuve d'ouverture d'esprit, d'ardeur à la tâche, de désir de bien faire, et « mouillera sa chemise », plutôt que de donner d'un air blasé une exécution parfaitement en place et virtuose mais qui ne sortira pas des rails de l'habitude et s'en tiendra au minimum syndical en matière d'enthousiasme.

L'indiscipline est le premier ennemi du chef. Comment répéter dans le brouhaha des bavardages, quand personne n'écoute ? Chacun a sa méthode pour essayer de resserrer l'attention des musiciens, mais à l'évidence tous n'y parviennent pas. Force est de constater que, comme par hasard, les plus grands chefs sont peu confrontés à ce fléau. Il en est d'autres, en revanche, qui ont le don de les agacer. Pierre Boulez, par exemple, nous a avoué qu'il ne perdait que rarement patience avec un orchestre, sauf sur un point : lorsque les musiciens n'ont pas de mémoire. Rien de plus agaçant pour un chef que de devoir redire plusieurs fois la même chose au cours des répétitions : la perte de temps est trop importante, liée à l'impression de ne pas avancer. Si Boulez signale que l'on doit faire un ralenti sur cette phrase, ou que les violons doivent allonger telle note à telle mesure, il estime qu'il suffira de l'avoir dit une fois. S'il doit le redire à chaque répétition, il peut devenir aussi sévère qu'un maître d'école, alors qu'il est d'ordinaire plutôt courtois.

Pour nombre de chefs, cette discipline doit se traduire dans le comportement au pupitre. Selon Riccardo Muti, par exemple, « l'important est surtout [...] que chacun soit impliqué à 100 %. Un orchestre n'est pas comme un train emmené par une locomotive : le dernier violoniste assis tout au fond doit avoir le même engagement que le premier violon. J'attache une grande importance à l'attitude corporelle : si je surprends un musicien jouant les jambes croisées, il ne restera pas une minute de plus dans cette position ! Il suffit de regarder le visage des membres du Philharmonique de Vienne avant de jouer une symphonie de Bruckner [...] : on voit tout de suite que la musique a pour eux un sens religieux ».

Le chef appréciera aussi la continuité dans les effectifs : il aime avoir affaire aux mêmes interlocuteurs d'une fois sur l'autre. Nous avons consacré un chapitre à la pratique de la tourne, qui voit les musiciens se remplacer d'une répétition à l'autre, parfois d'un concert à l'autre. Avec parfois des situations cocasses comme ce chef qui, à l'issue des répétitions, félicite le clarinettiste pour son assiduité : « Vous êtes le seul à avoir participé à toutes les répétitions », ce à quoi le musicien répond, un peu gêné : « Mais c'est que, maître, ce n'est pas moi qui jouerai le concert. » Claudio Abbado a préféré renoncer à diriger le Philharmonique de Vienne car il ne supportait de voir de nouveaux musiciens à chaque séance, raison pour laquelle Marek Janowski avait déjà claqué la porte de l'Opéra de Paris.

Discipline, concentration, mémoire, continuité, serait donc les piliers du bon travail pour un chef, comme Lorin Maazel nous le confirma au cours d'un entretien où il vantait ses conditions de travail avec le New York Philharmonic, meilleures à son avis qu'avec l'Orchestre symphonique de la Radio bavaroise :

« N'aviez-vous pas les mêmes conditions à Munich, votre poste précédent ?

– Pas du tout. À l'Orchestre de la Radio bavaroise, chaque pupitre est occupé par deux titulaires en alternance, et les équipes changent tout le temps. Si je reprenais une œuvre déjà jouée, il pouvait y avoir jusqu'à trente musiciens qui ne l'avaient pas jouée la première fois. Ils ont d'excellents solistes, certes, mais comment avoir une qualité continue ?

– Et à New York ?

– Chaque pupitre n'a qu'un responsable, l'effectif est toujours le même. Hier, à Francfort, nous avons joué la *1re* de Brahms sans répétition alors que nous ne l'avions plus donnée depuis un mois : c'était parfait. En outre, l'orchestre a une mémoire fabuleuse : si je fais une fois un ralenti dans une œuvre, ils le referont spontanément au même endroit un an après.

– Vous louez donc leur efficacité ?

– J'ai horreur de perdre mon temps et de faire perdre le leur aux autres. À New York, chaque musicien arrive parfaitement prêt à la première répétition. Si, au bout d'une heure, tout est en place, je renvoie tout le monde à la maison : inutile de répéter trois heures ! Ils ont un orgueil professionnel extraordinaire, nous sommes taillés dans la même étoffe. Et inutile de préciser qu'ils ont une discipline impeccable : personne ne parle en répétition, alors qu'à Munich je devais sans cesse réclamer le silence.

– Cette efficacité n'est-elle pas un frein à la fantaisie ?

–Au contraire. Cette base technique permet toutes les libertés. Si je décide de ralentir ou d'accélérer le tempo sans prévenir, ils me suivront jusqu'en enfer ! En contrepartie je respecte scrupuleusement leurs règlements syndicaux qui sont très contraignants, et suis fidèle à ce cadre qui a une raison d'être. Je suis un dur, mais c'est basé sur le respect. »

De l'orchestre, enfin, le chef attend qu'il soit capable de s'adapter à des styles ou à des interprétations auxquels il n'est pas habitué. On repense à la réflexion de Claudio Abbado, à qui était posée la question de savoir pourquoi il aimait tant diriger des orchestres de jeunes : « Parce qu'ils ne vous disent pas : on a toujours joué ça comme ça. »

Il est un point sur lequel tous les chefs ne sont pas d'accord entre eux. Là où certains ne dirigent plus que des orchestres d'excellence, où le travail est très rapide car tout est en place dès la première répétition, d'autres préfèrent pouvoir construire une interprétation petit à petit. C'est le cas de Paavo Järvi : « L'efficacité est séduisante mais peut être trompeuse. Certains orchestres virtuoses travaillent très vite : tout est en place dès la première répétition. Mais ils ne vont pas au-delà. Je trouve plus intéressants les orchestres qui travaillent lentement : on a le temps d'approfondir et le résultat est meilleur. » C'est une des raisons pour lesquelles Sergiu Celibidache, après un début de carrière en fanfare où il se retrouva à la tête du Philharmonique de Berlin privé de Furtwängler par les événements historiques, se réfugia en province, dirigeant des orchestres de seconde zone avec lesquels il avait vraiment l'impression de faire de la musique… et de servir à quelque chose. Car il peut aussi y avoir une blessure d'orgueil à avoir l'impression que l'orchestre n'a pas besoin de vous. Michel Plasson se souvient d'avoir dirigé la *Pastorale* de Beethoven à la tête du Philharmonique de Berlin, à l'époque où l'orchestre venait d'enregistrer les symphonies de Beethoven avec Herbert von Karajan. Le chef français eut l'impression que les Berliner jouaient sans lui, reproduisant l'interprétation à laquelle ils étaient habitués avec Karajan : Plasson bougeait les bras, mais c'était comme s'il assistait au concert en spectateur…

Or, contrairement à Paavo Järvi qui préfère un orchestre un peu moins parfait, que l'on puisse modeler patiemment, Mathieu Dufour, flûte solo de l'Orchestre symphonique de Chicago, considère que c'est justement avec un orchestre parfaitement au point que l'on peut juger du talent et de l'originalité d'interprète d'un chef : « Au contraire, explique Dufour : le fait que tout soit au point dès la première répétition fait que l'on peut se concentrer sur les questions musicales, sans être freiné par les problèmes techniques. Mais cela met à nu les limites des chefs qui ne font que de la technique et n'ont rien à dire musicalement ! Dans ces cas-là, l'orchestre joue tout seul… »

Reste enfin une question cruciale qui détermine les attentes du chef : que peut-on exiger des musiciens ? Certains chefs ont tendance à demander l'impossible et à s'irriter s'ils ne l'obtiennent pas. Mais on constate un point commun à quelques-unes des plus grandes baguettes de la planète. Quand on voit ou a vu travailler Carlos Kleiber, mais aussi Carlo Maria Giulini ou Bernard Haitink, on se rend compte qu'ils prennent la mesure très exacte des limites des orchestres qu'ils dirigent. En répétition, ils demanderont chaque fois un peu plus au pupitre d'altos ou à la clarinette solo, mais s'arrêteront dès qu'ils auront perçu que les musiciens n'iront pas au-delà. Savoir se contenter de ce qu'on a n'est en rien une démission ou une façon de baisser les bras : car ces trois chefs sont parmi ceux qui obtiennent le plus des instrumentistes qu'ils dirigent. C'est au contraire la sagesse de bâtir avec les fondations dont on dispose sans chercher l'impossible. Et c'est précisément dans ce cas-là que les musiciens iront au bout d'eux-mêmes.

C'est ainsi que l'on reconnaît le grand chef au fait qu'il tire le meilleur des musiciens. Le meilleur au sens de Leibniz, dont la phrase « Tout est pour le mieux dans le meilleur des mondes » est faussée puisque tronquée, la version complète étant : « Tout est pour le mieux dans le meilleur des mondes possibles. » Un chef qui espère faire de l'Orchestre philharmonique de Monte-Carlo le Philharmonique de Berlin ira à l'échec et à la déception généralisée, engendrant l'aigreur des musiciens et sa propre frustration. C'est ce qu'avait parfaitement compris Yakov Kreizberg, sous la baguette de qui la formation monégasque connut une qualité et un épanouissement sans précédent : « Mon but ? Que mon orchestre soit, non pas le meilleur, mais le meilleur qu'il puisse être. Les classements ne veulent rien dire : quand je dirige un concert magnifique où mon orchestre atteint le meilleur niveau qu'il soit capable d'atteindre à ce moment-là, il est pour moi le meilleur du monde. Et cela me bouleverse. » Cette humilité est le contraire du manque d'ambition.

Le risque du chaos

Lorsqu'aucune des attentes énumérées jusqu'ici n'est remplie, tant du côté des musiciens que du chef, la merveilleuse société qu'est l'orchestre tombe dans le chaos, comme le décrit François Dupin : « Au cours d'une répétition que dirigeait un brave homme jadis sorti des rangs des violonistes, où il eût mieux fait de demeurer, nous travaillions *Pétrouchka*, de Stravinsky. On butinait la musique avec gaîté dans le chahut. Notre batteur de mesure accumulait les erreurs, de sorte que les musiciens en rajoutaient. Sur chaque premier temps de la valse, une contrebasse faisait un gratouillis. Le chef : "À la batterie, faites pas de chahut !" Plus tard, un musicien réclamait depuis longtemps que l'on reprenne un passage où une difficulté l'avait gêné. Mais l'orchestre, en cadence, lui disait : "chut ! chû, chut !" C'est alors que notre mentor sentit qu'il se passait quelque chose et s'arrêta de diriger, l'air mi-figue mi raisin. Lorsqu'il se trouva que les trompettes s'amusaient un peu, le bâtonneur s'arrêta et nous tint ce discours : "Messieurs, je remercie ceux qui jouent avec le cœur. (Rigolade) Mais je n'ai pas assez de mépris, pas assez d'insultes pour ceux qui me font tout ce grabuge. C'est toujours les bons qui prennent. Je les félicite, ceux-là !" À quoi les trompettes, en chœur : "Merci, maître !"

« Peu après, les mêmes accélérèrent le mouvement. Mais ce furent les trombones que le chef interpella et qu'il rendit furieux. Conscient qu'il avait dû faire une erreur, on lui vit l'air malheureux, d'autant qu'un clarinettiste de ses amis lui avait demandé : "Qu'est-ce que tu nous bats là, on ne comprend rien." Mais sa dureté d'oreille se manifesta lorsqu'un bassoniste lui demanda : "À 27, quelles sont les notes ?" Fouillant sa partition, le maître répondit : "27." – Mais non, reprit le basson, quelles sont les notes ? – Entre 26 et 27, 26 mesures." Le bassoniste ayant renoncé, le timbalier prit la relève. "Où est 26 s'il vous plaît ? – Oui, prenons 26. – Mais non, on n'a pas 26, ici ! – Quoi ? Bon, alors 26 ! La trompette, le tempo, ça vous va ? – Très bien, c'est jamais le même !"

« On pourrait très bien me soupçonner d'inventer un tel dialogue de sourds, surtout chez des musiciens, et j'ai hésité à le transcrire. Mais de nombreux collègues peuvent attester que je ne force pas la note. Bien que le rire dominât dans ces répétitions loufoques, un arrière-goût démoralisait les musiciens. On ne joue pas la *Prova d'orchestra* de Fellini tous les jours avec joie. Blasé, on se réfugie dans l'humour, désabusé, on renonce à l'autodiscipline. »

Être chef face à un orchestre n'est décidément pas toujours une partie de plaisir.

II
Le chef face à l'orchestre

Voici donc un homme seul face à un groupe constitué qui est son instrument. Un instrument humain. Cela fait de lui l'interprète le plus étrange. Car si l'activité de soliste ou de compositeur est fondamentalement solitaire, le métier de chef d'orchestre est une profession hautement sociale. La dimension humaine y est au moins aussi importante que l'aspect musical. Comment s'en accommoder ? Mais d'abord, de quel chef parle-t-on au juste ?

Chef invité ou directeur musical ?

Le rapport chef/orchestre est très différent selon que l'on a affaire au chef principal de l'orchestre ou à un maestro de passage. Le directeur musical (*Chefdirigent* en allemand, *music director* ou *principal conductor* en anglais) est nommé par contrat pour une période déterminée à la tête de l'orchestre. Le contrat détermine notamment son temps de présence à l'orchestre au cours d'une saison, ce que l'on calcule à la fois en nombre de semaines et en nombre de concerts. Il reçoit un cachet pour chaque concert dirigé, mais aussi un salaire pour ses fonctions permanentes. À titre d'exemple, au cours de la saison 2011/2012 de l'Orchestre philharmonique de Berlin, le directeur musical Simon Rattle dirige lui-même 11 des 32 programmes différents joués par l'orchestre à la Philharmonie, la plupart étant donnés trois fois. Il dirige aussi les 10 concerts d'une tournée en Asie, les 3 d'une tournée à New York, 6 des 8 donnés au Festival de Pâques de Salzbourg, où l'orchestre aura été en résidence de 1967 à 2012, un concert au Festival d'été de Salzbourg et un autre au Festival de Lucerne. En tout, il dirige donc 53 des 120 concerts de l'orchestre, soit 44, 1 %, sans compter les concerts jeune public et opérations d'action culturelle. À l'Orchestre de Paris au cours de la même saison, Paavo Järvi dirige 10 des 29 programmes différents, la plupart étant donnés 2 fois, ainsi que les 10 concerts d'une tournée en Asie, les 3 concerts d'une tournée sur le pourtour méditerranéen, un en Autriche et un en Estonie. En tout, il aura dirigé 35 des 68 concerts de l'orchestre, soit 51, 4 %, toujours sans compter l'action culturelle. On tourne donc à plus ou moins de la moitié. Cette seule dimension statistique dit assez combien le directeur musical est omniprésent dans le quotidien du musicien d'orchestre. Il l'est pour une durée plus ou moins longue. Autrefois, il n'était pas rare qu'un chef se lie à un orchestre pour la vie. Willem Mengelberg resta cinquante ans au Concertgebouw d'Amsterdam tout comme Evgueni Mravinsky au Philharmonique de Léningrad, Eugene Ormandy quarante-quatre ans à Philadelphie, Bernard Haitink vingt-neuf ans au Concertgebouw d'Amsterdam. Herbert von Karajan s'était fait nommer « chef à vie » du Philharmonique de Berlin, un titre que le Philharmonique d'Israël a attribué à Zubin Mehta.

Aujourd'hui, une telle longévité n'a plus cours : les chefs changent plus souvent, leurs contrats sont en général de trois ou cinq ans renouvelables. Comme dans un couple, la relation entre un chef et un orchestre est souvent orageuse et n'est pas à l'abri de la lassitude et de la saturation, pouvant aller jusqu'à la haine. On se fatigue plus vite l'un de l'autre, et il vaut mieux parfois se séparer en pleine gloire plutôt que d'attendre que les rancœurs s'accumulent. Resté trente ans au Capitole de Toulouse, Michel Plasson concède lui-même qu'il a trop attendu avant de tirer sa révérence, estimant qu'il avait encore des aspirations à réaliser, sans reconnaître que l'orchestre n'en pouvait plus et rêvait d'un second souffle. Daniel Barenboim fut le plus grand directeur musical de l'Orchestre de Paris, ses apports y furent inestimables sur tous les plans, mais les toutes dernières des quinze années passées avec les musiciens furent placées sous le signe d'une tension et d'une exaspération grandissantes.

Dans d'autres cas, la frontière est difficile à tracer entre complicité et routine. Quand un orchestre et un chef se connaissent par cœur, cela peut donner des résultats fascinants. À la fin de sa vie, Karajan, perclus de douleurs, pouvait à peine diriger : se frayer un chemin au pupitre en s'appuyant sur un bras secourable était déjà un calvaire. Il faisait à peine un geste, mais l'orchestre était tellement devenu le prolongement de son bras que le concert était un moment magique. Tout comme il était envoûtant de voir le Philharmonique de Léningrad réagir instantanément au moindre frémissement du petit doigt de Mravinsky âgé de quatre-vingts ans. En revanche, quand on voit travailler aujourd'hui Michael Tilson-Thomas et l'Orchestre symphonique de San Francisco, après seize ans de collaboration, on a l'impression d'une machine formidablement bien rodée, mais qui fonctionne parfois en pilote automatique. Serait-il resté trop longtemps ? Ce fut aussi le cas de Seiji Ozawa à Boston : au bout de trente ans à la tête du Boston Symphony, le merveilleux chef japonais était arrivé à un stade où ni lui ni l'orchestre n'avaient de marge de progression, si bien que la qualité orchestrale, et même leur entente humaine s'en ressentit.

Le dilemme est de taille, car d'un autre côté il est essentiel pour un chef de rester pendant une durée suffisante s'il veut imposer sa marque à l'orchestre, en forger la sonorité, y mettre en œuvre une politique artistique ambitieuse et en récolter les fruits. Comme en politique, l'alternance trop rapide empêche toute vision d'avenir et tout travail sur le long terme. Simon Rattle fut nommé en 2002 à la tête du Philharmonique de Berlin et son contrat est d'ores et déjà prolongé jusqu'en 2018. Les critiques furent sévères au début de leur collaboration : on parlait de tension dans les rapports et de manque de personnalité sonore. Rattle ne se laissa pas déstabiliser, car il avait prévenu dès le début qu'il lui faudrait sept ans pour apposer une marque reconnaissable à l'orchestre et parvenir à une véritable osmose.

En quoi consistent les fonctions du directeur musical ? Il définit les grands axes de la politique artistique de l'orchestre. Il lui imprime sa marque : par l'esthétique et l'identité sonores qu'il bâtit, par les choix de répertoire (Daniel Barenboim a familiarisé avec Bruckner et Wagner un Orchestre de Paris jusqu'ici élevé dans le culte de Ravel et Debussy, Claudio Abbado a fait l'inverse au Philharmonique de Berlin, Rafael Kubelik a mis Mahler et la musique slave au centre du répertoire d'un Orchestre symphonique de la Radio bavaroise dont Eugen Jochum avait fait un instrument brucknerien et straussien de premier ordre). Il est responsable de la régularité du travail musical, garante d'une qualité constante. Il s'investit pour améliorer sans cesse la notoriété de l'orchestre et ses conditions de travail. À l'Orchestre de Paris, Daniel Barenboim n'eut de cesse que de se battre pour que les musiciens aient enfin leur salle attitrée, au lieu d'être ballottés d'un lieu inadapté à l'autre : c'est à son énergie et à sa force de conviction que l'OP doit d'avoir élu domicile à la salle Pleyel. Simon Rattle milita pour l'édification d'un auditorium ultramoderne à Birmingham, de même que Karajan commanda les plans de la Philharmonie de Berlin à l'architecte Scharoun. Marek Janowski obtint la création de dix postes supplémentaires de musiciens permanents pour l'Orchestre philharmonique de Monte-Carlo, Tugan Sokhiev vingt postes au Capitole de Toulouse. Certains vont jusqu'à mettre leur démission dans la balance : Mariss Jansons quitta Oslo lorsqu'il comprit que la salle de concert promise à l'orchestre ne serait jamais construite, Ingo Metzmacher démissionna de la direction du Deutsches Symphonie Orchester et Sylvain Cambreling de l'Opéra de Francfort pour protester contre des coupes budgétaires telles qu'ils estimaient la qualité et la pérennité de l'orchestre menacées. *Last but not least* : le directeur musical est responsable du recrutement des nouveaux musiciens. Il préside le jury des concours, avec souvent une voix prépondérante, parfois un droit de veto. C'est une charge considérable, dont dépend en grande partie le maintien de la qualité artistique.

Directeur musical est un métier : il doit être tout à la fois artiste, chef d'entreprise, directeur des ressources humaines, communicant. Tous les chefs ne sont pas faits pour exercer cette fonction : certains ne l'aiment pas car elle comporte trop de tâches qui ne relèvent pas de la seule musique, d'autres voudraient l'accomplir mais n'en ont pas les aptitudes. Le destin du chef invité est tout autre. Car si nous avons vu que le directeur musical du Philharmonique de Berlin dirigeait 53 des 120 concerts annuels de l'orchestre, cela signifie que l'on doit faire appel à des invités pour les 67 autres. Par rapport au directeur musical, le chef invité a en apparence la vie plus facile. Arrivé le dimanche soir en ville, il répète lundi et mardi pour le concert de mercredi redonné le jeudi, puis reprend l'avion pour une autre destination, vers un autre orchestre. Si c'est un opéra, il est immobilisé plus longtemps : entre six semaines et deux mois s'il s'agit d'une nouvelle production et qu'il est présent des premières répétitions au spectacle proprement dit (ce qui n'est pas toujours le cas). La plupart des directeurs musicaux acceptent régulièrement des invitations d'autres orchestres, d'autres se contentent de la carrière de *guest conductor*. Pour l'orchestre, le chef invité représente un dépaysement par rapport à son travail quotidien avec le directeur musical. Le maestro d'un jour a alors peu de temps pour séduire l'orchestre : s'il y parvient, il emporte facilement le morceau. S'il a une certaine notoriété, il pourra choisir lui-même son programme, et proposera une œuvre ou un compositeur dans lequel il se sentira particulièrement à l'aise. Ce qui estomaqua Klaus Tennstedt, habitué à sa médiocre carrière est-allemande, lorsqu'il fit ses débuts nord-américains à Boston et qu'on lui demanda ce qu'il voulait diriger : « Vous voulez dire que j'ai le choix ? », demanda-t-il incrédule. Certains chefs ont une œuvre fétiche pour faire connaissance avec un orchestre : pour le jeune Simon Rattle, c'était la *10*^{e} de Mahler, pour le jeune Semyon Bychkov la *5*^{e} de Chostakovitch.

Il y brillera de mille feux et, n'ayant pas à se soucier du labeur régulier, passera plus facilement sur certaines faiblesses orchestrales : un peu comme l'enfant mis en pension chez ses grands-parents ou chez son oncle et sa tante, où il se sentira beaucoup plus libre sans la contrainte et la réprimande permanentes de ses géniteurs, qui reprocheront quant à eux leur laxisme aux baby-sitters d'un week-end. Avec un chef invité fascinant ou éblouissant, l'orchestre se sentira transporté, avec un *guest* facile et agréable, il aura l'impression de respirer, surtout si son directeur musical est sévère… ou incompétent : si les concerts des chefs invités sont trop souvent meilleurs que ceux du directeur musical, cela peut trahir un problème de fond. Si un directeur musical doit souvent jouer le rôle ingrat du père fouettard, traquant fautes et lacunes, le chef invité pourra se permettre d'être plus coulant. Jusqu'à être démagogue : un chef désireux d'être réinvité aura tendance à flatter l'orchestre même s'il n'en pense pas moins. Le musicien n'est pas dupe, et pourtant, certains instrumentistes d'orchestre sont sensibles aux compliments, alors qu'ils verront d'un moins bon œil un chef invité qui met le doigt sur leurs insuffisances. À une époque où l'Orchestre de Paris subissait une baisse de qualité, nous avions signalé à Pierre Boulez que même lui n'avait pu faire de miracles en un concert. Il nous avait alors répondu : « J'ai fait ce que je pouvais, mais le travail de fond est celui du directeur musical, s'il n'est pas effectué, je ne peux m'y substituer. » Cela ne signifie pas que le statut de chef invité soit une sinécure. James Levine avouait ne pas dormir la nuit précédant sa première rencontre avec un orchestre qu'il ne connaissait pas. Et si l'orchestre n'est pas convaincu par son invité, il peut lui rendre la vie difficile.

Il n'en reste pas moins que la tâche de directeur musical a en général la réputation d'être plus ingrate que celle de l'invité, qui se contente de monter un programme, d'y faire ses preuves et de s'en aller. Malgré cela, certains préfèrent s'attacher durablement à un orchestre. De cette mission, Yakov Kreizberg nous disait : « Elle ne me fait pas peur. » Paavo Järvi va plus loin : « Je n'aime pas être chef invité. J'ai toujours été directeur musical : à Malmö puis Stockholm, dix ans à Cincinnati, depuis cinq ans à Francfort. Il n'y a qu'ainsi que l'on peut construire une relation de confiance avec les musiciens et le public, créer une identité musicale. » C'est comme cela que se dessine un profil de bâtisseur d'orchestre, dont Mariss Jansons est aujourd'hui l'un des plus éminents représentants. Ce n'est pas en se produisant comme invité à la tête des plus grandes phalanges de la planète que Simon Rattle assit sa notoriété et sa maturité artistique. C'est en devenant à vingt-cinq ans directeur musical de l'Orchestre symphonique de Birmingham, alors une formation de sous-province, et en réussissant le pari d'en faire en quelques années un orchestre de niveau international, à l'aide d'un travail de fond parfois ingrat. Ce n'est qu'une fois ces preuves faites qu'il commença à accepter les invitations de Berlin et Vienne, qu'il avait jusqu'ici pris soin de refuser systématiquement.

En revanche, il existe aujourd'hui de faux directeurs musicaux. Les chefs ayant des carrières de plus en plus internationales, ils répugnent à « s'enterrer » dans une ville et une communauté : dans leur contrat, le nombre de semaines de présence et de responsabilités exercées est de plus en plus réduit, au point que le titre de directeur musical est parfois usurpé, ou tout simplement remplacé par celui de chef principal ou chef permanent. Leur pouvoir se déplace dès lors de plus en plus entre les mains du manager de l'orchestre, un administratif qui est souvent nommé avant même le directeur musical et n'a pas toujours une vision artistique aussi forte que l'aurait le chef d'orchestre. Tenant compte de cette nouvelle réalité, on en arrive à s'interroger parfois sur l'opportunité de conserver le poste de directeur musical tel qu'il existait autrefois : si le chef est trop souvent absent et peu désireux de se mêler d'affaires extra-musicales, pourquoi ne pas reconsidérer sa fonction au sein d'un tandem avec le manager, à une époque où la défense de l'orchestre ne passe plus seulement par l'excellence musicale, mais aussi par le marketing, la communication, l'action culturelle, la recherche de fonds, les réseaux politiques. Ce débat ne pourra être tranché ici. On n'en reste pas moins persuadé que la présence d'une figure musicale de référence reste essentielle pour un orchestre. Ce que Yakov Kreizberg résume ainsi : « On n'imagine pas une équipe de football sans entraîneur. » Et si les chefs se plaignent que leurs prérogatives sont rognées par les managers, ils doivent se demander s'ils ne sont pas les premiers fautifs, à force de fuir leurs responsabilités pour privilégier la carrière.

Ce qui, pour certains directeurs musicaux nés, va de soi, peut être une torture pour d'autres, qui ne sont pas faits pour les responsabilités. Seiji Ozawa nous a avoué avoir ressenti sa fonction de directeur musical du Boston Symphony Orchestra comme une pression permanente, car il se sentait tenu pour responsable de la qualité de l'orchestre. Recruter les bons éléments, régler le cas des moins bons, lui était un stress constant. Certains chefs éprouvent quelque difficulté à adresser un reproche à un musicien : ils ne devraient pas exercer les fonctions de directeur musical. À Boston, Erich Leinsdorf ne parlait jamais directement au fautif, mais au chef de pupitre : « Monsieur, voulez-vous faire en sorte que l'accord soit juste, ou que l'attaque soit ensemble, ou que le deuxième hautbois joue ainsi », etc. Il arrive que le chef permanent d'un des principaux théâtres lyriques français appelle le directeur de l'Opéra pendant la pause d'une répétition pour le prier de descendre de son bureau. Il lui demande alors son avis sur la trompette. Le manager s'exécute et lui dit qu'il la trouve mauvaise. Le maestro lui répond : « C'est aussi mon avis. Tu ne peux pas le lui dire ? Je préfère que tu t'en charges. » L'administrateur fait donc le sale boulot, reçoit le trompettiste et tente de trouver une solution diplomatique, arguant que dans cette œuvre la trompette solo utilise beaucoup l'instrument piccolo dont le musicien n'est pas familier, au contraire de la troisième trompette de l'orchestre : et si exceptionnellement on permutait ? Le soliste se fit porter malade. Un vrai directeur musical devrait s'adresser lui-même au musicien. Lorsqu'il était *principal conductor* du London Philharmonic Orchestra, Bernard Haitink n'aimait pas le jeu de la flûtiste Celia Chambers : il s'en ouvrit au manager mais ne dit jamais rien à la musicienne. D'autres n'ont pas ces scrupules : Marek Janowski avait mis à l'index deux membres du Philharmonique de Radio France, l'alto solo Setrag Koulaksezian et le hautbois solo Jacques Vandeville, leur signifiant clairement qu'il ne pouvait les licencier mais décrétait qu'ils ne joueraient plus sous sa direction.

La route des directeurs musicaux et celle des chefs invités se croisent parfois. Ne serait-ce que parce que c'est en général le directeur musical qui engage les chefs invités. Une manière de mesurer le carnet d'adresses et le sens des responsabilités du directeur musical. Lorsque Daniel Barenboim était à l'Orchestre de Paris, les invités s'appelaient Carlo Maria Giulini, Eugen Jochum, Rafael Kubelik. C'est de bonne politique : l'orchestre est motivé, le public grisé. Mais c'est aussi un risque que prend le directeur musical : celui de pâtir des comparaisons. On connaît bien des directeurs musicaux qui préfèrent engager des invités médiocres afin qu'ils ne leur fassent pas d'ombre. Ou qui invitent les directeurs musicaux d'autres orchestres en échange d'un renvoi d'ascenseur. Un directeur musical orgueilleux aura beau jeu de dénigrer ses collègues et de se donner le beau rôle : combien de fois Sergiu Celibidache, retrouvant « son » Philharmonique de Munich après plusieurs semaines d'absence, lança après quelques minutes de répétition : « Mes pauvres enfants, on voit que vous avez eu de mauvais chefs, votre jeu s'est vraiment dégradé, il va falloir reprendre tout ça. » Au contraire, Paavo Järvi affirme choisir les chefs invités en fonction de ce qu'ils peuvent apporter à l'orchestre. « Je veux que mon orchestre soit meilleur après avoir joué sous la direction d'un collègue. » On notera au passage l'usage révélateur de l'adjectif possessif : « mon orchestre ». Il ne trahit pas forcément un sentiment d'appropriation mais plutôt de responsabilité.

Les chefs taillés pour être directeurs musicaux étant peu nombreux, il leur arrive de se partager entre plusieurs orchestres. Le plus illustre exemple actuel de bigamie est Mariss Jansons, à la tête à la fois du Concertgebouw d'Amsterdam et de l'Orchestre symphonique de la Radio bavaroise. Il est dès lors important pour lui de ne pas en privilégier un, ce qui serait pris par les musiciens pour une trahison. C'est plus facile lorsque le chef bigame se partage entre un orchestre symphonique et une maison d'opéra, dont le répertoire et les méthodes de travail diffèrent complètement : c'est ou ce fut le cas pour Daniel Barenboim entre le Chicago Symphony et le Staatsoper de Berlin, James Levine entre le Metropolitan Opera de New York et le Boston Symphony, Kent Nagano entre l'Opéra de Munich et l'Orchestre symphonique de Montréal. On trouve enfin de vrais cumulards comme Paavo Järvi, actuellement directeur musical de l'Orchestre de Paris, de l'Orchestre symphonique de la Radio de Francfort et de la Deutsche Kammerphilharmonie, digne successeur de son père Neeme, qui cumula dans les années 1980 la direction du Scottish National Orchestra, de l'Orchestre symphonique de Göteborg et de celui de Detroit.

Les chefs s'envoient des « piques » par orchestre interposé : lorsque Michel Plasson, invité par l'Orchestre de Paris pour un programme français, dit aux musiciens : « Comment se fait-il que vous jouiez si mal une musique

que vous devriez jouer si bien ? », on ne peut s'empêcher d'y voir une pierre dans le jardin de Christoph Eschenbach, directeur musical de l'époque, et qui n'était pas vraiment réputé pour son aisance dans le style français… Parfois, les remarques acerbes sont adressées par un directeur musical à son prédécesseur. Yuri Temirkanov se montra peu élégant lorsqu'il prit la succession de Mravinsky en 1988, laissant entendre qu'à la fin le vieux chef n'avait plus toutes les qualités nécessaires pour maintenir le niveau d'excellence du Philharmonique de Léningrad. Paavo Järvi eut la délicatesse de ne pas s'exprimer publiquement sur le travail de son prédécesseur Christoph Eschenbach à la tête de l'Orchestre de Paris. Mais durant les premières répétitions, sentant une certaine fébrilité dans les rangs de l'orchestre alors que sa gestuelle est réputée très claire, il se contenta de dire aux musiciens : « J'ai l'impression que vous avez perdu l'habitude de faire confiance à la baguette du chef. »

Certains chefs peu aptes aux fonctions de directeur musical se révèlent des invités flamboyants, capables de tirer le meilleur d'un orchestre en un minimum de temps. André Prévin fut de ceux-là : éblouissant dans la fulgurance, il s'ennuyait vite dans l'effort à long terme. Comme s'il était plus doué pour les relations épisodiques que pour le mariage durable, où le quotidien lui devient vite insupportable. On reconnaît aussi un grand chef invité à sa capacité à modifier le son de l'orchestre en quatre répétitions. François Dupin raconte être arrivé un jour au Théâtre des Champs-Élysées pendant que l'Orchestre de Paris répétait avec Otto Klemperer. Dans la coulisse, il paniqua un instant, pensant s'être trompé de salle : ce n'était pas son orchestre ! Puis il jeta un coup d'œil et se rendit à l'évidence : par sa seule présence, le vieux chef allemand hémiplégique avait fait de cet orchestre français transparent et léger une phalange germanique au son compact et sombre. Chaque fois que Giulini dirigeait l'Orchestre de Paris, on ne reconnaissait pas cette formation au son soudain élargi, à la respiration plus profonde et plus large. Quand Pierre Boulez se retrouva pour la première fois à la tête du Philharmonique de Radio France, on comprit que cette phalange volontiers brillante et clinquante pouvait aussi être diaphane et subtile.

Ce phénomène est encore plus mystérieux lorsqu'il ne passe pas par un véritable travail, mais par la seule présence du chef. Un jour où Herbert von Karajan répétait à la Scala de Milan et voulait entendre comment l'orchestre sonnait depuis la salle, Victor De Sabata, alors directeur musical, lui proposa de prendre sa place au pupitre pendant quelques instants pour lui permettre de faire ses tests acoustiques. Le son de l'orchestre changea instantanément ! Ancien timbalier solo du Philharmonique de Berlin, Werner Thärichen raconte même qu'un jour, alors que, du temps de Wilhelm Furtwängler, l'orchestre était en train de répéter avec un chef invité, le son changea du tout au tout. Thärichen jeta un coup d'œil à la ronde : Furtwängler venait d'entrer dans la salle.

Pour en arriver là, il faut passer par le stade où, chef invité, on vous impose les répertoires que ne veut pas diriger le directeur musical. Comme le dit plaisamment un chef français : « Quand vous êtes directeur musical, vous vous réservez la *5e* de Mahler, quand vous êtes un jeune chef invité, vous vous retrouvez avec *Billy the Kid* de Copland. » Mais une fois passé la période où le chef accepte toutes les invitations et rencontre chaque semaine un orchestre différent, le maestro à la notoriété bien installée peut non seulement se permettre d'être sélectif, mais il a entretemps noué des relations privilégiées avec quelques orchestres. Riccardo Muti est fidèle à l'Orchestre national de France, qu'il dirige presque une fois par an depuis trente ans :

« J'ai de grands souvenirs avec eux. Notamment du tout premier concert, après lequel Arthur Rubinstein, aveugle, était venu me féliciter dans ma loge. Dès le premier instant l'Orchestre national et moi avons été très proches et je leur suis toujours resté fidèle, refusant les invitations, pourtant régulières, des autres orchestres parisiens. Ils m'ont toujours offert une coopération maximale et enthousiaste. » À la fin de sa vie, Giulini avait réduit son activité à quelques orchestres qu'il connaissait bien, s'épargnant ainsi toute phase d'observation : les Philharmoniques de Berlin et Vienne, le Concertgebouw d'Amsterdam, Chicago, le Philharmonia, la Radio bavaroise, l'Orchestre de Paris et le Philharmonique de la Scala de Milan. Il se tisse alors une véritable relation d'amitié entre un chef et orchestre.

Tyran ou collègue ?

Si le rôle musical du chef a relativement peu évolué, son rapport humain à l'orchestre a connu des infléchissements. La génération de chefs ayant grandi dans la première moitié du XXe siècle ressortit à une époque où le « maître » exerçait une position clairement dominante, pour ne pas dire dominatrice. Dans *Masse et puissance*, Elias Canetti faisait de lui la quintessence de la puissance : « Il n'est pas d'expression plus concrète de la puissance que l'activité du chef d'orchestre. » Dépositaire unique de l'autorité musicale, et donc politique, le chef se tenait face à l'orchestre comme un despote plus ou moins éclairé, qui décidait non seulement de chaque détail de l'interprétation, mais avait pour ainsi dire droit de vie et de mort sur des instrumentistes exécutants. L'orchestre devenait alors un vaste instrument, chaque pupitre en étant une des registrations. Cet ascendant sur l'orchestre s'obtenait par le respect, mais aussi par la crainte. Celle-ci, toutefois, prenait des visages bien différents. Quand on parle de chef tyrannique, on pense spontanément à Arturo Toscanini, qui cassait régulièrement sa baguette de rage en hurlant contre l'orchestre dès qu'un grain de sable venait l'extraire de son idéal interprétatif. *« Vergogna »*, lançait-il alors en les traitant de *« dilettanti »*. On connaît bien ses colères proverbiales, dont il existe plusieurs enregistrements spectaculaires et effrayants. Mais gardons-nous des clichés et des images fausses. Démocrate militant dans la vie, Toscanini était certes un dictateur inflexible en musique. Mais il respectait profondément les musiciens de l'orchestre, et s'il les « engueulait » copieusement en répétition, il ne manifestait jamais se désapprobation en cas de défaillance au concert. Il ne s'emportait que pour des raisons musicales, et ce pédagogue de l'orchestre avait toujours une solution technique pour les problèmes d'interprétation : capable de passer des heures sur quelques mesures, il mettait au point les coups d'archet les plus périlleux pour obtenir l'effet désiré et permettre d'entendre les fameuses « petites notes », toujours sacrifiées selon lui. Il y avait par exemple à la NBC un clarinettiste français, Augustin Duquès, dont le jeu ne plaisait pas au maestro. Le manager de l'orchestre crut faire plaisir au chef en lui disant qu'il pouvait facilement renvoyer le musicien : Toscanini fut extrêmement choqué et s'emporta contre le directeur administratif, lui assénant qu'il jouait avec les musiciens qui étaient là. Duquès resta onze ans au pupitre.

Colère contre le groupe, respect des individus : on oublie un peu trop cet aspect lorsque l'on érige Toscanini en comble du dictateur. D'ailleurs, ses explosions de rage latine étaient au fond beaucoup moins traumatisantes que les colères froides de Fritz Reiner, George Szell ou Leopold Stokowski. À eux trois, à une époque où la protection sociale et la notion de préavis n'existaient pas encore pour les musiciens d'orchestre américains, ils ont dû renvoyer plus d'instrumentistes qu'ils n'en ont engagé. Même si le trait est forcé, on raconte qu'il arrivait à Stokowski, au milieu d'une répétition, de montrer la porte à un membre de l'orchestre : il n'avait alors d'autre possibilité que de se lever. On raconte aussi que, pour se moquer des gestes extrêmement réduits de Fritz Reiner, un contrebassiste prit des jumelles pour regarder sa baguette. Imperturbable, Reiner griffonna quelque chose sur un bout de papier, et dans ses jumelles le musicien facétieux put lire : « Vous êtes viré. » Selon Fritz Reiner, la notion même de chef gentil était déjà suspecte en soi. Lorsqu'il arriva à Chicago pour devenir directeur musical de l'orchestre, le délégué l'accueillit devant le groupe en s'exprimant de la part des musiciens : « Dr Reiner, nous sommes enchantés de travailler avec vous. » Ce à quoi, avec son sens de la répartie laconique et sarcastique, Reiner répondit : « Ne parlez pas trop vite. » Engagé pour prendre en main l'Orchestre de Cleveland et en faire un des meilleurs des États-Unis, George Szell ne fit pas de long discours lors de sa première répétition : il commença à diriger, écouta l'orchestre quelques minutes et se contenta de lâcher : « Il va y avoir des changements. » Otto Klemperer n'avait pas leur sang-froid de tueur : il écumait de rage et frappait violemment sur son pupitre en trépignant si l'orchestre ne réagissait pas instantanément à ses intentions. Comme il était très grand, les musiciens craignaient parfois pour leur intégrité physique, mais il n'en a jamais brutalisé. Une fois seulement, à Los Angeles, il bondit de son pupitre et se planta face au clarinettiste qui eut le réflexe de se protéger la tête avec les bras. Ce que remarquant, Klemperer lui hurla : « N'ayez pas peur, je ne vais pas vous frapper, je veux seulement vous dire que vous êtes mauvais ! »

En 1983, Bernard Haitink déclarait au *Monde de la musique*: « À Léningrad, j'ai vu Mravinsky. Il se tenait comme un vieux général prussien devant son orchestre: s'il levait le sourcil gauche, le deuxième violon frémissait. S'il levait le droit, le premier trombone avalait de travers. Ce type de chef d'orchestre n'existe plus. » Cette perspective historique convient d'être nuancée. Il a toujours existé des profils de chefs différents. À la même époque que les monarques absolus Toscanini, Reiner, Szell ou Stokowski, habitués à être obéis au doigt et à l'œil, Bruno Walter appelait les musiciens *« my friends »*, Pierre Monteux était d'une courtoisie bonhomme qui n'excluait pas l'exigence de perfection, Sir Thomas Beecham faisait hurler de rire les musiciens par ses saillies. Selon Harry Ellis Dickson, Charles Munch « aimait les musiciens plus que le public ». À un membre du Conseil d'administration du Boston Symphony Orchestra qui lui suggérait qu'il serait bon de se passer des services d'un violoniste trop âgé, Munch répliqua du tac au tac: « Vous devrez me virer d'abord. » Lorsqu'un musicien du même orchestre tomba malade et dut passer plusieurs mois à l'hôpital, l'orchestre se cotisa pour lui permettre de faire face aux frais médicaux, non pris en charge dans le système américain. Munch versa une somme telle que les délégués de l'orchestre, gênés, allèrent le voir pour lui dire qu'ils ne pouvaient accepter. « Je suis un vieux monsieur, quel meilleur usage de mon argent pourrais-je faire que d'aider un collègue ? » Lors de sa dernière tournée aux États-Unis avec l'Orchestre de Paris, celle au cours de laquelle il trouva la mort, l'ambassadeur de France à Washington avait organisé une réception en l'honneur de l'orchestre après le concert. Apprenant que seuls les solistes étaient invités, Munch fit un scandale tel que l'ambassade fit machine arrière et argua d'un malentendu: bien entendu, la totalité de l'orchestre était conviée ! « Quelques jours plus tard, à Richmond, malgré les pilules qu'il avalait tout en dirigeant pour soutenir son cœur, il devait expirer, seul dans sa chambre d'hôtel, laissant l'orchestre désemparé, en larmes », écrit Dupin. Ce dernier ne voit pas de démagogie dans l'attitude de Munch, mais « un dosage équilibré d'exigence professionnelle et d'une sorte de paternalisme de bon aloi dû à son âge (soixante-seize ans), toujours conduit par le cœur ». Après un solo réussi, Leonard Bernstein n'hésitait pas à embrasser le musicien.

Ce profil du chef humaniste atteint son point culminant avec des êtres de la dimension exceptionnelle de Carlo Maria Giulini ou Bernard Haitink. Ces deux hommes ont toujours fait passer la dimension humaine de leur profession avant le souci de perfection. Ou plutôt : ils ont atteint le plus haut degré d'accomplissement artistique par l'approche humaine. C'est pour cela qu'ils ont toujours suscité chez les musiciens d'orchestre respect, amour et engagement maximal. En 1980, répondant aux questions de Sophie Lannes, Giulini s'expliquait sur son rapport à l'orchestre : « Avoir vécu la vie de musicien d'orchestre m'a appris qu'un orchestre n'est pas un instrument. Il est formé par des êtres humains qui jouent d'un instrument. Il arrive qu'il réponde avec une unité extraordinaire, mais ces êtres apportent leur individualité propre, ce qui fait le tissu de leur vie : l'un est amoureux, l'autre s'est disputé avec sa femme, un autre a mal à la tête ou a un enfant malade. Il ne suffit pas qu'ils fassent bien leur travail. En musique, il faut donner une partie de soi-même, de sa propre intériorité. L'orchestre n'est pas un objet, comme un piano, une clarinette, c'est une force humaine qui a besoin de s'engager. Il ne faut jamais l'oublier. [...] Je ne suis pas le chef avec des majuscules : je suis un musicien qui va faire de la musique avec d'autres. » Charles Munch, déjà, employait le mot « collègue » pour justifier sa contribution à la collecte pour un violoniste du rang malade.

Bernard Haitink ne procède pas différemment. Voici le portrait qu'en dresse François Dupin : « Alliant la plus extrême politesse à une technique sûre, la connaissance absolue de la partition à une sensibilité musicale épidermique, il comble d'aise ses musiciens, les détend, mais conserve dans la main leur disponibilité. Avec lui, quarante ou cent vingt exécutants retrouvent l'atmosphère de travail qui baigne les répétitions de quinze personnes. Jamais il n'élève la voix. Comme Giulini, Haitink repose mais à la fois, il mobilise. Sachant discerner l'erreur accidentelle des difficultés techniques à résoudre, il ne s'attarde qu'aux fragments qui requièrent une attention particulière. Si l'erreur ne résulte pas d'un accident de manipulation […] ni d'une difficulté technique […] mais d'une insuffisance de concentration du musicien, son regard, chargé de sous-entendus, pèse plus lourd, par contraste, qu'une remarque blessante. » Ce que le chef néerlandais confirmait en 1983, commentant sa réputation de patience : « D'abord, je sais combien les musiciens sont sensibles pour la plupart, je sais qu'ils sont très désireux de bien faire. S'ils étaient paresseux, je prendrais moins de gants, mais leur bonne volonté est évidente. Non, je ne vais pas les blesser pendant les répétitions. Il faut les aider au contraire. Mettre le positif en valeur. C'est bien plus difficile que de crier. »

Le profil du maestro dompteur n'a pas disparu pour autant, de même qu'à l'époque des despotes existaient déjà des chefs courtois. Il est vrai que, comme nous le verrons au chapitre suivant, un orchestre peut assez vite se transformer en un troupeau de fauves sanguinaires. Mais le chef semble parfois oublier qu'il a face à lui des êtres humains, et qu'une seule remarque peut les briser. À la tête de l'Orchestre de Paris, l'impitoyable Georg Solti était irrité par les insuffisances d'un trompettiste, certes pas soliste, mais doté dans le premier mouvement de la *5e* de Mahler d'une intervention délicate, qu'il ne maîtrisait qu'à grand-peine. Cet homme était déjà fragile. Solti, dont le français était assez pauvre, arrêta l'orchestre et lui dit, devant tout le monde : « Trompette : très mauvais. » Il reprit le cours de la répétition, fit rejouer le passage et déclara : « Trompette, ce n'est plus très mauvais, c'est seulement mauvais. » Rentrant chez lui après la répétition, le musicien vida une bouteille de whisky et on ne le revit plus. L'exigence de perfection artistique justifie-t-elle cette humiliation ? Lorsqu'il était jeune clarinette solo de l'Orchestre de l'Opéra de Paris, Romain Guyot quitta une répétition en pleurant : Georges Prêtre l'avait tellement insulté après un trait savonné dans un solo que le musicien le ressentit comme une attaque personnelle. « On ne m'avait jamais parlé comme ça », racontait-il quinze après, la blessure toujours à vif. Sans parler de chefs qui emploient des méthodes d'un autre âge, comme celle qui consiste à faire jouer un trait à un ou plusieurs musiciens du rang individuellement, devant les autres. Outre le fait que c'est totalement inutile car on ne joue pas de la même façon seul ou dans le groupe, c'est particulièrement dégradant.

D'autres n'ont pas besoin de recourir au cri ou à l'insulte pour asseoir leur autorité, mais savent la manifester au bon moment. Pendant toutes les années où il était à la tête du Philharmonique de Radio France, Marek Janowski ne dirigeait pas d'autre orchestre parisien. Une fois libre, il put accepter une invitation de l'Orchestre de Paris, au milieu des années 2000, pour deux programmes différents, deux semaines de suite. À la première répétition, le premier violon Roland Daugareil se leva comme d'habitude. À son signal, le hautbois solo donna le *la* et l'accord se fit dans un brouhaha indescriptible, coutumier dans les orchestres français. Janowski se demanda que faire : cet amoureux de l'ordre était bien indisposé par cette incurie, mais après tout, il n'était que chef invité et non directeur musical. Il ne dit rien. L'après-midi, à la deuxième répétition, la scène se répéta à l'identique : Roland Daugareil debout, les bavardages ne se taisent pas et l'accord se fait à la va-comme-je-te-pousse. Alors, Janowski prend la parole, de sa voix ferme et bien timbrée, sans hausser le ton : « Mesdames, Messieurs, vous avez vos habitudes. J'ai les miennes. Pendant les quinze jours que nous allons passer ensemble, je vous demanderai d'adopter les miennes. Alors quand ce Monsieur se lève, il y a le silence. » À partir de ce jour, on entendit une mouche voler dans l'orchestre, le travail fut tout à fait efficace et les concerts de qualité. Où le chef devient maître d'école. Janowski a aussi pu se montrer cassant, par exemple lorsque le hautbois solo de l'Orchestre philharmonique de Monte-Carlo apporta une note personnelle à un passage, et que le chef lança : « Voilà qu'ils se mettent à vouloir faire de la musique, maintenant ! » Lorsque le même Janowski était directeur musical de l'Orchestre philharmonique de Radio France, il traînait déjà cette réputation d'officier prussien inflexible et cassant. On sait moins que, lorsqu'une de ses musiciennes eut un enfant gravement malade, il l'appela le jour de Noël depuis l'Allemagne pour lui dire qu'en ce jour de festivité il pensait à ceux qui vivaient dans l'angoisse. Un général, peut-être, mais proche de ses troupes. « Il était l'un des nôtres », disait François Dupin en parlant de Charles Munch.

Parmi les armes permettant de désamorcer la violence de ce rapport entre un homme et un groupe, l'humour n'est pas négligeable. La nature tyrannique de Serge Koussevitzky passait mieux auprès des musiciens de Boston car ses remarques acerbes étaient souvent assorties d'une saillie prêtant à sourire. Leur faisant remarquer un jour qu'ils jouaient un passage sans passion ni sensualité, il ajouta : « Je me demande comment vous avez pu rester mariés ! » Emmanuel Krivine n'est pas en reste : répétant avec l'Orchestre français des jeunes à Vichy, il signala une faute au clarinettiste qui montra son voisin du doigt, suggérant que ce n'était pas lui qui s'était trompé. Ce à quoi Krivine répliqua : « Ce n'est pas parce qu'on est à Vichy qu'il faut faire de la délation ! » Moins caustique, Daniel Barenboim a souvent compensé son caractère soupe-au-lait par un bon mot. Ainsi lorsqu'il s'adressa au trombone à la fin d'une répétition : « Dans l'œuvre de Dutilleux, vous viendrez me voir, j'ai reçu des instructions du compositeur », puis ajouta : « Au fait, vous viendrez me voir aussi pour Brahms. – Ah bon ?, demande le tromboniste. – Oui, j'ai aussi reçu des instructions… » Parfois, la boutade fait rire jaune. Un jour où l'Orchestre de Paris peinait sur un trait difficile, Lawrence Foster suggéra aux musiciens d'imaginer qu'ils gagnent un franc par note réussie. Comme un violoniste lui signalait que cela ne fera pas grand-chose, Foster répondit : « Pourtant, moi c'est ce que je fais » et, battant une mesure à quatre temps dans le vide, il scanda : « 1 000 dollars, 2 000 dollars, 3 000 dollars, 4 000 dollars. » Se rendait-il compte que sa blague était quelque peu cynique, envers des musiciens qui devaient gagner à peu près dix fois moins que lui ?

Le roi de l'humour était évidemment Sir Thomas Beecham, dont un livre entier ne suffirait pas à énumérer les traits d'esprit. Sa plus belle répartie ? Ce jour où, répétant une œuvre à l'effectif considérable, il interrompt l'orchestre au milieu d'un tutti fracassant en disant, sans regarder les musiciens : « Deuxième trombone, trop fort. » Les musiciens se lancent des œillades complices, tandis que le premier trombone ne cache pas son embarras. On reprend. Nouvelle déflagration, digne du départ des 24 heures du Mans. Nouvelle interruption : « Deuxième trombone, trop fort. » À la troisième fois, n'y tenant plus, le premier trombone ose intervenir : « Maître, excusez-moi mais le deuxième trombone n'est pas là. » Sans se démonter une seconde, Beecham esquisse un sourire malicieux et répond : « Ce n'est pas grave, quand il sera là vous lui direz qu'il joue trop fort. »

L'humour n'est cependant pas la chose la mieux partagée, et si certains maestros s'estiment en droit d'en faire, ils apprécient moins qu'on l'utilise à leur égard. Il y avait au Philharmonique de Berlin un musicien extrêmement doué pour les imitations. Cela revint aux oreilles de Herbert von Karajan, qui demanda à bénéficier du spectacle. L'instrumentiste contrefaisait les chefs d'orchestre avec un talent comique irrésistible. Un peu intimidé, il se lança dans ses meilleurs numéros : Furtwängler, Böhm, Barbirolli étaient là avec leurs tics, leurs mimiques, leur gestuelle. À chaque fois, le maestro se tordait de rire. Encouragé, il se mit à imiter Karajan. Le sourire de celui-ci se figea, son visage se ferma, son teint pâlit et il mit fin à la séance en reprenant la répétition. Toujours prêt à rire des autres, il venait de prendre conscience que lui aussi pouvait être un objet de raillerie, ce qui ne mettait pas seulement sa susceptibilité à rude épreuve, mais le faisait surtout descendre brutalement de son piédestal.

Le rapport au pouvoir

Primus inter pares, collègue, auxiliaire, le chef est aussi celui dont les musiciens exécutent les instructions, qu'elles soient données sous forme d'un ordre impérieux ou d'une aimable suggestion. Mais le rapport au pouvoir a changé à mesure qu'il évoluait dans la société. Un chef d'aujourd'hui ne peut plus guère se comporter en dictateur, ne serait-ce que parce que l'orchestre ne l'accepterait plus. Quand on interroge les chefs aujourd'hui dans la force de l'âge, tous se sont posé la question de l'autorité, et leurs réponses convergent sur bien des points, à commencer par celui-ci : l'autorité vient uniquement de la compétence musicale, et non d'une force de coercition. Paavo Järvi nous disait ainsi : « Quant au contrôle exercé par le chef, il est purement manuel : c'est celui du bras, vous l'avez ou ne l'avez pas. Sinon, l'autorité ne m'intéresse pas : je suis un compagnon des musiciens et non un général d'armée. Si les instrumentistes me suivent, ce n'est pas parce que j'ai du pouvoir mais parce qu'ils sont convaincus que je suis un musicien. » Et d'ajouter : « L'autorité sans compétence n'est qu'arrogance ! » Le jeune chef Andris Nelsons ne dit pas autre chose, quand il explique comment il affronte la difficulté de donner des ordres à des musiciens qui ont parfois trente ans de plus que lui : « Cela passe par un très grand respect de ces musiciens, mais il faut surtout qu'ils soient convaincus que ce que je leur demande n'est pas ce que je veux moi, mais ce qu'exige la partition. Je ne dis pas "je veux", mais "la musique veut". »

Au moment de définir le rapport entre le chef et les musiciens, Pierre Boulez refuse le mot « pouvoir » mais est prêt à accepter celui d'autorité, en précisant : « Par autorité, je n'entends pas autoritarisme, bien qu'il faille en faire preuve un peu de temps en temps. L'autorité se manifeste essentiellement par la connaissance des partitions. Dès l'étage inférieur, l'étape du bureau, si vous ne corrigez pas les fautes, les musiciens s'en apercevront très vite. Et ils n'auront pas beaucoup de respect pour votre activité. Ce stade de la littéralité dépassé, l'autre autorité très importante à mon avis, c'est de dire ce qu'on veut, ce qu'on veut entendre, comment on veut l'entendre et quelquefois pourquoi on veut l'entendre de cette façon-là. C'est-à-dire donner aux musiciens son point de vue sur ce qu'on attend d'eux. C'est cela qui fait l'intensité du contact qui s'établit avec les musiciens. »

Le pouvoir du chef est donc d'autant plus reconnu qu'il est légitimé par la connaissance. Si Riccardo Muti passe aujourd'hui pour un chef de la vieille école, ce qu'il revendique, c'est aussi parce qu'il exerce un contrôle sur l'exécution musicale, reposant sur une préparation maniaque. Son ascendant passe par cette connaissance intime de tous les rouages, qui lui donne une supériorité sur les musiciens. Il ne souhaite pas qu'il en soit autrement, comme il nous l'avoua de façon très claire : « Je ne veux pas d'un orchestre qui en sache plus que moi. » Comme nous lui demandions si ce n'était pas de l'orgueil, il nous répondit : « Non, plutôt de la responsabilité. » Cela ne signifie pas qu'il méprise les musiciens d'orchestre : il parle d'eux avec respect, et est fier de pouvoir dire qu'il a dirigé des premiers violons comme Michel Schwalbé à Berlin, Gerhart Hetzel à Vienne ou Norman Carol à Philadelphie, alors qu'ils lui étaient subordonnés.

Au chapitre précédent, nous évoquions la connaissance, la technique et l'oreille comme des qualités susceptibles de faire impression sur le musicien d'orchestre. Il en est une autre : le par-cœur. Certains chefs s'en servent pour plastronner : l'orchestre le sent tout de suite. Mais quand il est intégré, ce savoir ajoute à l'aura du chef. Voir Claudio Abbado diriger tout un opéra, y compris *Wozzeck* et *Boris Godounov*, par cœur et donner toutes les entrées est foncièrement époustouflant. Sans parler de Sergiu Celibidache, qui menait aussi les répétitions sans partition, se contentant de demander au premier violon s'il y avait un repère en chiffre ou en lettre pour tel passage. C'est aussi la pratique de Nello Santi, grand chef d'opéra qui répéta toujours par cœur, quel que soit l'ouvrage, en chantant chaque rôle de sa voix de ténor. Lorsque le baryton Franz Grundheber chanta les très rares *Chants sur des poèmes de Maeterlinck*, de Zemlinsky, à la Philharmonie de Berlin, le chef était Seiji Ozawa. Le maestro japonais rencontra le chanteur la veille de la première répétition et lui avoua humblement : « Je ne connais pas cette œuvre. » Ils la travaillèrent ensemble au piano à partir du conducteur. Le lendemain matin, à la première répétition avec le Philharmonique, Ozawa n'avait plus besoin de la partition. Mais pour tous ces musiciens, il ne s'agit en rien d'une manière d'affirmer leur ascendant. Pour Georges Prêtre, le par-cœur est tout simplement une nécessité car cela lui permet d'être plus libre dans son interprétation et de rester entièrement dans l'univers qu'il a créé, dont il risquerait de s'extraire s'il devait tourner les pages d'une partition. Ce n'est pas un problème en revanche pour Pierre Boulez ou Bernard Haitink, qui dirigent avec la partition alors qu'ils la connaissent à l'évidence dans les moindres recoins. Quand on lui demandait pourquoi il dirigeait avec partition, Otto Klemperer répondait avec son humour ravageur : « Moi aussi je sais lire les notes. » D'ailleurs, pour certains, le par-cœur repose sur une mémoire photographique : c'était le cas de Dimitri Mitropoulos, dont les musiciens se disaient en le voyant : « Là, il tourne la page »…

Emmanuel Krivine est l'un de ceux qui ont le plus réfléchi à la question du pouvoir du chef et à la nécessité d'en finir avec le mythe du maestro. « On rêve trop sur notre métier. Un jour, tout va rentrer dans l'ordre et on en finira avec toute cette mythologie du chef d'orchestre pour revenir à la fonction première : faire jouer. On est musicien d'abord, chef après, et tout le reste est littérature. Le charisme est peut-être utile pour fédérer, mais il ne sert à rien musicalement. Je ne conçois pas l'orchestre autrement que la musique de chambre, et j'ai acquis la conviction que pour être bon, il faut bien s'entendre : plus l'ambiance est bonne, plus la musique se libère. Quant à l'autorité, elle doit être purement musicale : l'orchestre n'est pas une caserne ! » S'il est le premier à reconnaître que le chef a tendance à devenir paranoïaque face à un orchestre car il croit que tout le monde est contre lui, Krivine reproche à certains musiciens d'orchestre de chercher dans leur chef un père castrateur. C'est la raison qui l'a conduit à fonder sa propre formation, La Chambre philharmonique, sorte de phalanstère où les musiciens se cooptent. « Certains orchestres ont besoin d'un père symbolique à tuer. À la Chambre, on est entre adultes : le rapport chef-orchestre se fonde sur l'écoute et non sur la peur. » Quelle évolution pour celui qui passe encore aujourd'hui pour le « bourreau de Lyon », dictateur redouté depuis les années où il régna sur l'Orchestre national de Lyon dans un climat de terreur ! Lui-même le reconnaît : « Au début de ma carrière, je ne concevais la relation avec un orchestre que sous l'angle conflictuel. Il faut dire que quand j'ai commencé il y a trente ans, ce n'était pas la bibliothèque rose ! J'étais un gros réac et un petit facho, je suis devenu civilisé. » Aujourd'hui, il retrouve cette mentalité positive forgée par La Chambre philharmonique quand il dirige des orchestres permanents. D'ailleurs, de sa grande expérience de chef invité, il a tiré la leçon que les plus grandes formations se caractérisent par leur mentalité adulte : « Au Concertgebouw d'Amsterdam ou au Boston Symphony Orchestra, on se contente de faire de la musique sans lutte des classes, le chef n'a de fonction que musicale et non autoritaire. »

Cette relation de confiance se traduit par la capacité du chef à déléguer une partie de son pouvoir musical et à laisser une part d'initiative aux instrumentistes. Autrement dit : à accepter l'idée qu'il ne faut pas tout contrôler, et que l'orchestre peut jouer sans vous. Paavo Järvi a connu ce cheminement : « Quand vous êtes un jeune chef, vous croyez que l'orchestre ne peut pas jouer sans vous, vous voulez tout contrôler. Alors que le plus important pour un chef est de savoir quand il n'a pas besoin de diriger, quand il peut laisser jouer l'orchestre. Mais quand l'orchestre a besoin de lui, là il doit répondre présent, sinon les musiciens ne lui font plus confiance. Mon père [le chef Neeme Järvi] est excellent dans cet exercice : parfois, il abaisse sa baguette et semble cesser complètement de diriger, et puis d'un coup d'œil ou d'un mouvement d'épaule il reprend le contrôle et vient en aide à la flûte ou au cor. Les musiciens de l'Orchestre de Paris sont excellents, ils n'ont pas besoin qu'on leur batte la mesure en permanence : ce serait les infantiliser. Dans le mouvement lent de Beethoven, l'autre jour, je n'ai pas marqué la pulsation, afin qu'ils fassent chanter plus librement leurs instruments. Or plus les musiciens jouent librement, plus le son est riche. En réalité, nous faisons de la musique de chambre en grand nombre. Si le chef est juste là pour régler la circulation, ce n'est pas intéressant. »

Les plus grands chefs, Kleiber, Bernstein, Jansons, Barenboim, ont mis en pratique cette méthode consistant à s'arrêter parfois complètement de battre pendant le concert. La signification et la portée de cette attitude sont multiples. C'est d'abord une marque de confiance vis-à-vis des musiciens, une manière de dire : « Vous n'avez pas besoin de moi. » C'est ensuite une manière de décupler l'attention et la concentration des instrumentistes : quand l'œil n'est plus d'aucun secours, l'oreille vient y suppléer et la responsabilité individuelle est plus forte que le confort consistant à suivre une baguette. Mais la démarche est à double tranchant : dans un mouvement dialectique, son apparence de démonstration d'humilité peut aussi cacher un sursaut suprême de vanité du chef, qui prend à témoin le public de la manière dont il a dressé l'orchestre… Personne n'est dupe, mais avec un grand chef le résultat est fascinant. Daniel Barenboim aimait donner le *Boléro* de Ravel avec l'Orchestre de Paris en ne dirigeant que les toutes premières mesures, puis en laissant faire, une fois le tempo sur les rails. Il existe une merveilleuse vidéo où Leonard Bernstein bisse le finale de la *88ᵉ Symphonie* de Haydn avec le Philharmonique de Vienne : après l'avoir dirigé normalement la première fois, il se tient immobile pendant le bis et l'orchestre en est galvanisé, électrisé. Mais la caméra fixe le visage de Bernstein, permettant de se rendre compte qu'il dirige avec les yeux… Dans la *7ᵉ* de Beethoven filmée à Amsterdam sous la direction de Carlos Kleiber, un autre phénomène retient l'attention : le chef fait monter le crescendo du premier mouvement en étant pris de frénésie, mais lorsque l'orchestre a atteint le point culminant, il cesse de bouger et lâche la bride. Si l'Orchestre du Festival de Bayreuth avait beaucoup d'affinités avec James Levine, c'est notamment parce qu'il arrivait au chef américain, pendant *Parsifal*, de profiter de la fosse invisible pour retirer ses lunettes et les essuyer tranquillement pendant que l'orchestre continuait à jouer : il lui faisait suffisamment confiance pour savoir qu'il pouvait continuer sans lui.

Ce genre de décisions se prend en général au dernier moment : ce n'est possible que si le chef réagit à ce qu'il entend. L'orchestre sera indisposé s'il se rend compte que le chef est enfermé dans l'interprétation idéale qu'il a dans l'oreille, et n'est pas réceptif à ce qu'il voit et entend. C'est pourquoi, selon Louis Langrée, il est illusoire de noter à l'avance les gestes à faire comme pour une chorégraphie :

« Il y a des chefs qui notent sur leur partition qu'à tel endroit ils doivent donner un départ à la flûte. C'est absurde car si cela se trouve, la flûte n'aura absolument pas besoin qu'on lui donne un départ à cet endroit. Il faut le sentir sur le moment. » De même, un vrai chef ne ressentira pas le besoin de diriger certains solos : on ne dirige pas le solo de basson du *Sacre du printemps* ou le solo de hautbois du mouvement lent du *Concerto pour violon* de Brahms, ce sont des moments où s'exprime la liberté du soliste. C'est alors qu'un chef pourra éventuellement intégrer dans son interprétation un phrasé ou une nuance propre au soliste, et à laquelle il n'avait pas pensé. Un jour, le chef Jesus Lopez-Cobos dit à Clélia Goldings, basson solo de l'Orchestre national de Lille, pour la mettre à l'aise avant un solo : « J'ai dirigé beaucoup d'opéra, je peux vous suivre. » Dialectique subtile : ceux qui veulent contrôler le plus sont les moins sûrs d'eux. Pierre Boulez le confirme à Jean Vermeil : « Dans les grands orchestres, on a affaire à de grands solistes. Il faut jouer avec eux, ne pas leur donner d'ordres comme à des bébés. Ce sont des musiciens accomplis, qui ont leurs idées. S'ils ont atteint ces places-là, c'est qu'en général ils ont justement de grandes qualités. Il ne faut jamais chercher à leur imposer quoi que ce soit. Il faut ou bien recevoir ce qu'ils font et si vous trouvez ça très bien vous n'avez rien à dire. Ou bien, si vous trouvez que ça ne correspond pas tout à fait à la conception de l'ensemble du passage, vous leur dites : "Je préférerais ceci…", et on s'arrange. Il y a une question d'agrément, ou disons, de jeu entre la personne qui dirige et la personne qui joue, spécialement en soliste. »

Pour évaluer tout cela, le chef d'orchestre a intérêt à être armé d'un solide sens psychologique. Selon Philippe Jordan, la psychologie « constitue 50 à 60 % du métier de chef d'orchestre. Aborder la première répétition avec un orchestre que l'on ne connaît pas est assez stressant : doit-on laisser jouer, interrompre ? Parfois tout commence très bien et puis sans s'en rendre compte on dit un mot malheureux et tout est gâché. Il faut être sensible aux réactions de l'orchestre : beaucoup de choses se passent sans parler, sur les visages. Il est bon, par exemple, de repérer quelques musiciens baromètres, dans les yeux de qui vous lisez si l'orchestre est satisfait ou pas. » La maladresse peut résider dans un détail qui échapperait à l'observateur profane. Par exemple si un chef s'adresse au pupitre des violons dans son entier pour demander de changer un phrasé ou un coup d'archet, au lieu de s'adresser au premier violon : il s'agit d'une erreur diplomatique. Ou, pire encore, si le premier violon fait une suggestion musicale au chef et que le chef se l'approprie, comme si elle venait de lui.

La répétition

Cette relation s'instaure (ou non) au moment-clé du travail d'orchestre : la répétition. Comme on l'a vu au chapitre précédent, la méthode de répétition est essentielle pour recueillir l'assentiment de l'orchestre. Ce qui ne signifie pas qu'il n'y en ait qu'une seule valable. En général, les chefs commencent par une lecture complète de l'œuvre ou du mouvement, sans interrompre l'orchestre. Cela permet de repérer les passages sur lesquels il faudra s'attarder plus tard. Lorsque l'on passe au travail de détail, les musiciens n'aiment pas être trop souvent interrompus : cela brise l'élan. En même temps, il est parfois indispensable de reprendre un passage et de procéder à certains réglages. L'équilibre est subtil et doit être déterminé par le chef, qui doit sentir s'il a mis la patience de l'orchestre à trop rude épreuve, et par exemple s'efforcer de ne pas attendre trop longtemps avant de reprendre une fois qu'il a interrompu. Lors de ces interruptions, il doit veiller à ne pas trop démobiliser une partie de l'orchestre : s'il s'adresse pendant cinq minutes aux seuls altos, les autres s'en désintéresseront vite et le risque de bavardage ou de déconcentration augmente de manière asymptotique. Dans ce récit de François Dupin, on mesure la frustration du timbalier : « Je compte mes mesures, sans l'illusion que je pourrai jouer au chiffre 24. Ça y est ! Il s'arrête à 20, et dit deux mots aux cordes. Je recompte à partir de 17. Stop ! "Ya ta ti ta ta ti ta, 4 mesures avant 18." Je re-recompte. "Non, vous pressez, les cordes. Deuxième mesure de 20." Je re-re-recompte. "Mais non, vous jouez dur ! Cette fois ce n'est pas comme ce matin." Me voilà installé dans le spectacle du travail laborieux des autres. Je ne compte plus, persuadé qu'ils vont encore s'arrêter. Mais zut ! Il continue. Je suis perdu. Où sont-ils ? Voilà qu'ils se concentrent, à présent ! Ah ! Une réplique ! Non, c'est du hautbois et je n'entends que les cors. Bon, voilà un changement de mesure. C'est facile à repérer. Sauvé ! J'attaque, mais Boulez s'arrête juste quand mes baguettes tombent sur peau de la timbale. Ce n'était donc pas la peine de s'affoler. »

Certains chefs développent des méthodes bien personnelles. Lorsque Louis Langrée était assistant au Festival de Bayreuth, il put observer James Levine au travail. À la première répétition de *Parsifal*, il fila intégralement une grande partie du premier acte sans s'arrêter. Le résultat était assez laid et informe, ni très juste ni très en place, sans couleur, au point que Langrée ne put s'empêcher de se demander : « C'est donc ça, l'Orchestre de Bayreuth ? » Levine ne broncha pas. Au bout d'une heure il arrêta l'orchestre et se mit à passer une heure sur deux pages de partition, les travaillant *ad nauseam* dans les moindres recoins, ne laissant rien au hasard. Processus en apparence scolaire et laborieux. Puis pendant la troisième heure il reprit le premier acte depuis le début : tout était métamorphosé, tout coulait de source. Levine dit ensuite en substance à l'assistant qui l'interrogeait : « Dans chaque partition il y a un passage-clé où se concentre tout ce qui est nécessaire pour bien jouer l'œuvre. Si l'orchestre st bon, il suffit qu'il maîtrise ce passage et tout le reste suit. » Langrée se risqua à lui demander : « Et si l'orchestre n'est pas bon ? » « Alors ne le dirige pas », lui rétorqua le maestro, réponse facile dans la bouche de celui qui ne se trouvait à la tête que des orchestres de Berlin, Vienne, Chicago, Boston et New York !

L'efficacité vient lorsque le chef sait évaluer ce qui mérite d'être travaillé et ce que l'on peut laisser à la responsabilité des musiciens. C'est l'expérience qu'a faite Paavo Järvi : « Quand vous êtes un jeune chef, vous voulez tout fixer noir sur blanc. Aujourd'hui, je laisse beaucoup plus jouer car j'ai appris qu'il ne faut pas sous-estimer l'intelligence des musiciens. Je commence toujours la première répétition en dirigeant l'œuvre en entier, même si elle est longue, sans interrompre l'orchestre : dès la deuxième lecture, vous vous rendez compte que les instrumentistes ont corrigé d'eux-mêmes nombre d'erreurs, sans intervention de ma part. »

Certains chefs goûtent peu les répétitions, préférant se réserver pour l'inspiration du concert. Ils ont souvent la sympathie des musiciens, toujours heureux de rentrer plus tôt chez eux. C'était particulièrement le cas de Hans Knappertsbusch, dont la phrase la plus fréquente était : « Vous connaissez l'œuvre, moi aussi, alors à ce soir. » Sa haine des répétitions était proverbiale et le conduisait à de savoureux accès de mauvaise foi. Ainsi lorsque, ayant accédé à la demande du premier violon du Philharmonique de Vienne de répéter malgré tout un passage délicat, et ce passage ayant échoué au concert, « Kna » profita des saluts pour glisser à l'oreille du musicien : « Vous voyez ce que vous avez fait, avec votre maudite répétition ! » Une autre fois, dans la *5e Symphonie* de Tchaïkovski, « Kna » mit fin à la répétition avant d'avoir abordé le deuxième mouvement et son fameux solo de cor. Or, l'orchestre comptait en ses rangs un jeune cor solo qui aurait souhaité pouvoir répéter son morceau de bravoure au moins une fois. S'adressant au chef, il dit timidement : « C'est que, Maître, je ne l'ai jamais joué. » Ce à quoi « Kna » répondit avec un grand sourire : « Vous allez voir, vous allez adorer ! » Et il tourna les talons.

D'autres chefs, au contraire, sont des répétiteurs fanatiques. Sergiu Celibidache était dans une telle quête de perfection qu'il exigeait toujours des répétitions supplémentaires, en faisant une condition pour diriger un orchestre. Pendant les deux saisons qu'il passa à la tête de l'Orchestre national, considérées comme une des grandes heures de l'orchestre, il était maudit par une partie de l'orchestre qui ne supportait pas cette maniaquerie à leur avis contre-productive, et adulé par une autre qui n'en revenait pas de la subtilité des dosages sonores ainsi obtenus. Il avait, pour y parvenir, des méthodes très particulières, isolant par exemple des instruments pour trouver la couleur qu'il voulait imprimer à l'ensemble de l'orchestre. Dans une œuvre de Ravel, il pouvait dire : « Je veux seulement entendre le troisième cor et une harmonique de harpe. » Il étendait ensuite l'effet obtenu à l'ensemble.

D'autres s'économisent tellement peu qu'ils ne font pas la différence entre la répétition et le concert. Ce qui prive parfois le public de grands moments mais laisse des souvenirs inoubliables aux musiciens, à en croire François Dupin dans ce récit saisissant :

« Un jour, Charles Munch monta au pupitre. Nous commençâmes l'exécution de *La Mer*, de Debussy. Dès les premières mesures, l'orchestre sentit qu'il allait se passer quelque chose. Le soleil de midi se mit à resplendir de tout son éclat. Tout au long de l'œuvre, les vagues tourbillonnèrent avec fougue, le vent dialogua avec la mer de façon poignante. L'orchestre prit le large, voué corps et âme à son "pacha", il se produisit ce que Karajan décrit comme la sensation que l'on éprouve dans un avion qui vous emporte dans l'air, quand l'âme collective d'un orchestre se lie à celle de son chef, ou comme ces compagnies d'oiseaux qui évoluent en bon ordre sans qu'aucun se détache du groupe. Après que la timbale eut dit le dernier mot, Charles Munch, bouleversé, prononça gravement ces mots : "La mer, c'est comme la mort !" Nous entendîmes ce jour-là sans doute la plus belle interprétation de *La Mer* qui sera jamais donnée. Munch nous congédia. C'était une répétition. »

Quoi qu'il arrive, il importe que chef et orchestre soient conscients de l'objectif à atteindre et du chemin pour y parvenir. Contrairement aux orchestres anglo-saxons, dont nous avons vu qu'ils arrivaient parfaitement préparés à la première répétition, bien des formations sont encore assez vacillantes au début du travail. Il importe alors que le chef ne panique pas : si son plan est solide, son calme fera le reste. À plus forte raison quand il s'agit d'une œuvre que l'orchestre ne connaît pas. Juste avant d'aborder la difficile *6e Symphonie* de Prokofiev, que l'Orchestre de Paris n'avait jamais jouée, Paavo Järvi prit à témoin un musicien rencontré en chemin : « Vous allez voir, la première répétition ne ressemblera à rien. » De fait, le chaos musical fut à peu près total le lundi matin, mais le mercredi soir l'exécution était fort satisfaisante. Parfois, le décalage entre les exigences du chef et les capacités de l'orchestre peut être cruel. Lorsque Wolfgang Sawallisch accepta, pour faire plaisir à son ami Pierre Médecin, de diriger l'Orchestre de Nice, alors que sa carrière l'avait conduit de Bayreuth à Philadelphie en passant par Vienne et Munich, l'orchestre, soucieux d'être à la hauteur de ce grand maître, se prépara comme jamais. Fidèle à sa méthode, Sawallisch salua les musiciens et effectua un filage complet de l'œuvre, *Une vie de héros* de Richard Strauss, afin de repérer les passages à travailler plus particulièrement. Pendant cette exécution intégrale, les musiciens se donnèrent à cent pour cent comme si c'était une question de vie ou de mort et jouèrent le concert de leur vie, terminant lessivés, pour faire honneur au maître. Une fois que le filage fut terminé, Sawallisch se contenta d'un laconique : « Bon, maintenant on va travailler. » Pour lui, habitué à diriger des formations aguerries, ce n'était qu'un échauffement ! Christoph von Dohnanyi affirma un jour un peu sévèrement que le niveau auquel il parvenait avec un orchestre parisien était celui duquel il partait à Cleveland…

Tensions

La complexité de cette relation humaine et artistique conduit à l'évidence à des situations de tension extrême, qui peuvent déboucher sur un conflit ouvert. Si un chef prend l'orchestre en grippe, il n'y a guère d'issue possible. Lorsque Pinchas Steinberg était directeur musical de l'Orchestre de la Suisse romande, les rapports se révélèrent vite si difficiles qu'il ne tarda pas à détester les musiciens, et même à se répandre dans la presse contre son propre orchestre. L'interviewant, nous n'avons pu réprimer un sentiment de malaise à ce déballage, mais nous ne pouvions faire autrement que rapporter ses propos, dont la publication eut bien sûr pour effet de dégrader encore l'ambiance. Plus que le potentiel musical, c'est la mentalité qu'incriminait Steinberg : « La vie est trop confortable en Suisse. On dirait que même la musique y est neutre ! Comment avancer si l'on est content de soi ? Quand je leur dis que nous pouvons faire mieux, eux trouvent qu'ils jouent déjà assez bien. S'ils croient être les plus grands, ce n'est pas vrai. Et s'ils peinent à trouver un chef qui reste longtemps avec eux, ce n'est pas un problème de chaussure, mais de pied. » Son successeur, Marek Janowski, refusa bien sûr de commenter la période Steinberg, mais nous glissa tout de même qu'il trouvait inopportun pour un chef de parler en mauvaise part de son orchestre en public. À moins que ce soit fait avec la subtilité de Claudio Abbado ! Dans l'émission de France Musique « Comment l'entendez-vous ? », la présentatrice Claude Maupomé lui faisait remarquer que la plus belle représentation lyrique à laquelle elle ait assisté était le *Simon Boccanegra* de Verdi dirigé par lui et mis en scène par Giorgio Strehler, au Palais Garnier. Abbado répondit de sa voix douce et timide : « Oui, c'était très beau, mais c'était encore mieux quand on l'a fait à Vienne. » « Pourquoi ? », demande la journaliste. « Parce qu'il y avait les Wiener Philharmoniker dans la fosse », répond Abbado de sa toute petite voix discrète. Les musiciens de l'Opéra de Paris auront apprécié…

Parfois, néanmoins, le public en est témoin. Par exemple ce jour où Giuseppe Patané quitta l'Opéra de Vienne en pleine représentation de *La Bohème*. Pendant les deux premiers tableaux, le chef avait lancé plus d'un regard noir en direction d'un corniste ivre, qui multipliait les défaillances. À l'entracte, il exigea que l'on fasse sortir ce musicien, préférant terminer la représentation avec trois cors au lieu de quatre plutôt que de subir cette avanie. Réaction de solidarité de la part de l'orchestre : c'est un Philharmoniker, le chef n'a pas à décider qui est apte à jouer ou non. Patané en prit acte et quitta le théâtre. Alors que la représentation était sur le point de reprendre, il n'y avait plus de chef. On demanda bien à son assistant, Franck Gali, présent dans la salle, de diriger la fin de la représentation, mais il se solidarisa avec le maestro. On appela *in extremis* Erich Binder, l'un des premiers violons de l'orchestre qui était également chef d'orchestre et sauva les deux derniers actes après que le public eut été prévenu que l'entracte se prolongerait pour des raisons techniques.

Un chef peut aller plus loin encore dans le comportement arbitraire, redevenant le Roi soleil qu'il avait cessé d'être au cours de l'histoire. En tournée aux États-Unis à la fin des années 1980 avec l'Orchestre national de France, dont il était le très admiré directeur musical depuis de nombreuses années, Lorin Maazel avait pris en grippe un musicien pour des raisons inexpliquées. Le concert à New York s'achevait par la *5e Symphonie* de Beethoven. À l'entracte, Maazel décréta qu'il ne voulait pas que ce musicien soit présent dans la deuxième partie, et menaçait de partir s'il était encore à son poste. Alors que les instrumentistes reprenaient place sur la scène avant la fin de l'entracte, le délégué artistique de l'époque, Michel Rivière des Borderies, alla trouver le musicien en question et lui fit un rapide tableau de la situation : « Demain je démissionne par solidarité avec toi, mais pour l'instant, je te demande de partir pour sauver le concert. » L'instrumentiste était prêt à le faire, mais ce sont les autres musiciens qui se sont alors rebellés, menaçant de tous quitter la scène. Le public étant en train de prendre place pour la deuxième partie, le délégué artistique n'eut d'autre choix que de retourner en coulisse. Les lumières s'étant éteintes dans la salle, Maazel quitta la coulisse et s'approcha de l'entrée de la scène : il jeta un coup d'œil, vit que le musicien était toujours en place et disparut. Le temps de le poursuivre dans l'escalier, on vit une voiture s'éloigner. L'Orchestre national doit donner la *5e* de Beethoven à New York et il n'y a plus de chef ! On croit qu'on va se réveiller, mais c'est la réalité. Il n'y a plus qu'à tirer par la manche Wolfgang Doerner, l'assistant de Maazel, heureusement présent dans la salle et à le pousser sur scène pour diriger la *5e* en tenue de ville, sans répétition préalable, non sans avoir informé le public que Lorin Maazel, indisposé, ne pouvait assurer la deuxième partie du concert. Inutile de préciser que cette catastrophe marqua la fin définitive des relations entre le National et Lorin Maazel, qui alla jusqu'à rayer de sa biographie officielle la mention des années pendant lesquelles il fut à la tête de l'ONF.

Orchestres baroques : le retour du maestro omnipotent ?

Nous avons vu que, grosso modo, le statut du chef d'orchestre s'était progressivement débarrassé de son aura mythique et de son autorité suprême de monarque absolu, au profit d'une relation contractuelle consentie et limitée dans le temps, reposant sur la confiance mutuelle et le partenariat. Ce qui n'empêche qu'en dernier ressort, malgré les déclarations des chefs modernes pour rappeler que c'est l'orchestre qui joue et qu'eux se contentent d'aider, le décisionnaire en matière de choix interprétatifs reste le chef et que l'instrumentiste, quelle que soit sa marge de responsabilité, demeure un exécutant. Mais on n'associe plus aujourd'hui un orchestre à un chef unique, comme on parlait de Mengelberg/Concertgebouw, Mravinsky/Léningrad ou Ormandy/Philadelphie, sachant que ces maîtres restaient cinquante ans à la tête de leur orchestre et étaient obéis au doigt et à l'œil comme des despotes ayant droit de vie et de mort sur leurs sujets. Le principe de l'orchestre permanent est que, si les chefs passent, l'orchestre reste. Et les chefs passent plus vite aujourd'hui.

Depuis la fondation en 1953 du Concentus Musicus par Nikolaus Harnoncourt, la multiplication des ensembles baroques est venue changer la donne et déplacer la perspective, selon un retournement dialectique étrange. À la base, ces orchestres spécialisés dans le jeu sur instruments anciens revendiquent leur différence par rapport aux formations symphoniques : l'intermittence plutôt que la permanence, autrement dit des musiciens recrutés au contrat pour un projet spécifique et non salariés à l'année, le refus de s'encroûter dans la routine liée au fonctionnariat dans les stéréotypes de l'imaginaire collectif, la loi du marché comme modèle économique, l'esprit pionnier maintenu vivant malgré l'insécurité, grâce à un esprit de corps fondamentalement démocratique. Nombre de ces ensembles ne sont pas pour rien des produits de l'après 68 et du refus de l'institution.

Et pourtant. Le paradoxe de ces communautés démocratiques tenant du phalanstère, c'est qu'elles sont à chaque fois la création d'un homme, auquel leur destin est inextricablement lié. Les Arts Florissants, c'est William Christie. La Grande Écurie et la Chambre du Roy, c'est Jean-Claude Malgoire. Les Musiciens du Louvre, c'est Marc Minkowski. Les Talens lyriques, c'est Christophe Rousset. Le Concert d'Astrée, c'est Emmanuelle Haïm. Aujourd'hui, quand de jeunes chefs comme Jérémie Rhorer ou Raphaël Pichon fondent leur ensemble et montent des productions lyriques, c'est avec le souci de contrôler toute la chaîne et d'être véritablement responsable des choix artistiques. Ce qui passe déjà par le recrutement de chaque musicien et choriste, selon les affinités : un luxe que ne peut se permettre le chef d'une formation symphonique, qui doit « faire avec ce qu'il a ». Pour Raphaël Pichon, chef de l'Ensemble Pygmalion, « un projet, c'est une personnalité, c'est la raison d'être de nos ensembles. Le jour où William Christie s'arrête, Les Arts Florissants s'arrêtent, et c'est beau».

C'est beau, certes, et leurs apports musicaux sont considérables car le rayonnement des fondateurs est immense. Et dans le travail, la responsabilité de chacun est énorme car le temps est compté et le succès indispensable. Mais la médaille a ses revers. Même si l'identité artistique de ces ensembles est très forte, elle est plus liée au chef qu'à ses musiciens. Ceux-ci, s'ils veulent survivre, sont dans l'obligation d'être à la hauteur de leur réputation, ce qui signifie aussi qu'ils sont condamnés à remédier d'eux-mêmes aux lacunes éventuelles de leur chef, tant sur le plan musical que dans les relations humaines. Là où les musiciens d'orchestre symphonique peuvent décider d'exprimer leur défiance envers un chef, sachant qu'il sera tôt ou tard remplacé, les instrumentistes d'ensembles baroques ne peuvent se permettre ce luxe, n'ayant le choix que de s'adapter ou de partir. À l'inverse, le chef baroque, qui est souvent un autodidacte de la direction, a parfois des difficultés à se retrouver face à une formation permanente, qui a ses habitudes de travail et sa conception des rapports avec le chef. Reste donc à examiner l'orchestre face à son chef.

III
L’orchestre face au chef

Lorsque nous demandâmes à Wolfgang Schulz, flûte solo du Philharmonique de Vienne, s’il n’avait jamais envisagé de devenir chef, sa réponse fut sans appel : « Oh non, j’aurais bien trop peur de me retrouver avec un Wolfgang Schulz dans l’orchestre. » Au chapitre précédent, nous avons évoqué les sentiments partagés que le maestro pouvait inspirer aux musiciens d’orchestre, de l’amour à la haine en passant par la confiance, le respect et la crainte. Nous avons dégagé une typologie des comportements du chef face à l’orchestre. Mais qu’en est-il des réactions du groupe envers celui qui se tient seul face à lui et, tout en l’aidant à jouer, lui impose son interprétation ? Qu’en est-il des comportements individuels et réflexes de groupe qui font que, si certains musiciens ont peur du chef, le chef n’a pas toujours lieu d’être rassuré face à cette centaine de personnes qui guettent la moindre de ses défaillances comme lui scrute la moindre des leurs ? « Un orchestre peut manger un chef au petit déjeuner », déclarait Janos Fürst, ancien directeur musical de l’Opéra de Marseille.

Rappelons ici la fameuse recommandation de Franz Strauss, célèbre cor solo de l’Orchestre de l’Opéra de la Cour de Munich, à son fils Richard, quand celui-ci embrassa la carrière de chef : il lui disait en substance que, à partir du moment où le chef met le pied sur l'estrade, l'orchestre sait instantanément qui sera le patron. Certains mélomanes admiratifs des grandes baguettes sont choqués lorsqu'ils entendent les histoires qui circulent sur l'attitude négative d'un orchestre envers son chef. De même qu'il est tellement facile de réduire les membres d'une formation permanente à des anonymes frustrés, cliché auquel nous espérons avoir fait rendre gorge, de même, il est bien trop aisé d'en faire des aigris trop heureux de saper l'autorité à laquelle ils répugnent à se soumettre.

Il ne faut jamais perdre de vue le principe de base suivant : les membres de l'orchestre ont été recrutés au terme d'études longues et difficiles, et d'un concours exigeant, les plaçant en situation de concurrence et les soumettant à des critères d'excellence auxquels on attend qu'ils se conforment tout au long de leur carrière. Il est donc bien naturel qu'ils attendent la même exigence, la même excellence, la même compétence de la part de celui qui les dirige. Qu'ils viennent à déceler des signes d'incompétence chez celui qu'ils doivent appeler « maître », et qui est là pour leur dire comment jouer une œuvre que les deux tiers de l'orchestre connaissent par cœur, et l'on peut aisément comprendre certains réflexes de défense. Alors que Lorin Maazel nous vantait l'harmonie de sa relation avec le New York Philharmonic, et que nous lui signalions que cet orchestre avait la réputation d'être dur, il nous fit cette réponse implacable : « Il est dur avec les médiocres. » Rappelons que, bien avant le public assis dans la salle le soir du concert, le musicien d'orchestre est le premier à juger le chef au travail. Et donc à discerner l'imposture. Or, si le pianiste ou le violoniste incapable est aussitôt identifié par l'auditeur le moins expert, le charlatanisme est possible en direction d'orchestre, où le public dispose de beaucoup moins de critères d'évaluation. Par l'esbroufe et une belle gestuelle, il est possible d'abuser les spectateurs, c'est beaucoup moins facile auprès des musiciens, ne serait-ce que parce qu'ils ont vu le chef travailler en répétition : l'heure de vérité.

Cela ne signifie pas que les musiciens d'orchestre aient systématiquement raison dans leurs jugements sur les chefs. Leurs critères et attentes ne sont pas toujours ceux du public. Il peut leur arriver d'apprécier un chef pour sa compétence technique ou pour son efficacité, alors que son interprétation n'est pas particulièrement saillante. Croisant dans la rue un musicien de l'Orchestre de Paris une semaine après un concert à l'issue duquel ils avaient applaudi le chef, nous lui signalâmes que nous avions été étonné de cette marque de satisfaction, alors que le concert avait été correct sans plus. Il nous répondit à peu près : « C'est vrai, le concert n'était pas passionnant, mais nous avions travaillé efficacement et dans un bon esprit. » Au contraire, un chef qui obtient un résultat flamboyant le soir du concert ne fera pas toujours oublier, dans l'esprit des musiciens, que les répétitions se sont mal passées. Des musiciens nous ont souvent fait remarquer qu'ils aimeraient que les critiques assistent aussi aux répétitions pour se faire une idée complète du chef. Mais ce serait fausser la perspective. De même que le critique gastronomique ne va pas en cuisine pour observer le chef (le fait que ce soit le même mot ne peut tenir du hasard), de même le critique musical doit se trouver dans la situation du spectateur moyen : il assiste au produit fini, peu lui importe comment on y est parvenu. On l'a vu, certains maestros ennuyeux ou pénibles en répétition sont admirables au concert, d'autres sont des répétiteurs de tout premier ordre mais n'apportent aucun plus en présence du public.

Enfin, le musicien d'orchestre a besoin de se sentir respecté par le chef. Rien de pire qu'un chef qui semble diriger un instrument abstrait. Un jour où le timbalier solo du Philharmonique de Radio France tomba subitement malade, on appela Frédéric Macarez, de l'Orchestre de Paris, pour le remplacer. Il s'agissait du *Requiem* de Verdi, partition où la timbale possède une partie importante. En arrivant à la répétition, le directeur musical de l'orchestre n'eut aucune manifestation envers le timbalier arrivé in extremis, et avec qui il n'avait pas travaillé : ni un salut, ni un mot d'encouragement, ni un regard pour montrer qu'il avait perçu sa présence et qu'il allait être particulièrement attentif. Il fit comme si de rien n'était, ce que le musicien ressentit comme blessant.

Il arrive, à l'inverse, qu'un musicien ou un pupitre apprécient un chef pour de mauvaises raisons. Les cuivres du Philharmonique de Radio France se font plaisir avec Myung-Whun Chung car il les laisse jouer très fort et briller de mille feux. Si une bonne partie de l'Orchestre du Festival de Bayreuth se rebella contre Pierre Boulez en 1976, première année du *Ring* mis en scène Patrice Chéreau, c'est parce que le chef insista sur le respect des nombreuses nuances *piano* indiquées par Wagner, pour en finir avec l'image d'un Wagner tonitruant et massif. Seulement voilà : les musiciens jouent à Bayreuth pour se faire plaisir, et si d'un seul coup ils ne peuvent plus donner libre cours à leur vigueur, leur été wagnérien perd tout son charme. Une partie des membres de cet orchestre réuni pour chaque Festival se désista l'année suivante, mais ne tarda pas à revenir, se rendant compte que le soin apporté par Boulez aux équilibres sonores donnait de Wagner une image plus fidèle.

Fortes têtes

Un orchestre est une communauté humaine composée d'individus. Comme dans toute société, tout le spectre des caractères y est représenté. Et notamment de fortes personnalités, qui n'hésitent pas à s'exprimer tout haut, voire à devenir leaders. Ces musiciens hauts en couleur, à qui personne ne fait peur, surtout pas le chef, peuvent faire dégénérer l'ambiance en foire d'empoigne comme ils peuvent contribuer au contraire à recadrer les choses, au besoin en mouchant un chef défaillant. Un jour, la colère de Daniel Barenboim, mécontent des décalages dont souffrait la *9e* de Beethoven, se mit à frapper à l'aveuglette, le plus souvent injustement. C'est alors que le trompettiste Marcel Lagorce, à qui on ne le faisait pas, se leva et lui lança avec fermeté : « De toute façon il y a trois tempos : celui du chœur, celui de l'orchestre et le vôtre, quel est le bon ? » Le chef eut alors la réaction intelligente de calmer le jeu et de remettre tout le monde au travail.

Parfois, une amorce de conflit peut conduire à une discussion constructive. Un jour où le même Barenboim pestait contre les musiciens et les soumettait à une pression nerveusement exténuante, alors qu'ils étaient perdus dans leur partition et que la discipline se relâchait, l'altiste Marie-Christine Witterkoër eut l'outrecuidance de battre la mesure avec le corps pour suppléer à l'insuffisance de la baguette du chef. Remarquant cela, le maestro se mit à hurler que c'était lui le chef. Le ton monta, tant et si bien que la musicienne eut avec lui une discussion privée. Elle reconnut son tort, mais en profita pour lui demander pourquoi il les traitait ainsi. « Vous nous tuez. Nous sortons épuisés d'une répétition comme celle-ci. – C'est normal que vous soyez fatigués après une répétition. – Oui, une bonne fatigue après avoir bien travaillé, mais pas une tension nerveuse comme celle-ci. Pourquoi nous criez-vous après continuellement ? Vous nous rendez fous. » Cela fit son chemin puisque, à la répétition suivante, Barenboim se montra courtois et pondéré. Les bavardages reprirent de plus belle… Le chef, alors, sans regarder la musicienne avec qui il venait d'avoir cette conversation, hurla à la cantonade, à qui voulait l'entendre : « Vous voyez, j'essaie et ça ne sert à rien ! » Elle seule comprit à quoi il faisait allusion…

Les manifestations d'insolence sont fréquentes. Elles peuvent prendre la forme d'une remarque ironique, encore plus vexante pour un chef qu'un reproche direct. Ainsi lorsque la flûte solo d'une de nos principales formations régionales lance à son directeur musical : « Pour le tempo du *Boléro*, on prend celui du début de la répétition ou celui de la fin ? » Bien qu'il connaisse déjà le sens de la répartie de la musicienne, en place comme lui depuis très longtemps, le chef fut profondément vexé que l'on suggère ainsi qu'il était incapable de garder le même tempo au cours de la même séance de travail. Certains instrumentistes ne sont pas à prendre avec des pincettes. C'est le cas, notamment, à des postes exposés, où la pression est telle que le musicien doit sentir une confiance totale. Lorsque Johannes Ritzkowski, cor solo de l'Orchestre symphonique de la Radio bavaroise, joue un solo de Bruckner ou Strauss, il sait ce qu'il fait. Ce n'est pas un chef inexpérimenté qui va lui apprendre son métier. Aussi, lorsque, au début de *Till Eulenspiegel*, tel jeune chef américain s'avisa de lui indiquer, avant d'avoir entendu la moindre note, que les doubles croches devaient être décomposées, la réaction de cet homme au caractère bien trempé fut immédiate : « Dites-donc, minute, c'est vous qui jouez ou c'est moi ? » Dans le même orchestre munichois, le hautbois solo Stefan Schilli finit un jour par saisir Lorin Maazel au collet, il fallut les séparer…

Avant de faire une réflexion, le chef ne devrait jamais sous-estimer le sens de la répartie des musiciens d'orchestre. Au début des années 1990, Jonathan Darlington en fit l'expérience à ses dépens. Alors qu'il faisait remarquer à Franck Gali : « On voit que vous n'avez aucun plaisir à jouer », le violoniste de l'Opéra lui répliqua du tac au tac : « Le plaisir, c'est à vous de le susciter. » Il est certes d'usage qu'un musicien s'excuse auprès du chef s'il a fait une erreur qu'il aurait pu éviter, à l'instar de ce timbalier du Philharmonique de Berlin qui se décala pendant la « Danse sacrale » du *Sacre du printemps* sous la direction de Boulez et ne parvint pas à se remettre dans le rythme. Mais le musicien attend autant de bonne foi de la part du maestro. Certains chefs font un petit signe d'excuse de la main lorsqu'ils ont donné un faux départ. En revanche, si un chef cherche à noyer le poisson pour masquer son propre manquement, au besoin en rejetant la faute sur l'orchestre, les instrumentistes montrent leurs crocs. Répétant avec l'Orchestre de l'Opéra de Paris, Kent Nagano donne le signe de fin alors qu'il restait encore à l'orchestre une demi-mesure à jouer. Afin que cela passe inaperçu, il enchaîne aussitôt en s'adressant au pupitre de seconds violons : « Ici ce n'était pas juste. » Il reprend le même passage et refait la même erreur, mais cherche à nouveau à faire passer sa faute de battue pour une interruption délibérée, incriminant le pupitre. C'est alors que le chef d'attaques des seconds violons, Christophe Guiot, lui dit à peu près : « Oui, c'est vrai, ce n'est pas juste, nous allons travailler et demain ce sera au point. Mais vous, ça fait deux fois que vous vous trompez au même endroit, alors il faudra travailler aussi. » Nagano eut l'intelligence de ne pas insister et de passer à autre chose pour éviter le clash. À l'époque d'un Fritz Reiner ou d'un George Szell, une telle sortie se serait terminée par le renvoi sans préavis du musicien. On peut considérer cela comme de l'effronterie, mais il est naturel que, de celui qui leur reproche la moindre défaillance, les instrumentistes attendent qu'il soit lui-même irréprochable.

Parfois, l'histoire se termine mal. Lorsque André Prévin fut invité à diriger l'Orchestre de Paris, avec au programme son propre *Concerto pour violon* joué par son épouse, Anne-Sophie Mutter, ce grand musicien était déjà âgé. Était-il fatigué, avait-il quelque difficulté à transmettre clairement ses intentions par le geste, l'orchestre était-il insuffisamment bien disposé pour faire preuve d'indulgence ? Toujours est-il que, le mercredi soir, en arrivant à Mogador, le public apprit que le concert n'avait pas lieu. Il est rarissime qu'un concert soit annulé au dernier moment, on a en général le temps d'informer au moins les abonnés. On a conclu à un incident de santé, mais le silence radio de l'administration comme des délégués des musiciens laissait supposer un autre type de contretemps. Ce black-out fut remarquablement respecté, et rien ne filtra dans la presse. Ce n'est que plus tard que l'on apprit ce qui s'était réellement passé. Le matin, lorsque le chef donna un mauvais départ, qui n'était sans doute pas le premier, le contrebassiste solo Bernard Cazauran se tourna vers son pupitre et dit à voix haute : « À partir de maintenant vous ne le regardez plus, vous me regardez moi. » Anne-Sophie Mutter entendit cette remarque, qu'elle estima irrespectueuse, fit une réflexion sèche que le flûtiste Vincent Lucas, qui parlait allemand depuis son passage au Philharmonique de Berlin, ne laissa pas passer, le ton monta, le chef et la soliste partirent et ne revinrent pas. Soyons clair : Bernard Cazauran a eu tort de s'emporter ainsi en présence de deux grands artistes. Des sanctions disciplinaires furent d'ailleurs prises. Mais Cazauran n'est pas un fauteur de trouble, encore moins un aigri frustré : c'est un musicien passionné, amoureux de son métier, toujours engagé à 100 %

dans la musique. C'est un bonheur de le voir jouer chaque semaine, vivant la musique avec tout son corps, échangeant des regards complices avec ses voisins comme avec le chef. Sa réaction, quoique mal venue, était motivée par l'exaspération de devoir pâtir des lacunes d'un artiste qu'il n'estimait pas à la hauteur de sa réputation. Ni de sa propre exigence. Comme ce jour où Jacques Prat, violon solo de l'Orchestre de Montpellier, lança à un chef qu'il estimait incompétent : « Excusez-moi, mais ce n'est pas de mon niveau. »

Dans d'autres cas, on a l'impression d'une pure obstruction. C'est une attitude négative et arrogante des plus injustifiable. Lorsque Louis Langrée, à la tête d'une formation parisienne, demande au clarinettiste, dans le *Concerto en sol* de Ravel, s'il peut jouer son passage dans un style tzigane, voire klezmer, et que le musicien répond tout simplement : « Non », que faire ? Le chef est démuni face à ce front du refus. Ou lorsque, un peu plus loin, il demande à la bassoniste de jouer son solo avec vibrato, pour que cela sonne proche du saxophone, comme Ravel l'a écrit, et que l'instrumentiste répond : « Je n'aime pas du tout cette interprétation. » Le chef a beau essayer de lui prouver que ce n'est pas une interprétation, mais uniquement ce qui est écrit, quel recours a-t-il ? Ces cas d'obstruction caractérisée, preuve d'irresponsabilité, sont heureusement l'exception, mais ils font connaître au chef de grands moments de solitude.

Certains musiciens n'ont pas besoin de mots pour exprimer leur désapprobation. Alto solo du Philharmonique de Radio France, le très talentueux Christophe Gaugué, qui n'hésite jamais à manifester son peu d'estime pour certains chefs, se contente parfois de mimiques. Comme on lui faisait remarquer qu'il lui arrivait de sourire, voire de rire même lorsque la musique était tragique, il s'en étonna et nous demanda de citer un exemple. Nous lui rappelâmes une récente *Symphonie inachevée* de Schubert. Sa réponse fusa : « Peut-être, mais vous avez vu un peu comment on nous faisait jouer ça ? » On touche ici à un nœud de ce métier d'interprète et d'exécutant. Le musicien d'orchestre souffre s'il participe à une interprétation qu'il estime trahir l'œuvre. Marie-Christine Witterkoër le confirme sans ambiguïté : « Quand nous nous plaignons d'un chef, on nous répond souvent : mais il vous reste la musique. Eh bien non, car si la musique est massacrée par une mauvaise interprétation, nous n'y prenons pas de plaisir. » Après avoir fait la critique très négative d'un concert où un pianiste américain avait assassiné le *2e Concerto pour piano* de Brahms avec un mauvais goût insupportable, on eut la surprise de trouver sur notre répondeur téléphonique un message d'un violoniste de l'orchestre : « Je tenais à vous remercier pour votre critique, je suis tenu à un devoir de réserve en tant que membre de l'orchestre, mais je voulais vous dire que, en tant que musicien, j'avais honte de participer à cette mascarade. »

La plupart souffrent en silence, mais quand on a la malchance de tomber sur un musicien d'orchestre au verbe haut, les échanges peuvent devenir violents. Ainsi lorsque Marius Mocanu, bouillant chef d'attaques des seconds violons de l'Orchestre philharmonique de Monte-Carlo, détestant l'interprétation rapide et antisentimentale de la *Symphonie « Pathétique »* de Tchaïkovski par Marek Janowski, interrompit la répétition pour asséner au chef allemand : « Monsieur [et non pas "Maître"], comment pouvez-vous diriger cela aussi vite ? Vous ne faites passer aucune émotion ! » Inutile de préciser qu'après cette déclaration de guerre, ce fut le conflit ouvert entre le chef et le musicien.

Parler ou correspondre avec des musiciens d'orchestre permet de faire le plein de remarques acerbes sur les chefs dont on se réjouit qu'elles ne reviennent pas aux oreilles des intéressés. Alors qu'un musicien de l'Opéra de Paris nous disait que l'orchestre était à ce moment-là dirigé par un vieux chef que nous estimions beaucoup, nous lui dîmes le plus grand bien de cet artiste. Étonné, il ne nous crut pas car il le trouvait très ennuyeux. Nous ajoutâmes : « En tout cas, c'était un excellent chef. » La réponse ne tarda pas : « Alors il faut peut-être changer les piles… » Quand il n'avait pas le temps d'écrire longuement dans ses lettres, François Dupin pouvait ramasser sa pensée de façon saisissante. Alors que nous lui demandions comment il avait trouvé l'interprétation de la *Symphonie fantastique* par Semyon Bychkov, à laquelle nous n'avions pu assister, il se contenta d'un très télégraphique : « Fantastique Bychkov : fadasse. » Sans parler du sens de la formule de l'un de ses successeurs à la percussion. Alors que l'on évoquait avec lui la difficulté de trouver un chef réunissant toutes les qualités d'un directeur musical, y compris le côté social et le sens du marketing, il nous cita perfidement un chef connu pour son génie de communicant, plus que pour son talent de baguette : « C'est X qu'il nous fallait comme directeur musical. Il aurait seulement fallu préciser dans son contrat qu'il ne dirige pas. »

Il arrive que la flèche empoisonnée soit publique, comme pendant cette conférence de presse du New York Philharmonic lors de laquelle un journaliste demanda à un musicien ce que cela lui apportait de jouer sous la direction des plus grands chefs. L'homme répondit, pince-sans-rire : « Cela fait vingt-cinq ans que je fais partie de l'orchestre, cela fait donc bien longtemps que j'ai perdu l'habitude de jouer sous la direction des plus grands chefs. » Les musiciens d'orchestre peuvent décidément avoir la dent dure, ce qui se traduit par les surnoms qu'ils trouvent régulièrement aux maestros. À Londres, le London Philharmonic appelait Welser-Möst « Worse than Most » (jeu de mots signifiant

« pire que les autres »). Le calembour est tentant. Lorsque Jean Périsson dirigea à l'Opéra de Paris, dans les années 1960, le bon mot « périssons ensemble » s'était répandu dans les rangs de l'orchestre. À Vienne, certains anglophones ont donné à Barenboim le sobriquet « Boringboim » (boring signifiant « ennuyeux »). Cet humour féroce est parfois discutable, comme cette réflexion d'un contrebassiste surprise en sortant d'une interprétation de *La Mer* par Barenboim : « Pas étonnant, avec ses origines, ça ne pouvait être que la mer morte… » Les piques sont parfois indirectes. Au Concours de jeunes chefs d'orchestre de Besançon, un membre du jury félicita un musicien de l'orchestre qui jouait les épreuves : « Vous avez bien rattrapé ce candidat quand il s'est trompé ! », ce à quoi l'instrumentiste répondit : « On est habitué à rattraper le chef toute l'année ! »

Heureusement, la présence de fortes têtes au sein d'un orchestre ne signifie pas nécessairement la bataille de tranchées. Elle implique aussi une atmosphère de travail qui échappe à la grisaille de l'ennui. Cor solo de l'Orchestre de Paris, Georges Barboteu était de ces êtres pantagruéliques, dont les excès rendaient le travail d'orchestre moins monotone. Par exemple lorsqu'il prenait un malin plaisir à faire tourner Daniel Barenboim en bourrique. Ainsi, il lui arrivait de lui faire croire qu'une fausse note lui avait échappé. « Vous avez entendu ? » Et la fois suivante : « Vous n'allez pas me dire que vous n'avez rien entendu ! » Lorsque, au supplice, Barenboim lui demandait : « Mais quoi, à la fin ? », Barboteu lui répondait simplement : « Rien, c'était une blague. » Ces réflexions humoristiques scellent la complicité entre le chef et l'orchestre. Un jour où Michel Debost manqua une entrée avec Zubin Mehta, le flûtiste dit au chef : « Je ne vous ai pas vu. » Mehta répliqua : « C'est la première fois qu'on me dit que je ne suis pas clair. » À quoi Debost répondit : « C'est la première fois que vous dirigez un flûtiste myope ! » Ou alors ce tromboniste du Philharmonique de Vienne à qui le chef, pour ne pas trop le vexer, dit : « J'ai déjà entendu ce solo mieux joué », et qui répondit simplement : « Peut-être, mais pas par moi. »

Il semble que l'atmosphère aujourd'hui, dans les orchestres, soit plus feutrée, et que ces fortes têtes soient moins présentes. C'est en tout le cas le sentiment de Bernard Haitink, qui met ce phénomène en relation avec l'augmentation générale du niveau : « J'ai parfois l'impression qu'il y avait plus de personnalités autrefois dans les orchestres : en fait, le niveau général a tellement monté qu'elles ont plus de mal à émerger ! » Cela ne signifie pas pour autant que la tâche soit plus facile pour les chefs. Car s'ils sont globalement moins dissipés, les musiciens d'orchestre d'aujourd'hui ont plus d'instruction. Fils d'un contrebassiste de la Scala de Milan, Marco Postinghel, basson solo de la Radio bavaroise, nous fit cette remarque : « À l'époque de mon père, le chef était un dieu vivant pour le musicien, qui avait tout à apprendre de lui. Aujourd'hui, les musiciens d'orchestre sont beaucoup plus cultivés et ne s'en laissent pas conter. Si un chef me dit quelque chose de faux sur le phrasé ou l'accentuation dans une symphonie de Haydn, je peux lui répondre. » Ce que nous confirmait Tugan Sokhiev : « C'est plus dur d'être chef aujourd'hui ! »

Tueurs de chefs

Nous n'avons évoqué jusqu'ici que des réactions individuelles. Il ne faut pas, cependant, sous-estimer la puissance de feu du groupe. Nous avons donné maints exemples de la griserie que cela représentait d'être aspiré par un orchestre communiant en musique. Mais si les conditions de cette osmose ne sont pas réunies, le chef peut vite devenir une tête de turc. Selon les pays et les cultures, les réactions sont certes assez différentes : en Allemagne, par exemple, un orchestre ne se rebellera que très rarement contre son chef et ne sabotera pas son travail, même s'il est consterné par son interprétation ou son manque de professionnalisme. Sauf exception (Myung-Whun Chung ne tint qu'une répétition à la Radio bavaroise…), l'orchestre attendra que ça se passe et jouera le mieux possible, se contentant de ne pas réinviter ce chef la fois suivante. À supposer toutefois que les musiciens aient leur mot à dire dans le choix des chefs, ce qui n'est pas toujours le cas. Les orchestres français, notamment, font régulièrement des sondages, mais se plaignent que leurs suggestions ne soient pas assez écoutées. Il peut alors arriver que l'orchestre, comme collectif, rende la vie tellement difficile au chef que celui-ci, dégoûté, jette l'éponge. Cela peut commencer très simplement, par des fausses notes jouées délibérément, afin de piéger le chef : s'il ne les entend pas, sa crédibilité en prend déjà un coup. Et cela peut aller jusqu'à la rébellion pure et simple. À l'inverse, les musiciens n'aiment pas avoir le sentiment que le chef veut les piéger. Comme le rapporte le clarinettiste Julien Hervé, dans *La Lettre du musicien* : « Tugan Sokhiev s'amusait à ralentir pour voir si l'orchestre le regardait. Je déteste ce comportement. » On a même vu des chefs qui ajoutaient des erreurs dans les partitions des instrumentistes pour pouvoir les corriger ! Harry Ellis Dickson raconte y avoir assisté à Boston, à ceci près que cela s'est retourné contre le chef, qui avait changé un *fa* bécarre du cor en *fa* dièse. Lorsque le maestro perfide dit au corniste : « Vous avez joué un *fa* dièse au lieu d'un *fa* bécarre », le musicien lui répondit sans se démonter : « Il y a une espèce de crétin qui a indiqué un *fa* dièse dans ma partie, mais je connais la musique et je peux vous assurer que j'ai bien joué un *fa* bécarre… »

Longtemps, l'orchestre français réputé le plus difficile fut celui de l'Opéra de Paris. La liste des chefs dont nos musiciens d'élite ont eu la peau est longue. Autrefois Roberto Benzi ou Georges Prêtre ont eu des mots avec les cabochards du Palais Garnier, plus près de nous Gabriele Ferro, Philippe Auguin, Louis Langrée, Stéphane Denève, Daniel Harding, Emmanuelle Haïm ont quitté le navire contraints et forcés, Marc Minkowski eut plusieurs fois maille à partir avec eux. Parfois, on les comprend : leur réaction d'orgueil face à un chef incompétent est justifiée. Même si elle peut prendre des formes assez blessantes. Ainsi lorsque, en pleine répétition, un musicien se retrouve à quatre pattes, faisant mine de chercher un objet en répétant : « Mais où est-il ? » Un autre le rejoint au sol et cherche à son tour : « Où est-il ? Où est-il ? » Puis un troisième. N'y tenant plus, le chef, dérangé dans son travail, s'interrompt : « Qu'est-ce que vous cherchez, à la fin ? » « Le tempo, maître », répondent les musiciens.

C'est beaucoup moins défendable lorsque cela prend la forme de mauvaises blagues de potaches immatures. Louis Langrée en fit les frais, lors de la dernière d'une série de représentations de *La Bohème* qu'il avait jusque-là dirigées sans encombre. Le soir de la dernière, les musiciens ont l'habitude de faire quelques facéties. Ce soir-là, ils ajoutèrent des notes, prirent quelques libertés avec la mesure. S'en étonnant, le chef leur fit signe de redevenir sérieux. À l'entracte, il se pencha vers un des chefs de pupitre des cordes qui se justifia : « C'est la dernière, laissez-nous nous détendre. » Ce à quoi Langrée répliqua : « *La Bohème* n'est pas une opérette. » Son interlocuteur se contenta de dire : « Quel dommage pour vous ! » Au retour de l'entracte, le chef constata que son pupitre électrique était complètement baissé. Il demanda aux musiciens si quelqu'un savait le faire fonctionner : pas de réponse. Il retourna en coulisse chercher un régisseur capable de l'aider, et une fois de retour dans la fosse, le pupitre était revenu dans sa position initiale. Cet excellent chef ne fut plus jamais réinvité à l'Opéra.

Les victimes sont-elles toujours bien choisies, les raisons toujours valables ? Daniel Harding fut invalidé par l'orchestre au début des répétitions de *Così fan tutte* pour avoir voulu faire jouer son propre « matériel », avec ses coups d'archet : c'est pourtant la méthode pratiquée par Carlos Kleiber, Carlo Maria Giulini ou Lorin Maazel. On arguera alors que ces coups d'archet sont antimusicaux, mais Daniel Harding a dirigé Mozart avec succès à la tête du Philharmonique de Vienne, de la Staatskapelle de Dresde ou de l'Orchestre de la Scala de Milan. Les conséquences d'un tel incident sur une carrière peuvent être considérables : depuis qu'il a été récusé par l'Orchestre de l'Opéra pendant les répétitions de *Manon Lescaut* il y a vingt ans, Philippe Auguin n'a plus jamais dirigé à Paris, alors que dans le même temps il était invité à Salzbourg, New York, Milan et Berlin. Sans doute était-il un peu vert pour affronter cette troupe d'élite et a-t-il commis des maladresses psychologiques, mais ne pouvait-on passer sur des erreurs de jeunesse et laisser sa chance à ce chef talentueux ?

La tâche est difficile pour un jeune chef. Il existe souvent une forme, même inconsciente, de bizutage, et l'orchestre est parfois méfiant à l'idée de voir un débutant lui dire comment jouer Mozart ou Beethoven. La voie est étroite pour le maestro en herbe : s'il est trop respectueux, les musiciens le trouvent mou, s'il est trop dirigiste, ils le trouvent arrogant. À cela s'ajoute souvent une forme d'orgueil, notamment dans les orchestres habitués à jouer avec des chefs prestigieux et parfois vexés d'être pris pour un orchestre-école. C'est oublier que Karajan avait trente ans quand il dirigea *Tristan* à Berlin, l'âge auquel Haitink fut nommé directeur musical du Concertgebouw d'Amsterdam. C'est oublier aussi que, si l'on ne donne pas la possibilité au jeune chef d'acquérir de l'expérience, il ne se développera jamais : éternel cercle vicieux bien connu sur le « marché de l'emploi ». Si le jeune chef a du talent et de l'humilité, l'orchestre se montrera néanmoins prêt à l'aider à progresser. C'est ce que l'on retient des débuts de Philippe Jordan dans la petite ville d'Ulm. « Il faut tout apprendre sur le tas, la gestuelle, la façon de répéter, la psychologie. C'est un métier de pratique, qui ne s'apprend pas dans les écoles : le meilleur professeur, c'est l'orchestre. » Jordan a fait ses classes, l'orchestre l'a pris sous son aile : « Un jour, à la cantine, un corniste vient s'asseoir à côté de moi et fait un débriefing de la répétition : ce qui n'était pas clair, ce que je devrais faire autrement. C'était très généreux. »

Cela ne se passe pas toujours de façon aussi idyllique ! On pense à ce jeune chef français à qui Hugues Gall avait proposé de faire ses débuts à l'Opéra dans un spectacle de ballet, avec des œuvres difficiles mais valorisantes comme la *Rhapsody in blue* de Gershwin et surtout *Le Sacre du printemps*. Cadeau empoisonné, quand on sait que les musiciens sont traditionnellement moins passionnés par le ballet que par l'opéra. Notre jeune chef est dans ses petits souliers, connaissant la réputation de tueur de chefs de l'Orchestre de l'Opéra. Le jour de la première répétition, il arrive en avance, un représentant de l'administration le conduit dans sa loge de la plus aimable des façons, lui fait visiter les lieux, lui dit que le premier violon de l'orchestre va venir le saluer et lui souhaiter la bienvenue. Le chef respire. Il s'installe dans sa loge, on frappe. C'est bien le premier violon. Qui se contente de passer la tête et de lâcher, dans un souffle : « Oui bonjour, alors ici c'est l'Orchestre de l'Opéra, on connaît tout ça par cœur, on ne va quand même pas répéter trois heures. » L'ardeur du jeune chef était ainsi sévèrement refroidie. Au début de la répétition, il demande à l'orchestre de reprendre un passage plus lentement. Le premier violon : « C'est l'Orchestre de l'Opéra, quand même, on ne s'arrête pas. » Mais un peu plus tard, alors qu'un trait n'était pas en place et que le chef avait laissé jouer : « Vous n'arrêtez pas ? » En un mot, le travail fut tellement saboté et le chef tellement humilié qu'il jura de ne jamais revenir même si on le réinvitait.

Sans aller jusqu'à ces guerres stupides, la tension peut naître d'un décalage entre les habitudes de l'orchestre et les intentions du chef. Au début de l'Ouverture du *Freischütz*, Carlos Kleiber aimait créer une atmosphère fantomatique. Pour cela, il ne voulait pas entendre une attaque nette, mais un début un peu flou, sorti du néant. C'est pourquoi il ne donnait pas un départ clair aux violoncelles, délibérément. Les orchestres allemands et autrichiens qu'il dirigeait le comprenaient spontanément. En revanche, lorsqu'il fit ses débuts à la tête du Chicago Symphony, il eut des mots avec le violoncelle solo Frank Miller, qui lui reprochait de ne pas donner un premier temps lisible : c'est que les orchestres américains sont habitués à obéir au geste du chef. Kleiber dut déployer des trésors de persuasion pour convaincre ce musicien qui avait joué avec Toscanini, que l'on peut parfois souhaiter une attaque volontairement floue pour provoquer un effet musical plus romantique.

Préjugés

Si les musiciens d'orchestre jugent le chef sur pièces, il n'est pas rare qu'ils l'abordent avec certaines idées préconçues. Ce peut être simplement le bouche à oreille : ils se connaissent tous, et l'on se parle d'un orchestre à l'autre, en bien comme en mal. Cela peut conduire à des absurdités : les membres de l'Orchestre de Paris refusèrent de jouer avec Jean-Yves Ossonce parce qu'il avait la réputation de s'être conduit trop durement avec les musiciens de Tours. Ils n'essayèrent même pas, ce qui leur aurait permis de se rendre compte du grand talent de ce chef. Le contraire peut se produire. Un musicien de l'Opéra se fit engager comme remplaçant à l'Orchestre national uniquement pour pouvoir jouer sous la direction de Vladimir Jurowski. Étonnement d'un de ses collègues du National qui lui demande ce qu'il fait là. « J'adore ce chef », lui répond-il. « Ah bon, ici on ne l'aime pas trop. » « Vous avez tort, il est génial, à l'Opéra on l'adore. » Ce genre de jugement met immanquablement la puce à l'oreille et conduit les musiciens à plus de disponibilité.

Mais les préjugés peuvent être plus profonds. Parmi les chefs qui partagent le triste destin d'avoir été rejetés par l'Orchestre de l'Opéra de Paris, nous avons cité Emmanuelle Haïm. Engagée par Nicolas Joël pour diriger l'*Idoménée* de Mozart au Palais Garnier, elle fut remplacée par un autre chef alors qu'elle avait commencé les répétitions. Selon un communiqué de l'Opéra de Paris, ce retrait « fait suite au constat réciproque, au terme des premières répétitions, que le temps de travail nécessaire pour faire converger son approche artistique et celle de l'orchestre était incompatible avec les contraintes de programmation de l'Opéra national de Paris ». Langage diplomatique contourné pour dire que le courant n'est pas passé entre le chef et l'orchestre ! Que s'est-il passé ?

Le cas d'Emmanuelle Haïm est particulier. Venue du clavecin, elle fait partie des chefs baroques habitués à diriger leur propre ensemble de musiciens spécialisés dans le jeu sur instruments anciens. Comme nous l'avons vu, c'est une autre culture, et il existe encore des cloisons relativement étanches entre le monde symphonique et le monde baroque, et pas seulement à cause de modèles économiques et sociaux différents (l'intermittence contre la permanence). De plus en plus, ces chefs sont invités par des orchestres modernes, afin de leur faire partager une autre manière de jouer et de phraser. Cela peut donner des résultats fascinants : Nikolaus Harnoncourt fut le premier à montrer que le Concertgebouw d'Amsterdam ou le Philharmonique de Vienne pouvaient changer leur (et notre) manière d'appréhender Mozart. John Eliot Gardiner, Roger Norrington, Frans Brüggen, Ton Koopman, Paul McCreesh sont régulièrement invités par des formations symphoniques, pour des échanges souvent fructueux. Mais la greffe ne prend pas toujours : ces autodidactes de la direction n'ont pas la technique de battue des virtuoses de la baguette, qui ne leur serait de toute façon d'aucune utilité dans des répertoires antérieurs à l'apparition du chef romantique. Il y a bel et bien des approches différentes du rapport au groupe. Les musiques de Monteverdi ou Purcell ne réclamaient pas de chef extérieur, et il n'est pas nécessaire de maîtriser les changements de mesure du *Sacre du printemps* pour coordonner les musiciens : leurs beautés sont ailleurs. Cela ne veut pas dire qu'elles soient moins difficiles ! Elles réclament un savoir-faire et une érudition particuliers, que n'ont pas les baguettes aguerries aux rythmes à 7/16 de la musique contemporaine. Se pose alors la question de la spécialisation. Christophe Rousset nous disait à ce propos : « Diriger la *8*e de Bruckner n'est pas mon fantasme ! Je ne suis pas sûr, d'ailleurs, que Bruckner en tirerait bénéfice. Je ne crois pas que la spécialisation soit stérile. Je sais que Simon Rattle se passionne pour Rameau : mais malgré toute mon admiration pour cet immense chef, ai-je le droit de demander s'il est le mieux placé pour jouer ce répertoire ? Quant à ceux qui disent qu'il n'y a pas besoin de technique pour diriger le baroque, qu'ils essaient de battre un récitatif de Lully ! »

Les instrumentistes baroques pourraient presque jouer sans chef, habitués à s'écouter mutuellement. Ils y sont de toute façon obligés, puisque le chef est leur employeur, et qu'ils vivent selon le principe anglo-saxon du « no work, no pay », contrairement à la sécurité de l'emploi des formations permanentes. Obligé à travailler vite, un orchestre permanent est au contraire habitué à suivre la baguette d'un chef dont il attend maîtrise et clarté. La gestuelle d'Emmanuelle Haïm est très particulière, indéniablement : ses musiciens du Concert d'Astrée la comprennent, ceux de l'Opéra la trouvent indéchiffrable. Elle regrette qu'ils n'aient pas fait l'effort de s'adapter : « Malgré l'idée audacieuse de Nicolas Joël de m'inviter moi, chef spécialisé dans le répertoire baroque, à la tête de l'Orchestre de l'Opéra national de Paris, la tentative d'amener l'orchestre vers une autre esthétique a échoué. Le challenge était de taille, mais l'orchestre n'a pas voulu faire cette expérience-là. » À la suite de la publication de ce communiqué, l'Orchestre de l'Opéra répondit à son tour en protestant de sa bonne volonté et en soulignant l'absence de technique du chef : « Les musiciens se réjouissaient d'une rencontre entre leur univers lyrique habituel et une approche baroque proposée par Emmanuelle Haïm, curieux d'être amenés vers une autre esthétique et d'enrichir ainsi leur interprétation », pouvait-on lire dans la réponse, avant le coup de pied de l'âne : « Avec Mme Haïm, la déception fut grande, devant un manque de précision tant des idées musicales que de la gestique. »

Comme souvent, la vérité est au milieu. Certains chefs n'ont réellement pas le bagage technique et le métier requis : on comprend alors le mécontentement des musiciens. Mais l'orchestre n'a pas toujours la patience et l'ouverture d'esprit pour se laisser convaincre par une conception musicale différente : nombre de musiciens d'orchestre ont un préjugé antibaroqueux. Deux camps s'affrontèrent dès lors dans les forums internet : ceux qui félicitaient l'orchestre de s'être débarrassé d'un charlatan, et ceux qui condamnaient une corporation arrogante et frileuse. Plusieurs chefs critiquèrent les musiciens de l'Opéra en préférant garder l'anonymat : « Pour qui se prennent-ils ? » et : « De quel droit ? » étaient les remarques qui revenaient le plus souvent. Il est vrai que le Philharmonique de Berlin a fêté la même Emmanuelle Haïm en juin 2011 et a mis tout son cœur à jouer comme elle le lui suggérait. À Paris, il y a sans doute eu des maladresses des deux côtés, et des préjugés tenaces de part et d'autre : les musiciens symphoniques persuadés qu'un chef baroque est un dilettante, les chefs baroqueux convaincus que les musiciens symphoniques sont des ignares obscurantistes et corporatistes. Peu après, c'était Jean-Christophe Spinosi qui jetait l'éponge à la Scala de Milan.

Cela changera avec le renouvellement des générations. Il existe de plus en plus de musiciens d'orchestre modernes qui ont aussi une pratique des instruments d'époque et « cachetonnent » dans les ensembles baroques. De même, si la première génération de chefs baroques souffre effectivement d'une baguette pour le moins rudimentaire, nombreux dans la génération suivante se posent réellement la question du bagage technique. On se souvient qu'il y a quelques années, Jean-Claude Malgoire, merveilleux musicien et pionnier de la musique baroque en France, s'était mis en tête de diriger *Parsifal* à l'Opéra de Marseille : à la deuxième répétition, une délégation de musiciens frappait à la porte du bureau du directeur pour suggérer d'arrêter les frais si l'on voulait encore éviter la catastrophe. Il renonça. En revanche, quand Philippe Herreweghe dirige les symphonies de Bruckner avec son Orchestre des Champs-Élysées, sa gestuelle improbable ne fait pas obstacle à des interprétations de haut niveau. Il est vrai que l'un de ses musiciens nous a avoué que, si le travail de répétition avec Herreweghe est passionnant, le soir du concert on regarde surtout le premier violon pour éviter de se tromper… La musicalité est ici plus forte que la technique : un membre du Concertgebouw d'Amsterdam nous a assuré que son orchestre aimait beaucoup Philippe Herreweghe et qu'il avait envie de « l'aider »… Ce qui pourrait paraître une perfidie est en réalité sincère : les musiciens estiment que ses idées musicales valent la peine d'être réalisées, même s'il faut suppléer à ses lacunes techniques.

Un argument ne fut jamais avancé dans la guerre des communiqués entre Emmanuelle Haïm et l'Orchestre de l'Opéra : la misogynie. S'il avait été évoqué, les musiciens avaient une réponse toute prête, signalant qu'ils venaient de jouer sous la direction de Susanna Mälkki dans les meilleures conditions. Voilà encore un préjugé qui est en train d'être de plus en plus secoué. Si les récits de Claire Gibault montrent que, voici trente ans, il y avait beaucoup de progrès à accomplir pour faire admettre l'idée d'une femme chef d'orchestre, la présence aujourd'hui de Simone Young à la direction générale de l'Opéra de Hambourg, de Marin Alsop à la tête de l'Orchestre symphonique de Baltimore, de Susanna Mälkki à l'Ensemble Intercontemporain, de Karen Kamensek à l'Opéra de Hanovre, de Julia Jones à celui de Lisbonne, de Xian Zhang à l'Orchestre symphonique Giuseppe Verdi de Milan, de Joana Carneiro à l'Orchestre symphonique de Berkeley, de JoAnn Falletta au Philharmonique de Buffalo, de Keri-Lynn Wilson dans les fosses des Opéras de Vienne, Moscou, Tel-Aviv et Montréal, montrent que l'on est sur la bonne voie, et que les mentalités évoluent rapidement. Car si l'Australienne Simone Young est directrice générale de l'Opéra d'État de Hambourg depuis 2005, elle s'était d'abord heurtée au refus du Philharmonique de Vienne de jouer sous sa direction dans la fosse de l'Opéra de Vienne en 1993…

Dernier préjugé, enfin, et qui semble une spécialité française : l'a priori antinational… Il semble que, à qualité égale, un chef français ait plus de mal à s'imposer à la tête d'un orchestre du pays. Comme si les instrumentistes acceptaient plus difficilement de recevoir des instructions d'un compatriote. Selon Stéphane Denève, « il y a quatre paradis pour les chefs d'orchestre : les États-Unis, le Royaume-Uni, la Scandinavie et le Japon. Ce sont des paradis car le niveau de concentration des musiciens y est extraordinaire. Et en particulier aux États-Unis, il y a un orgueil positif de l'orchestre. Les musiciens se disent que si tel chef a été choisi pour diriger leur orchestre, c'est qu'il doit être très bon. Il peut ensuite les décevoir, mais en tout cas ils partent avec un a priori merveilleux ! » On peut certes regretter cet ostracisme fréquent envers nos meilleures baguettes, remarquer que des chefs méprisés en France sont appréciés à l'étranger (Louis Langrée, Philippe Auguin, Ludovic Morlot aux États-Unis, Sylvain Cambreling et François-Xavier Roth en Allemagne, Bertrand de Billy en Autriche, Stéphane Denève en Grande-Bretagne). On peut aussi rappeler qu'un Pierre Boulez ou un Georges Prêtre ont été fêtés dans les plus grandes capitales avant de revenir à Paris en héros. Mais en dernier ressort, il faut surtout se garder du protectionnisme et de la préférence nationale. Sur les quinze meilleurs orchestres allemands, seulement trois ont un Allemand à leur tête. Sur les quinze principaux orchestres du Royaume-Uni, deux sont dirigés par un Britannique. Toute tentative d'y remédier de manière volontariste serait catastrophique : pousser un chef français contre la volonté des musiciens l'enverrait au casse-pipe.

Moments de solitude

Sans aller jusqu'à cette forme extrême d'humiliation qu'est le renvoi du chef, il arrive que ses seules insuffisances fassent ressembler l'orchestre à une cour de récréation. Une fois de plus, laissons la parole à François Dupin dans *L'Orchestre nu* :

« Un Anglais nous fut présenté, nous l'accueillîmes avec la curiosité habituelle mais aussi avec la bonne volonté qu'il est de rigueur d'offrir aux étrangers. On aurait pu comparer la forme de sa tête à celle d'un œuf à la coque à qui l'on eût mis des lunettes rondes. La fontanelle aplatie, on aurait cru l'œuf assommé par une cuiller. Petit, veste claire, cravate bleue rayée de blanc, le Britannique nous sembla sympathique ; nous attaquâmes la répétition par la symphonie d'un compositeur anglais totalement inconnu. Alors le chef démontra son ignorance professionnelle par son incapacité à repérer ce qui devait être travaillé. Les musiciens remarquaient bien quels passages se réglaient mal, le chef passait outre. Il nous assura que la symphonie était très belle, mais ne put assortir sa déclaration d'arguments qui auraient permis la recherche d'un perfectionnement. Il reprit trois fois l'allegro de bout en bout, en nous félicitant, mais personne ne comprit les raisons qui nous firent répéter ce mouvement. L'ennui se répandit dans l'orchestre qui, lassé, se détendit. Il ne resta plus du chef qu'un petit gnome fort amusant, qui commença à se débattre dans une ambiance de foire.

“Messieurs, Mesdames, excuses-moi. C'est très difficile, je suis étranger et je ne peux pas bien parler. Je vous demande d'être très sérieux. – Oui oui, dirent les trompettes. – Ne parlez pas", reprit l'Anglais. Comme des remous parcouraient l'assemblée, les trompettes ajoutèrent : "Chut ! Allons, voyons !" Un délégué, connaissant les lascars, balançait la tête, écœuré. À un nouvel arrêt, le chef demanda : "Les trombones ? – Décédés", répondirent les trompettes. Le chef, qui n'avait pas compris, vint au pupitre des trombones pour contrôler s'il ne manquait pas des mesures sur leurs parties, alors que, tout bêtement, les trombones s'étaient abstenus de jouer. Pendant ce temps, l'orchestre se levait et sautillait comme une classe d'école à qui le maître a tourné le dos. Une deuxième promenade de l'Anglais, noyé dans les violoncelles comme dans un champ de marguerites, provoqua cette réflexion qui fit rire : "C'est un sportif." »

Il n'est pas certain qu'une telle scène se reproduirait aujourd'hui sous cette forme. On constate en effet un sens grandissant des responsabilités des orchestres français, moins prompts qu'autrefois à saboter un concert sous prétexte des lacunes du chef. Selon Benoît de Barsoy, cor solo de l'Orchestre de Paris : « Il y a des orchestres qui font preuve de mauvais esprit en accentuant les problèmes du chef au lieu de les tempérer. Mais quand il y a des problèmes chez nous, à l'Orchestre de Paris, on reste soudés autour du violon solo. Car si le concert est raté, ça retombe aussi sur l'orchestre. »

Le cas Bychkov

Quand l'orchestre fait front contre un chef invité, les conséquences sont limitées puisqu'il ne reviendra plus. Quand il s'agit du directeur musical, le cas est plus grave. Tentons une analyse dépassionnée de ce qu'ont vécu

Semyon Bychkov et l'Orchestre de Paris. Lorsque Daniel Barenboim quitte la direction musicale de l'Orchestre de Paris, à la fin des années 1980, ses rapports avec l'orchestre sont devenus tendus, mais personne ne conteste ses apports considérables. Lorsqu'il fut nommé en 1975, il avait trente-deux ans. Barenboim apprend certes son métier de chef principal, mais il construit l'orchestre en même temps qu'il se construit lui-même. Il forge son répertoire et accentue l'identité germanique de l'orchestre, cultivant un son ample et dense plutôt que transparent. Wagner, Bruckner et Mahler sont désormais au cœur des saisons. Il obtient pour cette phalange nomade une salle attitrée, la salle Pleyel, ce qui change du Palais des Congrès ! Il crée le Chœur de l'Orchestre de Paris, formation amateur de haut niveau confiée à Arthur Oldham, qui permet d'aborder les grandes œuvres chorales. Son carnet d'adresse lui permet d'attirer à Paris les plus grands chefs et les plus grands solistes. Les tournées se multiplient, les enregistrements aussi, et Barenboim élargit la palette d'activités de l'OP en développant une saison de musique de chambre et des expériences régulières dans la fosse, au cours d'immortels opéras de Mozart mis en scène par Jean-Pierre Ponnelle.

Tâche difficile que de trouver un successeur à une telle figure charismatique. On fait le pari de l'avenir, avec le Russe Semyon Bychkov. Exilé d'URSS aux États-Unis en 1974, il s'était fait connaître en France grâce au Festival d'Aix-en-Provence, où il avait dirigé des représentations remarquées du *Chevalier à la rose* et de la *Finta Giardiniera*. Il avait aussi attiré l'attention du Philharmonique de Berlin, qui n'allait pas tarder à lui proposer des enregistrements de symphonies de Chostakovitch. Au point que Herbert von Karajan, interrogé en 1988 sur sa succession, invita à s'intéresser à la nouvelle génération de chefs d'orchestre et, ce faisant, ne cita qu'un seul nom au cours de l'interview : celui de Semyon Bychkov. Ce dernier fut invité à diriger l'Orchestre de Paris pour un concert au programme duquel figurait son cheval de bataille : la *5e* de Chostakovitch. Originaire de Léningrad où furent créées la plupart des symphonies du compositeur, il avait grandi en entendant les interprétations de Mravinsky, leur créateur. Les musiciens et le public avaient été éblouis par l'intensité électrique qui se dégageait de la baguette impérieuse de cet homme jeune et, qui plus est, sympathique. Déjà directeur général de l'orchestre sous Barenboim, Pierre Vozlinsky voit en lui l'oiseau rare et le nomme directeur musical. Il ouvre sa première saison avec la *Symphonie « Résurrection »* de Mahler à la salle Pleyel, filmée pour la télévision. Et enchaîne sur de nouvelles interprétations galvanisantes de Chostakovitch, en particulier la *11e Symphonie*, l'un des plus grands concerts auquel il nous ait été donné d'assister.

Alors que s'est-il passé ? Comment les choses ont-elles pu se dégrader ainsi ? Toujours est-il qu'assez vite, le climat de travail et le niveau musical connaissent une zone dépressionnaire qui ne fera que se creuser jusqu'à une hostilité délétère. Les explications sont nombreuses. Semyon Bychkov a séduit l'orchestre en quelques concerts, dans des œuvres qu'il connaît de fond en comble et dans lesquelles il brille naturellement. Mais le directeur musical, qui dirige la moitié des programmes de la saison, doit maîtriser un vaste répertoire : or, l'orchestre le sent plus laborieux dans les œuvres dont il est moins familier. Pourtant, il travaille d'arrache-pied : alors que François Dupin utilisait un doigté confortable pour lui au début de la « Marche au supplice » de la *Symphonie fantastique* de Berlioz, Bychkov lui fit remarquer que ce n'était celui prévu par le compositeur dans son manuscrit. Et il avait raison ! Il était donc allé le consulter. Mais les musiciens avaient le sentiment d'avoir atteint avec Barenboim un certain standard, ils sont dirigés chaque année par Giulini, Kubelik, Leinsdorf, Mehta et commencent à avoir l'impression que leur directeur musical apprend son métier sur leur dos. « On s'est fait avoir », commence-t-on à entendre dans les rangs. Bychkov parle mal français, il est peu familier des mentalités locales, formé en Union soviétique où le musicien obéit au doigt et à l'œil sans poser de questions, et aux États-Unis où l'économie privée oblige les instrumentistes à une discipline continue. En outre, il est sous la coupe de Pierre Vozlinsky, visionnaire et homme de culture, mais aussi personnalité complexe, qui avait en Barenboim un interlocuteur capable de lui tenir tête mais a tendance à manipuler un Bychkov trop influençable.

Il perd ses moyens, les déceptions s'accumulent. On finit par croire que Bychkov est un mauvais chef, alors qu'il se montre excellent dans les opéras qu'il programme avec l'OP au Châtelet (*Eugène Onéguine, Parsifal*). L'attention se relâche, en répétition quolibets et remarques désobligeantes fusent, le chef réagit maladroitement. Le chef commence une phrase : « Les cuivres… » et l'on entend : « Les cuivres, ils en ont marre » ; le chef demande : « Allons-nous jouer les pizzicati en tenant l'archet ou archet posé ? » et l'on entend : « En voilà une question qu'elle est bonne », le chef met fin à la répétition et l'on entend : « Bon débarras. » Ses mouvements de baguette très particuliers, qui avaient tant impressionné l'orchestre la première fois par leur énergie résolue, exaspèrent maintenant les musiciens, qui ont l'impression qu'il visse un boulon ou tourne une manivelle imaginaire. Bychkov renonce à son autorité. Le pianiste Philippe Bianconi se souvient de cette répétition interrompue par une bruyante palabre des contrebasses, et du chef le regardant en levant les bras en signe d'impuissance, avec une moue qui voulait dire à peu près : « Moi, je ne dis plus rien, il n'y a qu'à attendre que ça se passe. » Autrement dit, ce qui peut arriver de pire : autant le despotisme absolu d'un Koussevitzky ou d'un Stokowski est malsain, autant la prise du pouvoir par le groupe est nuisible. Comme dans une classe dont le professeur est chahuté.

Le brillant espoir de la baguette s'était-il révélé une fausse valeur, un imposteur ? En aucun cas. Après une petite (mais interminable) dizaine d'années de cauchemar, Bychkov fut nommé à la tête de l'Orchestre symphonique du WDR de Cologne, un de ces solides orchestres de radio allemands, connus pour leur professionnalisme, mais qui ne figurent pas au sommet du hit-parade des phalanges jet set. Au bout de dix nouvelles années, les musiciens de Cologne votèrent à 90 % pour qu'il reste. Avec eux, il enregistra des versions remarquables d'œuvres de Mahler, Strauss et Chostakovitch, témoignant d'un travail de fond et d'une musicalité profonde. Il est chaque année l'invité du Philharmonique de Berlin et de l'Opéra de Vienne, et l'Orchestre de l'Opéra de Paris lui trouva toutes les qualités dans *Tristan et Isolde* et *Un bal masqué*. De l'Orchestre de l'Opéra, d'ailleurs, dont nous avons donné jusqu'ici l'image d'un tueur de chefs, il dit : « Un orchestre chaleureux, cultivé, vif, intelligent. La musique exige un rapport humain intime : comment ressentir le désir de s'ouvrir s'il n'y a pas de chaleur ? » Lorsqu'on lui demande s'il ressent sa période à l'Orchestre de Paris plutôt comme une épreuve ou comme une étape dans un parcours, il répond : « La réponse est dans la question, ce sont évidemment les deux. » De cet affrontement destructeur, où chacun porte sa part de responsabilités, on retiendra toutefois une leçon : le chef le plus talentueux ne peut rien face à un orchestre hostile.

L'ALCHIMIE

On l'a vu, tout peut basculer en peu de temps et peu de mots. Mais si l'on connaît au groupe une force de nuisance considérable, on sait aussi combien il est capable de grandes choses s'il est uni par une énergie positive. Lorsque cette alchimie prend entre l'orchestre et son chef, ces individus redeviennent de véritables artistes et laissent au vestiaire leurs petites médiocrités humaines. C'est encore plus étrange lorsqu'il arrive, miraculeusement, que la tension négative accumulée se transforme en énergie positive. Il est alors assez fascinant de voir le moment de basculement où l'ambition artistique reprend le dessus sur les rancœurs et la frustration. C'est ce que Hermann Scherchen, chef sévère et sans concession, était parfois capable d'obtenir, à en croire ce récit saisissant de Yannis Xenakis, qui assista à un concert radiophonique au cours duquel Scherchen était à la tête de l'Orchestre philharmonique de l'ORTF :

« À l'époque, cet orchestre était mal dans sa peau car utilisé pour se laisser diriger par des chefs de passage (en général des petits chefs soumis à la politique des échanges culturels entre pays)… Donc un orchestre mange-tout, et indiscipliné, frustré dans son orgueil et blessé dans sa vanité.

«Au programme une pièce de Darius Milhaud, les *Offrandes oubliées* d'Olivier Messiaen et pour finir la *7*e de Beethoven. Dès la première répétition, en plein travail, un des musiciens de l'orchestre se mit à fumer. Il continua malgré l'injonction de Hermann Scherchen. Ce dernier, alors, quitta le pupitre et ne revint pas ! À la deuxième répétition, un autre musicien se mit ostensiblement à lire le journal. Hermann Scherchen de nouveau quitta le pupitre. À l'exécution où j'étais présent avec notre ami commun Pierre Souvtchinsky et deux ou trois autres personnes en tout, je sentis dès l'attaque de la première pièce une électricité hostile dans l'air. Mais au fur et à mesure du déroulement du concert à huis-clos, l'atmosphère, de tendue et agressive, se transforma sous sa baguette en une tension artistique de qualité littéralement ascendante. La *7e* fut enlevée avec une fougue pénétrée et une telle force qu'à la fin l'orchestre entier se leva et comme un seul homme se mit à applaudir ce magicien de la musique qui avait réussi à les transformer rien que par son aura personnelle de grand artiste (le temps d'un concert !). Son fluide avait vaincu les médiocrités psychologiques inhérentes à l'assemblage humain d'un orchestre et les avait sous sa baguette métamorphosées. Chacun avait retrouvé au fond de lui-même ce qu'il était, un artiste de haut niveau… »

Quand cette alchimie a lieu dès le début, sans passer par une phase de tension extrême, le métier de musicien d'orchestre est le plus beau du monde. Quand on voit les membres de l'Orchestre national jouer *La Valse* sous la direction de Seiji Ozawa, ceux de l'Orchestre de Paris exécuter le *Requiem* de Verdi avec Carlo Maria Giulini, ceux du Philharmonique de Radio France donner toutes les œuvres d'Esa-Pekka Salonen sous la direction du compositeur, ceux du Philharmonique de Vienne jouer le Concert du nouvel an avec Carlos Kleiber, ceux du Concertgebouw d'Amsterdam donner la *9e* de Mahler avec Bernard Haitink, la sensation est la même. Les dos ne sont pas appuyés au dossier de la chaise, les yeux sont lumineux, les corps bougent au rythme de la musique, les archets dansent d'un seul mouvement, les prises de respiration sont communes, les regards sont complices et concentrés, souriants si la musique l'est, pénétrés si elle est méditative, douloureux si elle est plaintive. À la fin, tout l'orchestre applaudit comme un seul homme, et les musiciens tarderont à trouver le sommeil. Et si ces conditions sont réunies, qu'importe les faiblesses humaines. Oubliés, les reproches sur le manque de technique. Quand un chef adoré des musiciens comme Sir John Barbirolli arrive et se met à battre « Nuages », des *Nocturnes* de Debussy, à 4 alors que c'est écrit à 6, il ne viendrait à l'idée de personne de protester ! On rentre la tête dans les épaules : surtout ne pas le regarder, sinon c'est l'erreur ! Qu'à cela ne tienne : quel autre chef ferait naître une telle atmosphère ? On arrive alors à des moments de folie collective, ceux que Leonard « Lenny » Bernstein parvenait à faire naître, par exemple avec l'Orchestre national, notamment quand il dirigeait du piano le *Concerto en sol* de Ravel. Dans ces cas-là, les musiciens que nous avons quittés tout à l'heure comme une classe rétive et dissipée sont prêts à se jeter au feu.

Il y a en dernier ressort, dans cette interaction subtile entre le chef et l'orchestre, un moment où l'on ne sait plus qui mène et qui est mené. Pour Esa-Pekka Salonen, c'est ce qui fait la magie de la direction : « J'aime plus que tout être enveloppé par le son, et libérer l'énergie des musiciens tout en la canalisant. Il y a parfois un moment où l'orchestre devient une immense vague sur laquelle vous surfez. Il n'est plus question alors de savoir qui fait quoi : le chef et l'orchestre décollent ensemble, et c'est grisant. »

Sources

Pour éviter d'alourdir un ouvrage déjà volumineux et d'en freiner la lecture, nous avons choisi de ne pas y insérer de notes, qui auraient été trop nombreuses.

Nombre d'anecdotes et citations sont de première main. Elles sont issues d'heures de conversations avec des musiciens d'orchestre (sans discontinuer depuis plus de vingt ans avec nos fraternels complices François Dupin, Franck Gali, Clélia Goldings et Frédéric Macarez, plus ponctuellement au hasard des rencontres avec entre autres Philippe Boucly, Vincent Cortvrint, Dale Clevenger, Alexis Descharmes, Mathieu Dufour, Jules Eskin, Everett « Vic » Firth, Yves Gérard, Romain Guyot, Rainer Honeck, Jean-Claude Jaboulay, Marc Jeanneret, Solène Kermarrec, Karl Leister, François Leleux, Lajos Lencses, Marius Mocanu, Sarah et Deborah Nemtanu, Jean-Louis Ollu, Emmanuel Pahud, Marco Postinghel, Virginie Reibel, Johannes Ritzkowski, Marianne Rivière, Richard Schmoucler, Wolfgang Schulz, Wolfgang Tomböck jr., Joseph Vaillant, Liviu Varcol, Rainer Zepperitz). Spécifiquement pour les besoins de cet ouvrage, Marie-Christine Witterkoër et Franck Chevalier nous ont accordé leur temps avec beaucoup de générosité, parlant de leur métier avec intelligence et sensibilité : qu'ils en soient remerciés.

Nous avons aussi exploité nos propres interviews pour *Le Figaro* avec de nombreux chefs, en particulier Pierre Boulez, Semyon Bychkov, Bernard Haitink, Paavo Järvi, Philippe Jordan, Vladimir Jurowski, Emmanuel Krivine, Louis Langrée, Lorin Maazel, Paul McCreesh, Riccardo Muti, Seiji Ozawa, Simon Rattle, Esa-Pekka Salonen.

Pour le reste, nous nous sommes référé aux sources suivantes :

I. Livres

Pauline Adenot : *Les Musiciens d'orchestre symphonique. De la vocation au désenchantement. L'exemple le plus récent de sociologie appliquée à la musique, pour mettre en évidence les paradoxes du métier de musicien d'orchestre avec des méthodes universitaires*, Paris, L'Harmattan, 2008.

Linda Bladford : *The LSO. Scenes from Orchestra Life.* Londres, Michael Joseph, 1984. Ce récit sans concession d'une saison du London Symphony Orchestra nous a donné plus d'une indication sur les méthodes de travail et mentalités des musiciens londoniens.

Pierre Boulez : *Conversations sur la direction d'orchestre avec Jean Vermeil*. Paris, Éditions Plume, 1989.

Harry Ellis Dickson : *« Gentlemen, More Dolce Please ! » An Irreverent Memoir of Thirty-five Years in the Boston Symphony Orchestra*, Boston, Beacon Press, 1969. Ces savoureux mémoires d'un ancien violoniste nous ont fourni les anecdotes concernant l'Orchestre symphonique de Boston à l'époque de Koussevitzky et Munch.

François Dupin : *L'Orchestre nu*, Paris, Hachette, 1981. L'ouvrage de référence jusqu'aujourd'hui. Nous en citons plusieurs paragraphes entiers, plutôt que de les raconter moins bien que l'auteur…

Clemens Hellsberg : *Demokratie der Könige*, Schweizer Verlagshaus, Zurich, 1992. Cette première histoire complète du Philharmonique de Vienne permet de reconstituer certaines filiations entre musiciens, et d'éclairer jusqu'aux heures les plus noires de l'orchestre.

Herbert von Karajan : *Une vie pour la musique. Entretiens avec Richard Osborne*. Paris, l'Archipel, 1999 pour la traduction française.

Bernard Lehmann : *L'Orchestre dans tous ses éclats*, Paris, La Découverte, 2002. Enquête ethnographique à laquelle notre chapitre sur la sociologie doit tout.

Timm Reutert : *Das Berliner Philharmonische Orchester*, Stuttgart, DVA, 1987. Ouvrage riche d'anecdotes et de portraits de musiciens, paru dans les dernières années du règne de Karajan.

Hermann Scherchen : *La Direction d'orchestre*. Arles, Actes Sud, 1986 pour la traduction française. Comporte la très belle préface de Yannis Xenakis que nous citons en fin d'ouvrage.

Werner Thärichen : *Furtwängler ou Karajan*. Arles, Éditions Bernard Coutaz, 1990 pour la traduction française.

L'Art du chef d'orchestre, présenté par Georges Liébert. Paris, Hachette, coll. « Pluriel », 1988. Recueil de textes qui comprend notamment celui de Charles Munch, « Je suis chef d'orchestre ».

Moments musicaux. Entretiens avec Sophie Lannes, Paris, Éditions du Linteau, 2011. Cette réunion de passionnantes interviews avec des chefs d'orchestre pour *L'Express* et *Diapason* nous a particulièrement fourni les citations de Carlo Maria Giulini, et celles de Riccardo Muti que nous n'empruntons pas à nos propres entretiens avec lui.

Variationen mit Orchester. 125 Jahre Berliner Philharmoniker, Henschel, Berlin, 2007. Une mine qui retrace non seulement l'histoire du Philharmonique de Berlin, mais en liste la totalité des musiciens depuis sa création.

1949-1999 : 50 Jahre Symphonieorchester des Bayerischen Rundfunks, Hrsg von Renate Ulm. Kassel, Bärenreiter, 1999. Riche rétrospective donnant largement la parole aux musiciens de la Radio bavaroise.

Orchestre de Paris, sous la dir. de Nicole Salinger, Paris, Hachette/Francis van de Velde, 1987. Paru pour le vingtième anniversaire de l'OP, avec entre autres un texte de François Dupin et la liste des musiciens à la création de l'Orchestre en 1967.

Orchestre national de France : l'album anniversaire, sous la dir. de Gilles Cantagrel. Paris, Van de Velde, 1994. Publié pour le soixantième anniversaire du National, comprend des listes de musiciens à quelques dates clés de l'orchestre.

II. Périodiques

« L'Orchestre, des rites et des dieux », Revue *Autrement*, n° 99, dirigé par Brigitte Ouvry-Vial et Georges Zeisel. Paris, 1988. Réunion d'articles plus ou moins documentés, dont certains sont aujourd'hui datés, mais qui comblait à l'époque une lacune.

Le Monde de la musique a publié en 1997-1998 une excellente série d'enquêtes d'Olivier Bellamy sur les principaux pupitres de l'orchestre, avec des témoignages qui viennent régulièrement étayer la deuxième partie de notre ouvrage.

La Lettre du musicien a confié à Antoine Pecqueur, en particulier depuis 2007, des dossiers sur différents aspects du métier d'orchestre, en France et à l'étranger : ces articles extrêmement rigoureux et documentés, nous ont permis d'enrichir de façon non négligeable nos propres recherches. Nous y avons pioché sans retenue.

III. Autres sources

Le film *Trip to Asia* de Thomas Grube (DVD Axiom-Films), retraçant une tournée du Philharmonique de Berlin en Asie avec Simon Rattle, nous a fourni plusieurs témoignages très forts de musiciens berlinois sur leur métier.

www.france-orchestres.com est le site de l'Association française des orchestres, source de renseignements la plus fiable et complète sur le paysage orchestral français.

À prendre avec précaution, le site internet de William Osborne : www.osborne-conant.org milite contre la misogynie des orchestres. Son acharnement à faire passer le Philharmonique de Vienne pour un orchestre fasciste finit par nuire à sa crédibilité, mais certains éléments qu'il apporte n'en donnent pas moins matière à réflexion.

Le site www.stokowski.org permet de reconstituer la généalogie des chefs de pupitre des grands orchestres américains depuis leur création.

Le site www.users.co.uk/-gbrowne/ comprend l'intégralité du texte désopilant de Geoffrey Browne sur le deuxième hautbois.

Annexes

I

Historique des orchestres les plus cités

ORCHESTRE PHILHARMONIQUE DE BERLIN (directeurs musicaux : Hans von Bülow 1887-93, Arthur Nikisch 1895-1922, Wilhelm Furtwängler 1922-54, Herbert von Karajan 1955-89, Claudio Abbado 1989-2002, Simon Rattle depuis 2002, Kirill Petrenko à partir de 2018)

ORCHESTRE PHILHARMONIQUE DE VIENNE (pas de directeur musical)

ORCHESTRE ROYAL DU CONCERTGEBOUW D'AMSTERDAM (directeurs musicaux : Willem Kees 1885-95, Willem Mengelberg 1895-1945, Eduard van Beinum 1945-59, Bernard Haitink 1961-88, Riccardo Chailly 1988-2004, Mariss Jansons 2004-2015, Daniele Gatti à partir de 2016)

STAATSKAPELLE DE DRESDE (directeurs musicaux : Julius Rietz 1874-77, Franz Wüllner 1877-84, Ernst von Schuch 1884-1914, Fritz Reiner 1914-21, Fritz Busch 1922-33, Karl Böhm 1934-43, Joseph Keilberth 1945-50, Rudolf Kempe 1950-53, Franz

Konwitschny 1953-55, Lovro von Matacic 1956-58, Otmar Suitner 1960-64, Kurt Sanderling 1964-67, Martin Turnovsky 1967-68, Herbert Blomstedt 1975-85, Hans Vonk 1985-90, Giuseppe Sinopoli 1992-2001, Bernard Haitink 2002-2004, Fabio Luisi 2007-2010, Christian Thielemann depuis 2011)

ORCHESTRE DE CLEVELAND (directeurs musicaux : Nikolai Sokoloff 1918-33, Artur Rodzinski 1933-43, Erich Leinsdorf 1943-46, George Szell 1946-70, Lorin Maazel 1970-1982, Christoph von Dohnanyi 1984-2002, Franz Welser-Möst depuis 2002)

ORCHESTRE SYMPHONIQUE DE CHICAGO (directeurs musicaux : Theodore Thomas 1891-1905, Frederic Stock 1905-42, Désiré Defaux 1943-47, Artur Rodzinski 1947-48, Rafael Kubelik 1950-53, Fritz Reiner 1953-63, Jean Martinon 1963-68, Sir Georg Solti 1969-1991, Daniel Barenboim 1991-2006, Riccardo Muti depuis 2010)

ORCHESTRE DE PHILADELPHIE (directeurs musicaux : Fritz Scheel 1900-07, Carl Pohlig 1907-12, Leopold Stokowski 1912-38, Eugene Ormandy 1936-80, Riccardo Muti 1980-92, Wolfgang Sawallisch 1993-2003, Christoph Eschenbach 2003-2006, Charles Dutoit 2008-12, Yannick Nézet-Séguin à partir de 2012)

ORCHESTRE SYMPHONIQUE DE BOSTON (directeurs musicaux : Georg Henschel 1881-84, Wilhelm Gericke 1884-89 et 1898-1906, Arthur Nikisch 1889-93, Emil Pauer 1893-98, Karl Muck 1906-1908 et 1912-18, Max Fiedler 1908-12, Henri Rabaud 1918-19, Pierre Monteux 1919-24, Serge Koussevitzky 1924-49, Charles Munch 1949-62, Erich Leinsdorf 1962-62, William Steinberg 1969-72, Seiji Ozawa 1973-2002, James Levine 2003-2013, Andris Nelsons à partir de 2014)

ORCHESTRE PHILHARMONIQUE DE NEW YORK (directeurs musicaux : Anton Seidl 1892-98, Emil Paur 1898-1902, Walter Damrosch 1902-03, Vassili Safonov 1906-09, Gustav Mahler 1909-11, Josef Stransky 1911-23, Willem Mengelberg 1923-29, Arturo Toscanini 1928-36, Sir John Barbirolli 1936-42, Artur Rodzinski 1943-47, Bruno Walter 1947-49, Dimitri Mitropoulos 1949-57,

Leonard Bernstein 1958-69, Pierre Boulez 1971-77, Zubin Mehta 1978-91, Kurt Mausr 1991-2002, Lorin Maazel 2002-09, Alan Gilbert 2009-2015)

ORCHESTRE SYMPHONIQUE DE LONDRES (chefs permanents : Josef Krips 1950-54, Istvan Kertesz 1965-68, André Prévin 1968-79, Claudio Abbado 1979-88, Michael Tilson Thomas 1988-95, Sir Colin Davis 1995-2006, Valeri Gergiev 2007-2015, Simon Rattle à partir de 2017)

ORCHESTRE DU GEWANDHAUS DE LEIPZIG (Kapellmeister : Felix Mendelssohn 1835-47, Julius Rietz 1848-52 et 54-60, Ferdinand David 1852-54, Carl Reinecke 1860-95, Arthur Nikisch 1895-1922, Wilhelm Furtwängler 1922-28, Bruno Walter 1929-33, Hermann Abendroth 1933-45, Herbert Albert 1946-48, Franz Konwitschny 1949-62, Vaclav Neumann 1964-68, Kurt Masur 1970-96, Herbert Blomstedt 1998-2005, Riccardo Chailly depuis 2005)

ORCHESTRE SYMPHONIQUE DE LA RADIO BAVAROISE (directeurs musicaux : Eugen Jochum 1949-60, Rafael Kubelik 1961-79, Sir Colin Davis 1983-92, Lorin Maazel 1993-2001, Mariss Jansons depuis 2003)

ORCHESTRE PHILHARMONIQUE DE SAINT-PÉTERSBOURG (directeurs musicaux : Serge Koussevitzky 1917-20, Emil Cooper 1921-23, Valerian Berdjaev 1924-26, Nikolai Malko 1926-29, Alexandre Gaouk 1930-33, Fritz Stiedry 1933-37, Evgeny Mravinsky 1938-88, Yuri Temirkanov depuis 1988)

PHILHARMONIA ORCHESTRA (chefs permanents : Otto Klemperer 1955-73, Riccardo Muti 1973-82, Giuseppe Sinopoli 1984-95, Christph von Dohnanyi 1997-2008, Esa Pekka Salonen depuis 2008)

ORCHESTRE PHILHARMONIQUE DE LONDRES (chefs permanents : Sir Thomas Beecham 1932-39, Eduard van Beinum 1948-50, Sir Adrian Boult 1951-57, William Steinberg 1958-60, Sir John Pritchard 1962-66, Bernard Haitink 1967-79, Sir Georg Solti 1979-83, Klaus Tennstedt 1983-87, Franz Welser-Möst 1990-97, Kurt Masur 2000-07, Vladimir Jurowski depuis 2007)

ORCHESTRE SYMPHONIQUE DE SAN FRANCISCO (directeurs musicaux : Henry Hadley 1911-15, Alfred Hertz 1915-29, Issai

Dobrowen 1929-34, Pierre Monteux 1935-52, Enrique Jorda 1954-63, Josef Krips 1963-70, Seiji Ozawa 1970-76, Edo De Waart 1976-85, Herbert Blomstedt 1985-95, Michael Tilson Thomas depuis 1995)

ORCHESTRE PHILHARMONIQUE DE LOS ANGELES (directeurs musicaux : Walter Henry Rothwell 1919-27, Georg Schneevoigt 1927-29, Artur Rodzinski 1929-33, Otto Klemperer 1933-39, Alfred Wallenstein 1943-56, Eduard Van Beinum 1956-59, Zubin Mehta 1962-77, Carlo Maria Giulini 1978-84, André Prévin 1986-89, Esa-Pekka Salonen 1992-2009, Gustavo Dudamel depuis 2009)

ORCHESTRE PHILHARMONIQUE DE MUNICH (directeurs musicaux : Hans Winderstein 1893-95, Hermann Zumpe 1895-97, Ferdinand Löwe 1897-98, Felix Weingartner 1898-1905, Georg Scheenvoigt 1905-08, Ferdinand Löwe 1908-14, Hans Pfitzner 1919-20, Siegmund von Hausegger 1920-38, Oswald Kabasta 1938-45, Hans Rosbaud 1945-48, Fritz Rieger 1949-67, Rudolf Kempe 1967-76, Sergiu Celibidache 1976-96, James Levine 1999-2004, Christian Thielemann 2004-2010, Lorin Maazel 2011-2014, Valeri Gergiev depuis 2015)

ORCHESTRE DE PARIS (directeurs musicaux : Charles Munch 1967-68, Herbert von Karajan (conseiller musical) 1969-71, Sir Georg Solti 1972-75, Daniel Barenboim 1975-89, Semyon Bychkov 1989-98, Christoph Eschenbach 2000-2010, Paavo Järvi 2010-2016, Daniel Harding à partir de 2018)

ORCHESTRE NATIONAL DE FRANCE (directeurs musicaux ou chefs permanents : Désiré-Emile Inghelbrecht 1934-44, Manuel Rosenthal 1944-47, Maurice Le Roux 1961-67, Jean Martinon 1968-73, Sergiu Celibidache 1973-74, Lorin Maazel 1977-90, Charles Dutoit 1991-2001, Kurt Masur 2002-2008, Daniele Gatti 2008-2016)

ORCHESTRE PHILHARMONIQUE DE RADIO FRANCE, fondé en 1937 sous le nom d'Orchestre philharmonique de la RTF puis de l'ORTF, refondu en 1976 à partir de la fusion du philharmonique, de l'Orchestre lyrique et de l'Orchestre de chambre de l'ORTF (chefs permanents jusqu'à la dissolution : Eugène Bigot 1945-65, Charles Brück 1965-70, directeurs musicaux à partir de la refonte : Gilbert Amy 1976-81, Yves Prin 1982-83, Marek Janowski 1983-2000, Myung-Whun Chung 2001-2015, Mikko Franck à partir de 2016)

II

Les quatre cents principaux orchestres du monde par pays

Afrique du Sud

Orchestre philharmonique du Cap (Victor Yampolski), Orchestre philharmonique de Johannesburg (Guido Ajmone-Marsan)

Allemagne

Orchestre philharmonique de Berlin (Simon Rattle), Staatskapelle de Dresde (Christian Thielemann), Orchestre du Gewandhaus de Leipzig (Riccardo Chailly), Orchestre symphonique de la Radio bavaroise (Mariss Jansons), Orchestre philharmonique de Munich (Valeri Gergiev), Orchestre d'État bavarois (Kirill Petrenko), Staatskapelle de Berlin (Daniel Barenboim), Orchestre symphonique du NDR de Hambourg (Thomas Hengelbrock), Deutsches Symphonieorchester Berlin (Tugan Sokhiev), Orchestre symphonique de Bamberg (Jonathan Nott), Orchestre symphonique du SWR de Baden-Baden (François-Xavier Roth), Orchestre symphonique de la Radio de Stuttgart (Stéphane Denève), Orchestre symphonique de la Radio de Berlin (Marek Janowski), Orchestre symphonique du WDR de Cologne (Jukka-Pekka Saraste), Orchestre symphonique de la Radio de Francfort (Andres Orozco-Estrada), Philharmonie de Dresde (Michael Sanderling), Orchestre du Gürzenich de Cologne (François-Xavier Roth), Orchestre du Konzerthaus de Berlin (Ivan Fischer), Orchestre du Deutsche Oper de Berlin (Donald Runnicles), Orchestre philharmonique d'État de Hambourg (Simone Young), Frankfurter Opernhaus- und Museumsorchester (Sebastian Weigle), Orchestre d'État de Stuttgart (Sylvain Cambreling), Münchner Rundfunkorchester (Ulf Schirmer), Orchestre symphonique du MDR de Leipzig (Jun Märkl), Deutsche Radio Philharmonie Sarrebruck-Kaiserslautern (Karel Mark Chichon), Radio Philharmonie de Hanovre (Eivind Gullberg Jensen), Orchestre symphonique de Hambourg (Jeffrey Tate), Orchestre symphonique de Düsseldorf (Adam Fischer), Orchestre philharmonique de Duisburg (Jonathan Darlington), Orchestre du Komische Oper de Berlin (Patrick Lange), Orchestre du Nationaltheater de Mannheim (Dan Ettinger), Badische Staatskapelle, Karlsruhe (Justin Brown), Orchestre philharmonique d'Essen (Stefan Soltesz), Philharmonie Robert Schumann de Chemnitz (Frank Beerman), Orchestre philharmonique d'État de Rhénanie-Palatinat (Ari Rasilainen), Orchestre philharmonique de Halle (Karlheinz Steffens), Staatskapelle de Weimar (Kirill Karabits), Orchestre d'État de Hanovre (Karen Kamensek), Orchestre de la Beethovenhalle de Bonn (Stefan Blunier), Orchestre philharmonique de Stuttgart (Gabriel Feltz), Orchestre symphonique de Bochum (Steven Sloane), Nordwestdeutsche Philharmonie (Eugene Tzigane), Orchestre philharmonique de Nuremberg (Marcus Bosch), Orchestre philharmonique de Brême (Markus Poschner), Staatskapelle Schwerin (Matthias Foremny), Orchestre d'État de Sarrebruck (Toshiyuki Kamioka), Orchestre du Pfalztheater de Kaiserslautern (Uwe Sandner), Orchestre philharmonique de Dortmund (Jac van Steen), Orchestre symphonique de Wuppertal (Toshiyuki Kamioka), Württembergische Philharmonie Reutlingen (Ola Rudner)

ARGENTINE

Orchestre philharmonique de Buenos Aires (Enrique Diemecke), Orchestre symphonique national d'Argentine (Pedro Calderon), Orchestre symphonique de La Plata (Alejo Perez)

Arménie

Orchestre philharmonique d'Arménie (Eduard Topchjan)

Australie

Orchestre symphonique de Sydney (Vladimir Ashkenazy), Orchestre symphonique de Melbourne (Sir Andrew Davis), Orchestre symphonique d'Adelaïde (Arvo Volmer), West Australian Symphony Orchestra, Perth (Paul Daniel), Orchestre symphonique de Tasmanie, Hobart (Sebastian Lang-Lessing)

Autriche

Orchestre philharmonique de Vienne (pas de directeur musical), Orchestre symphonique de Vienne (Philippe Jordan), Orchestre Bruckner de Linz (Dennis Russell-Davies), Orchestre symphonique de la Radio de Vienne (Cornelius Meister), Orchestre du Mozarteum de Salzbourg (Ivor Bolton), Orchestre philharmonique de Graz (Dirk Kaftan), Tonkünstler Orchester Niederösterreich (Andres Orozco-Estrada), Orchestre du Volksoper de Vienne (NN), Orchestre symphonique du Tirol, Innsbruck (Alexander Rumpf), Orchestre symphonique de Carinthie, Klagenfurt (Peter Marschik)

Belgique

Orchestre symphonique de la Monnaie de Bruxelles (Ludovic Morlot), Orchestre philharmonique Royal de Liège (Christian Arming), Brussels Philharmonic (Stéphane Denève), Orchestre national de Belgique (Andrey Boreyko), DeFilharmonie, Anvers (Edo De Waart), Orchestre de l'Opéra des Flandres, Anvers (Dmitri Jurowski), Orchestre de l'Opéra Royal de Wallonie, Liège (Paolo Arrivabeni), Orchestre symphonique des Flandres, Bruges (Seykio Kim)

Bosnie-Herzégovine

Orchestre philharmonique de Sarajevo (Samra Gulamovic)

Brésil

Orchestre symphonique de Sao Paulo (Marin Alsop), Orchestre symphonique brésilien (Roberto Minczuk)

Bulgarie

Orchestre philharmonique de Sofia (Julian Kovachev), Orchestre symphonique de la Radio bulgare (Emil Tabakov), Orchestre de l'Opéra de Sofia (Velisar Gentschev), Orchestre philharmonique de Plovdiv (Hristo Mihalev)

Canada

Orchestre symphonique de Montréal (Kent Nagano), Orchestre symphonique de Toronto (Peter Oundjian), Orchestre du Centre national des arts d'Ottawa (Alexander Shelley), Orchestre philharmonique de Calgary (Roberto Minczuk), Orchestre symphonique de Québec (Fabien Gabel), Orchestre symphonique de Vancouver (Bramwell Tovey), Orchestre métropolitain du Grand Montréal (Yannick Nézet-Séguin), Orchestre symphonique de Winnipeg (Alexander Mickelthwaite), Orchestre symphonique d'Edmonton (William Eddins), Orchestre symphonique Nova Scotia, Halifax (Bernhard Gueller)

Chili

Orchestre philharmonique de Santiago (Rani Calderon), Orchestre symphonique du Chili (Michal Nesterowicz)

Chine

Orchestre philharmonique de Hong-Kong (Jaap van Zweden), Orchestre symphonique national de Chine (Michel Plasson), Orchestre philharmonique de Chine (Long Yu), Orchestre philharmonique de Macao (Lü Jia), Orchestre symphonique national de Taïwan (Shao Chia Lü), Orchestre symphonique de Pékin (Tan Lihua), Orchestre symphonique de Shanghai (Xieyang Chen), Orchestre symphonique de la Radio de Shanghai (Yong Yan Hu), Orchestre symphonique de Canton (Long Yu), Orchestre symphonique de Taipei (Chia Chu Hsu)

Corée du sud

Orchestre philharmonique de Séoul (Myung-Whun Chung), Orchestre symphonique KBS (Hahm Shinik)

Croatie

Orchestre philharmonique de Zagreb (Milan Horvat), Orchestre symphonique de la Radio croate (Niksa Bareza), Orchestre symphonique de Dubrovnik (Zlaten Srzic)

Danemark

Orchestre national de la Radio danoise (Thomas Dausgaard), Orchestre Royal du Danemark (Michael Schönwandt), Orchestre symphonique d'Odense (Alexander Vedernikov), Orchestre philharmonique de Copenhague (Lan Shui), Orchestre symphonique d'Aarhus (Giancarlo Andretta)

Espagne

Orchestre de la Comunidad de Valence (Omer Meir Welber), Orchestre symphonique de Barcelone et de la Catalogne (Eiji Oue), Orchestre national d'Espagne (Josep Pons), Orchestre symphonique de Madrid (José Antonio Montano), Orchestre du Liceu de Barcelone (Michael Boder), Orchestre symphonique de la Radio-Télévision espagnole (Adrian Leaper), Orchestre symphonique d'Euskadi, San Sebastian (Jun Märkl), Orchestre royal de Séville (Pedro Halffter), Orchestre symphonique de Galice, La Corogne (Victor Pablo Perez), Orchestre de Grenade (Salvador Mas), Orchestre symphonique de Navarre (Ernest Izquierdo), Orchestre symphonique de Castille, Valladolid (Lionel Bringuier), Orchestre symphonique de Tenerife (Lü Jia), Orchestre symphonique de Gran Canaria (Pedro Halffter), Orchestre de Cadaqués (Jaime Martin), Orchestre de la Principauté des Asturies, Oviedo (Maximianno Valdès), Orchestre symphonique de Bilbao (Günter Neuhold), Orchestre symphonique des Baléares, Palma (Salvador Brotons), Orchestre de Cordoba (Manuel Hernandez Silva), Orchestre symphonique de Murcia (José Miguel Rodilla)

Estonie

Orchestre symphonique national d'Estonie (Neeme Järvi), Orchestre de l'Opéra de Tallinn (Arvo Volmer)

États-Unis

Orchestre de Cleveland (Franz Welser-Möst), Orchestre symphonique de Chicago (Riccardo Muti), Orchestre de Philadelphie (Yannick Nézet-Séguin), Orchestre symphonique de Boston (Andris Nelsons), Orchestre philharmonique de New York (Alan Gilbert), Orchestre symphonique de San Francisco (Michael Tilson Thomas), Orchestre philharmonique de Los Angeles (Gustavo Dudamel), Orchestre du Metropolitan Opera de New York (James Levine), Orchestre symphonique de Pittsburgh (Manfred Honeck), Orchestre symphonique de Saint-Louis (David Robertson), Orchestre symphonique de Detroit (Leonard Slatkin), National Symphony Orchestra de Washington (Christoph Eschenbach), Orchestre symphonique de Cincinatti (Louis Langrée), Orchestre du Minesotta (Osmo Vänskä), Orchestre symphonique de Houston (Andres Orozsco-Estrada), Orchestre symphonique de Baltimore (Marin Alsop), Orchestre symphonique d'Atlanta (Robert Spano), Orchestre symphonique de Dallas (Jaap van Zweden), Orchestre symphonique de Seattle (Ludovic Morlot), American Symphony Orchestra (Leon Botstein), Orchestre symphonique du New Jersey (Jacques Lacombe), Orchestre symphonique d'Indianapolis (Krzysztof Urbanski), Orchestre symphonique de Milwaukee (Edo De Waart), Orchestre philharmonique de Rochester (Christopher Seaman), Orchestre philharmonique de Buffalo (JoAnn Falletta), Orchestre philharmonique de Brooklyn (Michael Christie), Orchestre symphonique de Syracuse (Daniel Hege), Orchestre symphonique de l'Utah (Keith Lockhart), Orchestre du Colorado (Jeffrey Kahane), Orchestre symphonique de l'Oregon (Carlos Kalmar), Orchestre du Lyric Opera de Chicago (Sir Andrew Davis), Orchestre de l'Opéra de San Francisco (Nicola Luisotti), Orchestre de l'Opéra de Los Angeles (James Conlon),

Orchestre du Grand Opera de Houston (Patrick Summers), Orchestre de l'Opéra de Washington (Philippe Auguin), Orchestre de l'Opéra de Santa Fe (Frédéric Chaslin), Orchestre symphonique de Columbus (Junichi Hirokami), Orchestre symphonique d'Alabama (Justin Brown), Orchestre symphonique de Kansas City (Michael Stern), Orchestre symphonique de Baton Rouge (Timothy Muffitt), Orchestre symphonique de Nashville (Giancarlo Guerrero), Orchestre philharmonique de Louisiane (Carlos Miguel Prieto), Orchestre symphonique de Grand Rapids (David Lockington), Orchestre philharmonique de Floride (Stefan Sanderling), Orchestre symphonique de Fort Worth (Miguel Harth-Bedoya), Orchestre symphonique de Virginie (JoAnn Falletta), Orchestre symphonique de San Diego (Jajah Ling), Orchestre symphonique de Pacific (Carl St Clair), Orchestre symphonique de Madison (John De Main), Orchestre symphonique de Kalamazoo (Raymond Harvey)

FINLANDE

Orchestre philharmonique d'Helsinki (John Storgards), Orchestre symphonique de la Radio finlandaise (Sakari Oramo), Orchestre symphonique de Lahti (Okko Kamu), Orchestre philharmonique de Turku (Petri Sakari), Orchestre philharmonique de Tampere (Hannu Lintu)

FRANCE

Orchestre de l'Opéra national de Paris (Philippe Jordan), Orchestre de Paris (Paavo Järvi), Orchestre national de France (Daniele Gatti), Orchestre philharmonique de Radio France (Mikko Franck), Orchestre national du Capitole de Toulouse (Tugan Sokhiev), Orchestre national de Lyon (Leonard Slatkin), Orchestre de l'Opéra de Lyon (Daniele Rustioni), Orchestre philharmonique de Monte-Carlo (Kazuki Yamada), Orchestre national Bordeaux-Aquitaine (Paul Daniel), Orchestre national de Lille (Jean-Claude Casadesus), Orchestre philharmonique de Strasbourg (Marko Letonja), Orchestre national

Montpellier-Languedoc-Roussillon (Michaël Schönwandt), Orchestre national des Pays de la Loire (Pascal Rophé), Orchestre national d'Ile de France (Enrique Mazzola), Orchestre philharmonique de Nice (Philippe Auguin), Orchestre symphonique et Lyrique de Nancy (Tito Munoz), Orchestre national de Lorraine (Jacques Mercier), Orchestre Pasdeloup (Wolfgang Doerner), Orchestre Colonne (Laurent Petitgirard), Orchestre Lamoureux (Fayçal Karoui), Orchestre de Cannes-Provence-Côte d'Azur (Wolfgang Doerner), Orchestre philharmonique de Marseille (Lawrence Foster), Orchestre Lyrique de Région Avignon-Provence (Samuel Jean), Orchestre de Picardie (Arie Van Beek), Orchestre de Bretagne (Grant Lewellyn), Orchestre de l'Opéra de Rouen (Leo Hussain), Orchestre Dijon-Bourgogne (Gergely Madaras), Orchestre symphonique de Tours Région Centre (Jean-Yves Ossonce), Orchestre de Pau-Pays du Béarn (Fayçal Karoui), Orchestre symphonique de Saint-Étienne (Laurent Campellone), Orchestre de l'Opéra de Toulon (Giuliano Carella)

Grande-Bretagne

Orchestre symphonique de Londres (Simon Rattle), Orchestre Philharmonia (Esa Pekka Salonen), Orchestre philharmonique de Londres (Vladimir Jurowski), Orchestre symphonique de la BBC (Sakari Oramo), Orchestre symphonique de Birmingham (Andris Nelsons), Royal Philharmonic Orchestra (Charles Dutoit), Orchestre du Royal Opera House Covent Garden (Antonio Pappano), Royal Scottish National Orchestra (Peter Oundjian), Hallé Orchestra, Manchester (Mark Elder), BBC Philharmonic Orchestra (Gianandrea Noseda), Royal Liverpool Philharmonic Orchestra (Vasily Petrenko), Orchestre symphonique de Bournemouth (Kyrill Karabits), BBC Scottish Symphony Orchestra (Donald Runnicles), BBC National Orchestra of Wales (Thierry Fischer), BBC Concert Orchestra (Keith Lockhart), Orchestre d'Ulster (Kenneth Montgomery), Orchestre de l'English National Opera (Edward Gardner), Orchestre du Welsh National Opera (NN), Orchestre du Scottish Opera (Francesco Corti), Orchestre d'Opera North (Richard Farnes)

HONGRIE

Budapest Festival Orchestra (Ivan Fischer), Orchestre de l'État hongrois (Zoltan Kocsis), Orchestre philharmonique de Budapest (Adam Fischer), Orchestre philharmonique de Debrecen (Vilmos Rubanyi), Orchestre philharmonique de Györ (Geza Fuke)

RÉPUBLIQUE D'IRLANDE

Radio Telefis Eireann Symphony Orchestra (Alan Buribayev)

ISLANDE

Orchestre symphonique d'Islande (Rumon Gamba)

ISRAËL

Orchestre philharmonique d'Israel (Zubin Mehta), Orchestre symphonique de Jérusalem (Frédéric Chaslin), Orchestre symphonique Rischon Le Zion (Dan Ettinger), Orchestre symphonique de Haifa (Noam Sheriff)

ITALIE

Orchestre philharmonique de la Scala de Milan (Ricardo Chailly), Orchestre du Mai florentin (Zubin Mehta), Orchestre de l'Académie Sainte-Cécile de Rome (Antonio Pappano), Orchestre symphonique de la RAI (James Conlon), Orchestre symphonique Giuseppe Verdi de Milan (Xian Wang), Orchestre de l'Opéra de Rome (NN), Orchestre du Teatro Communale de Bologne (Michele Mariotti), Orchestre de la Fenice de Venise (Diego Matheuz), Orchestre du Teatro Regio de Turin (Gianandrea Noseda), Orchestre du Teatro Regio de Parme (Yuri Temirkanov), Orchestre du Teatro San Carlo de Naples (Jeffrey Tate), Orchestre du Teatro Carlo Felice de Gênes (NN), Orchestre du Teatro Massimo de Palerme NN), Orchestre de Toscane (Daniel Kawka), Orchestre Sympyhonique de San Remo (Bruno Santori)

JAPON

Orchestre symphonique de la NHK (Paavo Järvi), Orchestre philharmonique de Tokyo (Myung-Whun Chung), Tokyo

Metropolitan Symphony Orchestra (Eliahu Inbal), Yomiuri Nippon Symphony Orchestra (Sylvain Cambreling), New Japan Philharmonic Orchestra (Christian Arming), Orchestre symphonique de Tokyo (Hubert Soudant), Orchestre philharmonique du Japon (Alexander Lazarev), Orchestre philharmonique d'Osaka (Eiji Oue), Orchestre philharmonique de Nagoya (Martyn Brabbins), Orchestra Ensemble Kanazawa (Michiyoshi Inoue)

LETTONIE
Orchestre symphonique national de Lettonie (Karel Mark Chichon)

LITUANIE
Orchestre d'État de Lituanie (Gintaras Rinkevicius), Orchestre symphonique national de Lituanie (Juozas Domarkas)

LUXEMBOURG
Orchestre Phillharmonique du Luxembourg (Gustavo Gimeno)

MALAISIE
Orchestre philharmonique de Malaisie (Claus Peter Flor)

MEXIQUE
Orchestre symphonique de Mexico (Enrique Batiz), Orchestre philharmonique de Mexico (Jorge Mester), Orchestre national symphonique du Mexique (Carlos Miguel Prieto)

NORVÈGE
Orchestre philharmonique d'Oslo (Juka-Pekka Saraste), Orchestre philharmonique de Bergen (Andrew Litton), Orchestre symphonique de Stavanger (Steven Sloane), Orchestre symphonique de Trondheim (Krzysztof Urbanski)

Nouvelle-Zélande

Orchestre symphonique de Nouvelle-Zélande (Edo De Waart), Auckland Philharmonia (Eckehard Stier)

Pays-Bas

Orchestre Royal du Concertgebouw d'Amsterdam (Daniele Gatti), Orchestre philharmonique de Rotterdam (Yannick Nézet-Séguin), Orchestre philharmonique de la Radio néerlandaise (Jaap van Zweden), Orchestre de la Résidence de La Haye (Neeme Järvi), Orchestre philharmonique des Pays-Bas (Marc Albrecht), Gelders Orkest d'Arnehm (Antonello Manacorda), Noord Nederlands Orkest, Groningen (Michel Tabachnik), Orkest van het Oosten, Enschede (Jan Willem de Vriend), Orchestre symphonique du Limburg, Maastricht (Ed Spanjaard), Orchestre du Brabant, Eindhoven (Alan Buribayev)

Pologne

Sinfonia Varsovia (Marc Minkowski), Philharmonie nationale de Varsovie (Antoni Wit), Orchestre symphonique de la Radio polonaise (Jacek Kaspzyk), Orchestre du Théâtre Wielki de Varsovie (Tadeusz Kozlowski), Orchestre philharmonique de Cracovie (Pavel Przytocki)

Portugal

Orchestre de la Fondation Gulbenkian de Lisbonne (Lawrence Foster), Orchestre de Porto (Christoph König), Orchestre symphonique Portugais (Julia Jones)

Roumanie

Philharmonie Georges Enesco, Bucarest (Cristian Mandeal), Orchestre symphonique de la Radio Roumaine (Horia Andreescu), Orchestre de l'Opéra de Bucarest (Vlad Conta), Orchestre philharmonique de Transylvanie, Cluj (Nicolae Moldoveanu), Philharmonie Moldave de Iasi (Alexandru Lascae)

Russie

Orchestre philharmonique de Saint-Pétersbourg (Yuri Temirkanov), Orchestre du Théâtre Mariinsky de Saint-Pétersbourg (Valeri Gergiev), Orchestre du Théâtre Bolchoï de Moscou (Tugan Sokhiev), Orchestre d'État de la Fédération de Russie (Vladimir Jurowski), Orchestre symphonique Tchaikovski (Vladimir Fedosseev), Russian National Orchestra (Mikhail Pletnev), National Philharmonic Orchestra of Russia (Vladimir Spivakov), Orchestre de la Capella d'État de Moscou (Valeri Polianski), Orchestre philharmonique de Moscou (Yuri Simonov), Orchestre symphonique d'État de Moscou (Pavel Kogan), Orchestre symphonique de Saint-Pétersbourg (Alexandre Dmitriev), Orchestre philharmonique de l'Oural (Dmitri Liss), Orchestre philharmonique de Novossibirsk (Arnold Katz), Orchestre de l'Opéra de Novossibirsk (Teodor Currentzis), Orchestre du Théâtre Mikhailovski de Saint-Pétersbourg (Mikhail Tatarnikov), Orchestre du Théâtre Helikon de Moscou (Vladimir Ponkin), Orchestre du Théâtre Maly de Saint-Pétersbourg (Andrei Anikhanov), Orchestre symphonique de Moscou (Vladimir Ziva), Orchestre philharmonique d'État d'Omsk (Evgeny Samoilov), Orchestre philharmonique de Volgograd (Eduard Serov)

Serbie

Orchestre philharmonique de Belgrade (Muhai Tang)

Singapour

Orchestre symphonique de Singapour (Lan Shui)

Slovaquie

Philharmonie slovaque, Bratislava (Emmanuel Villaume), Orchestre symphonique de la Radio slovaque (Marco Kosik), Orchestre philharmonique de Kosice (Zbynek Müller)

Slovénie

Orchestre philharmonique slovène de Ljubljana (Emmanuel Villaume), Orchestre symphonique de la Radio slovène (En Shao)

Suède

Orchestre symphonique de Göteborg (Kent Nagano), Orchestre philharmonique Royal de Stockholm (Sakari Oramo), Orchestre symphonique de la Radio Suédoise (Daniel Harding), Orchestre symphonique de Malmö (Vassili Sinaïsky), Orchestre symphonique de Norrköping (Alan Buribayev)

Suisse

Orchestre de la Tonhalle de Zurich (Lionel Bringuier), Orchestre de la Suisse romande (Jonathan Nott), Orchestre de l'Opéra de Zurich (Fabio Luisi), Orchestre symphonique de Bâle (Dennis Russell-Davies), Orchestre symphonique de Berne (Mario Venzago), Orchestre de la Suisse italienne, Lugano (Markus Poschner), Orchestre symphonique de Lucerne (James Gaffigan), Orchestre symphonique de Saint-Gall (David Stern), Orchestre symphonique de Bienne (Howard Griffiths), Musikkollegium de Winterthur (Douglas Boyd)

République tchèque

Philharmonie tchèque (Jiri Belohlavek), Prague Philharmonia (Jacob Hrusa), Orchestre symphonique FOK de Prague (Jiri Kout), Orchestre symphonique de la Radio de Prague (Vladimir Valek), Orchestre du Théâtre national de Prague (Tomas Netopil), Orchestre de l'Opéra d'État de Prague (Oliver Dohnanyi), Orchestre philharmonique de Brno (Aleksandar Markovic), Orchestre philharmonique de Pilsen (Jiri Malat), Orchestre philharmonique Janacek d'Ostrava (Theodore Kuchar), Orchestre philharmonique Bohuslav Martinu de Zlin (Stanislav Vavrinek)

Turquie

Orchestre symphonique Bilkent (Isin Metin), Orchestre symphonique présidentiel, Ankara (Gürer Aykal), Orchestre philharmonique Borusan d'Istanbul (Sascha Goetzel), Orchestre symphonique d'État d'Istanbul (Erol Erdinc), Orchestre symphonique d'État d'Izmir (Rengim Gökmen)

UKRAINE

Orchestre symphonique académique d'État d'Ukraine (Mykola Dyadura), Orchestre national d'Ukraine (Volodimir Sirenko), Orchestre de la Radio ukrainienne (Vladimir Sheiko)

VENEZUELA

Orchestre symphonique du Venezuela (Eduardo Marturet)

Les principaux orchestres de chambre (formations Mozart, avec cordes et vents)

Chamber Orchestra of Europe, Mahler Chamber Orchestra, Academy of St. Martin in the Fields (Joshua Bell), English Chamber Orchestra (Paul Watkins), Scottish Chamber Orchestra (Robin Ticciati), Deutsche Kammerphilharmonie de Brême (Paavo Järvi), Camerata Salzbourg (Louis Langrée), Orchestre de chambre de Lausanne (Christian Zacharias), Kammerorchester Basel, Orchestre de Chambre de Paris (Douglas Boyd), Orpheus Chamber Orchestra, Orchestre de chambre de Saint-Paul, Orchestre de chambre de Los Angeles (Jeffrey Kahane), Orchestra of St Luke's (Pablo Heras-Casado), Northern Sinfonia, Newcastle (Thomas Zehetmair), London Mozart Players (Gérard Korsten), Tapiola Sinfonietta, Espoo, Swedish Chamber Orchestra, Orebro (Thomas Dausgaard), Orchestre de chambre norvégien (Terje Tonnesen), City of London Sinfonia (Stephen Layton), Manchester Camerata (Gabor Takacs-Nagy), Orchestre de chambre de Zurich (Howard Griffiths), Orchestre de chambre de Genève (Arie van Beek), Orchestre Haydn de Bolzano (Gustav Kuhn), Orchestra di Padova e del Veneto, Australian Chamber Orchestra (Richard Tognetti), Orchestre de chambre de Vienne (Stefan Vladar), Orchestre de chambre d'Israël (Roberto Paternostro), Orchestre Poitou-Charente (Jean-François Heisser)

Les principaux orchestres de jeunes

Orchestre des jeunes Gustav Mahler, Orchestre Simon Bolivar des jeunes du Venezuela (Gustavo Dudamel), West-Eastern

Divan Orchestra (Daniel Barenboim), Orchestre des jeunes de la communauté européenne, Verbier Festival Orchestra (Charles Dutoit), New World Symphony Orchestra (Michael Tilson Thomas), Orchestre français des jeunes (David Zinman), Bundesjugendorchester, Orchestra Giovanile Cherubini (Riccardo Muti), Orchestre des jeunes du Festival du Schleswig-Holstein

Les principaux orchestres occasionnels

Orchestre du Festival de Lucerne, Orchestre du Festival de Bayreuth, Orchestre Saito Kinen (Seiji Ozawa), Orchestre Haydn austro-hongrois (Adam Fischer)

Index des noms de personnes

Index des ensembles musicaux

Table des matières

TROISIÈME PARTIE

Le rapport au chef

PAPIER À BASE DE FIBRES CERTIFIÉES

Fayard s'engage pour l'environnement en réduisant l'empreinte carbone de ses livres. Celle de cet exemplaire est de :
1,100 kg éq. CO_2
Rendez-vous sur www.fayard-durable.fr

Imprimé en Espagne, par
CPI
Dépot légal:septembre 2015
87-1981-3/0